Application on Participatory Forest Management Planning at Village Level in China's Collective Forest Area

中国集体林区村级参与式森林管理手册和应用研究

中国农业出版社
联合国粮食及农业组织
北京，2013

图书在版编目（CIP）数据

中国集体林区村级参与式森林管理手册和应用研究/联合国粮食及农业组织编.—北京：中国农业出版社，2013.1

ISBN 978-7-109-17636-2

Ⅰ.①中… Ⅱ.①联… Ⅲ.①集体林-森林管理-中国 Ⅳ.①F326.2

中国版本图书馆CIP数据核字（2013）第025080号

中国农业出版社出版

（北京市朝阳区农展馆北路2号）

（邮政编码 100125）

责任编辑 赵 刚

中国农业出版社印刷厂印刷 新华书店北京发行所发行

2013年1月第1版 2013年1月北京第1次印刷

开本：787mm×1092mm 1/16 印张：17

字数：356千字

定价：35.00元

This publication has been produced with the financial assistance of the European Union. The contents and views expressed herein are the sole responsibility of the authors and can in no way be taken to reflect the views of the European Union.

本出版物是在欧盟资助下出版。出版物中陈述的内容和观点仅由作者负责，不一定反映欧盟的观点。

ISBN 978 - 7 - 109 - 17636 - 2

ISBN 978-7-109-17636-2

“支持中国集体林权改革的政策、法律和制度建设并促进知识交流”项目（GCP/CPR/038/EC）

系列丛书之七：

《中国集体林区村级参与式森林管理手册和应用研究》

项目指导委员会

刘永范　Percy Wachata Misika　Eva Muller

Maria Chiara Femiano　张　蕾　章红燕

徐济德　张艳红　戴广翠　马　蔷

国家项目办

祁　宏　姜春前　周金锋　颜国强　李　琼　刘委委

专家组

姜春前　张敏新　左　停　温亚利

王立群　沈月琴　李兰英　贾卫国

朱　臻　谢　屹　唐丽霞　李小勇

蔡细平　张得才　王伟文　肖　平

杨瑞玲　张　婧　乔　娜　晏小雪

康瑞斌　杨莉菲

FAO 技术支持单位

马　蔷　Eva Muller

致　谢

《中国集体林区村级参与式森林管理手册和应用研究》是由欧洲联盟出资、中国国家林业局和联合国粮农组织共同实施的“支持中国集体林权改革的政策、法律和制度建设并促进知识交流”项目关于参与式森林管理和参与式森林经营方案编制方面的成果之一，该书展示了浙江、安徽、福建、江西、湖南、贵州六个项目省的8个村的应用活动的发现和成果。

中国集体林区参与式森林管理的试点应用活动的执行得到了欧盟驻中国和蒙古国代表 Maria Chiara Femiano 女士、联合国粮农组织总部 Eva Muller 女士、联合国粮农组织驻中国、蒙古和朝鲜代表处的 Percy Wachata Misika 先生、张忠军先生、姜晗女士、韩焰女士、傅荣女士和尤京曼女士的大力支持。项目组向欧盟、中国国家林业局和联合国粮农组织表示诚挚的谢意。

中国集体林区参与式森林管理在村级水平的应用由姜春前先生提供总体框架设计并由签约方负责执行。北京林业大学经济管理学院/林业经济国际交流中心负责福建、江西的应用活动；中国农业大学人文与发展学院负责湖南的应用活动、南京林业大学经济管理学院负责《手册》的起草工作并负责安徽的应用活动、浙江农林大学经济管理学院/林业经济研究中心负责浙江、贵州的应用活动。在调研专家组提供的应用活动报告的基础上，由南京林业大学贾卫国先生整理和综合，并由姜春前先生和马蔷女士审阅成稿。

项目成果的形成还要感谢浙江省林业厅、安徽省林业厅、福建省林业厅、江西省林业厅、湖南省林业厅、贵州省林业厅，以及龙泉市林业局、黄山区林业局、尤溪县林业局、邵武市林业局、铜鼓县林业局、浏阳市林业局、洪江市林业局、锦屏县林业局的大力支持与配合！

在此，项目组向所有为本书创作、编辑和应用活动作出贡献者表示衷心的感谢！

项目主任　祁　宏

首席项目专家　姜春前

FAO 项目技术官员　马　蔷

Acknowledgements

Application on Participatory Forest Management Planning at Village Level in China's Collective Forest Area is one of the important outcomes of "Supporting Policy, Legal and Institutional Frameworks for the Reform of Forest Tenure in China' s Collective Forests and Promoting Knowledge Exchange" Project on participatory forest management and participatory forest management plans. The project is funded by the European Union (EU) and jointly implemented by the State Forestry Administration of China (SFA) and Food and Agriculture Organization of the United Nations (FAO) . The publication exhibits the project findings and achievements through pilot application of eight villages in six project provinces, which are Zhejiang Province, Anhui Province, Fujian Province, Jiangxi Province, Hunan Province, and Guizhou Province.

The implementation of pilot application in participatory forest management planning at village level in China' s collective forest area has received strong supports from Ms. Maria Chiara Femiano from the Delegation of the EU to China and Mongolia, Ms. Eva Muller from FAO Headquarters, and Mr. Percy Wachata Misika, Mr. Zhang Zhongjun, Ms. Jiang Han, Ms. Han Yan, Ms. Fu Rong and Ms. You Jingman from FAO Representative Office for China, Mongolia, and DPRK for their contributions to the project implementation. Once again, the project team would like to express sincere thanks to the European Union (EU), the State Forestry Administration of China (SFA), and Food and Agriculture Organization of the United Nations (FAO) .

The overall coordination and framework design of the publication was under the responsibility of Mr. Jiang Chunqian, Chief Expert, and national project coordinator at FAO. Special appreciation goes to four universities who implemented pilot application and developed the draft reports, they are Beijing Forestry University responsible for Jiangxi Province and Fujian Province, China Agricultural University responsible for Hunan Province, Zhejiang Agriculture and Forestry University responsible for Zhejiang Province and Guizhou Province and Nanjing Forestry University responsible for Anhui Province and also drafted the *Manual*. In addition to the core team, Mr. Jia Weiguo, Nanjing Forestry University, was responsible for compiling and collating of the publication. Many thanks go to Mr. Jiang Chunqian and Ms. Ma Qiang, FAO, in the consolidation of the content review.

Immense gratitude goes to Forestry Department of Zhejiang Province, Forestry Department of Anhui Province, Forestry Department of Fujian Province, Forestry Department of Jiangxi Province, Forestry Department of Hunan Province and Forestry Department of Guizhou Province and Longquan Forestry Bureau, Huangshan Forestry Bureau,

Youxi Forestry Bureau, Shaowu Forestry Bureau, Tonggu Forestry Bureau, Liuyang Forestry Bureau, Hongjiang Forestry Bureau and Jinping Forestry Bureau for their strong support and cooperation.

Finally, the project team hereby would like to express the heartfelt thanks to all the people making contributions to the writing, editing, and application activities of this book.

Mr. Qi Hong, National Project Director
Mr. Jiang Chunqian, National Project Coordinator
Ms. Ma Qiang, Lead Technical Officer of FAO

摘　　要

在欧盟财政的支持下，联合国粮食及农业组织（FAO）与中国国家林业局共同主持了“支持中国集体林权改革的政策、法律和制度建设并促进知识交流”项目。该项目同时在福建、江西、浙江、安徽、湖南、贵州等6个南方集体林区重点省份的8个县（区）实施。通过对农户进行参与式森林经营培训并协助林农合作组织编制森林经营方案，在此基础上形成了《中国南方集体林区村级参与式森林经营及其方案编制手册（草案）》（简称《手册》）。通过在8个项目县（区）开展《手册（草案）》的应用研究，提出了在南方集体林区开展参与式森林经营的对策建议，完善了林农合作组织—经营主体参与森林经营方案的编制过程、步骤、要点以及森林经营方案的内容。

本书是应用研究的成果汇报和总结，共分八章。第一章概述为项目活动的总结，第二章是项目活动成果之一：《中国集体林区村级参与式森林管理及其方案编制手册》的文本，后六章分别是福建、江西、浙江、安徽、贵州、湖南等六省《手册》应用活动报告和相应的成果和发现。主要的内容、观点和结论如下：

1. 手册主要内容和结构

《手册》开始部分介绍了本手册的编制背景、内容框架以及应用，第一部分介绍了参与式森林经营的目的以及《手册》设计的一些基本概念等，第二部分介绍了参与式森林经营方案编制的程序和内容，第三部分介绍了参与式森林经营方案编制的具体方法，第四部分介绍了保证参与式森林经营的制度基础和保障，第五部分介绍了参与式森林经营方案编制的一些技术标准和体现参与式森林经营成果技术要求等方面的备注材料。

2. 应用活动目标和过程

（1）活动目标

《手册》编制及其应用活动主要有以下几个方面的目标：

- 编制《中国集体林区村级参与式森林经营及其方案编制手册》（草稿），并经过广泛讨论，通过邮件和会议形式征求意见，进行完善；
- 基于中国和其他地区已有的参与式森林经营经验，设计村级参与式森林经营规划；
- 在八个试点村进行参与式森林经营规划的应用；
- 在八个试点村对《中国集体林区村级参与式森林经营及其方案编制手册》（草稿）进行应用，总结应用的结果和主要发现，特别是对参与式森林经营手册的定稿提出建议。

（2）活动过程

活动主要经过了受托单位成立项目团队——研读材料、编制《中国集体林区村级参与式森林经营及其方案编制手册》（草稿）——讨论、修订和完善——《手册》应用活动在项目村试点应用——国家层面的专题研讨会——《手册》定稿——参加国际和国家层面的专题讨论会——出版、传播、分享等阶段。

3.《手册》应用活动的主要发现

各《手册》活动应用团队在各个案例县（市）分别运用参与式讨论、半结构式访谈、座谈会以及问卷等形式就参与式森林经营，参与式森林经营及其方案编制手册（草案）进行了探讨和讨论，主要有以下发现：

（1）村级层面

第一，从活动应用的各项目村的了解情况看，村干部基本认为编制参与式森林经营规划，开展参与式森林经营是有必要的。

● 通过森林经营方案编制能够全面了解森林资源情况以及优劣势，从而在选种、造林和采伐方面进行很好的选择与规划。

● 参与式森林经营方案的编制能够一起讨论未来的森林经营活动，把握市场方向，确定长期战略目标，实现森林可持续经营。

● 编制参与式森林经营规划，可以做到科学合理地进行经营，增加效益。

但也有部分项目村村干部对参与式森林经营的态度，在表示欢迎的同时也表示出一定的忧虑和怀疑。

第二，村干部认为，实施参与式森林经营需要一定的条件，目前实施会遇到很多问题必须很好地解决。

● 林农的文化程度和专业知识限制。

● 参与式森林经营的实施存在困难。

● 实施参与式森林经营需要林业基础设施的改善。

● 实施参与式森林经营方案编制后政策的稳定性。

● 对于参与式森林经营方案编制的单位有争议。

（2）农户层面

第一，对于森林经营，是否需要编制方案进行森林经营规划，农户存在分歧。

第二，林农普遍认为林农自身应该是森林经营的主体，应该是参与式森林经营方案的编制主体，并且应该自愿参与。

第三，森林经营方案要包括以下几方面：树种选择、造林方式及造林后的后续安排等。在村级参与式森林经营管理中应重视伐后的造林更新问题。

第四，编制经营方案首先需要林地相关的基本资料和信息，在获取了林地相关的基本资料和信息后，编制讨论小组需要结合 SWOT 分析方法，对森林经营中存在的问题、优劣势、机遇等问题进行评估。关于森林经营方案的规划阶段，所有林农都认为需要确定森林经营的目标，也需要对森林经营进行监测，同时需要把所有的森林经营信息都反馈给村民，反馈方式主要通过村民代表大会来共享信息和沟通、召开村小组会议以及由林业部门传达等方式。

第五，农户认为参与式森林经营方案的编制需要一定的保障制度和政策支持。

最后，在参与式森林经营方案编制方法上，多数农户认为头脑风暴法最适用，其次大家选择的是利益相关者座谈和共同制定方案后进行集体修改。

（3）林业工作人员层面

第一，大多数林业工作人员和管理者认为实施参与式森林经营和编制参与式森林经营方案可以提高森林经营管理水平，也有少部分认为可以获取政策支持、规避风险，防止森林经营者在森林经营过程中耗竭性的采伐，进而保证森林的可持续经营和增加林农收入。

第二，编制经营方案需要一些林地相关的基本资料和信息，需要进一步了解森林经营中存在的优势、问题；要判断林地未来变化，判断的主要内容包括政策法规变化、森林经营积极性以及劳动力转移等。分林到户的农户很难纳入森林经营规划中，只能是大户、林场。应该由农民自己来监测。

第三，农户、森林经营者缺少技术及专业人才，农户参与森林管理的能力有限，同时在参与式森林经营规划的编制和执行过程中存在一些问题。

第四，政府应改变“自上而下”的林业行政决策角色，部分决策可能不适合当地区域社会经济和自然资源发展条件。应给予农户自主权。以行政村为单元编制方案，主要目的是促进社区（行政村）内部成员对森林进行自我管理。政策应该是全方位的、可持续性的。有效引导基层林业合作组织参与地方森林经营。

第五，编制参与式森林经营方案，进行参与式森林管理最大的受益群体是林农，其次是政府。

4. 关于参与式森林经营政策层面的建议

第一，在林改以后考虑林农参与式森林经营，在森林经营管理中考虑农户的利益，是对林改确权的深化和进一步落实，也符合村级发展的目标。从政策和森林资源管理方面看参与式森林经营是必须的，也是可行的，但有赖于国家政策的长期扶持。

第二，对于现有的一些森林管理政策，需要进一步完善和修订，以适应参与式森林经营。

- 完善森林采伐限额制度的政策。
- 完善林权抵押贷款及其林业附属金融产品的政策。
- 健全生态公益林补偿政策。

第三，关于参与式森林经营方案的编制，有以下几个方面需要在政策上注意和体现：

- 要体现林农的主体地位。
- 森林经营方案的制定和执行要纳入县层面的林业主管部门，尤其是林政资源管理部门，作为其他工作的重要内容。

第四，国家要加大对造林、森林资源经营管理、林区基本建设方面的规划和投资。

第五，采取“循序渐进，政策引导”相结合的方式，先推试点，逐渐完善参与式森林经营方案制定和实施的体系。

第六，地方政府和林业主管部门应加强对林农森林资源经营的技术、管理、市场方面的培训，逐渐提高他们的意识和能力，这是未来提高森林资源经营管理水平的重要基础。

第七，进行森林资源管理改革，鼓励多种形式的合作。

5. 关于参与式经营方案编制技术层面的建议

第一，多方参与编制村级森林经营方案。参与式森林经营方案的编制是体现农户对森林权利的重要方式和手段，农户成为森林经营方案的主体也是林权制度改革成果的巩固和应有内容。同时，农户由于知识水平和能力限制，以及对国家林业政策理解的限制，林业管理和技术人员参与方案的编制可以使得森林经营方案能够体现多方面的利益和符合技术要求。在多方参与的情况下，要明确编案主体及其相互的关系，同时要对编案对象的范围要进行合理的界定和规定。

第二，要简化森林经营方案，建立多样化的技术标准。农户制定的参与式森林经营方案由于编案对象的范围比较小，经营类型不多甚至林相情况比较一致，在具体的编案中可以不需要很强的技术性的标准要求，对于相应的经营措施的规定和要求可以相对简化。也可以建立多样化的技术标准对村级参与式森林经营方案编制提出相应的简易的技术要求。国家现有的简易方案的内容要求和技术规定，不太符合实际生产情况，增加了编案的难度和可操作性。

第三，鼓励多种形式合作进行森林经营方案的编制。南方集体林区林改后产权到户，林权分散，经营单位变小，不仅仅给资源培育、林木砍伐、森林保护等方面的管理带来了新的问题，需要进行森林资源管理的改革，同时也增加了经营成本，使农户经营积极性下降。因此鼓励和促进多种形式的联合和合作是解决的途径之一。进行森林资源管理制度改革，运用市场机制，减少管理环节，降低农户林权流转的交易成本，积极引导农民在自愿的基础上，以资金、技术等为纽带，进行林木、林地、林业劳动力和林业技术等各种林业生产要素的联合和合作。可以通过组织开展林业合作经济组织示范点建设，帮助和指导合作经济组织制定和完善规章制度，加大对林业合作组织的扶持力度等形式进行。

第四，加强森林经营方案实施的保障政策、制度建设。规划内容的制定必须在国家相关的配套政策、制度支持的条件下才有可能落实。如果缺乏有效的技术、资源保障，各种营林措施的开展，缺少政策和资金支持，往往会使规划内容落不到实处。同时要建立方案的审批、实施、监督和奖惩机制等方面的制度规则。

第五，建立和完善村级层面森林经营技术标准体系。南方集体林区产权改革后，森林经营主体主要为林农和村集体。在村级参与式森林经营过程中，要努力探索和建立适合当地区域发展的森林可持续经营技术标准，从而保证当地森林经营水平和村级森林经营方案的质量。

Abstract

Under the support of EU Finance, Food and Agriculture Organization of the United Nations (FAO) and State Forestry Administration of China jointly organized the project of "supporting policy, legal and institutional frameworks for the reform of forest tenure in China' s collective forests and promoting knowledge exchange" . In addition, this project has been implemented in 8 counties (districts) of 6 key southern provinces of collective forest area including Fujian Province, Jiangxi Province, Zhejiang Province, Anhui Province, Hunan Province and Guizhou Province. Through conducting the participatory forest management training to farmers and assist forest farmer cooperative organizations in compiling forest management plans, the *Participatory Forest Management at Village Level in China' s Southern Collective Forest Area and Plan Compilation Manual (Draft)* (hereinafter referred to as the *Manual*) has been formed on this basis. Through application research of the *Manual (Draft)* developed in 8 project counties (districts), the countermeasures and suggestions of participatory forest management developed in southern collective forest area have been proposed, and the compilation process, steps, and key points of participatory forest management plans and contents of forest management plans of forest farmer cooperative organizations - management entities have been completed.

This book is the report and summary of application research achievement, which is divided into eight chapters. Chapter I Overview is the summary of project activities, and Chapter II is one of the results of project activities: the text of *Participatory Forest Management at Village Level in China's Collective Forest Area and Plan Compilation Manual*, the last six chapters are the *Manual* application activity reports of six provinces of Fujian Province, Jiangxi Province, Zhejiang Province, Anhui Province, Guizhou Province, and Hunan Province and corresponding achievements and discoveries. The main contents, viewpoints and conclusions are as follows:

1. Main Contents and Structure of Manual

The opening part of the Manual introduces the compilation background, content framework, and application of this manual. The first part introduces the purpose of participatory forest management and some basic concepts of the *Manual* design etc. The second part describes the procedures and contents of participatory forest management plan compilation. The third part introduces the specific methods of participatory forest management plan compilation. The fourth part introduces the system basis and guarantee ensuring participatory forest management. The fifth part explains some technical standards of participatory forest management plan compilation and remark materials reflecting technical requirements of participatory forest management achievements etc.

2. Objectives and Process of Application Activities

(1) Objectives of Activities

The compilation of the *Manual* and its application activities mainly have the following objectives:

- Compiling the *Participatory Forest Management at Village Level in China's Collective Forest Area and Plan Compilation Manual* (Draft), seeking for opinions to improve through extensive discussion via forms of e-mails and conferences;
- Designing the participatory forest management planning at village level on the basis of existing participatory forest management experiences in China and other regions;
- Conducting the application of participatory forest management planning in eight pilot villages;
- Conducting the application of *Participatory Forest Management at Village Level in China's Collective Forest Area and Plan Compilation Manual* (Draft) in eight pilot villages, summarizing the application results and main findings, particularly proposing suggestions to final draft of participatory forest management manual.

(2) Process of Activities

The activities have mainly gone through phases of establishment on project team of entrusted units—study on materials and compilation of *Participatory Forest Management at Village Level in China's Collective Forest Area and Plan Compilation Manual* (Draft) —discussion, revision and perfection—application of Manual application activities at pilot project villages—national level seminars—final draft of *Manual*—participation of international and national level seminars—publishing, transmission, and sharing etc.

3. Main Findings of *Manual* Application Activities

All the *Manual* activity application teams have respectively utilized forms of participatory discussion, semi-structured interviews, forums, and questionnaires etc. to investigate and discuss the participatory forest management, participatory forest management and plan formation manual (draft) in all case counties (cities), mainly having the following findings:

(1) Village Level

First, from the perspective of all project villages on understanding the situation of activity application, the village cadres have basically considered that the compilation of participatory forest management planning and development of participatory forest management are necessary.

- Comprehensively understanding the situation of forest resources, advantages and disadvantages of resources through compiling the forest management plans, thereby preferably selecting and planning the seed selection, afforestation, and felling.

- Discussing the future forest management activities, grasping the market direction, determining the long-term strategic objectives, and realizing sustainable forest management through compiling the participatory forest management plans.
- Managing in scientific and reasonable method to increase benefits through compiling the participatory forest management plans.

However, for participatory forest management, some cadres in project villages have showed their attitudes of anxiety and doubt in addition to welcome.

Second, the village cadres have considered that certain conditions were needed to implement the participatory forest management, and many problems encountered at present during the implementation should be well handled.

- Limitation of forest farmers' education degree and specialized knowledge.
- Existing difficulties during the implementation of participatory forest management.
- Improvement of forestry infrastructure for implementation of participatory forest management.
- Policy stability after compiling the participatory forest management plans.
- Disputes to units compiling the participatory forest management plans.

(2) Farmer Level

First, the farmers have disagreements on whether compiling the plans to conduct forest management planning for forest management.

Second, the forest farmers widely believed that forest farmers themselves should be the principal part of forest management and principal compilation part for participatory forest management plans, who should voluntarily participate.

Third, the forest management plans mainly include the following aspects: selection of tree species, afforestation method, and follow-up arrangement after afforestation etc. The afforestation renewal problem after felling should be focused in the administration of participatory forest management at village level.

Fourth, the basic data and information related to forest lands would be needed first for compiling the management plans. After obtaining basic data and information related to forest lands, the discussion teams for compilation should evaluate problems of existing issues, advantages, and opportunities etc. in forest management through combining with SWOT analytical method. For the planning phase of forest management plans, all forest farmers have considered that forest management objectives were needed to be determined, and forest management is needed to be monitored. In addition, all forest management information should be fed back to villagers. The feedback system should mainly have methods of villager representative conferences for information sharing and communication, village group meetings, and conveyance of forest departments.

Fifth, the farmers have considered that the compilation of participatory forest management plan needed certain guarantee system and policy support.

Finally, for the method of compiling participatory forest management plans, most farmers have considered that the brainstorming method was the most suitable method. Then, all of them have chosen to have informal discussion with stakeholders and jointly formulated plans for collective modification.

(3) Forestry Staff Level

First, most forestry staff and administers have considered that the implementation of participatory forest management and compilation of participatory forest management plan could improve the level of forest management administration. In addition, a small number of them have considered that policy support and risk control could be obtained, so as to prevent forest managers' exhausting felling in the process of forest management, thereby ensuring the sustainable forest management and increasing forest farmers' incomes.

Second, some basic data and information related to forest lands should be needed for compiling management plans, as well as existing advantages and problems in forest management should be further understood; the future changes of forest land should be judged with main contents of judgment of modifications in policies and regulations, forest management enthusiasm, and labor transfer etc. Except large families and forest farms, the farmers of "forest distribution to every family" are very difficult to be brought into the forest management planning, which should be monitored by peasants themselves.

Third, the farmers and forest managers are lack of technical and professional talents. The farmers' capabilities on participating in the forest administration are limited, and there are some problems in the process of compiling and executing the participatory forest management planning.

Fourth, because some decisions might not be suitable for the development conditions of regional social economy and natural resources in the locality, the government should change the forestry administrative decision-making characters "from top to bottom", providing farmers with autonomous rights. The plans should be compiled with administrative villages as the units, the main purpose should be the promotion of self-administration of internal members to forests in communities (administrative villages) . The policies should be all-around and sustainable. The basic-level forestry cooperative organizations should be effectively guided to participate in local forest management.

Fifth, the largest beneficial group for compiling participatory forest management plans and conducting participatory forest management should be forest farmers, the governments should be in the second place.

4. Suggestions at Policy Level on Participatory Forest Management

First, the consideration of forest farmer participatory forest management and farmers' benefits in the administration of forest management after forest tenure should deepen and further implement the forest tenure and authentic right, meeting with objectives of the development at village level. From policies and forest resource administration, the participatory forest management should be necessary and feasible, which however should rely on long-term support of national policies.

Second, some existing forest administration policies should be further improved and modified, so as to adapt to the participatory forest management.

- Improving policies of forest felling limit system.
- Improving policies of forest tenure mortgage loans and forestry financial products.
- Perfecting policies of ecological public welfare forest compensations.

Third, for compilation of participatory forest management plans, the following aspects should be noticed and reflected from policies:

- Reflecting the principal status of forest farmers.
- Brining the formulation and execution of forest management plans into forestry competent departments at county level, particularly forestry administration resource management departments as important contents of other jobs.

Fourth, the country should increase the planning and investment of afforestation, forest resource management administration, and basic forest area construction.

Fifth, the method combining "step by step and policy guidance" should be adopted, firstly promoting the pilots, then gradually improving the system of formulation and implementation of participatory forest management plans.

Sixth, the local government and forestry competent departments should strengthen the training to forest farmers on technology, administration, and marketing of forest resource management, gradually improving their awareness and capabilities, which should be important base improving the administration level of forest resource management in the future.

Seventh, the reform on forest resource administration should be conducted, and various types of cooperation should be encouraged.

5. Suggestions at Technology Level on Compilation of Participatory Management Plans

First, participating in compiling forest management plans in many ways. The compilation of participatory forest management plans should be the important method and approach reflecting farmers' rights to forests, and farmers should become the principal part of forest management plans, which is also the consolidation and due contents of forest tenure system reform achievements. Meanwhile, due to farmers' knowledge level and capability constraints and understanding restriction to national forestry policies, the forestry administrative and technical personnel should participated in compilation of plans, which could make forest management plans reflect extensive benefits and meet with technical requirements. Under the situation of multiple participation, the principal plan compilation part and mutual relationship should be determined, and the scope of plan compilation objects should be reasonably defined and regulated.

Second, simplifying the forest management plans and establishing diversified technical standards. Due to small scope of plan compilation objects, the management types of participatory forest management plans formulated by farmers should be few, and even consistent with the situation of forest form. The specific plan compilation shouldn' t need strong technical standard requirements, and the regulations and requirements of corresponding management could be relatively simplified. In addition, the diversified technical standards could be established to propose corresponding and simple technical requirements to compilation of participatory forest management plans at village level. The content requirements and technical regulations of existing simple plans in China are not suitable for actual production situation, thereby increasing the difficulty and operability of plan compilation.

Third, encouraging various cooperation methods to conduct the compilation of forest management plans. After the forest tenure reform, the property rights of collective southern forest area have been distributed to every family with decentralized forest tenure and small management units, thereby not only bringing new problems to administration of resource cultivation, forest tree felling, and forest protection etc. , needing to conduct the reform of forest resource administration, but also increasing the management cost and decreasing the farmers' management enthusiasm. Therefore, the encouragement and promotion of diversified forms of association and cooperation should be one of solving approaches. The reform of forest resource administration system should be conducted with utilization of market mechanism, decrease of administration links, and reduction of transaction cost for farmers' forest tenure circulation. On the basis of actively guiding farmers' voluntariness, various forestry production factors of forest trees, forest lands, and forestry labor forces and forestry technology etc. should be united and cooperated with funds and technology etc. as the link. The forms of organizing and developing the construction of demonstration sites of forestry cooperative economic organizations, helping and guiding the formulation and perfection of regulations and systems for cooperative economic organizations, and enlarging the support forces for forestry cooperative organizations etc. should be conducted.

Fourth, strengthening the guarantee policies and system construction for implementation of forest management plans. The formulation of planning contents should be practicable under the conditions of relevant national supporting policies and systems. For the development of various measures for forest culture and management, the planning contents couldn' t be completely executed for lack of policy and financial support without efficient technology and resource guarantee. In addition, the institutional rules of approval, implementation, supervision, as well as rewards and punishments etc. of plans should be established.

Fifth, establishing and improving the technical standard system of forest management at village level. After the property right reform in southern collective forestry area, the forest farmers and village collectives mainly are principal forest management part. In the process of participatory forest management at village level, the technical standard for sustainable forest management suitable for the development of local regions should be industriously explored and established, thereby ensuring the forest management level in the locality and quality of forest management plans at village level.

目 录

1 概述（活动总结）

1.1 中国的集体林权制度改革与参与式森林管理

在中国，将近60%的林地属于集体林。长期以来，集体林经营更多地反映政府意愿和利益需求，而在森林经营，特别是森林经营决策上，林权所有者意愿表达不足，致使森林经营效率提升乏力，以及政府与林主的利益冲突。早期的林业政策改革已经在森林经营层面引入了一些农户经营林地的不同方法，这些方法包含不同层面的管理制度改革，且已在多个地区实施过。

为了调动人们对林业投资的积极性，推动集体林业的发展，从2003年开始我国开展了新一轮集体林权制度改革。如今这项改革已在各集体林区广泛推行，大部分地区以明细产权为核心的主体改革：均山、均股、均利，落实到户并基本就绪。集体林权制度改革使集体林业变为私有林业堪称为我国农村经营制度的又一重大突破。大量文献表明改革给林业、林区、林农带来了很大的变化：林农增收了，林业发展了，林农植树造林的积极性提高了，农村经济搞活了，林区社会和谐了。但深入研究发现，在不少地方林权制度改革的活力还远远没有释放出来。究其原因是基础工作和配套改革滞后，商品林采伐管理制度、林业投融资体制和林业经营方式的改革都缺乏相应的政策支撑（刘于鹤，2007）。其中最突出的问题是以森林采伐限额管制为核心的森林资源管制制度成为制约人们投资林业的一大障碍，在森林资源管理中未能很好地体现森林所有者——农户及其社区在森林经营上的意愿，未能反映他们的要求，产权的核心部分未能很好地落实。产权是对物品或劳务根据一定的目的加以利用或处置，以从中获得一定收益的权利，它是指存在于任何客体之中或之上的完全权利，包括占有权、使用权、出借权、转让权、用尽权、消费权和其他与财产有关的权利。产权制度是指既定产权关系和产权规则结合而成的且能对产权关系实行有效的组合、调节和保护的制度安排（方虹，2006）。森林资源产权问题是森林资源管理中的核心问题，它直接影响到森林资源经营效果与林农的经营收益。集体林权制度改革的目的就是要明晰林木所有权和林地使用权，放活经营权，落实处置权，确保收益权，将林地使用权、林木所有权和经营权落实到户、联户或其他经营主体，实现“山有其主，主有其权，权有其责，责有其利”，建立经营主体多元化，权、责、利相统一的集体林权经营管理新机制，使林农真正具有林地的使用权、经营权、处置权与收益权。因此新的产权体系的推行，在给当地农户利用集体林创造收入和改善生计状况机会的同时，也给森林可持续经营带来了一系列挑战：

- 森林和森林经营的碎片化；
- 高的制度和行政运作成本；
- 森林所有权和林地使用权市场发育不完善、市场价格信息不透明；

- 信息获取的交易费用高；
- 采伐指标管制和许可证制度引起的腐败；
- 缺乏多方利益相关者的参与，特别是林农和社区组织等的参与。

如果要使林权改革有效，包含对农户授权的参与式森林经营是必须的，林农合作组织运用参与式方法管理森林资源的能力也需要加强。可以预期的是，林农合作组织（FFCs）将会成为森林管理的主体之一，以及和政府（中央、地方）、林农之间沟通的渠道。以森林经营方案为手段进行的森林管理，必须强调在方案编制过程中农户的参与，对森林的经营目标和相应的措施行为必须体现农户的和社区的意愿，进行参与式森林资源管理。

而对于农户参与森林管理，必须有合适的条件和手段，要有必要的程序和制度保证，同时给以必要的技术帮助和指导。为了提高农户参与森林经营的水平和能力，在欧盟的财政资助下，“支持中国集体林权改革的政策、法律和制度建设并促进知识交流”项目由粮农组织和国家林业局联合执行。项目活动在6个省的8个县16个村开展，旨在提高林农合作组织（FFCs）效率和促进参与式森林经营，项目活动已经取得了令人满意的成果。《中国集体林区村级参与式森林经营及其经营方案编制手册》旨在提高参与式森林经营在集体林区的推行，提高农户的参与水平和参与能力，通过本项目将形成集体林参与式森林经营的政策概要和指南（操作手册）。

1.2 活动实施过程

1.2.1 活动目标

本次《手册》编制及其应用活动主要有以下几个方面的目标：

- 编制《中国集体林区村级参与式森林经营及其方案编制手册》（草稿），并经过广泛讨论，通过邮件和会议形式征求意见，进行完善；
- 基于中国和其他地区已有的参与式森林经营经验，设计村级参与式森林经营规划；
- 在八个试点村进行参与式森林经营规划的应用；
- 在八个试点村对《中国集体林区村级参与式森林经营及其方案编制手册》（草稿）进行应用，总结应用的结果和主要发现，特别是对参与式森林经营手册的定稿提出建议。

1.2.2 活动实施过程

活动实施主要经历了以下几个阶段：

（1）各活动的受托单位成立项目团队

受托单位将组织一个多层面的项目团队（至少一名女性和一名森林经营专家）

（2）编制参与式森林经营手册草案

在研读资料的基础上起草《中国集体林区参与式森林经营及其方案编制指南（草案）》，（开始在草稿阶段叫做指南，但在南京的工作会议中提出，并经过北京工作会议确认将指南改叫手册）。主要研读资料有：

- 研读与参与式森林经营（PFM）有关的所有项目报告，特别是在试点村基于参与式森林经营培训材料应用所形成的能力建设、政策评估报告；

- 研读与中国森林管理相关的林业政策、法律和规章制度，如《森林法》、《简易森林经营方案》、《森林采伐与更新规程》和《中华人民共和国农民专业合作社法》等；
- 研读由该项目形成的《集体林参与式经营的政策概要和操作指南》草案；
- 研读了中国和其他地区现有的参与式森林经营的经验总结和文献；
- 研读了本项目所产生的参与式森林经营方案编制的协助者指南；
- 研读了本项目所产生的参与式森林经营方案编制的协助者培训指南。

（3）征求修改意见

通过网络和其他手段征求各项目团队对《手册（草案）》的修改意见。

（4）修改《手册》

根据所征询的意见，《手册》起草单位修改完善《手册（草案）》。

（5）工作会议研讨

各项目执行团队和项目委托方在南京召开了两天的工作会议，逐条研讨修改后的《手册（草案）》，进一步提出修改意见。

（6）进一步修改完善《手册》

手册起草单位根据会议中提出的意见和建议，再次修订完善《手册》，并提交各团队，供应用活动使用。

（7）《手册》应用活动在项目村试点应用

各项目团队在八个项目村对《手册》进行应用，编制参与式森林经营方案，并就《手册》的内容和条款征求林业工作人员、村干部、林业合作社、林农的意见。

- 在与试点村林农合作组织讨论的基础上，制定参与式规划“模板”应用的详细工作计划；
- 为林农合作组织和村民准备和分发基于规划“模板”的宣传材料（讲义、公告等）；
- 协助林农合作组织编制林农合作组织（或村级）水平的森林经营规划，包括社区森林保护、采伐计划、社区管理规则、防火和病虫害防治。强有力的森林规划活动将用于强调土地的未来利用并融入村级规划和区域规划；
- 起草运用的成果文件大纲并在受托单位、PMO 和 FAO 的 LTU 之间讨论；
- 村级参与式森林经营规划模式运用成果；
- 就《手册》各条款，尤其是参与式森林经营方案编制的程序与方法，采用问卷、半结构访谈、小组会议等参与式方法，收集林农合作组织和村民以及林业工作人员和林业管理部门的看法和意见。

（8）国家层面的专题研讨会

各项目团队根据《手册》应用情况和征求的意见，编制项目应用报告，总结在八个项目村应用的发现和收集的各方面意见，在北京举行国家层面的专题会议，进行汇报和汇总意见。会议由国内的知名专家学者、国家层面的政策制定与管理人员、基层的林业工作者以及利益相关人等参加。各项目组，以最终确定参与式规划活动“模板”、村级参与式森林经营方案标准模式表达的运用成果大纲（框架）在会上讨论；项目组负责人将参与国家的专家咨询会议，并就试验主要发现做会议报告。

(9)《手册》定稿

根据在八个项目村应用的成果和意见，对《手册》进一步修改完善，定稿。

(10) 参加国际和国家层面的专题讨论会

参加由本项目在杭州举行的国际会议，各活动执行小组将就参与式森林经营、村级水平经营方案的编制手册及其应用作会议报告，并通过讨论和报告与其他会议参加者分享其研究发现。

(11) 出版、传播、分享

项目执行摘要、定稿后的《手册》并连同八个项目村的应用报告和所编制的参与式森林经营方案等材料进行整理、编制、汇总出版，传播与分享。

1.3 参与式森林管理的研究综述

对于参与式的理论以及参与式林业、林改后森林资源管理、森林经营方案编制和林改后参与式森林经营方案的编制等方面进行了众多的实践，并且国内外研究众多，简单综述如下：

1.3.1 参与式理论方面的研究与实践

(1) 研究和实践的发展历程

20世纪40—60年代，社区参与在发展中国家的扶贫和发展运动中得到广泛运用。为解决新兴农业国家和地区的贫困、疾病、失业、经济发展缓慢等一系列问题，联合国倡导社区发展计划，建立社区福利中心，开展以社区为单位的社区发展运动，由政府有关机构同社区内的民间团体、合作组织、互助组织等通力合作，发动全体居民自发投身于社区建设事业。在此过程中，国际社会逐步形成了参与式发展的思想与理念。参与式发展理念是在对传统发展观念和方式总结和反思的基础上形成的，它认为社区发展不仅是经济单向度的发展，而且是包括社区参与、居民自治、社区认同与族群和谐等在内的综合性发展；社区发展不单纯是自上而下的外部干预、介入及社区动员过程，更重要的是自下而上的参与和赋权于民的过程。在某种意义上说，社区发展的过程也是社区参与的过程。因此，在推动社区发展过程中，应充分了解和尊重地方性知识及当地居民意见，培育社区参与和自治能力，引导社区居民从自身需求出发，找出和分析自身存在的问题，并根据当地资源状况和现实条件解决发展中面临的各种困难和问题，实现参与式发展。参与式发展模式不仅实现了发展范式的转变与创新，而且创立了一套行之有效的操作工具和程序来增强社区成员、弱势群体在社区发展中的发言权、决策权、参与权、监督权，保障居民参与社区发展项目的决策、实施、利益分配、监督与评估的全过程，有效维护社区成员的权利及利益。20世纪六七十年代是参与式民主理论在某种意义上（究竟在何种意义上还有争议），以及参与式民主的实践的全盛时期。在这一时期，它被视为自由主义民主即由美国政治科学家（包括罗伯特·达尔）加以理论化并在许多国家（包括美国在内）已经制度化的那种民主的一种可行替代品。参与式民主理论设想公民最大限度地参与他们的自治（selfgovernance)，除了传统意义上的政治部门以外，尤其是有要参与社会的其他部门（比如，家庭与工作场所）。

西方关于参与式的研究，最早起源于参与式民主政治方面的理论。20 世纪 70 年代以来，随着新自由主义的盛行，自由主义民主无论在理论上还是实践上都在当代西方国家占据了主流的地位。而与此同时，它自身的各种缺陷、各种弊端也明显地凸现出来。当代的社群主义、共和主义思潮，在一定程度上对自由主义民主作出了批评和修正。在这样的背景下，参与式民主理论开始复兴。1970 年帕特曼的《参与和民主理论》成为参与式民主理论兴起的标志，1984 年巴伯的《强势民主》主张以参与式的强势民主弥补代议制的弱势民主的不足，80—90 年代以来哈贝马斯的话语民主理论、博曼等人的协商民主理论都积极倡导参与式民主，甚至连罗尔斯、吉登斯也都主张协商民主，从而呈现出参与式民主复兴的理论景观。2003 年和 2004 年，从理论和实践上深入探讨参与式民主的专著出版了，包括迈克尔·阿尔伯特的《参与式经济》、希拉里·温赖特的《再兴国家》、乔治·蒙比特的《自主的时代》。其中《深化民主：在加强的参与式治理中的制度创新》一书是这类作品中最为优秀的一部。这些书与以前的类似著作的最大区别就是作者不再仅仅只是批评资本主义，而且开始探索和研究那些可能导致新社会产生的社会实践。总之，国外对参与式民主的研究已经进入一个新的阶段。

20 世纪 80—90 年代，参与式发展的理念被引入中国，它最先由世界银行、联合国等国际组织运用于我国云南、贵州、四川等地区的农村扶贫及生态保护项目，随后扩展到农村能源、卫生保健、农村水利、妇女、教育等领域。从 20 世纪 90 年代初起，云南、贵州和北京等地的研究者和实践者，在资源管理、农村社会经济评估、社区发展与管理、发展计划、小流域治理、小额贷款、农村医疗等方面广泛引入参与式发展的理念。在这方面，主要的研究成果有云南参与性发展协会编写的《参与性：拓展与深化》一书。对于参与式发展在农村减贫开发、灌区和林区治理的应用，学者们也称其为参与式管理。寸瑞红探讨了高黎贡山自然保护区的参与式管理，张学会考察了夹马口灌区用水户的参与式管理，韦鸿鸷也对用水户参与式管理水利工程的模式进行了分析与探讨，杜受祜认为参与式管理也叫做社区林业，是一种民主思想。随着治理概念传入中国，参与式管理逐渐被参与式治理所取代。目前关于参与式治理的中文著作，主要有王敬尧的《参与式治理：中国社区建设实证研究》和余逊达、赵永茂主编的《参与式地方治理研究》。这两本书分别将参与式治理运用于社区建设和地方治理领域。

《参与式治理》是国内较早的参与式治理的著作，因此该书一经出版，就有很多学者发表文章对其进行评介。项继权认为，参与式治理强调社会组织和公众个人参与社会和社区的管理过程，发展政府、企业、社会组织及公民各主体间的多元参与、合作、协商和伙伴关系，建立政府主导，社会、企业、公众多元主体参与的现代城市基层管理体制，这也是现代民主在当代中国的实践形式。张鸣从转型时期的制度创新入手，认为《参与式治理》一书提出了一个互动合作型模式，用这个模式能够较好地解释新的社区时代社区自治与治理体制的制度变迁。陈金英则认为我们距离互动合作这一参与式治理模型还有很远距离。杨红伟探讨了参与式治理对于地方治道变革的意义。

余逊达和赵永茂主编的《参与式地方治理研究》，从参与式的视角来研究地方治理，围绕参与式治理在台湾和浙江两地的实践经验，聚焦参与在地方治理中扮演的角色。其中：陈剩勇、张丙宣等人的《参与式治理与人民建议征集制度的杭州经验》一文，从治理转型的背景出发，从参与式治理的视角，考察了杭州人民建议征集制度对于地方公共政策议程的设置、公共政策的制定与执行等方面的意义。郎友兴的《中国式的公民会议与地方治理：浙江省温岭市民主恳谈会的经验》考察了温岭的预算民主恳谈会，表明（商议）合作型治理模式在中国地方治理过程中逐步形成。参与式预算是参与式治理的一个重要内容。林子伦的《审议民主在社区：台湾地区的经验》考察了审议民主在台湾的社区实践经验，认为通过审议式的参与过程，让民众关怀自身周遭的公共事务，提升政府的治理能力，进而发展出一个由市民社会与政府共同勾勒的未来愿景。该文的结论暗合了参与式治理的发展主旨。

因此，参与式发展的理论和实践与农村社区的发展息息相关。研究认为参与式方法源于对传统发展模式的反思，是通过一系列方法或措施，促使项目的相关群体积极、全面地介入项目的规划、决策、实施、管理、监测评估和利益分享等整个过程的一种方法。参与式发展的核心是赋权，是对参与和决策活动全过程的权力进行再分配，尤其是增加弱势群体的发言权和决策权。其强调参与的整个过程，而不是最终结果，注重目标群体和社区能力提高。参与式发展能使当地社区农户和外来专家、政府工作人员等一起以一种平等参与的合作伙伴关系对当地的资源条件及所面临的问题和机遇进行分析评价，使各方的意愿都得到充分尊重，从而保证项目的顺利实施和效果的可持续性。

从当前我国农村社区建设的路径来看，对于我国这样一个农业大国而言，实现对乡村地区的改造和建设是一项长期而艰巨的历史任务，发挥政府的主导性作用无疑有利于推动农村社区发展各项目标的实现。但是，由于我国幅员辽阔，各地经济发展、风土人情及地域差异性极大，各地农村社区建设面临的困难和问题也千差万别。为保证农村社区建设这一惠民工程的顺利进行，必须坚持从各地实际出发，充分尊重农民意愿和首创精神，依靠农民自身推进乡村的发展。同时，应发挥政府的主导作用，积极推行参与式农村社区发展战略，保障农民在社区建设中的主体地位。

（2）国内参与式方面的研究方向

从对国内现有研究文献的归纳中，我们可以看出：国内研究者们的关注，主要集中在以下几个方面：

首先，参与式治理的提出和构建路径。林水波、石振国在《参与治理的解析》一文中分析了参与治理的形成背景、突出属性以及治理机制之外，还指出其所伴随而来的问题，最后提出问题解决之道。范玫芳认为参与式治理包括协商民主的理论与实践、参与式公共政策分析与规划、公共资源的分配与管理的公共度研究。鲁炳炎将协商民主看做参与式治理的一种形式。张康之认为参与式治理是合作治理。罗重谱讨论了第三条道路理论对于构建参与式治理模式的意义，认为参与式治理强调政府与公民社会建立良性的合作互动关系，鼓励公民参与公共事务管理，倡导权力中心多元化和公民社会的主体性。胡益芬认为参与式治理是政府和第三部门两者在一致的目标下携手合作，共同完成社会管理的任务。冉冉从透明治理的角度分析了未来政府创新的主要趋势。

其次，参与式财政预算。参与式预算是参与式治理的一个重要方面，是人们参与公共政策和公共预算的一个直接的、自愿的和普遍的民主过程。参与式预算使公民成为公共领域中主动的参与者。许峰的《巴西阿雷格里市参与式预算的基本原则》是对乌比拉坦·德·索萨的《阿雷格里市参与式预算的基本原则》的译介，认为参与式预算是公民直接参与公共预算的决策和控制，全体公民通过公共预算会议的方式进行的直接参与是自由的和普遍的。该文提出了参与式预算的基本原则：直接民主、超越现有民主、普遍参与、讨论和决定所有预算、以现存的政治权利为基础、自我管理、自治和开放、团结、自尊和公民权利意识。

赵丽江、陆海燕对法国、德国与意大利三个欧洲国家的参与式预算实践进行分析，认为参与式预算是协商民主在公共领域内的应用。李文经、陆有山等分析了目前在预算立法层面和预算执行层面所存在的公民参与程度不足的缺陷，并探讨了改进的措施，提出了与直接预算民主和间接预算民主相对应的两类参与式预算实现形式。

国内参与式预算刚刚在浙江温岭开始试点。陈奕敏对温岭的参与式预算的程序与特点、改进与推广、绩效与局限以及价值与前景进行了全面考察。李凡认为，温岭的预算改革“参与式预算”是一个老百姓积极参与地方政治，通过人大和政府之间的互动来加强人大的作用，把广泛的民意进行体制内转化。在这个过程中，既鼓励老百姓的积极参与，又有制度化的机构吸收老百姓的参与，从而形成了一个制度化的参与过程。

再次，参与式城市治理和社区参与式治理。成德宁认为，中国城市治理模式需要进行一场新的深刻的制度创新和变革，即从参与式发展的新理念出发，赋权于民众，建立起城市治理的新模式，在城市政府、私人部门、非政府组织之间建立伙伴关系，使各种利益相关者能够参与决策。刘淑妍、朱德米认为，当前我国城市管理变革的关注点是改变原有城市管理以单一科层制为基础的行政性行为，拓宽城市管理的主体和手段，构建基于政府、企业和社会组织互动的参与城市治理模式。对社区参与式治理的研究，除了王敬尧的《参与式治理》一书外，还有宋庆华的《中国城市社区参与式治理的实践与探索》和《中国城市参与式治理：宁波海曙区社区参与式治理实践》。

第四，农村参与式发展与治理。所谓参与式发展，并不是简单的介入或简单地理解为群众的参加。确切地说，参与式发展方式带有寻求某种多元化发展道路的积极取向。冯广志认为，参与不仅仅是传统意义上的参加某一事物或活动，其更深的含义是赋权、自治、民主等。参与是改善现代国家、现代社会公共管理的必然要求和主要手段之一，也是改进企业管理、灌区管理、农村发展、环境保护的主要方式和途径。没有赋权、自治和民主，就谈不上真正意义的参与。尹迪信、余道云等认为，传统的政府农村发展项目一般采用由上而下的方法，在项目实施中常常导致农民被动的参与，而采用参与式方法，农民能主动参与到项目的实施中来。因此，由下而上与由上而下的参与式方法的结合，是农村发展项目实施最好方法。

还有一些研究者关注农村社区的参与式治理。李少惠、贺炜认为农村社区的参与式管理是多方治理相结合的产物，既不完全是社区农户的自治行为，又不完全是基层政府的治理行为。许远旺通过对个案村一起上访事件的追溯分析，总结了当前农村村务公开与民主管理和村民自治实践中的经验、创新与做法，进一步提出用参与式治理模式完善村务公开和民主管理制度、促进农村基层民主政治发展的对策建议。

常用的参与式方法有半结构访谈、问题排序、召开村民大会、问卷调查、入户访谈、关键人物访谈等。

1.3.2 参与式林业方面的研究与实践

“参与式”理念基于对当地群众知识、技能和能力的重新认识和公正认识，并给予其充分的尊重；其核心是赋权和机会均等，即通过还百姓发言权、决策权来培养自信、自尊和社区自我发展的能力。“社区参与”注重的是过程而不仅是结果，其目的是建立社区百姓的主人翁意识和公平、公正的管理机制和伙伴关系，在相互尊重、平等磋商、分享经验的基础上，寻找共同利益和兴趣，经过必要的妥协达成社区共识。在政府的信息与政策支持下、科技人员的参谋与技术指导下，社区百姓利用自己的传统知识、经验和技能做出社区自己的最终发展决策。

参与式林业是把参与式发展理论和方法运用到森林资源管理中来。可概括为：森林管理的主体是乡村社区群众，将森林的管理看做是乡村社区发展的一个组成部分，社区群众必须积极参与森林经营活动并受益；应当认识到社区和群众在森林管理技术和制度上具备丰富的知识，应当发挥这些知识的潜力，增强他们在森林管理中主人翁的精神；应当进行林地林木权属、税费、利益分配等社会制度方面的改革以密切森林经营和社区群众的利益关系，使他们感到林业既是他们的工作，又是他们本身的利益所在。由于不同的国家、不同的地区自然社会经济条件的差异，森林资源现状和存在问题的不同，政策法律制度的不一样，以及不同的时期和观察问题不同的出发点，对将参与式的理论和方法具体运用到森林资源管理的实践中，提出了多种称呼：如社会林业、参与式林业、农场林业、农用林业、乡村林业和村社林业、社区林业等。但都强调参与式，可用一个集合名词——参与式林业作为它们的总称。

(1) 国外参与式林业研究、发展现状

社区参与的理论和方法诞生后广泛应用于扶贫、农业、林业、城市环保、教育、卫生等领域，其中在森林管理的理论和实践方面应用最为广泛，广大学者及林业工作者将一般管理中的参与式管理方法与森林资源的管理和保护结合起来，摸索出了森林资源参与式管理这一最佳方法，在森林资源管理和保护方面，世界各国都在积极探求最佳方法。西方发达国家在林业项目的计划、实施过程中，有着参与性管理的优良传统，这些国家在制订造林、采伐、环境保护等各项计划之前，总要邀请或采取调查问卷的方式，征求政府官员、林业专家、环境保护主义者、社区民众、私营企业主的意见，了解他们的需求，在听取各方面意见的基础上，进行多方案的选优，以便做出科学的决策，保证项目和计划的顺利实施。西方发达国家的林业短期和非学位培训体系也很完善，如德国由林业官员和林业科技人员组成流动学校，采取电视、录像、挂图、幻灯等方式，通过听课、参观、动手操作等一系列理论与实践相结合的环节，对各州私有林主进行生态系统管理的基础知识和应用技能的免费培训，奥地利社区群众林业训练班的基本做法，也同德国的流动学校相似。林业发达国家在林业项目的实施过程中，通过制订优惠的林业发展政策，为私有林主提供低息贷款，减免林业税费，并促成民间合作组织，如日本的林业合作社的形成与发展。也涌现出许多新名词，如参与式林业（Participatory forestry）、参与式森林管理（Participatory forest management）、农场林业（Farm forestry）、农用林业（Agro forestry）、乡村林业和村社林业、社区林业（Community forestry）、社会林业（Social forestry）、森林合作管理（joint forest management）等等。国际上在此领域著名的大学和研究中心、国际林联都曾有研究人员试图将上述名词统一，并给出明确的定义，但由于各国自然社会经济条件的差异，森林资源现状和存在的问题不同，政策、法律、制度差异，以及所处阶段和观察问题出发点的不同等，至今未能对参与式林业达成明确一致的定义。

20 世纪 70 年代，尤其是 1978 年第八次世界林业大会，强调将林业发展纳入到乡村发展中来，提出了“森林为人民，森林是人民的，森林由人民管理”的口号。这一时期，参与式林业的思想尚处于萌芽阶段，当时的“时尚”名词是“社会林业”，其实践上的意义并不充分。在 80 年代，主要由联合国粮农组织的倡导，在发展中国家，特别是在东南亚国家，开展了具有很强实践特征的“社区林业”项目，社区林业在严格意义上说是在非国有和非私有，即社区共同所有的土地上开展的森林管理活动。在印度和尼泊尔，将国有林地委托给社区管理，并取得了显著的成效，称为森林合作管理。而农用林业、小片林和农场林业实际上是土地利用技术层面的概念，是参与式林业思想倡导下的具体技术。国际上最早系统地论述“参与式林业”的文献是 1992 年英国的国际发展研究中心出版的一本专著《Participatory Forestry or Participatory Forest Management》。之后，参与式林业这个新概念逐步被联合国粮食及农业组织（FAO）、世界银行等机构所采用。

（2）国内参与式林业研究、发展现状

我国的参与式林业研究与实践始于 20 世纪 90 年代早期，相关实践首先起步于云南和四川省。1990 年前后，在福特基金会和亚太地区社区林业培训中心的帮助下，结合我国长江防护林工程项目、林地林木权属改革等项目实施和政策调整，两省开展了社区群众参与防护林经营模式，森林保护和发展与反贫困等的研究、试验推广，初步形成了一套适合当地情况的参与式林业培训、规划设计和实施方法。全国范围内大规模系统采用森林资源参与式管理，则是在 1993 年开始实施中德合作造林项目，1998 年后该项目将社区参与森林管理制度化，并初步总结出一套在一定区域开展森林资源参与式管理的程序、管理模式、评价验收的方法。刘金龙（原中国林科院林业可持续发展研究中心研究员，现中国人民大学教授，长期从事森林资源参与式管理推广工作）提出了参与式林业的概念，并指出森林经营必须和乡村发展紧密联系，社区群众必须积极参与森林经营活动并受益，应当进行土地权属、利益分配等社会制度方面的改革以密切森林经营和社区人民的利益关系。在此市场、政府、社区具有同等重要的作用。要让地方居民参与森林资源管理，森林资源参与式管理必须考虑，将森林资源的管理和可持续经营纳入到当地社区综合发展中来，必须注意到跨部门的合作和多学科的有机整合。

2002 年，陕西省富县为了解决退耕还林工程实施过程中存在的一些问题，也尝试将参与式方法应用到退耕还林工程中。河南省西峡县的农民规划员制度与农民的参与农村发展规划结合起来，沟通了政府与群众的关系，体现为农民走向自组织与自教育。湖南省桃园县的社会林业把庭院经济、乡村林场与乡镇企业结合起来，特别是庭院经济收入已占农业收入的 58%。山西省壶关县，林业已从单纯经济目标向着生态经济相结合的小流域治理，出现了“千家万户治理千沟万壑”，使生态环境明显改善，从而使生态经济出现良性循环。本项目在6个省份8个县区的16个乡镇开展了参与式林业的实践和研究，举行了参与式森林管理及其方案编制的农户培训，以及参与式林业的协助者培训，编著了协助者指南和协助者培训指南，在实践应用的基础上，编制和修订完善了《集体林区村级参与式森林经营及其方案编制手册》，为参与式林业的发展和实践以及相关的研究做了极大地推动。

国内关于参与是林业的研究主要集中在以下三个方面：

首先是参与式林业的作用和意义方面的研究。研究认为参与式林业是从社区和社区中家庭或互助组的需求出发来研究和利用森林，反思了传统的森林管理割裂了社区和森林的联系的做法。重视分析森林与社区和群众生产和生活的关系，强调了当地社区居民的参与，尤其是穷人、妇女等弱势群体的参与，参与式林业重视社区和群众在林业管理中的作用，有利于社区的生产和生活与所处的森林环境相协调，包括社区的社会文化结构和人民的生活方式。并且认为，我国林业生产不能脱离农民，林业的可持续发展不能脱离乡村的持续发展，参与式林业能促进我国的森林可持续发展。

其次是参与式林业的方法和程序方面的研究。研究认为，参与式林业必须与当地居民农民建立良好的关系，必须尊重他们，耐心地听取他们的意见，并主动地为他们提供叙述社区或开展一个参与式林业发展项目的基本过程。

基本过程包括以下步骤：现有信息收集──→野外调查准备──→野外调查，初步分析和社区反馈，发展机会和制约因素分析──→社区共同承诺──→项目计划──→项目实施──→监测和评估。主要是鼓励社区群众深入分析社区中树木和森林与社区和村民生产生活、社会经济环境之间的关系，存在的问题和解决问题的有利条件，如在自然资源、土地利用、市场营销和管理等方面；与社区共同制定发展项目，制定项目的目标和优先行动（如树种和森林管理方案的选择）；项目活动所带来的利益分配；监测和评估；市场策略；分析现有政策的一些缺陷和改进建议。

目前研究还认为合适的参与式途径、合理的利益分配机制与正确的林地林木权属关系是引导当地群众参与林业活动的基本要素；需要寻求合适的参与式途径使农民的行为和他对森林的认识与政府的政策相一致；让农民参与到政府鼓励的林业项目和林业政策制订过程中，鼓励他们制订自己的乡规民约保护森林。

1.3.3 森林资源管理与森林经营方案编制方面的研究与实践

发达林业国家德、美、加拿大、日本等国对森林资源经营管理问题研究很多，如经营模式、林业政策法规、经营管理体制变革、森林资源保护、私有林与国有用材林管理、产权制度等。其中针对私有林管理的研究比较重视，而对森林经营方案的研究寥寥无几，因为国外与我国的国情不同，林业要求不同，林地面积相对较少。对于林地较小的国家，可通过大量艰苦的林业调查、确立调查小班、建立调查档案和严格按照全面质量管理办法，对调查过程进行先培训、中间指导、最后验收的三环节管理等方法为森林经营方案编制提供材料依据，保证质量。

在我国有人通过实际案例研究认为，通过编制和实施森林经营方案，科学经营、积极保护和合理利用森林资源，提高森林经营的综合效益，就能够不断地提高森林质量，充分发挥森林的生态效益、经济效益和社会效益，从而促进和保证林业的可持续发展。认为编制森林经营方案，在坚持“以营林为基础”方针的同时，要进行合理规划，根据自身条件，充分发挥当地的资源优势，积极发展林特产品加工项目，提高综合利用率。如利用辽阔的林地资源，适度发展种植业、养殖业、加工业，实行林牧、林草结合等，达到以短养长的目的。但一定要避免盲目发展产业项目，加大森林资源的不合理消耗。森林的经营管理主要通过森林经营方案的编制来实现。因此对与森林经营方案编制技术等方面进行了较为深入的研究，如研究者对方案编制、实施上提高技术支持，使木材年采伐量、林分抚育、方案评价、经营监测等方面，由定性到定量，由时间到空间转变。随着计算机的迅速发展和普及，3S 技术已广泛应用于森林资源监测、营林生产与林业决策中，提高了森林经营方案管理的效率和水准。应用线性规划方法结合灰色系统理论，确定年伐量的计算，最大限度地利用了森林资源，使方案与企业长远利益相结合。但单纯强调技术，又与实际应用相脱节。研究者也指出了其中存在的问题，主要的问题还是以往我国集体林经营方案是比照国有林经营方案编制的，以县为单位编制，但随着我国深化集体林产权制度改革，学习借鉴国外参与式社区管理办法后，传统方案已不适应时代的要求，经营目标带有一定盲目性，与生产实际越来越不相符，而我国集体林又具有典型社区特点。近年来，我国南方集体林区，也在一些非政府组织如福特基金会等支持开展的社区林业活动中和世界银行、德援等多边、双边林业发展项目中，尝试开展以乡村社区为单元的集体林经营方案的编制和实施活动。以福建三明市集体林经营方案编制为试点，参与式理念已逐步提高了当地居民在自然资源管理过程中的民主决策意识和自我管理能力，对国有林编制森林经营方案很有启示，开展参与式调查，探索建立适合我国国有林、集体林特点的森林经营组织和管理途径。1989 年，建德林场作为浙江省国有林场编制森林经营方案试点单位，根据批准的方案调整了森林采伐、减少常绿阔叶林的低产林分改造面积、压缩成熟林采伐蓄积量、加快杉木低产林改造步伐等一系列举措，促进了林场的经济发展，推进了森林的永续利用。森林经营方案在国有林经营管理中，普遍起了重要作用，具体表现在森林资源有所增长，营林工作有了新进展，造林更新有成效，速生丰产林比重有提高，新造幼林普遍得到抚育，对郁闭的幼林也适时开展了抚育间伐，各个林场产品销售总收入有了较大增加，林区基本设施建设也有了较大发展。当然也还存在着一些问题亟待解决。

尤其是南方的集体林区改革对我国南方集体林区的森林管理和经营方案编制提出了巨大的挑战。集体林权制度改革在很大程度上调动了广大林农经营森林资源的积极性，促进了林业生产的可持续发展与林农收入水平的提高，带动了林区社会风气的好转，促进了村容村貌整洁和农村的民主建设（王新清，2006）。林改后，集体林权基本明晰到户，原有调查林地权属等都需要重新确认，森林经营处置权需要通过森林经营方案得到落实，以此来保障林地所有者的收益权。因此，林改后，科学合理地编制森林经营方案，在森林经营中体现林主的意愿，是关系到巩固林改成果的重要举措。参与式森林管理和参与式森林经营方案的编制是林改后南方集体林区森林资源管理的重要措施和手段。研究认为，林改后，从原来的集中经营管理变成千家万户分散经营的局面，面对管理服务对象数量和经营者素质的巨大变化，各级政府和林业主管部门应做好规范、指导和服务工作，编制科学实用的森林经营方案，做好公众参与工作，并让广大林农自觉地按照方案开展森林经营，充分尊重包括林农在内的森林经营者的意愿。因此，编制森林经营方案时，林业行政管理部门可按照国家的大政方针提出森林经营的指导性意见，如区域林业发展的中长期规划、森林区划、森林保护、基础建设等。国家林业局也提出相关的建议和规定，但如何进一步实施，保障农户的参与，提高农户的参与能力将是在实践和研究中重点关注的一个问题。

1.4 案例点的选择

参与式手册应用活动的案例点由项目预先选择决定，项目选择六个省八个县区作为案例点，主要理由如下：

（1）中国集体林区主要分布在南方十省，包括广东、海南、湖南、湖北、江西、福建、贵州、浙江、广西、安徽等。项目选择了个福建、江西、浙江、安徽、湖南、贵州，覆盖面积广，代表性强。

（2）福建、江西是我国新一轮的集体林权制度改革率先启动的省份，相比较而言，该两省在20世纪80年代的“三定”后还基本保持了集体统一经营的模式。在本次林权制度改革过程中该两省推进程度较深，林权制度改革后的资源管理问题比较突出，农户权利实现的要求也比较强烈，对于参与式森林经营的要求也比较强烈，有着现实的需要。

（3）与福建、江西相比，浙江、安徽在“三定”时期选择了分林到户，并一直执行，在分林到户的基础上运行了20多年，农户对山林的经营、管理等具有重要的研究价值，农户参与森林管理方面也具有一定的经验借鉴意义。

（4）湖南在改革开放后，与福建一起作为国家林业局（原林业部）南方集体林区改革的试点地区，在各项林业改革和试验中积累了重要的经验，具有很强的典型性，本项目也选择作为案例区域。

（5）案例县的选择。项目基于对各省林业发展和林权制度改革的推进等情况综合分析，对重点林业县、林改试点县等进行了进一步的筛选，选择福建的邵武市和尤溪县、江西的铜鼓县、安徽的黄山区、浙江的龙泉市、湖南的浏阳市和洪江市、贵州的锦屏县作为案例县（市）。案例县（市）的森林资源基本情况如表1-1：

表1-1 案例县（市）森林资源情况统计表

省份	县市	土地面积（万亩）	林地面积		森林覆被率（%）
			万亩	%	
福建	邵武	427.52	319	74.61	70
	尤溪	519.19	418	80.51	74.2
江西	铜鼓	232.08	198	85.32	87.4
浙江	龙泉	458.62	398.45	86.88	84.2
安徽	黄山	246.2	192.8	78.31	74.3
湖南	浏阳	751	517	68.84	65.82
	洪江	352.9	230.2	65.23	68.9
贵州	锦屏	239.5	189.61	79.17	72.01

（6）案例村的选择。项目在前期调研和广泛收集资料、听取市县（区）林业局建议的基础上，并考虑区位条件、资源禀赋、农户对林地的依赖程度、林地经营传统、村民自治等综合因素，最终选择福建邵武拿口镇加尚村、尤溪县西城镇山连村、江西铜鼓县排埠镇双溪村、浙江龙泉市锦溪镇肖庄村、安徽黄山区永丰乡文祥村、贵州锦屏县新化乡欧阳村、湖南浏阳市官渡镇观音塘村、洪江市双溪镇铜锣坪村作为案例村。

1.5　主要发现、基本结论和《手册》修改意见

1.5.1　《手册》应用活动的主要发现

各《手册》活动应用团队在各个案例县（市）分别运用参与式讨论、半结构式访谈、座谈会以及问卷等形式就参与式森林经营及其方案编制手册（草案）进行了探讨和讨论，主要有以下发现：

（1）村级层面

第一，从活动应用的各项目村的了解情况看，村干部基本认为编制参与式森林经营规划，开展参与式森林经营是有必要的。原因如下：

①村干部认为通过森林经营方案编制能够全面了解森林资源情况以及资源的优劣势，从而在选种、造林和采伐方面进行很好的选择与规划。

②认为从森林经营的长远发展来看，参与式森林经营方案的编制能够一起讨论未来的森林经营活动，把握市场方向，确定长期战略目标，实现森林可持续经营。认为编制森林经营方案会注重林种的生态化经营，强调根据地方实际自然环境相应调整，防止过度经营对环境带来的威胁和破坏，避免高强度经营导致土壤结构破坏，质量下降，自然环境退化，也可以避免资源林种单一，水土流失等现象经常发生。

③森林经营具有长期性，需要科学的规划，才能够增加收益。编制参与式森林经营规划，可以做到科学合理地进行经营，增加效益。

但也有部分项目村村干部对参与式森林经营的态度，在表示欢迎的同时也表示出一定的忧虑和怀疑。认为参与式森林经营能够在森林经营中体现农户的意愿，这是好事，但是同时认为农户在森林经营中过于重视经济利益，这可能与政策相违背，也会导致他们在执行政策中出现困难。如果实施参与式森林管理，可能会增加他们的工作难度，有来自政府的压力，一些森林管理的政策需要实施，如公益林管理以及采伐限额管理等政策，如果实施参与式森林管理使得他们执行这些政策难度更大，遇到的农户的阻力将会更大。

第二，村干部认为，实施参与式森林经营需要一定的条件，目前实施会遇到很多问题必须解决。主要有：

①参与式森林经营方案的编制存在一定的困难，主要原因：一方面在于林农的文化程度和专业知识限制。首先，由于文化水平限制，在森林经营方案编制过程中，无论是森林资源现状分析，还是进行未来规划时，有些成员的参与程度较差，文案表达能力有限。其次，由于缺乏专业知识，如仅知道所拥有林地的“四至”范围，但很难和规划图联系起来，给编制方案带来困难。另一方面在于农户缺乏对政策的了解和资金保证。林农表示对一些政策不是很清楚，不能很好地结合政策进行规划；林农经济不宽裕，即使有科学合理

的规划，没有资金的保证，也无法编制和实施。如在访谈中了解到，由于受资金的限制，双溪村的毛竹林改造只进行了一半，不仅影响毛竹的生长，一定程度上也影响了林农森林经营的积极性。

②参与式森林经营的实施存在困难。大部分村干部认为参与式森林经营能够在森林经营中体现农户的意愿。这是好事，但是同时认为农户在森林经营中过于重视经济利益，这可能与政策相违背，会导致他们在执行政策中出现困难。他们还认为如果实施参与式森林管理，可能会增加他们的工作难度。

③村干部普遍认为实施参与式森林经营需要林业基础设施的改善。村干部普遍认为，为确保森林可持续经营，实现森林参与式管理，需要林业基础设施改善。基础设施的完善程度直接影响到森林经营的效果，而基础设施的投资建设和管护依靠村集体的经济能力仍然有限，需要农户和政府部门的共同支持，比如林区道路建设等。目前由于缺乏资金，大部分林区基础设施尤其是林道得不到有效管护和维修，直接影响森林经营。

④村干部普遍认为实施参与式森林经营需要政策的稳定性。村干部普遍认为村级参与式森林经营是不错的，由于参与式森林经营方案体现了林农自身的森林经营思想，林农普遍希望方案编制后不宜根据上层领导的变动或思想的变动随意更改，把它视为长期的一项工作。但参与式森林经营方案编制后，仍需要政府提供稳定的营林政策支持。由于林地的投资回报期长，政策的稳定性可以保证农民的长期收益。

对于参与式森林经营方案编制的单位有争议。一方面，如果存在林场或者合作社的话，那么依托村级林场或者合作社来编制森林经营方案比较好实施。村干部认为现在农民之间相互缺乏信任，合作起来很困难，每家每户都是这里一点那里一点，很难在林业经营方面合作起来。另一方面，不是所有的村庄都有合作社或者林场，也不是所有的农户都加入了林场，如果以合作社或林场为规划单位，则可能将那些没有加入组织的林农排除在外。对于实施参与式森林经营，一些项目村村干部提出最好以村小组为单位，至少也需要十户以上联合起来，一家一户做成本太高，难度大。同时，制定参与式森林经营方案过程中可能会有林业纠纷，需要在村委会或林业理事会的协调下进行。

（2）农户层面

第一，对于森林经营，是否需要编制方案进行森林经营规划，农户存在分歧。一部分林农表示，自己土地不多，搞参与式经营规划意义不大；也有林农表示，如果没有技术上、政策上和资金上的指导和支持，编制规划没有作用。还有部分林农表示，没有必要编制方案，认为目前自己经营就很好。对于方案的编制，多数林农表示因文化水平和技术水平低，不能够独立编制；同时，受文化水平限制，认为编制规划太难，看不懂，实际操作起来程序多且复杂。因收入太少，一起搞的积极性不高。认为即使编制了森林经营规划，可行性也值得商榷。部分林农表示每户的林子山势不同，路况不同，所需劳力不同，起点不统一，一起规划执行还是有点不公平，说服力小，就算制定，也不一定可行。并且每个人都有自己的想法，不好统一，就算规划好了，一旦有灾害发生或是市场价格好，都可能不按规划执行。林农表示，每个人对自己的林地都有话语权和决定权，光靠一个编案约束不了大家，自觉性很重要，强制作用不大。

第二，如果编制参与式森林经营规划，进行参与式森林管理，林农普遍认为林农自身应该是森林经营的主体，应该是参与式森林经营方案的编制主体，并且应该自愿参与。通过参与式森林经营和方案编制能够帮助林农规避风险。因为在森林方案编制和参与式森林经营过程中，涉及多方面的知识，能够受到林业部门的技术培训，提高林农的林地管理水平。同时农户大多认为林区的弱势群体，如低收入农户、贫困户、少数民族户、妇女等可以参与编制森林经营方案，这也体现了参与式森林经营的特点，彰显公平公正、覆盖面广的原则。需要林区低收入农户、贫困户、少数民族户、妇女等弱势群体参与到森林经营中，体现公平和广覆盖的原则，但不能强迫参与。也有少部分林农持不同意见，认为这些群体对森林经营不了解，所以不一定非要参与，重点应该是需要有能力的人参与森林经营，这样才能体现科学合理。

农户认为通过参与式森林经营及其方案的编制，有利于解决传统上困扰林农的指标申请难、申请不透明等问题。他们还认为编制森林经营方案时应该以林农为主体。并且大多数农户认为在森林经营中必须体现他们的意愿，这是他们对森林拥有权益的体现。也是森林可持续经营的一种保证。他们认为经营方案的编制单位也应该取决于林农的经营活动。如果是木材砍伐方案，应该以村小组为单位，如果是林地利用规划，则以行政村为单位比较合适，如果是搞专业林业经营，比如林下经济等需要相邻地块合作的经营，则需要以地缘为单位，涉及到的邻近地区的林农都应该参加。有的时候成片经营可能会遭遇插花山，这种情况下甚至需要跨小组、跨村的合作，一起制定经营方案。并有农户提出，在做参与式森林经营的规划时，规划组中的村民代表需要大家选择。规划在实施中很容易闹出纠纷，比如按照规划，某个农户应该明年砍树，但是也许他自己还想继续经营，这样就容易出现矛盾。因此，关键是要老百姓自己的组织，这个规划队伍应该由村长、森林资源评估中心、林业站技术人员、林业局林调队以及村民代表参与。其中的林农代表应该重新由村民选举产生，而不应该是平时村委事务中的那些村民代表，原来的那些代表主要是组长、老党员，林农代表则应该由林农自己选举为前提。参与式森林经营方案起草以后，需要在林农大会上讨论通过。

第三，对于参与式森林经营方案编制，农户对具体的方案内容提出了意见和看法。林农认为森林经营方案要包括以下几方面：树种选择、造林方式及造林后的后续安排等。在村级参与式森林经营管理中应重视伐后的造林更新问题。部分村民反映，林权改革分山到户后，对当地长期从事森林经营的林农而言造林更新没有问题，但是如果对于长期在外打工的人员造林更新难以保证。村民认为基层林业相关部门应监督造林更新行为，也可以通过林地流转、造林承包等形式解决外出务工人员无法开展造林更新的问题。

针对轮伐期，多数林农表示经营的林种不同，生产周期也会不一样，经营方案中硬性地规定经营期不合理也不符合实际的林业生产情况。大部分林农认为应该根据立地条件或采伐条件等不同情况而定。另外，林农也都表示，方案的使用对象不明确，其中有很多内容是适用于林业工作者的管理工作，林农希望方案的编制要明确目标使用对象，最好是针对不同的手册使用对象编制不同的方案。例如，针对林农和合作组织成员的经营方案要力求直观、简单明了，语言文字尽量本土化，文本可采用图表的形式增强林农的阅读兴趣，这样既加深了林农的理解又起到宣传作用。针对管理者的经营方案，可增加有关他们实际工作的内容，增强规范性和可操作性。也有少部分农户认为应该包括森林防火内容，以及造林及抚育的财务预算、确定轮伐期、间伐时间等问题。

在针对森林经营方案文本统一的意见上，较少林农认为森林经营方案应该统一文本，由林业主管部门下发专门的文件和标准，这样能够得到政府的保障，规避风险，多数林农认为没有必要统一文本，应该根据当地村民、林地条件等实际需要灵活掌握，增加森林经营方案的针对性。

第四，在参与式森林经营方案的编制程序上。基本所有的都认为编制经营方案首先需要林地相关的基本资料和信息，包括林地面积和位置、林地权属、所种树种的资料和信息，也有林农认为应该包括立地条件、水资源、农业经营情况等其他信息。如果需要编制方案，多数农户认为有必要成立森林经营方案讨论小组，讨论小组可以由村中林业技术能人与村民成立，或是由林业合作组织与村干部成立，为林农提供技术帮助。在获取了林地相关的基本资料和信息后，编制讨论小组需要结合 SWOT 分析方法，对森林经营中存在的问题、优势、机遇等进行评估。林农普遍反映应该从提高管理技术，增加技术培训和多争取上级支持等方面来改进森林经营中的问题。关于森林经营方案的规划阶段，所有林农都认为需要确定森林经营的目标，但是对于是否需要确定 5 年森林经营活动持不同意见，多数林农认为需要短期规划，包括营林计划、林下经营计划、采伐计划和防火防病虫害计划等；少部分林农认为不能硬性规定森林经营活动年限。在森林经营方案实施的过程中，所有林农都认为需要对森林经营进行监测，但对如何监测，监测的周期，谁来监测上存在分歧。关于森林经营方案的反馈与信息共享阶段，所有林农都认为需要把所有的森林经营信息都反馈给村民，反馈方式主要有：通过村民代表大会来共享信息和沟通、召开村小组会议和由林业部门传达等方式。

第五，农户认为参与式森林经营方案的编制需要一定的保障制度和政策支持。首先村民认为目前没有很好的制度保障他们的权益和参与森林管理，尤其是一些林业政策，限制了在具体的森林经营中考虑他们的利益和经营愿望，比如公益林管理政策等。同时他们认为这个政策应该有所区分，对于公益林也需要经营，在发挥生态效益的同时，通过适当的经营措施可以提高经济效益。政策应该进一步细化，不应该一刀切，考虑各地的具体情况。其次绝大多数农户希望获得政策、资金的支持。认为目前乔木林采伐指标无法按照当年的实际需要发放，限额没有按照森林实际情况核定，不能够实现资源利用效益的最大化，影响林农经营的积极性。并且缺乏残次林、毛竹林改造的指标，只有获得连续的支持，规划才有意义。林农还认为即便有很好的规划，因为受政策和资金限制，也无法实施。再次需要营林、病虫害防治技术指导。大多数林农表示没有接受过相关技术的指导，同时目前培育濒危物种也受到政策和技术限制。村民普遍反映，单纯依靠村民自主参与经营管理仍然不够，在技术、资金等方面仍然需要政府的支持。因此在参与式森林经营指南中也应增加技术方面的保障，强化对林农的技术指导。需要通过专家培训竹林生态化经营模式，提升竹林经营水平。同时，希望专家和地方林业分管单位可以向农户积极推荐新的、市场价值高又符合当地自然资源条件的林种，当地林农对于品种更新，丰富当地森林经营类型十分欢迎和赞同。农户们希望培训的方式多样化，可以包括网络培训、现场指导、上课传授、材料分发等形式。也需要专门的技术人员来协助编制方案。最后就是政府应在参与式森林经营中充分相信群众。与自然资源整日相处的当地居民最了解其资源状况和存在的问题，农户认为他们有解决问题的知识和技能，能管理和利用好自己的资源。政府在森林经营方案中扮演的是服务功能而不是管理功能，政府应为农民提供资金、技术、市场信息等服务，引导村民自主进行森林经营方案的编制，而不是对农户的决策进行干预。在森林经营方案编制后，应给予农户充分的自由决策权，相信林农具有自主经营决策和森林可持续经营的能力和理念。

最后，在参与式森林经营方案编制方法上，多数农户认为大家讨论编制森林经营方案的风险、机会和优势、劣势这种头脑风暴法，编制森林经营方案最适用，其次大家选择的是利益相关者座谈和共同制定方案后进行集体修改。

（3）林业工作人员层面

第一，对参与式森林经营及其方案编制方面的看法。大多数林业工作人员和管理者认为实施参与式森林经营和编制参与式森林经营方案可以提高森林经营管理水平，也有少部分认为可以获取政策支持、规避风险，防止森林经营者在森林经营过程中耗竭性的采伐，进而保证森林的可持续经营和增加林农收入。林业工作人员基本认为编制森林经营方案应该是村民自愿参加，因为森林经营与农民利益相关，且编制过程能够帮助农民规避风险。大部分的管理者都认为编制森林经营方案需要林区低收入农户、贫困户、少数民族户、妇女等群体参与到森林经营中，体现公平和广覆盖的原则。管理者都认为若参与森林经营方案编制过程，农民的林地管理知识和管理能力会得到提高，因为编制森林经营方案会涉及多方面知识，这本身就是一个学习的机会。另外，在森林经营方案编制过程中林业主管部门开展的相关培训，也会提升林农的林地经营水平。大部分林业工作人员都认为森林经营方案包括树种选择、造林方式和造林后林地的后续安排，少部分还认为应包括如立地条件等其他的内容。但多数管理者表示经营方案中硬性地规定经营期不合理。经营方案中规定10～20年森林经营的主要活动，制定森林经营的中期（5年）计划和年度计划等不符合林业经营的特点，林业生产周期长，而且经营不同的林种，生产周期也会不一样，所以硬性的规定经营周期不符合实际生产情况。

但大部分林业工作者也认为即使没有森林经营方案，也不会存在风险，因为有些林农家的林地很少，且林农对森林经营很熟悉，自己可以预防风险。另外也有个别管理者认为，即使有经营方案，同样是还是会存在经营风险，只是风险大小的问题。有林业工作者认为林农没有必要自己做森林经营规划，最多做到村一级层面就差不多了。

第二，关于参与式森林经营方案编制程序。林业工作者都认为编制经营方案需要一些林地相关的基本资料和信息，这些信息主要包括林地面积和位置、林地权属和所种树种等方面。他们认为可以由村中林业技术能人与村民，或是由林业合作组织与村干部，以及林业合作组织与院校、技术人员等方式来成立森林经营方案讨论小组。林业工作者普遍认为目前森林经营的主要问题有资金、技术、能力、政府支持和是否获得利益等几个方面，大多数林业工作者认为需要进一步了解森林经营中存在的优势、问题；要判断林地未来变化，判断的主要内容包括政策法规变化、森林经营积极性以及劳动力转移等方面。在规划阶段，林业工作人员基本认为分林到户农户很难纳入森林经营规划中，只能是大户、林场。被访问的林业工作人员都认为森林经营需要进行监测，多数林业工作人员认为应该由农民自己来监测，也有相当一部分认为应该由当地林业部门来监测，认为监测内容应该包括是否按经营方案执行、执行效果以及影响经营方案实施的问题和整改措施的落实情况等。近一半的被访问的林业工作人员认为需要把所有的森林经营信息反馈给村民，可召开村小组会议或村民代表大会来进行信息的共享和沟通。半数以上认为不需要把所有的森林经营信息反馈给村民，因为这样会加大基层的工作量，可以共享对林农有实际帮助的信息。

第三，对于实施参与式森林经营及其方案的编制所面临的问题，多数林业工作人员认为农户、森林经营者缺少技术及专业人才是目前所面临的最大问题，农户参与森林管理的能力有限，尤其对于参与式森林经营方案的编制的能力相当缺乏，农户参与森林管理必须要有一定的技术协助和保障。其次是森林经营缺少政府的扶持与指导。同时在参与式森林经营规划的编制和执行过程中存在一些问题，具体表现在：①在编制方面，林业工作者认为编制参与式经营规划比较困难，主要是林农各自想法不同，经营方式和资源状况也有差别，规划目标很难统一，很难编制出一个长期、统一的规划。同时林农收入状况、政策的稳定性、资金投入的保障、专业技术指导等方面因素，也给方案编制带来难度。具体来看，制定评估大纲能做，因为林农对自己的林地经营比较关注，对其影响因素也比较了解。评估森林资源现状能做，因为自然村范围相对较小，森林资源现状易于评估。评估未来经营发展趋势不易做，因为林农各有各的打算。同时，受信息与知识水平限制，很难准确判断未来发展趋势，存在一定的风险。确定森林经营的具体目标与规划不易做，原因在于如果森林资源类型相同，则容易确定，反之，难于确定。此外，林农各自的经营目标很难统一，协调上较难。规划执行进展的监测不易做，各种政策、人员、资金的不确定性导致不能保证监测顺利进行。②在执行方面，林业工作者均表示规划执行有一定难度。客观上，林农各自山林条件不同，对山林的管理有差别，文化素质存在差异，发展目标各异，经营目标较难统一；另外，市场价格变化也是一个最重要因素，规划执行有一定难度，需要建立规章来保障规划的执行。即使是农户参与编制森林经营方案，在实际中也很难执行。或者是根据农户的意愿，森林经营方案中的经营措施等很难细化、具体到年度、地块、小班，即使进行了相关的规定和计划，也很难执行。

第四，在实施参与式森林经营的保障上，林业工作者认为，首先政府应改变“自上而下”的林业行政决策角色，部分决策可能不适合当地区域社会经济和自然资源发展条件。政府应积极调动基层营林单位积极性，让营林主体自主决策管理，而将行政决策的角色改为服务角色，政府可以引导村民自主进行森林经营，为经营主体提供营林项目的选择、营林技术、产品和市场信息等平台服务功能。针对地方森林经营虽然需要不同层面的法律法规监督，但是森林经营法律法规不必管得太多、太紧，应培养林农的自主经营决策权，要相信林农具有自主经营决策和森林可持续经营的能力和理念。其次，给予农户自主权。以行政村为单元编制方案，主要目的是促进社区（行政村）内部成员对森林进行自我管理。对经过行政村成员共同参与形成的森林经营方案，政府应尊重并减少直接控制和干预，给予林农自主决策的权力，通过村规民约来约束林农的不合理森林经营活动，但要确保其经营权不受侵犯。同时，政府应对村级参与式森林经营方案进行有效监督和评估，确保其符合我国和地方森林法律法规，如国家《森林法》、地方上的《林地保护利用方案》等，同时也可以确保该方案具备一定的科学性和可行性。再次，政策应该是全方位的、可持续性的。与林农对林业经营的经济效益的关注相比，林业部门的工作人员更为关心全面的可持续的林业发展。认为森林经营应该强调全面的林业，而不是是片面的林业，林业应该是立体的、综合的经营，不光是竹子和木材，还应该将林下经济、观光林业、花卉苗木经营等纳入进来。林业经营应该注重可持续性和全面性，我国的林业其实一直没放开，不适合搞市场经济，适合开发的林业产业也就是林下经济。最后，有效引导基层林业合作组织参与地方森林经营。地方政府和合作社理事长等普遍认为，参与式森林经营需要发展基层林业合作组织。但是政府应通过制定合理的激励政策有效引导，并进行甄别扶持，这是在参与式森林经营指南中要强调的。现有林农合作社很多都是虚设，往往是一些经营主体为了套取项目补贴或扶持组建合作组织。应等到合作社真正健康运行起来并得到林农社员的广泛认可后，针对部分急需资金的合作社给予项目补贴扶持。同时，可以对合作社建立绩效评价制度，对部分运作评价良好的合作社予以以奖代补的支持，支持合作社的优胜劣汰发展。

第五，关于参与式森林经营受益者问题。项目村所在的县区林业局以及林业站工作人员半数以上认为编制参与式森林经营方案，进行参与式森林管理最大的受益群体是林农，三分之一左右认为受益的是政府。但多数认为森林经营方案对林业合作组织最有用，可以方便合作组织经营运用和提高森林经营的方法技术，其次是林农。

1.5.2 参与式森林经营方案编制及《手册》修改建议

(1) 关于参与式森林经营政策层面的建议

第一，在林改以后考虑林农参与式森林经营，在森林经营管理中考虑农户的利益，是对林改确权的深化和进一步落实，与林农在一起讨论未来森林经营的发展方向，制定营林计划，把握市场方向，确定长期的战略目标，实现森林可持续经营。这符合村级发展的目标。从政策和森林资源管理方面看参与式森林经营是必须的，也是可行的。但是参与式森林经营方案的编制和执行有赖于国家政策的长期扶持。森林经营是一个长期持续的投入资金、技术、劳务才会有收益的过程，未来的经营随时会受到自然灾害、市场条件的影响，因而必须有一个长期稳定的政策和足够的资金保证，才能使编制好的参与式经营方案得以有效地执行。目前，林农经济不宽裕，资金保证的来源主要有两个：一是国家或省级的造林、抚育、退耕还林、生态林补贴，另一个是政府财政支持的林业经营贴息或免息贷款。换言之，足够的资金保证也是对国家政策的要求。

第二，对于现有的一些森林管理政策，需要进一步完善和修订，以适应参与式森林经营。

①完善森林采伐限额制度的政策。根据森林分类经营的要求，应出台政策对村级生态公益林和商品林采取不同的采伐管理制度。其一，生态公益林抚育采伐管理。国家对生态公益林采取了强制性的约束和管理，更新伐区设计必须经过县级以上林业主管部门批准，并按批准的设计任务书执行。当地政府应采取切实有效的政策措施，给予当地农户内在的激励，实现外在约束与内在激励的有机结合。具体包括：因地制宜确定生态公益林抚育采伐强度，可给予村级一定的自主权；在村级层面，对急需抚育的中幼龄林采取科学合理的森林抚育措施，采用透光伐、生态疏伐、生长伐、卫生伐等抚育间伐技术相结合，优化森

林结构，促进林木生长，提高森林质量。鼓励当地农户在不影响生态公益林生长的前提下发展林下经济，并为其提供资金、技术等方面的扶持。其二，商品林采伐限额管理。森林采伐限额管理制度改革的重点是商品林，将现行“采伐限额制”逐渐改为“采伐登记备案制”。可以在部分案例村进行试点，由林木所有者自行确定其采伐年龄和采伐方式。同时，各级林业主管部门定期对林木采伐执行情况监督检查，切实执行凭证采伐制度，提高凭证采伐率。在法律法规上规定采伐后必须在当年或次年更新，禁止采伐生理和工艺皆不成熟的中幼林，限制进行皆伐等。

②完善林权抵押贷款及其林业附属金融产品的政策。地方上可以率先出台《林权抵押管理办法》，对林权抵押概念界定、抵押登记、抵押变更终止、登记责任、抵押物安全、抵押物利用、抵押物处置事项作出明确规定。应从以下方面进行优化：延长抵押贷款期限。林木生产周期长，应适当延长抵押贷款期限，以符合森林经营的特点以及经营主体的利益。明确抵押贷款优惠利率。应明确林权抵押贷款的优惠利率，避免政策补贴的利息成为商业银行的额外利润，保障贷款方的真正收益。完善贴息政策。林权抵押贷款贴息体现了财政对林业的支持。可根据抵押贷款的用途差异设定差异性的贴息率，推动森林的分区和分类经营。规范贷款办理程序。

针对目前村级森林经营中基层农户小额信贷无法满足森林经营对资金的需求，适当提高农户小额信用贷款的授信额度，对小额农贷金额可根据农户要求、资信程度、资金投向、还款能力和信用社的能力适当增加农贷金额，延长贷款期限，真正发挥小额信贷支持森林可持续经营的实施效果。大力开展森林经营和林区基础设施建设中长期信贷业务，以引导更多社会资金投入林区基础设施建设，夯实森林经营发展的基础。

③健全生态公益林补偿政策。生态公益林补偿应区分权益损失补偿与建设、管护费用。权益补偿是作为对生态公益林的经济损失进行补偿，应直接补给森林、林木所有者。建设经费和管护经费主要用于种苗培育、封山育林、造林更新和林木抚育、管护等，应发放给当地林农。建立健全分类补偿与分档补助相结合的森林生态效益补偿机制，逐步提高生态公益林补偿标准。在此基础上，建立健全以公共财政为主体建设生态公益林的投资机制。

第三，关于参与式森林经营方案的编制，有以下几个方面需要在政策上注意和体现。其一，要体现林农的主体地位。林改已经分林到户了，林农是主体，如何来经营、管理并获利于林业是他们自己的权力。正是为了保障这种利益的实现或科学的经营管理才制定这个经营方案。因此经营方案的制定主体应该是林农，他们所缺乏技术或其他条件保障，应该作为地方林业主管部门的一个重要工作内容，要帮助他们解决问题（市场信息、技术等），另外规划技术、对问题的分析、在经营过程中面临的问题如何解决等都应该由主管部门与林农一起商量来解决。因此，制定方案时应该以林农为主题，政府是多方位、多渠道地提供支持和保障。其二，森林经营方案的制定和执行要纳入县层面的林业主管部门，尤其是林政资源管理部门，作为其他工作的重要内容。在社区层面，经营方案由县里来审批、监督和执行，纳入到县层面林政资源管理体系当中。

第四，国家要加大对造林、森林资源经营管理、林区基本建设方面的规划和投资。应该把政府的林区发展规划和林农森林资源经营的方案结合在一起，从政策上提供森林经营方案制定和执行的外部环境和条件，并且要对外部环境和条件在方案中加以明确。

第五，对于参与式森林经营应该采用循序渐进的方式，在试点的基础上，完善政策，再进行推开。在社区层面，要采取“循序渐进，政策引导”相结合的方式，对林业经营水平相对较高或林业对当地林农和政府比较重要的地区先推试点，在林农自愿的情况下，由林农申请，林业主管部门帮助解决，逐渐完善参与式森林经营方案制定和实施的体系。

第六，地方政府和林业主管部门应加强对林农森林资源经营的技术、管理、市场方面的培训，逐渐提高他们的意识和能力，这是未来提高森林资源经营管理水平的重要基础。制定森林经营管理方案是一种形式和手段，但农民自身的意识和能力是决定森林经营水平最关键和最基本的问题。从《手册》应用活动中，可以看出农户参与森林经营管理的意愿和积极性较高，但对于参与森林经营管理的能力欠缺，除了缺少程序制度和程序保障以外，农户自身的森林经营能力也是重要原因。项目进行中农户体现出的森林经营管理主要靠经验和直觉，有合理的成分，但有时也缺少科学性，有时对于经营森林缺少长期的筹划和目标，遇到市场变动频繁调整，难以很好地经营森林。同时，农户在具体的森林经营措施和手段上，在森林经营的技术和规划上也表现出一定的欠缺，与满足我国森林经营方案以及规划的需要存在一定的差距。开展农户参与式森林经营，农户的能力建设和相关知识、技术培训至关重要。所以应加强对林农的培训，使他们能很好地经营和管理森林资源。

第七，进行森林资源管理改革，鼓励多种形式的合作。南方集体林区林改后产权到户，林权分散，经营单位变小，不仅仅给资源培育、林木砍伐、森林保护等方面的管理带来了新的问题，需要进行森林资源管理的改革，同时也增加了经营成本，也使农户经营积极性下降。参与式森林经营管理方案不适用于一家一户的小农户，以村、林场或合作社为单位，至少应是联户经营的林地。具体编案单位的选择应该取决于经营活动和经营范围，如木材采伐方案需要以村小组为单位，林下经济的经营方案需要以临近地块的林农参与，林场、合作社都可能成为森林经营编案单位，有时候还需要跨越村庄的界限。参与式森林经营方案应以经营活动为主体，涉及到的相关利益群体都应该被纳入进来。因此鼓励和促进多种形式的联合和合作是解决的途径之一。进行森林资源管理制度改革，运用市场机制，减少管理环节，降低农户林权流转的交易成本，积极引导农民在自愿的基础上，以资金、技术等为纽带，进行林木、林地以及林业劳动力和林业技术等的林业生产要素的联合和合作。经营方案本身的制定对象应该是有一定的规模、明确经营目标的群体和生产单位。要提高集体林整体经营水平，搞股份制林场、合作林场和合作组织是一个重要的前提保障。可以通过组织开展林业合作经济组织示范点建设，帮助和指导合作经济组织制定和完善规章制度，加大对林业合作组织的扶持力度。

（2）关于参与式经营方案编制技术层面的建议

第一，多方参与编制村级森林经营方案。森林可持续经营是编制村级森林经营方案的重要原则。在村级参与式森林经营指南中，应明确编制森林经营方案需要做好前期调查工作，采用先进的调查方法和手段，加强专题调查和技术经济分析工作。同时，应明确各类经营主体和不同类型森林应制定差异性的森林经营方案，要分类指导，形成模式化，便于应用和推广。在《指南》中应明确编制村级参与式森林经营方案的组织工作，需要专业技术人员、森林经营主体和林业行政管理者相结合。在村级森林经营方案编制工作之前，应加强森林资源调查、专业调查和编案等专门人才骨干培训，组织各类型村级森林经营方案试点示范工作。

第二，要简化森林经营方案，建立多样化的技术标准。建议就林农森林经营的几个关键问题，如造林、抚育管理、采伐和病虫害防治等制定出具体的森林资源经营管理计划，把林业生产经营过程中最重要的问题拿出来做规划，然后完善相关的配套政策和管理制度，确保森林经营水平的提高。在村级参与式森林经营指南中要鼓励地方建立适合当地区域发展的森林可持续经营技术标准，从而保证当地森林经营水平和村级森林经营方案的质量。避免单个农户因为经营山林分散、面积小而不重视森林经营的问题，有助于政府对分户经营的集体林进行指导。

第三，鼓励多种形式合作进行森林经营方案的编制。南方集体林区林改后产权到户，林权分散，经营单位变小，但也存在一些在森林经营方面发挥作用的组织如林农专业合作社、林业理事会等。在单个林农缺乏资金实力、技术和信息的情况下，林农合作组织在林业日常管理、基础设施投入、销售和利益共享方面能发挥重要的作用。所以在森林经营方案编制过程中，应充分发挥这些组织的作用，但另一方面，也应该充分考虑那些没有加入组织的林农，对于那些游离在合作组织之外的林农应有替代方案。

(3) 关于《手册》修改的建议

第一，增加导向性说明。现有培训手册内容导向性不强，应该引导参与者关注森林经营的长期利益，调整参与者的短期利益倾向。应在国家林业局的《简明森林经营方案编制技术规程》的基础上，结合参与式讨论，将国家森林可持续经营的理念和村民参与式森林可持续经营的意愿充分体现到方案中来。《手册》一开始就阐述了参与式森林经营的概念和目的，但未能介绍其意义。这是激励农民参与到其中的部分，也应予以添加。并且要增加“村级参与式森林经营方案编制原则”内容，解释清楚开展村级参与式森林经营方案编制所需要把握的原则和基线，如森林经营方案的编制以满足农户的基本生活需求保障为前提。在林区，有不少农户以林地经营为主要收入来源，在森林经营方案编制时，要以不影响农户的基本生活需求为前提，在保障农户生存的基础上，才能调动农户积极性，主动参与到森林可持续经营中来。

第二，进一步明确适用对象。本手册的适用对象不明确，在手册中，多次提到“农民”、“林农”、“合作组织成员”等相关概念，并没有明确的针对人群。因为农民可能没有林地，而林农又存在不同经营规模的问题，若林农经营范围过小，参与式森林经营方案编制成本过大，反而会给基层带来很大的工作量，不切合实际。修改时要更明确手册的使用对象，最好是针对不同的手册使用对象编制不同的方案。例如，针对林业工作人员和合作组织成员的经营方案要力求直观、简单明了，文字语言尽量本土化，文本可采用图表的形式增强林业工作人员的阅读兴趣，这样既加深了林业工作人员的理解又起到宣传作用。针对管理者的经营方案，可增加有关他们实际工作的内容，增强规范性和可操作性。如管理者在森林经营管理中的具体工作步骤，明确纳入森林经营方案的农户拥有林地的标准。

第三，语言应该更加简洁明了。本手册理论色彩较浓，内容比较深奥，专业术语较多，难以理解。同时语言晦涩难懂，文本过厚，语言不够简洁，如果针对文化水平较高的林业工作者，文本相对比较容易理解；对普通的合作社成员或者一般林农而言，文本的实用性不强。修改时应尽量使用简明的语言，采用图表结合的形式，避免用过于生僻的专业名词和官方化的语言使手册应用者难以理解。经营方案要尽量简化语言，避免过多的理论阐述，涉及到的一些专业方法，要加以简单易懂的文字说明，或配合相关图表来加强理解，避免用过于生僻的专业方法，从而增强对基层的指导性和可操作性。

第四，操作步骤应该更加具体化。手册中虽然有写明方案编制的程序和步骤，但还是基本上处于理论解释和说明上，没有说明在实际操作中针对各利益相关群体的具体操作步骤。因此无论是管理者还是林农通过文本的阅读依然无法指导其实际行动。例如，在参与式森林经营方案编写的准备阶段，管理者的具体工作是哪些，农民需要做什么工作，具体的操作程序是什么；在评估阶段中，具体的指标是什么，用什么样的评估和监测的标准，这些都不是很清楚，都是很繁琐、复杂的文字。修改时在经营方案编制的具体程序上要针对基层的实际工作进一步细化，说明每个步骤的具体程序，确定每个步骤需要的具体材料、相关人员、要如何实施、达到怎样的标准、评估、监督的具体要求等，增强条理性，使基层在实际操作中有章可循。

第五，方案的内容应该更加符合实际。手册在对森林经营方案的内容上多数林业工作人员和林农表示经营方案中硬性的规定经营期不合理。经营方案中规定要“明确10～20年森林经营的主要活动，制定森林经营的年度计划和中期（5年）计划”，不符合林业经营的特点。林业生产周期长，而且经营不同的林种，生产周期也会不一样，所以硬性地规定经营周期不符合实际生产情况。修改时要考虑森林经营方案的相关内容与中国国情、各地的林业发展情况紧密结合。编制方案前要充分考虑林业的特点、中国林业发展的情况以及各地区社会经济发展情况和林业经济发展情况，合理科学地制定森林经营方案，对特殊情况地区要做出解释说明，因地制宜，不能一刀切。关于经营期问题，不易做硬性规定，要根据不同地区和树种，做出弹性安排。经营方案编制出来以后，可以先进行试点，根据具体情况再修改完善。同时经营方案要充分考虑基层的人员能力、技术、资金的情况。经营方案各步骤的实施，需要大量的人力、资金和技术的支持，为了保证经营方案的有效实施，方案中需对人员、技术、资金的来源与安排做出说明和规定。同时手册在修改时要强调在编制方案的准备阶段注重利用参与式访谈充分听取村里有经验老人的意见，了解村里森林发展的历程。在这个过程中，还应注意弱势群体的参与，注意当地长期积累下来的乡土知识和乡规民约对自然资源管理的积极作用。

第六，配套政策可以更加明确细致。森林经营方案的准备、规划、评估、监督等各程序的实施，需要相关的政策规定以及工商、税务等各部门的协作配合。所以加强配套政策建设，如税费优惠政策、生态补偿、林权抵押贷款以及限额采伐制度等方面的支持，是保障森林经营方案有效实施的重要方面。比如，林业工作人员和林农认为经营方案的实施需要监督，但是方案并没有明确监督的部门是哪些机构，这样就容易出现相互推诿。同时，文本中也没有说明对方案进行认定的部门，包括经营方案有什么样的约束性，如何保证村集体在森林经营过程中执行方案中的规划，这些问题在手册中进一步修改时要加以明确。

第七，手册中对森林经营方案的编制应尽量表现出林农的主体地位。森林经营方案要体现林农的主体地位。在分林到户以后，要充分体现林农的主体地位，如何来经营、管理并获利于林业是他们自己的权力，制定这个经营方案是为了保障这种利益的实现或保证科学的经营管理。因此，方案的制定应该是以林农为主体，政府多方位、多渠道地提供支持。地方林业主管部门的一个重要的林业工作内容是提供林农所缺乏的技术培训和其他条件保障，要帮助他们解决如市场信息、技术、资金等问题。另外，对问题的分析以及在经营过程中面临的问题如何解决，这些都需要主管部门与林农一起商量。

2 中国集体林区村级参与式森林管理及其方案编制手册

2.1 编制基本说明

2.1.1 背景

在中国，将近60%的林地属于集体林。长期以来，集体林经营更多地反映政府意愿和利益需求，而在森林经营，特别是森林经营决策上，林权所有者意愿表达不足，致使森林经营效率提升乏力，以及政府与林主的利益冲突。早期的林业政策改革已经在森林经营层面引入了一些农户经营林地的不同方法，这些方法包含不同层面的管理制度改革，且已在多个地区实施过。2003年以来的集体林权制度改革更清晰和更广泛地强调将土地使用权和林权下放给农户个人，新的产权体系的推行，在给当地农户利用集体林创造收入和改善生计状况机会的同时，也给森林可持续经营带来了一系列挑战：

- 森林和森林经营的碎片化；
- 高的制度和行政运作成本；
- 森林所有权和林地使用权市场发育不完善、市场价格信息不透明；
- 信息获取的交易费用高；
- 采伐指标管制和许可证制度引起的腐败；
- 缺乏多方利益相关者的参与，特别是林农和社区组织等的参与。

如果要使林权改革有效，包含对农户授权的参与式森林经营是必须的，林农合作组织运用参与式方法管理森林资源的能力也需要加强。编制本手册的目的则是为集体林区的参与式森林经营及其森林经营方案编制提供最基本的程序和方法，使得林区的森林管理者能够通过参与式森林管理的程序和方法，编制体现参与式森林管理思想的森林经营方案，并进行实施。

本手册侧重于给森林经营者、管理者一个具体指导和操作指示，在森林经营中如何使拥有林地经营权、林木所有权的农户、当地居民等参与到森林经营和管理者中，明确参与森林经营及其方案编制的具体方法和操作步骤等。本手册的目标对象是村级（或者村民组，或者合作社）森林经营者。

2.1.2 手册的内容

参与式森林经营及其方案编制是一项涉及面广、内容复杂的系统工程，既涉及与森林经营相关的社会经济、法律法规、政策制度等领域，更与资源环境、科技创新等密切相关。《手册》的编制，按照森林经营方案编制过程和具体方法以及所需要的制度环境等展开。《手册》开始部分介绍了本手册的编制背景、内容框架以及应用，第一部分介绍了参与式森林经营的目的以及《手册》设计的一些基本概念等，第二部分描述了参与式森林经营方案编制的程序和内容，第三部分介绍了参与式森林经营方案编制的具体方法，第四部分介绍了保证参与式森林经营的制度基础和保障，第五部分说明了参与式森林经营方案编制的一些技术标准和体现参与式森林经营成果技术要求等方面的备注材料。

2.1.3 怎样使用手册

本手册为森林经营者、管理者进行参与式森林经营及其方案编制提供具体的指导和操作指示。本手册所确定的程序和方法为村级（或村民组、合作社）森林经营者和其他利益相关者参与森林经营管理决策过程提供有效途径，以体现拥有林地经营权、林木所有权的农户、当地居民的森林权利。

2.2 参与式森林经营的目的与基本概念

2.2.1 参与式森林经营的目的

● 保证森林所有者和当地居民等森林相关的权益人自愿参与森林经营项目；

● 避免森林经营的社会风险，即森林经营可能出现的社会冲突，并与相关权益人制定防止风险和冲突的对策措施；

● 通过与农户的磋商，设计森林经营的技术方案，包括合适树种的选择、造林模式和模型的设计、造林后林地的承包安排和后续管护方案等；

● 确保林区低收入农户、贫困户、少数民族户、妇女等群体能够有公平参与森林经营的机会；

● 参与式受益人磋商也是构建和提高农户林地资源保护意识，提高他们林地资源管理承诺和管理能力的过程，对保证项目的长远影响是至关重要的。

2.2.2 参与式森林经营的基本概念

（1）参与式森林经营

是指将参与式发展理论和方法运用到森林资源管理中。参与式森林经营不是一门技术，实质是一种森林经营的思想。主要是把森林经营与乡村发展紧密联系，社区居民、农户等利益相关者参与到森林经营的决策和管理活动中，在森林经营中实现包括他们的目标和利益诉求等生态、经济、社会的多目标。

（2）森林经营方案

是森林经营主体根据国民经济和社会发展要求及国家林业方针政策编制的森林资源培育、保护和利用的中长期规划，是对生产顺序和经营活动安排的依据，也是林业主管部门管理、检查和监督森林经营活动的重要依据。

（3）森林经理期

是指森林经营主体为实现其阶段目标任务，在一定时段内按照既定的经营方针、目标与任务对所属森林资源进行资源调整、配置的最佳时间间隔期。

(4) 利益相关者

所有对森林经营和实施活动感兴趣或受其影响的人和团体，如政府部门、森林范围内或周边的社区，当地居民、林业从业人员、投资商和保险商、顾客或消费者、对环境感兴趣的组织、一般公众等。

2.3 参与式森林经营方案编制的程序和内容

2.3.1 参与式森林经营方案编制程序

参与式森林经营是一个长期反复的过程，不能仅靠参考某些文件或一些短时间内实施的参与式实践就能达到目标。森林经营方案编制应该随着林农能力的提升而逐步提高，因此，确保互动式学习和能力建设是达到参与式森林经营管理目标的重要内容。参与式森林经营管理建立在一个规划周期基础上，参与式森林经营方案编制则是实现管理的重要途径之一。方案编制主要有以下过程：

- 准备：对现有森林经营相关的信息确定、收集和整理；
- 评估：对森林经营的目前形式和未来趋势进行分析；
- 规划：找出森林经营的问题和战略选项，确定森林经营的目标和活动；
- 监测：制定监测计划并实施；
- 反馈与分享：反馈并与其他利益相关者分享结果。

参与式森林经营及其方案编制的步骤及其活动如图 2－1 所示。本手册所叙述的参与式森林经营及其方案编制的程序始终基于图 2－1 的程序。

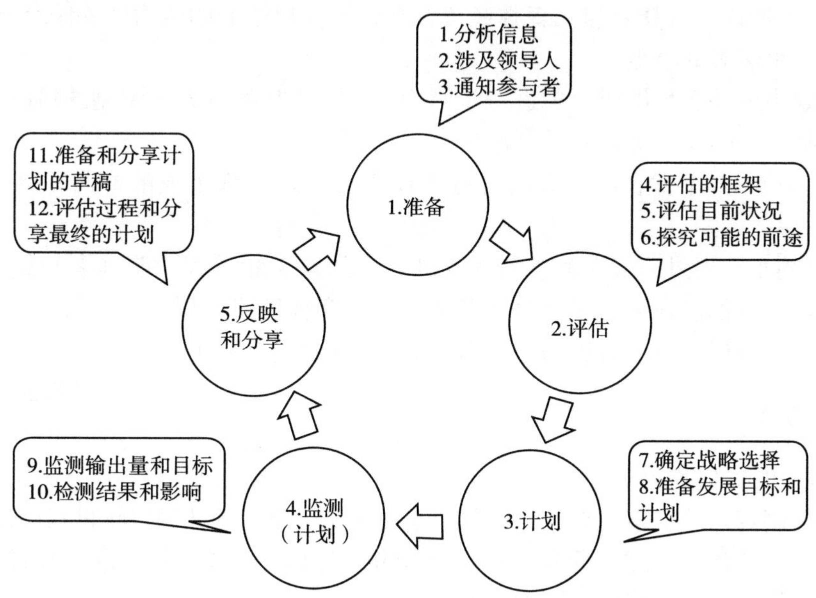

图 2－1 参与式森林经营方案编制程序图

2.3.2 准备阶段

准备阶段包括3个步骤。

第一步：确定、收集和分析参与式森林经营方案编制所需要的各种背景资料和信息。主要内容有：

● 对现有资料（如村级森林经营方案）进行收集、整理和分析，并摘录其重点：如立地条件、权属变化、主要的森林利用情况、经营管理方面存在的问题等，复制相关的地图和表格。

● 对其他相关资料进行分析，弄清森林资源和其他自然资源（如水资源等）的经营情况；如农业发展情况，当地合作组织发展情况（劳力变化、小额贷款等），森林冲突及其处理情况，妇女或青年的专门发展规划，其他社会经济发展情况等。

● 确定何种人能够提供上述信息，并对他们进行访谈，同时向他们索取文字资料。

● 对主要发现进行总结，在编制参与式森林经营方案过程中作为参考和回答林农规划小组的提问。

第二步：与政府官员、村干部以及村民等森林经营者和利益相关者讨论参与式森林经营及其规划小组成立问题，明确参与式森林经营及其方案编制的原则和目的。主要内容有：

● 召开由政府官员、村干部和合作组织负责人参加的会议，讨论参与式森林经营规划小组的建立问题。

● 走访村民小组，询问村民关于参与式森林经营及其规划小组建立的意见；

● 与村民座谈，解释参与式森林经营方案，并发现他们的能力。

第三步：组建规划小组

组成规划小组并在小组成员中进一步明确参与式森林经营方案编制的目的、意义，以及他们的贡献、时间安排等。主要内容有：

● 组建由6～8个林农以及政府林业工作人员、村干部组成的参与式森林经营方案编制小组；

● 在规划小组内进一步明确参与式森林经营的意义和过程，明确参与式森林经营的目的、意义，以及他们在参与式森林经营和参与式森林经营规划中的贡献；

● 进一步明确规划小组的工作，明确时间安排并进行分工。

2.3.3 评估阶段

评估阶段包括3个步骤。

第一步：制定评估大纲。根据可持续森林经营以及各利益相关者的利益关注讨论确定森林可持续经营的各种关注方面和指标，充分考虑各利益相关者的诉求，在评估大纲中体现他们诉求和设置相应的指标。主要内容有：

● 通过参与式座谈、讨论会，回答基本问题，例如：合作组织和村民希望森林如何发展？什么样的森林可以长久经营下去？怎样通过经营健康的森林为成员带来更大的效益？等等。

——建议从森林生长、经济效益、社会效益和生态效益几个方面做细致考虑、讨论。

● 通过访谈和讨论会，回答最近10年中，什么因素改变或影响了这个村的森林经营方式，例如：

——森林的状况以及生态方面（如树种、林龄、混交、立地条件、病虫害、混交林与纯林、天然更新、野生动物栖息地、水土保持、小气候、其他环境方面）。

——经济方面（如生活费用、商业条件、市场环境、金融环境、劳力工资、运输费、机会成本）；

—政策和制度方面（如权属的透明和稳定：权力向未来效益流动，有效的惯例和安排，对冲突的有效管理，促进的机构安排，森林经营传统及自己创造的机构性做法之间的关系）；

——环境改善方面（如林产品和服务市场、政策和法规、相关的技术和机构发展等）。

第二步：根据所确定的森林可持续经营的各种关注方面和指标评估森林经营现状，为进一步分析可能采取的措施做好准备。主要内容有：

● 利用村庄现状平面草图确定实地踏查的路线。

● 踏查，在每个停留点找出森林经营的优势和存在的问题、劣势，分析原因，并现场勾绘小班草图。

● 展示初步的或已有的森林评估大纲和讨论将怎样使用大纲评估本地的森林经营现状。

● 对于森林基本状况、经济状况、机构和制度情况和环境状况进行讨论和评估。尽可能多地分析和发现当地森林经营中的优势、劣势以及外界环境的机遇和风险。

● 确定森林可持续经营的各种关注方面和指标，对当前森林经营进行讨论。

● 对所讨论的问题按照重要程度进行排序。

● 评估森林经营现状，总结主要的发现并讨论原因。

第三步：对所确定的森林可持续经营的各种关注方面和指标未来10～20年将发生的变化进行评估，评估森林经营未来发展趋势，分析森林经营的不同选择和发展，为森林的未来变化做好准备。主要内容有：

● 确定近期和过去的变化，如：劳动力转移、收入增加、权属安全、森林对收入贡献的减少、对于林产品和服务需求的增加、对于生态和环境重要性的提升、合作组织的出现、政策和法规的变化、市场和林产品等；

● 讨论森林经营的各种内外环境因素未来的发展；

● 使用评估大纲讨论未来10～20年的森林经营的发展趋势和变化；

● 讨论上述发展对未来森林经营的影响（排序）；

● 讨论重要的未来发展将如何影响当地的森林经营；

● 讨论怎样重视和适应未来的变化；

● 总结：森林经营内外环境的未来发展、对当地森林经营的作用、对编制森林经营方案的启示。

2.3.4 规划阶段

参与式森林经营的规划阶段包括2个步骤。

第一步：确定森林经营的战略目标和愿景。主要内容有：

(1) 利用一定的方法分析确定未来森林经营的战略和目标

- 确定森林经营面临的机会和风险，确定当地森林经营管理体系的优势和劣势；
- 考虑森林经营面临的机会和风险以及本地森林经营的优势和劣势，选择森林经营的目标和经营方针；
- 描述森林经营的目标和经营方针，形成文本。

(2) 确定森林经营的发展目标和规划

- 确定实现森林经营战略目标的主要问题及其原因；
- 划分经营区和经营类型；
- 明确森林经营的具体目标和10～20年森林经营的主要活动；
- 制定森林经营的中期（5年）计划和年度计划。

第二步：制定森林经营的战略规划，编制森林经营方案（草案）。主要内容有：

- 确定5年内森林经营活动，并详细说明各活动的投入和产出状况；
- 编制森林经营方案（草案）；

——概要。主要包括：

——背景（自然条件、社会经济条件、森林资源条件）；

——森林经营现状和发展；

——森林经营战略选择（建议做SWOT分析过程）。

——经营方针和经营目标；

——森林发展目标；

——木材和非木质林产品生产目标；

——环境保护目标。

——经营区和经营类型（可编制森林经营类型表）

——近五年分年度工作计划；

——采伐计划；

——营林计划；

——非木质林产品利用规划；

——防火、病虫害防治等（森林保护等方面）。

——投资概算与效益分析（建议做近五年的）

——附录

——森林资源统计表

——森林经营类型表

——森林经营战略分析表（建议做SWOT分析）

——长期规划表

——年度工作计划表

——林相图

——经营规划图

2.3.5　监测阶段

监测阶段包括两个步骤：

第一步：明确对参与式森林经营方案执行监测的目标和任务，确定监测的目标和内容。主要内容有：

- 根据森林经营方案进一步明确森林经营目标和产出，可以作出时间表，讨论可以进行年度监测的内容；
- 讨论制定监测的标准和指标：需要与农户共同确认能够进行测量的标准，以判断是否能够实现参与式森林经营的目标；
- 检验和验证：对监测的指标和标准进行一定的检验和验证，以保证监测能顺利进行。

第二步：明确监测的主体，制定监测的时间表和工作进度，问题发现和报告制度等。主要内容有：

- 明确监测主体：由一个监测小组执行监测工作，小组由县林业局、乡镇林业站、合作组织和村干部各一人组成；
- 制定监测时间表和工作进度；
- 制定监测问题发现和报告制度；
- 将制定的监测计划添加到森林经营方案（草案）中。

对于工作计划执行进展的监测，其他发展活动的设想可以与下一年度的工作计划合并。调整5年规划，并与所有的成员分享（实际的监测工作在每年都做，根据监测结果，总结上一年执行的情况和问题，进行调整、修订）。

2.3.6　反馈和分享阶段

本阶段主要将准备、评估、规划和监测阶段得出的结论，与规划小组以外的农户和利益相关者协商和分享——评估来年将要解决的问题，合并评论和建议，准备与其他村民分享的最终报告，并提交给林业主管部门。主要内容有：

- 分享、讨论森林经营方案（草案）

——规划组在与村民、村干部和林业主管部门相关人员开会讨论之前提前一周提交方案草稿给各参与讨论的人员；

——规划组制作展示方案初稿的关键内容的材料和并准备进行讨论；

——规划组为年度计划的实施准备建议；

——规划组协调村民分享会议，展示和听取建议，技术人员提供支持。

- 评估来年要解决的问题

——准备一个简短的报告、建议，以及说明用于下一个规划的主要变化；

——回顾会议的评论和建议；

——讨论能够引起变化和不会引起变化的建议；

——规划组根据建议修改方案草稿。

- 制定最终方案并分享

——摘要式报告用于全体规划小组成员；

——完整报告用于林业主管部门和村干部、合作组织、村民。

2.4 参与式森林经营方案编制的方法建议

2.4.1 评估大纲的编制方法

- 召开利益相关者座谈会；
- 选择协助者和记录员；
- 运用头脑风暴法讨论森林经营目标，进行记录；
- 整理记录形成报告；
- 讨论报告，并确定森林可持续经营的各种关注方面和指标，形成评估大纲。

2.4.2 战略分析的方法

- 建议采用 SWOT 分析法和问题树方法

2.4.3 战略确定及筛选方法

（1）战略确定方法

- 采用头脑风暴法优先选择机会的风险；
- 根据机会和风险的归类确定战略选择；
- 根据基本问题确定战略选择。

（2）战略筛选方法

- 从 SWOT 分析产生的优势和劣势开始；
- 把它们按照重要性排列，以实现基本问题提出的目的；
- 通过问题树和决策树方法进行确定和筛选。

2.4.4 规划内容确定方法

规划内容的形成通过问题树和目标树方法形成。一般从以下几个方面展开：

- 列举存在问题；
- 寻找解决方案；
- 形成的解决方案就是目标和行动的计划；
- 基于问题的特点、现有资源和限制因素提出目标和行动。把目标与行动联系起来在逻辑框架中加以描述。

2.4.5 监测的测试、规划和安排方法

- 测试

主要对监测计划的成果和目标进行测试

——成果

——年度监测的成果回顾和分享；

——下一个年度计划的准备；

——监测的技术援助。

- 规划

——农户参与讨论监测使用指标、确定使用的数据和每个指标获取的方法；

——记录讨论结果并进行分享。

- 安排

——会议讨论森林经营和管理过程等方面的问题，包括：何种类型管理安排需要执行监测，谁写监测报告，在根据监测结果决定行动时怎样决策和沟通，最初的评估用于基线调查后的结果怎样，等等；

——通过会议，进行监测计划的成果分享和相互评价。

2.4.6　反馈的方法

主要是通过会议和访谈进行反馈。

- 准备初稿大纲（纸质材料并辅助幻灯展示）
- 交流

——通过座谈会或访谈，与各利益相关人交流。

- 执行

——通过座谈会，进一步明确需要何种类型的合作性安排和开展哪些活动、如何制定这些安排、谁来协调过程、谁负责这些活动的支持、哪些活动还需要其他的管理性安排。

2.5　建立参与式森林管理的保障制度

2.5.1　建立稳定明晰的产权制度和产权利益实现机制

林木、林地权属体系非常复杂，它包括一系列的属性及权利安排，如林地所有权、林地使用权、林木及林产品所有权和使用权、处置权、收益权等。这种复杂的权属体系安排与国家的政策、体制、农村社区法规、民约、农村社会及文化背景等紧密相连。因此，明确的、有效的林业权属体系安排是至关重要的，是农户参与森林经营的重要制度保障。

新中国成立以来，已经进行了5次重大的林地使用权制度变革。频繁的制度变革，使广大人民群众对政策本身的信任度降低，也使林地使用权制度改革本身收效甚微。虽然21世纪以来再次进行了林权制度改革，但是还存在一定的问题，如使用者在决定林地的用途和林木的处置、收益权等受到一定的限制；政策本身不具体、不明了；政策在执行过程中受到人为影响。总体上讲，农户并没有拥有完整的林权，往往对森林依赖性最强的人们对森林资源的使用权和决策权却比较小。参与式森林管理要进一步建立制度保障农户的林地使用权以及林木的所有权，包括处置权、收益权等。参与式森林经营应考虑公众、利益相关者中的弱者，特别是女性的参与。同时，不仅要保证他们在经济上获利，也要使他们获得公平的决策、经营权利和自我发展的机会。

2.5.2 建立参与式森林管理的制度和规章

参与式森林经营必须考虑各利益相关者的利益和对森林的需求，森林经营必须符合当地的生态需求和社会需求，森林经营中要实现农户的目标。政府和林业部门需要考虑如何促进群众参与到森林经营管理、林产品收获、加工和销售等环节中去。必须建立制度和规章鼓励和促进当地群众自觉参加和配合正规的森林经营管理活动，减少自由放牧、乱砍滥伐和商业性非法收集薪材等行为。

因此要实现参与式森林经营，必须为参与式森林经营立法，就是要把群众参与林业发展建立在法律的基础上，如通过经公证的合同，明确界定群众参与林业发展的义务、权利、责任、利益等。保障农户参与森林经营的渠道和途径，保障农户参与森林经营的权利，并明确义务。通过这种形式，可以确保群众对长远的林业发展充满信心。

2.5.3 制定规则保障农户参与林业发展计划

制定参与式森林管理的规章和细则，在森林经营规划、土地规划以及具体的森林经营中，诸如防火等措施的实施等方面，保障农户和各森林利益相关者的参与，形成机制。确定林业发展的目标人员及目标群体，促使他们成为当地森林参与式经营的重要力量。通过制度保证林业发展中的农户兴趣、需求、面临问题、发展潜力及发展目标的过程中农户的参与。让农户及各利益相关者参与制定林业发展规划，使得制定的规划能够满足农户的发展兴趣和需求，并通过发挥他们的潜力从而实现目标。通过机制保障农户把林业发展作为改善自己生活的一部分，同时对其采取合理的检测、监测和评估的方法。

林业政策及有关林业的法律法规应该能够指导和激励农户从事林业发展事业，特别是要在最大程度上鼓励农户参与林业发展事业，参与森林管理。

2.5.4 鼓励基层林业组织的发展，加强能力建设

传统的林业管理基层组织往往对经营管理森林的主动性和积极性较差，仅仅局限于完成上级组织交办的任务。在参与式森林经营中，基层组织作为实现农户参与森林经营管理的一个重要途径，能在较大程度上把当地群众联合起来，参与森林经营管理。建立和发展基层林业组织能够调动当地群众参与的积极性。基层林业管理组织的建立和发展还可以加强农户对林业资源的控制及责任感，促进对森林管理的投资，有利于森林经营管理。

农户参与森林管理除了现有的技能及管理林业的乡土知识外，还需要参与式森林经营的知识和技能，对林产品投入市场的经验及知识，对林业资源认识权和控制权的认识，维护自身在林业发展中的权利和利益的法律法规知识，如何进行自我组织来取得集体力量和优势的经验和知识，等等。这些都对林业部门、林业技术人员提出了新的挑战，需要在加强自身能力建设的同时，对农户进行培训，提高参与能力。

2.5.5 农户培训

由林业局组织通过各种形式的培训班或田间地头等进行林业生产技术、参与森林经营

能力和技术的培训和指导。

2.5.6 其他方面

(1) 建立可持续性运作的账目表

为了保障参与式森林经营的顺利开展，保证经济上能够可持续运作，制定了村委会（或合作社）的可持续性运作账目表，包括资金来源、项目开支、当年盈亏和结余等项目。超过一定金额的开支需经村民（或社员）代表大会的通过，林农的补贴等也需反映在该账目表中，账目表由村主任（或合作社领导）保管，定期向村民（或社员）公布，让每位村民（或社员）了解资金的详细运行状况。

(2) 强化村级组织民主建设

建立健全村级管理制度，特别是财务公开制度的落实。完善村民代表大会，所有与村民密切相关的政策必须得到村民代表大会的通过，村委会不得擅自决定政策。组织和促进村民自治协会，定期组织村民学习科学技术。

(3) 技术保障

县林业局负责技术保障。林业局主管业务的副局长为全县的负责人，委派农民急需的科技人员指导林业生产、土地利用规划。乡镇林业站具体负责为农民提供科技和市场的支持。此外，与乡镇其他农技部门一起为农户提供技术支持。（如表 2－1）。

表 2－1 技术支持需求表

技术服务类型	数量	负责机构
培训班	2 次/年，农闲季节	村委会
技术示范	每个村民小组林农代表	县林业局
专人指导	3 个月一次	村委会
技术咨询	随时指导	乡镇农技部门、林业站

2.6 备注

2.6.1 规范性引用文件

在制定参与式森林经营方案时，在技术上本手册遵循以下的技术性规范和技术标准：

- GB/T 15776 造林技术规程；
- GB/T 15163 封山（沙）育林技术规程；
- GB/T 18337.3 生态公益林建设技术规程；
- GB/T 15781 森林抚育规程；
- LY/T 1646 森林采伐作业规程；
- LY/T 1560—1999 低产用材林改造技术规程；
- LY/T 1690—2007 低效林改造技术规程；
- 森林资源档案建立与更新技术规程；

- 森林经营方案编制与实施规范；
- 森林经营方案编制技术规程；

等国家和地方颁布的正在实施的林业生产的技术规范。

2.6.2 参与式森林经营执行单位

简明森林经营方案的执行单位应符合以下条件：

- 是森林资源的所有者或从事森林资源经营管理活动的经营主体，具有明确、固定的经营范围；
- 经营面积在一定的标准以上（比如10hm^2），达不到最小面积要求的个体林主可以采取联户编制的方式；
- 森林资源权属明确，具有明晰的森林资源所有权、经营权、处置权和收益权。

2.6.3 森林经营规划图技术要求

位置图：

- 以大于1∶10 000比例尺的地形图为底图。
- 有清晰的坐标信息，能明确经营范围的四至边界、林班与小班界线等；
- 林相图。

规划图：

- 以大于1∶10 000比例尺的地形图为底图；
- 森林经营类型图：明确每个小班的森林经营类型；
- 森林经营规划图：明确标示造林、抚育、改造、主伐、更新采伐等不同经营措施的小班。

2.6.4 森林培育规划

- 经营小班较多的编案单位应分别公益林、商品林进行森林经营类型设计，设计内容与方法见“森林经营方案编制技术规程”；
- 宜林地、采伐迹地、火烧迹地等应规划造林更新措施，树种选择、造林方式等应依据“县级森林经营规划”确定，技术要求执行GB/T 15776、GB/T 15163、GB/T 18337.3等标准的规定；
- 分别小班按照GB/T 15781、GB/T 18337.3等标准的要求，选择适宜抚育的小班，依据“县级森林经营规划”确定本经理期抚育作业规模、各小班的作业时间，按森林经营类型表设计抚育方式、强度、主要产出等内容。
- 分别小班按照LY/T 1560—1999 、LY/T 1690—2007、GB/T 18337.3等标准要求，选择应进行改造作业的小班，依据“县级森林经营规划”确定本经理期改造规模、各小班作业时间，并规划设计改造方式、强度、更新树种与密度等内容。

2.6.5 森林采伐规划

- 分别小班按照LY/T 1646、GB/T 18337.3等标准要求，选择经理期内可以更新采伐的小班，依据“县级森林经营规划”确定本经理期内更新采伐的规模，包括不同采伐方式的采伐面积、蓄积等，并落实各小班的作业顺序；

- 分别年度和主伐、间伐、低产低效林改造等采伐类型测算木材产量、各材种产量。

3　福建省集体林区参与式森林管理案例研究

3.1　邵武市拿口镇加尚村的案例研究

3.1.1　案例点基本情况

(1) 背景

2004年中国政府启动了新一轮的集体林权制度。当前，集体林权制度改革在我国已经全面展开，在福建、浙江等集体林权制度改革的先行省份主体改革已经完成，林农的权利得到确保。在林权私有化，归林农个人所有以后，关于森林资源经营出现了一系列的问题。其中，集体林权制度改革后，如何加强森林资源管理，提高森林资源管理水平，增加林农及林农合作组织的林业经济收入，已成为影响林权制度改革成效和可持续性的关键问题。集体林权制度改革以后，确权使森林的经营主体得以明确，而确权后的经营对象却在一定程度上表现出了破碎化的特点，这一特点有可能使得分散经营难以推动森林资源的有效配置。

科学的森林资源经营方案有助于解决这一问题，能够针对当地实际自然气候条件、森林资源现状、社会经济发展状况、合作组织经营管理现状，提出有针对性的林地经营措施，为提高合作组织成效，提高林地产出做出贡献。编制森林经营方案是规范经营活动从而实现林产品可持续生产的关键方法之一。因此，森林资源经营方案的编制能够有效地指导林农进行林业生产活动。通过参与式方法，有助于加强林农、林农合作组织的经营管理意识与能力，促进林农及其合作组织在森林资源经营管理制度和政策改革中主动性，并提高农户在后续政策制定中的参与程度。

本项目基于国家林业局—联合国粮农组织—欧盟在中国实施的林权改革前期项目的成果，旨在对前期项目形成的《集体林区村级参与式森林经营及方案编制手册》在村级层面进行应用，检验《手册》对于林农和合作组织森林经营活动的指导作用，通过宣传培训、参与式访谈等方式，收集各相关利益者对《手册》的看法和意见，总结提炼出对《手册》的修改建议，以推进提高集体林区森林经营质量，从而加强集体林权制度改革的政策、法律和体制框架建设，促进中国和其他国家在林权改革方面的经验交流。

(2) 组织架构（团队）

为深入了解福建省集体林权制度改革状况及其林农林业合作组织的发展现状，通过参与式的方式对林农编制森林资源经营方案进行培训。受国家林业局委托，北京林业大学经济管理学院调研组在联合国粮农组织“支持中国集体林权改革的政策、法律和制度建设并促进知识交流”（GCP/CPR/038/EC）项目的支持下于2011年1月对福建省尤溪县和邵武市四个案例村进行实地调研和培训指导。为了进一步验证《集体林区村级参与式森林经营及方案编制手册》的应用效果，北京林业大学经济管理学院《支持中国集体林权改革政策、法律和制度体系发展并促进知识交流项目》课题组于2012年9月至11月进行二期项目的研究工作，11月初在福建省邵武市进行实地调研，旨在得到村民和林业主管部门对《手册》应用的反馈信息，进一步对相关人员进行参与式森林经营方案编制的培训。2012年11月6日至11月11日，北京林业大学课题组温亚利教授带领调研小组，对福建省邵武市林业局、拿口镇林业站、拿口镇加尚村林农和邵武市拿口欣升竹木种植农民专业合作社开展了调研工作。项目团队由1名教授、1名讲师以及3名研究生组成（表3-1）。

表3-1　项目团队人员构成

姓名	职位
温亚利	教　授
李小勇	副教授
夏春锋	讲　师
侯一蕾	博士生
韩锋	博士生
乔月	硕士生

（3）程序和方法

①工作程序。本项目的实施共分为三个阶段：准备阶段、实地调研阶段以及报告撰写阶段。其中，项目准备阶段包括前期项目及相关文献回顾、项目组成员培训以及实地调研的材料准备等；实地调研阶段包括收集二手资料、林农培训与参与式访谈、林业工作者参与式访谈以及开展林农培训班等；报告撰写阶段包括整理二手资料、项目组成员总结讨论以及形成项目报告等。具体的工作程序详见图3-1。

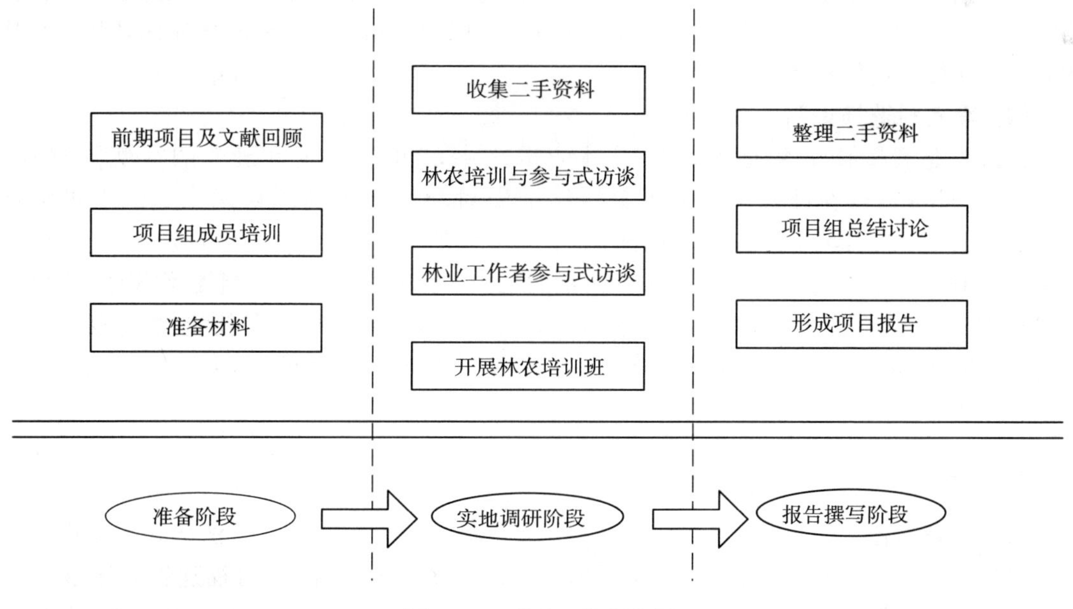

图3-1　项目工作程序图

②工作方法。本项目采用了文献回顾、二手资料收集、宣传培训、参与式访谈、头脑风暴法、问卷调查等方法，从不同层面（普通农民、合作社成员、林业工作者）收集意见，为指南草案提供修改建议。

第一：文献回顾

文献查询及培训资料具体化。通过文献查询和回顾，对国内和国外，特别是国际组织在中国实施的、以社区为基础的参与式森林资源经营管理计划的制订方法、注意问题、成功经验进行综述和总结。结合项目资助方提供的手册，综合考虑培训对象的特点，对手册进行具体化，形成更加具有针对性和可操作性的培训方案。在培训实施中，针对四个案例村，设计具有典型性和代表性的参与式案例。

第二：二手资料收集

在邵武市林业局和拿口镇林业站收集关于样本县和样本村的基本信息，包括社会经济发展基本情况，林业资源情况以及林业合作社发展情况等，以期为项目的实施和案例点《手册》的应用和修改意见提供本底资料。

第三：宣传培训

在案例点选择 20～30 人（其中包括合作组织成员 15～20 人，非合作组织成员 5～10 人）进行宣传和培训，由项目组教授对《手册》内容进行讲解，为培训对象详细介绍参与式森林经营方案编制的相关知识。

第四：参与式方法

在培训结束后，分别组织林农和林业工作者进行访谈，访谈过程中采用参与式工具，例如头脑风暴等，提出关键问题，引导访谈对象积极讨论，得出《手册》在村层面应用过程中的问题，并总结出各利益相关者对《手册》草案的修改意见。

第五：问卷调查

在培训和访谈结束后，对林农和林业工作者分别发放问卷，采用问卷调查的方式分析林农在培训和学习《手册》草案后的态度和看法，以探讨指南草案的具体应用效果，为指南的补充和修订提供具体的意见和建议。

(4) 案例村选择说明

邵武市是我国南方集体林区重点林业市之一，也是本项目研究的案例点之一。2011 年 1 月本项目在邵武市选取了拿口镇加尚村和洪墩镇尚读村两个案例点进行参与式森林经营方案编写的研究。在前期研究的基础上，此次本项目选取邵武市拿口镇加尚村作为案例点。加尚村森林经营活动以毛竹为主，依托当地合作社对森林资源进行规模化经营管理，在南方集体林区，尤其是在福建省具有典型的代表性，能够为《集体林区村级参与式森林经营及方案编制手册》草案的应用提供一定的参考意义。

3.1.2 主要活动

(1) 材料准备

通过文献查询，对国内和国外，特别是国际组织在中国实施的、以社区为基础的参与式森林资源经营管理计划的制订方法、注意问题以及成功经验等进行综述和总结。同时通过阅读项目前期的成果、召开项目会议等形式回顾并总结前期调研情况，结合前期调研成果，对本次的项目调研提出可行性计划和具体安排。

结合项目资助方提供的《集体林区村级参与式森林经营及方案编制手册》，加以综合考虑培训对象的特点，对手册中的内容和问题进行具体化总结提炼，形成更加具有针对性和可操作性的手册在村级层面应用的调查问卷。

为了更好地宣传林农合作组织，项目组结合《集体林区村级参与式森林经营及方案编制手册》的具体内容制作了《参与式森林经营宣传册》。宣传册主要介绍了参与式森林经营方案的概念、目的、编制程序以及编制森林经营方案的好处等。宣传册主要用于向参加培训和访谈的农民、村干部以及合作组织成员普及参与式森林经营方案的相关概念和背景知识，使其能够更好地理解手册中的具体内容，从而有利于提出修改意见。

图 3-2 宣传展板内容

（2）目标人群选择

项目进程中涉及到主要的利益相关者包括森林所有者（林农或林业合作组织成员）、村干部、合作组织主要负责人和林业主管部门工作者等。各利益相关者均为森林经营管理的主体，因此，《手册》在村层面的适用性对森林资源今后的发展有着重要的意义。在《手册》意见征集、宣传培训及访谈调查中，主要参与培训访谈以及信息收集的目标人群详见表 3-2 所示。

表 3-2　目标人群及收集信息

序号	被访问者	收集信息和预期目标
1	林业专业合作社的关键成员	村层面林业生产整体情况，合作社森林资源经营管理中的问题和需求，手册在实际应用中的问题，对于手册草案修改的建议
2	林业专业合作社的一般成员	家庭及合作社林业生产基本情况，森林资源经营管理中的问题和需求，参与合作组织的动因与收获，对于手册草案修改的建议
3	非林农合作组织成员的林农	家庭林业生产基本情况，森林资源经营管理中的问题和需求，不参与合作组织原因，对于手册草案修改的建议
4	村干部	村森林资源及其经营整体状况，对于开展参与式森林经营管理的意见和建议，对于手册草案修改的建议
5	乡（镇）林业站	关于森林资源经营管理的地方规定，对于开展参与式森林经营管理的意见和建议，对于手册草案修改的建议
6	乡政府	本乡镇森林资源经营管理的整体情况，对于在村层面开展参与式森林经营管理的意见和建议，对于手册草案修改的建议
7	县林业局	关于森林资源经营管理的县级规定，对于开展参与式森林经营管理的意见和建议，以及对于手册草案修改的建议

(3) 实施过程

本项目的实施共分为准备阶段、实地调研阶段以及报告撰写阶段。10 月 15 日至 11 月 5 日为准备阶段，11 月 6 日至 11 月 11 日为实地调研阶段，11 月 12 日至 11 月 20 日撰写项目报告。具体实施过程如下：

第一：准备阶段

①相关项目、文献回顾。回顾前期参与式森林经营方案编制项目成果以及相关文献，并阅读《集体林区村级参与式森林经营及方案编制手册》，熟悉《手册》内容。项目组负责人温亚利教授和李小勇教授对项目组成员进行培训，使其了解项目背景、意义，协助者扮演的角色，并对协助者的基本能力进行了强化培训（图 3-3）。

图 3-3　相关文献

②调研材料准备。以项目组会议、小组讨论等形式，制定调研的具体方案，通过讨论调研的重点内容，项目组制作了《林农参与式森林经营宣传册》、《集体林区村级参与式森林经营及方案编制手册调查问卷》等调研方案，为项目实施做好准备。

表 3-3　材料准备及使用对象

材料准备	对象	目　　的
文献查询 前期项目回顾	项目组成员	分析经验、总结问题提出可行性计划
宣传手册	村民 乡镇管理人员 林业部门工作人员	宣传、培训，为手册的修改提供背景知识和基本认识。
参与式森林经营方案 编制手册	村民 乡镇管理人员 林业部门工作人员	手册在村层面的应用，座谈现场的阅读资料。
问卷	村民 乡镇林业站 林业部门工作人员	获取关于指南的具体反馈信息和修改建议

③联系项目县林业主管部门，进行沟通协商。按照项目要求，与项目县林业局沟通协商，选定案例点和林农合作组织。项目组通过与案例县林业局沟通协商，选定邵武市拿口镇加尚村为具体的案例村。

第二：实地调研阶段

①收集二手资料。收集项目所需的二手资料，包括案例县社会经济、林业基本情况；地方林业发展相关政策法规；乡镇林业站和案例村森林资源及经营管理现状；案例点合作组织基本情况等，为本项目的实施提供翔实的本底资料。

②林农培训与参与式访谈。在邵武市拿口镇加尚村组织相关利益者参加培训和访谈（参与培训的人包括合作社普通成员、村民代表（非合作社成员）、村干部、合作社负责人以及乡政府官员）。现场分发宣传手册，由课题组教授讲解宣传手册中关于森林经营方案编制的内容，为参加培训和座谈的人员增加一定的知识基础。在讲解完宣传册中的内容后，教授为参会者详细解读了《集体林区村级参与式森林经营及方案编制手册》草案的具体内容。待参会者详细阅读手册草案以后，课题组教授通过大白纸、黑板等工具，引导参会者进行讨论，收集农民在森林经营过程中遇到的问题，总结提炼各相关利益者对该手册的意见和修改建议（图 3-4）。

图 3-4　林农培训与参与式访谈

③林业局、林业站林业工作人员参与式座谈。组织邵武市林业局、拿口镇林业站工作人员、FAO项目高级工程师等7人进行座谈和问卷调查，由课题组李小勇教授讲解《集体林区村级参与式森林经营及方案编制手册》内容，采用参与式、头脑风暴、调查问卷等方法，对手册的内容和可操作性进行讨论，与会人员分别发表了对手册草案的意见和看法，收集林业主管部门工作者对手册草案的修改意见（图3－5)。

图3－5　林业工作人员参与式座谈

第三：报告撰写阶段

①调研资料整理。实地调研结束后，项目组成员对调研所获的邵武市林业局以及拿口镇加尚村的相关二手资料、调查问卷、访谈结果及照片等资料进行内业整理，对实地调研的成果进行系统梳理。

②项目组总结会议。实地调研结束后，项目组召开总结会议，总结调研过程中发现的不同相关利益者提出的问题，尤其是森林经营过程中的问题以及对手册草案的意见和看法，讨论并总结提炼出各利益相关者对手册草案的修改建议。

③形成项目报告。基于实地调研二手资料的整理以及项目组讨论的结果，针对目前邵武市拿口镇加尚村森林经营过程中存在的问题以及森林经营方案编制手册在村层面的应用，形成最终的项目报告。

3.1.3　应用成果

3.1.3.1　本底概况

邵武市地处福建省西北部，武夷山南麓，闽江支流富屯溪中上游。地跨北纬26°55′～27°35′，东经117°2′～117°52′。东北邻建阳市，东南连顺昌县，南接三明市将乐、泰宁、建宁县，西与江西省黎川县毗邻，西北与光泽县。邵武市全市林业用地面积348.8万亩，占土地总面积的82.2%，有林地面积325.6万亩，其中竹林面积55万亩，经济林面积9.3万亩，活立木总蓄积量1 506万m^3，立竹量7 062万株。全市生态公益林面积85.8万亩，森林覆盖率为76.2%，绿化程度达94.6%。2004年被省林业厅确定为全省林业改革与发展综合试验区示范点（图 3－6、图 3－7）。

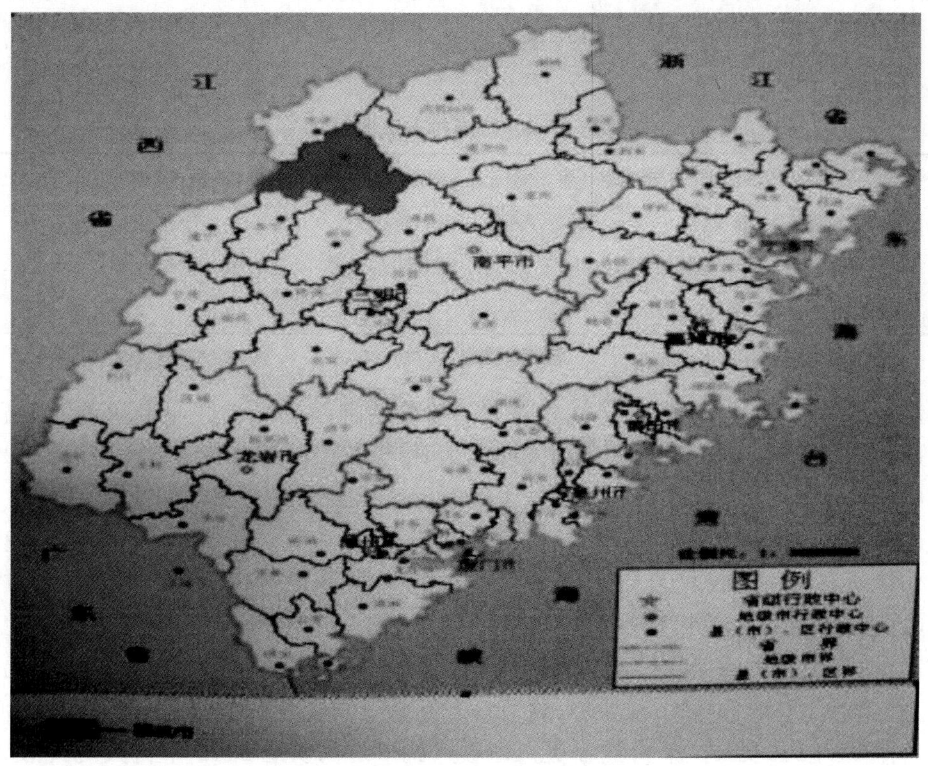

图 3－6　邵武市位置

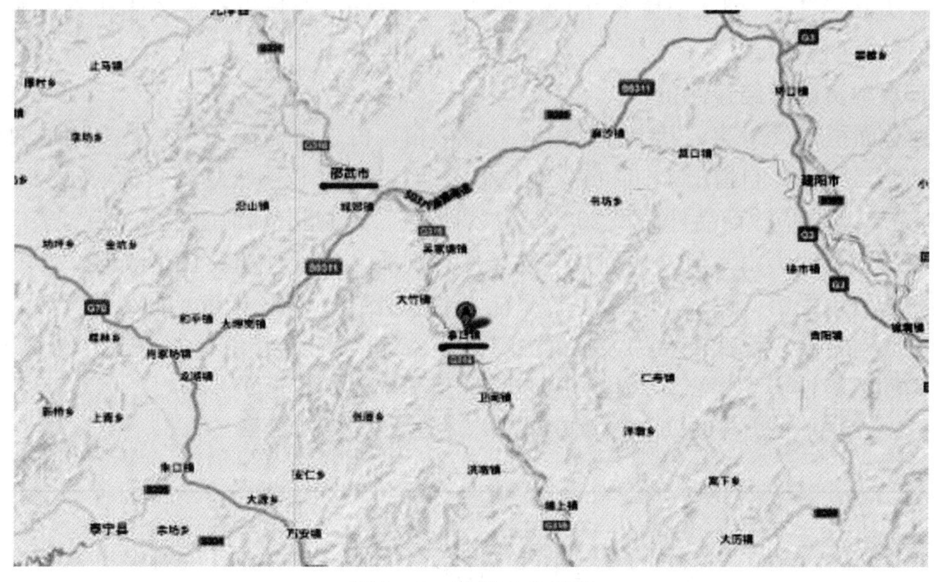

图 3－7　案例点位置图

(1) 社会经济状况

合作社所在村加尚村位于拿口镇东部，距离乡镇中心区域 13km，距离邵武市市区 80km。加尚村是拿口镇的林业大村，全村辖区 9 个村民小组，435 户，总人口 1 620 人（表 3－4）。

表 3－4 加尚村人口情况

年份	2002	2003	2005	2007	2008	2009	2010	2011
村民小组（个）	9	9	9	9	9	9	9	9
总户数（户）	408	411	409	412	415	418	430	435
总人口（人）	1 628	1 621	1 618	1 620	1 625	1 627	1 643	1 620
劳动力（人）	1 146	1 140	1 138	1 145	1 148	1 150	1 100	1 047

数据来源：加尚村实地调研资料整理。

邵武是绿色产业之乡。邵武是福建省规划建设的闽西北绿色产业带的重要组成部分，人均耕地面积 1.21 亩，是福建重点林区和四大林产加工中心之一，有林地面积 325.6 万亩，其中竹林面积 55 万亩，林木蓄积量 1 506 万 m^3，森林覆盖率 76.2%。农业主导产业为优质米、烟叶和林业，同时积极培育茶叶、种苗园艺和药材种植等新兴农业产业。

合作社所在村村民收入的主要来源有：木材砍伐收入、竹材收入、林下经济收入及种植烟草收入。2011 年全村销售木材约 2 000m^3，平均 900 元/m^3，收入约 180 万元，砍伐木材支出约 60 万元，平均 300 元/m^3，因此，全村木材销售净收入约为 120 万元；毛竹销售约 10 000t，平均 700 元/t，收入约 700 万元，毛竹支出约 300 万元，平均 300 元/t；全村销售湿笋约 200 万 t，单价约 4 元/t，收入约 800 万元；2011 年村人均纯收入6 500 元，其中烟叶的收入能占到 1/3，林业收入占 1/6，粮食收入能占到 1/3，其他占1/6；村集体财政收入约 30 万元；全村主要的农产品类型为水稻和烟叶，水稻每年约卖出 100 万 kg，单价为 2 元/kg，烟叶销售 8 万 kg，单价 10 元/kg。全村没有畜牧业和旅游项目，没有纳入保护区的资源。

(2) 森林资源与经营评价

土地总面积 52 126 亩，其中林业用地 45 522 亩，占总面积的 87%。林业用地面积中生态公益林 17 563 亩，自留山 1 664 亩，毛竹林 4 080 亩，产权明晰划归营林公司 767 亩，经济林 665 亩，其余应改商品林面积 20 783 亩，林改后人均拥有林地面积 8.6 亩（表 3－5）。

邵武市地处武夷山南麓，地理、气候条件特别适合竹子种植。在林改前，农民很长时间都是守着竹山受穷。以往，一根毛竹只能卖到 2 元钱，农民年亩均收入也不足 150 元。现在情况大有好转，邵武市大力发展竹加工业，带动了毛竹升值，一根毛竹可以卖到 20 元。农民的积极性大大提高，人均竹业收入达到了 5 000 多元。

表 3－5 拿口镇、加尚村土地资源统计数据

单位：亩

统计单位	经营区	土地总面积	林地面积	有林地			灌木林地	未成林造林地	无立木林地	非林地
				合计	经济林	竹林				
拿口镇	合计	525 987	419 880	395 137	5 853	68 110	334	21 564	2 845	106 107

（续）

统计单位	经营区	土地总面积	林地面积	有林地			灌木林地	未成林造林地	无立木林地	非林地
				合计	经济林	竹林				
拿口镇	生态区	97 352	97 352	97 207	664	3 853	0	145	0	0
拿口镇	商品区	428 635	322 528	297 930	5 189	64 257	334	21 419	2 845	106 107
加尚村	合计	52 305	45 464	43 487	412	4 353	47	1 570	360	6 841
加尚村	生态区	17 563	17 563	17 563	154	92	0	0	0	0
加尚村	商品区	34 742	27 901	25 924	258	4 261	47	1 570	360	6 841

数据来源：邵武市林业局资源站。

3.1.3.2 加尚村森林经营规划情况

（1）森林经营总体目标

合作社竹木可持续经营是一个或多个经营目标实现过程，既能持续地获得所需的竹木产品，同时又能保留竹林与生俱来的价值，并确保林地未来生产力不减弱，也不给自然环境和社会环境造成不良影响。因此，森林经营目标可以概括为：资源增量、产业增效、林农增收。

这和通常说的森林三大效益也是一致的。资源的存在是实现一切效益的基础，资源越多，生态效益、社会效益、经济效益越明显，越能体现。资源增加了，质量变好了，水土保持、涵养水源、净化空气、保护生物多样性等功能就能充分发挥，创造一个良好的生态环境；竹业产业发展，才能带动林产工业及相关产业（水电、运输等）发展，满足社会的竹木产品及服务的需求，增加就业，维持社会稳定；林农经营竹林的根本目的就是获得经济效益，致富增收，提高收入水平，改善生活。

要达到这个目的，必须要采取多种手段，包括技术改造、价值提升、品牌创建、生物多样性保护等，进行全方位规划。

（2）具体目标及措施

根据合作社基本情况及上述总体目标，确定具体经营目标及实现措施：

第一：提高竹林经营产出率

● 改造林地：通过林地改造，利用培育措施，如灌溉、劈山松土、施肥、间种套种等，改善竹林生态系统的环境条件，提供更加适合竹林生长的自然土壤环境。

● 改善竹林经营技术：对竹林经营过程中的主要技术措施，如松土施肥、劈山抚育、除草、排水和灌溉、挖除竹蔸、护笋养竹、竹林施肥（包括竹蔸、竹腔施肥）、修剪、光照等，对幼林及成林采取不同的经营管理技术。

● 合理砍伐：将竹林现有密度，龄级结构调查结果进行推算，确定每年对 3 度竹的合理采伐量，直到达到标准立竹度和龄级结构比例。采伐季节原则上以秋冬季为主，但根据市场需求也可适当提前。采伐时砍小留大、砍弱留壮、砍密留稀，逐年提高竹林径级水平

● 病虫、灾害防治：通过林地管理，提高竹林长势，增加抗病力。改善林地卫生状况，清除病源，将竹丛枝病病枝、重病株全株清理烧毁，加强对竹笋夜蛾及竹螟防治。对

于低温雨雪冰冻灾害、火灾，提前预防，做好预案，将损失降到最低。

● 竹种选择：改善竹类遗传品质，调节竹林种群结构，提高种群的生产力，如优良竹种的选育，混交竹林营造。这种生物控制方法对竹林丰产意义重大，但遗传改良等措施费用高、时间长、难度大，并不容易短期奏效。

对这些经营规范技术，编制《竹林丰产技术手册》，广为宣传，并且进行定期、不定期林农培训。

第二：维护当地生态环境

● 母竹保护：在竹林砍伐中，每亩均保留一定量的母竹，要求不低于120株/亩。

● 水土保持：对大河、水库周边设立缓冲带，减少水土流失。

● 防止污染：在病虫害防治、化学除草中禁止各种禁用的化学用品，尽量少用化学杀虫剂，化学除草剂等，减少对水、土壤污染。

● 生物多样性保护：对珍稀的植物物种采用挂牌宣传保护，杜绝人为损害，采伐时保留竹木，保护野生动物栖息、繁殖地不受影响。

第三：提升社区关系

● 密切社区关系：提供就业机会（如砍伐、运输、加工等），提高社区居民收入，保护当地古墓等。加强员工培训，提高素质，注重安全教育避免事故的发生；加强劳动保护，制定救助方案，发放个人劳动保护及急救用品。

● 化解矛盾冲突：遵守当地制度，熟悉森林利用规则，决策过程程序透明和民主，理解乡规民约，尊重社区利益和权利；积极让社区参与规划，求得理解和协助，积极协商，分享利益，化解矛盾；政府各部门提供森林资源、规划和经营技术信息。

第四：产品升级

● 竹产品价值提升：对竹产品进行深加工、精加工，进行竹产品的日常用品开发，如竹几、竹凳、竹地板、竹床、竹家具等；竹产品深加工，如竹炭纤维衣服、竹炭毛巾、竹键盘、竹工艺品、竹炭产品、炭粉等；培育竹荪等食用菌类等。

● 森林认证：了解森林认证的基本内涵、意义，在条件允许情况下，进行充分成本效益分析，探索进行森林认证的可行性。

● 林下养殖：在条件允许的情况下，就近选择地方，进行林下多种经营，如养鸡。调查表明，养鸡竹林增产效果最为明显，病虫害减少、出笋增多、径级增粗；另一方面，林下鸡的市场售价高，收入增加。

第五：合作社事业拓展

● 规模拓展：在管理规范的前提下，对新申请加入的成员进行审查，合理扩大合作社规模，成员数量适度增加，经营面积增大，规模效益越发明显。

● 员工能力提升：采取各种方式和争取机会，对主要管理层员工进行培训，提高管理层决策能力、风险应对能力、市场拓展能力。

● 争取各种补贴和政策支持：和有关部分配合，积极申请省级合作社，当发展到一定程度后，申请国家级合作社，争取各级政府财政和政策支持。

(3) 年度工作计划

为了更好地实现森林经营总体目标，需编制具体森林经营规划，对各项工作任务做出明确的时间安排，分步骤、分层次采取有效措施，完成各项工作。从时间上看，规划一般包括三大类：长期规划，中期规划和短期规划。长期规划，一般 10 年左右，其核心目标是实现森林长期的可持续健康经营。中期规划，通常为 5 年，一般与国家的规划期相适应。短期年度工作计划，通常是 1 年里的森林经营各项具体活动的年度安排。考虑到竹林砍伐周期为 6 年左右，编制 5 年期经营方案比较合适，既考虑到了近期经营产出，又能实现中期战略目标。具体如表 3－6 所示。

表 3－6 合作社 5 年期森林经营工作计划

目标	活动	第 1 年	第 2 年	第 3 年	第 4 年	第 5 年
目标一：提高森林经营产出率	活动一：改造林地	林地土壤生态检测	建立示范点 3 个	建立示范点 5 个	建立示范点 8 个	改良全部林地，编制新计划
	活动二：培训竹林经营技术	内部研讨和交流 2 次，施肥技术培训 1 次	病虫害防治培训 1 次	编制《竹林丰产技术手册》	《手册》推广	林农精通竹林经营技术，编制新计划
	活动三：推广森林保险	认识森林保险	政策协调	建立示范点 3 个	建立示范点 5 个	竹林纳入森林保险，编制新计划
目标二：维护当地生态环境	活动四：保护母竹	母竹规划和标记	建立示范点 3 个	建立示范点 5 个	建立示范点 8 个	形成良好的母竹群，编制新计划
	活动五：保持水土	大河、水库周边设立缓冲带	建立示范点 3 个	建立示范点 5 个	建立示范点 8 个	水土保护良好，编制新计划
	活动六：防止污染	认识化学用品	少用禁用化学用品	少用禁用化学用品	少用禁用化学用品	水土无污染，编制新计划
	活动七：保护生物多样性	珍稀植物种、野生动物栖息地和繁殖地挂牌保护	建立示范点 3 个	建立示范点 5 个	建立示范点 8 个	林地生物多样性保护良好，编制新计划
目标三：提升社区关系	活动八：密切居民关系	提供就业机会	基础设施建设 1 处	基础设施建设 1 处	基础设施建设 1 处	社区满意度提升，编制新计划
	活动九：加强政府协调	政府提供资源、政策、技术、市场信息	政府审批加快	初步参与政府决策	深入参与政府决策	政府支持度提升，编制新计划
目标四：提高产品附加值，增加收入	活动十：开发竹新产品	日常用品开发，如竹几、竹凳、竹地板、竹床等竹家具	日常用品开发初成规模	开展产品深加工	产品深加工初步成功，如竹工艺品、竹炭产品等	产品范围拓展，高附加值产品增加，编制新计划
	活动十一：开展多种经营	培育食用菌	食用菌初成规模	尝试林下养殖	食用菌已成规模	食用菌品牌创立，编制新计划
	活动十二：开展森林认证	认识森林认证	认识森林认证	联系森林认证体系	尝试森林认证	建立森林认证示范点，编制新计划
目标五：拓展合作社事业	活动十三：扩大规模	成员审查	成员增加 20%，面积增加 10%	成员增加 20%，面积增加 10%	管理规范，制度健全	规模效益明显，编制新计划
	活动十四：提升人员能力	核心管理层培训 1 次	一般员工培训 1 次	核心管理层培训 1 次	所有员工培训 1 次	人员能力显著提高，编制新计划
	活动十五：创立合作社品牌	申请省级合作社示范点	合作社制度建设	申请国家级合作社	合作社精细化管理	合作社品牌创立，编制新计划

以上经营计划，既包括了森林本身的经营，还包括了新产品开发、合作社的未来发展，力求从技术、经营、管理、政策等方面进行规划。

(4) 拿口合作社简明森林经营方案实施的监测

森林经营方案的编制、实施、监督是一个完整的工作系列。一个好的经营方案需要有良好的监测执行工作，才能达到良好的效果。应该成立专门机构组织检查评定方案的实施情况和效果。年度检查重点是检查方案生产性指标和年度林业生产计划的执行情况；期末检查重点是五年方案实施的效果。

一般来说，林业企业经营方案实施，谁审批谁监督。按照以往具体实际做法，个体或小型联合体和集体林的经营方案的实施，县林业局成立的由分管领导负责，林政、规划、营林、资源管理等部门参加的专门机构监督管理。森林经营方案的实施要按方案文本执行并接受监督。方案一经批准或认定，必须认真执行，任何部门和个人都不得随意修改、变动；如确实需要修改，应报原批准或认定的主管部门批准或认定后才能执行。

为了保障拿口合作社森林经营方案的实施，同样需要制订监测方案，对各项工作任务的实施明确监测的主体、客体、时间、地点、监测方式、处置方式等，即“谁来监测”、“监测什么”、“在哪监测”、“何时监测”、“怎样监测”等。考虑到经营方案是参与式的方式制订的，在监测实施过程中，应该采取多样化的方式，即监测主体的多样化、监测方式的多样化。具体监测方案如表 3-7 所示。

表 3-7　合作社森林经营工作监测方案

监测内容	监测主体	监测时间	监测地点	监测方式	考核指标
活动一：改造林地	林业局、林业站、合作社	中期、期末	林地现场	现场查看，土壤指标查看	林地改良到位
活动二：培训竹林经营技术	林业局、林业站、合作社	年末、期末	办公室；培训现场	查看培训记录、培训手册；现场观摩	参加率高、培训效果好
活动三：推广森林保险	林业局、合作社	期末	林地现场、办公室	现场查看，文件查看	加入森林保险，理赔顺利
活动四：保护母竹	林业局、林业站、村委会	年末、期末	林地现场	现场查看	母竹保护良好，有标识
活动五：保持水土	林业局、林业站、村委会	年末、期末	林地现场	现场查看	水土保护良好
活动六：防止污染	林业局、林业站、村委会	年末、期末	林地现场	现场查看	水土无污染
活动七：保护生物多样性	林业局、林业站、村委会	年末、期末	林地现场	现场查看	林地生物多样性保护良好
活动八：密切居民关系	林业局、林业站、村委会	年末、期末	社区现场、办公室	访谈、汇报	社区满意度提高
活动九：加强政府协调	合作社、村委会	年末、期末	办公室	访谈、汇报	政府支持度提升
活动十：开发竹新产品	合作社、成员	年末、期末	现场、办公室	讨论、会议	产品范围拓展

（续）

监测内容	监测主体	监测时间	监测地点	监测方式	考核指标
活动十一：开展多种经营	合作社、成员	年末、期末	现场、办公室	讨论、会议	食用菌品牌创立
活动十二：开展森林认证	合作社、成员	期末	林地现场、办公室	讨论、会议	开展森林认证
活动十三：扩大规模	合作社、成员	年末、期末	现场、办公室	讨论、会议	规模效益明显
活动十四：提升人员能力	合作社、成员	年末、期末	现场、办公室	讨论、会议	人员能力提高
活动十五：创立合作社品牌	林业局、合作社	中期、期末	现场、办公室	现场查看，访谈、汇报	合作社品牌创立

3.1.3.3　规划实施的条件

（1）合作社快速发展

加尚村于2008年成立了“拿口欣升竹木种植农民专业合作社”，该合作社在近几年的经营中取得了可喜的经营成效。该合作社是由张家生、张家发、付德雄、徐兴贵和黄义明等林业大户为首，联合部分村民以林地资产出资方式共同成立的一个农民股份合作社，该合作社刚成立时涉及村民5户，人口24人，拥有山林面积13 000亩、资产2 700万元。截止到2012年5月，该合作社成员已打到100户，人口385人，拥有山林面积18 530亩，资产3 700万元。2011年合作社的经营收入达到1 556.75万元，接受财政补助金19万元，全部用于林地搞科技示范林。

通过对合作社主任及成员进行访谈，课题组了解到合作社的业务增长速度和盈利能力与理事会年初的预期、两年前的情况、从事同类产品经营的竞争者相比要好；在满足社员需求和提高社员收入方面的效果比较好，社员对合作社各类事物的参与程度较高，社员对合作社的认可程度和满意程度较好，在当地从事同类产品生产者中，社员的人均年纯收入与非社员相比好一些，合作社在对当地经济社会发展的积极影响比较显著，合作社可以很好地开展工作。

（2）邵武市林业现行政策

通过运用参与式方法，与合作社成员、非合作社成员及政府官员等讨论国家出台的或者村规民约的有关林业的现行制度与政策。在邵武市现行的政策主要有国家减免采伐增值税及育林基金、生态公益林补偿、小额贷款、贴息、林权抵押、森林保险等。另外，针对合作社开路、道路维修等，国家给予合作社一定的补偿，合作社享有和国有林场一样的剪枝费待遇。合作社销售的林产品免征增值税，允许开具普通发票，增值税一般纳税人向合作社取得普通发票可以按票面金额的13%作为进项抵扣。合作社及成员目前只能向农村信用社申请联保贷款，但只是小额贷款，其他金融部门还不行。

3.1.3.4　投资与效益分析

（1）投资预算及资金来源

经测算，5年期森林经营方案的实施，按照较低标准，合作社所需投入资金初步预算如表 3-8 所示：

表 3-8　合作社 5 年投资预算表

项目	活动	预算细则	费用（万元）	自己投入	上级投入	备注
原有一般性经营活动	如除草、病虫害防治、施肥、劈山、采伐等	每亩 150 元/年，总共 19 500 亩，5 年需要资金 1 462.5 万元	1 462.5	1 462.5	0	调查中得知每亩投入约为 150 元/年，全部由成员自己投入，少有贷款
5 年期新规划活动	劈山修路	每年 5km，每千米 2 000 元，每年 1 万元，5 年 5 万元	5	2.5	2.5	
	土壤改良	每年 200 亩，每亩 1 000 元，5 年 100 万元。	100	20	80	
	竹腔施肥	每亩 60 元，总共 19 500 亩	117	67	50	每 100 棵竹 30 元肥料，每亩 200 棵
	技术管理培训	竹农每年 2 期，每期 1 000 元，每年 2 000 元，5 年 1 万元；管理层 5 年 4 万元，共 5 万元。	5	2	3	
	森林保险	每亩 500 元保额，综合保险费率 2‰，每年 19 500 元，5 年 97 500元	9.75	2.437 5	7.312 5	省负 75%，自负 25%
	大河、水库水土保持缓冲带	8 个示范点，每个 5 000 元	4	0	4	
	生物多样性保护	8 个示范点，每个 1 000 元	0.8	0	0.8	
	开发竹新产品	日常用品开发投入 100 万元，开展产品深加工 100 万元	200	150	50	
	扩大食用菌培育规模	培育食用菌投入 50 万元	50	40	10	
	开展森林认证	试点 1 万亩，森林认证申请和年审费用	10	2	8	争取有关组织投入
	5 年期活动小计		501.55	285.937 5	215.6125	
原有一般性和新活动合计			1 964.05	1 748.437 5	215.612 5	

从上述简表可以看出，合作社原有一般性经营投入，如劈山、看护、病虫害防治、采伐、施肥、修路、除草、整地、灌溉、雇工等，5 年规划期需要投入约 1 460 万元，从以往实践看，这些费用主要由林农自己投入，很少有贷款。5 年规划期新增工作，需要投入约 500 万元，其中自己投入约 285 万元，争取各级政府、各组织投入 215 万元。综合来看，5 年期的新老活动总计投入约约 1 960 万元，自己投入约 1 745 万元，争取外部支持约 215 万元。

（2）产出分析

竹林经营方案实施后，产出主要表现为生态效益、社会效益和经济效益。

从生态效益看，经营期内竹林面积扩大、数量增长，林分持续生长，蓄积量增加，产生较好的生态效益，保持水土，净化空气，改善生态环境。

从社会效益看，竹林在培育、采伐、加工、销售等环节，在产业化的经营过程中，吸纳大量劳动力，解决大量就业问题，发展了林区经济，稳定了地方关系。而且通过基础设施建设，改善了乡村面貌，扩大了社会影响。

从经济效益看，通过竹腔施肥，每亩能净增 60 株毛竹，即能增产 1/3。保守估计，如果不发生自然灾害，以现在价格计算，在原来每亩净收益 150 元基础上，能增加 50 元，达到 210 元。5 年期毛竹净收入能达到约 2 040 万元。扩大食用菌规模，每年预计增收 100 万元，5 年增收 500 万元。开发毛竹新产品，每年预计增收 100 万元，5 年增收 500 万元。5 年期各项总计净收入预计达到 3 000 万元。平均每年 600 万元，比现在每年净利润 400 万元，多出 200 万元。

3.1.4 主要发现

为了验证和完善参与式森林经营方案手册的内容，本项目组运用参与式讨论、半结构式访谈的方式，了解农民、合作组织成员和林业工作人员对参与式森林经营的需求和问题，以及对编制参与式森林经营方案手册的问题和改进意见。同时，为了更好地反映《参与式森林经营指南》的内容，准确地获取不同层面的相关者对指南的建议，项目组根据指南的内容，提炼问题，形成调查问卷，结合与农民代表、合作社成员和林业工作人员的访谈等，填写问卷，希望准确反映各方意见。

3.1.4.1 调查样本基本信息

（1）参与林业工作者座谈样本基本特征

在针对林业主管部门的座谈中，邵武市林业局工作人员 7 人参加了讨论，其中包括林业局副局长、法制办主任、资源站站长、营林公司经理、科技中心主任、动植物保护管理站站长以及林权服务中心主任。参与座谈的 7 人中有 1 人为女性；所有参与座谈的林业工作者均具有大专以上学历，从事林业工作平均年限为 12 年（图 3 - 8）。

图 3 - 8 参与林业工作者座谈

(2) 参与村级培训和访谈样本基本特征

加尚村培训和访谈对象基本情况及构成特征：邵武市拿口欣升竹木种植农民专业合作社共有15名林农和合作组织成员参与培训和座谈。人员构成包括非合作组织成员4人(其中包括2名村干部)，合作组织成员8人，合作组织主要负责人1人，乡镇林业站工作人员1人，乡政府官员1人(人大常委会主任)。样本村所选取的调查对象的基本特征为：15位被访者均为男性；年龄平均为41岁，其中40～50岁年龄段人数最多，共7人，占46.7%；参与座谈的被访者文化程度相对本村的平均水平较高，初中及以上学历的被访者共占被调查者总数的40%，被调查者的受教育程度详情见图3-9。家庭人口数平均为4人，家庭劳动力数量平均为3人。

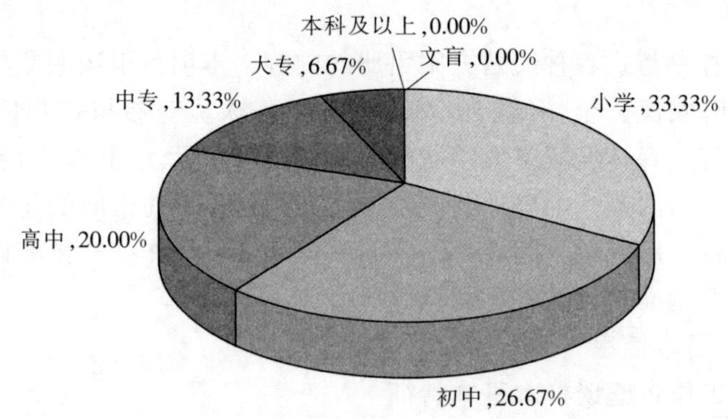

图3-9 案例点被调查者受教育程度特征

3.1.4.2 林农对参与式林业及方案编制的意见反馈

为了解林农对《森林经营方案手册》(简称《手册》)应用的认知，培训中项目组与参加会议的林农共同研读了手册，在研读的过程中，项目组老师向林农对《手册》进行逐条解读，并根据解读内容与各方进行深入讨论，总结出林农对《手册》应用的意见，包括其认知与改进建议。

(1) 林农对参与式森林经营及方案编制的认知

第一：林农对参与式林业及方案编制基本概念及目的的认识

项目组通过与林农的培训、座谈、对文本的解读，最后结合问卷，对林农对参与式林业及方案编制基本概念及目的的认识进行了了解。从调查中发现，林农普遍认为林农自身应该成为参与式森林经营及方案编制的主体，并且应该自愿参与。因为通过参与式森林经营和方案编制能够帮助林农规避风险(93.33%)，如权属争议、限额采伐、森林用途发生变化和政府占用没有补偿等问题。而且因为在森林方案编制和参与式森林经营过程中，涉及多方面的知识，能够得到林业部门的技术培训，能够提高林农的林地管理知识和管理水平(93.33%)(图3-10)。

在森林经营方案编制过程中，林农认为森林经营方案要包括以下几方面：树种选择(100%)、造林方式(93.33%)及造林后的后续安排(100%)，同时有13.33%的林农认为应该包括森林防火内容，33.33%的林农认为还应该包括造林及抚育的财务预算内容，13.33%的林农认为应该确定轮伐期、间伐时间等问题。如图3-11。在针对森林经营方

图 3-10 林农参与座谈

案文本统一的意见上，40%的林农认为森林经营方案应该统一文本，由林业主管部门下发专门的文件和标准，这样能够得到政府的保障，规避风险，60%的林农认为没有必要统一文本，应该根据当地村民、林地条件等实际需要灵活掌握，增加森林经营方案的针对性。如图 3-12。

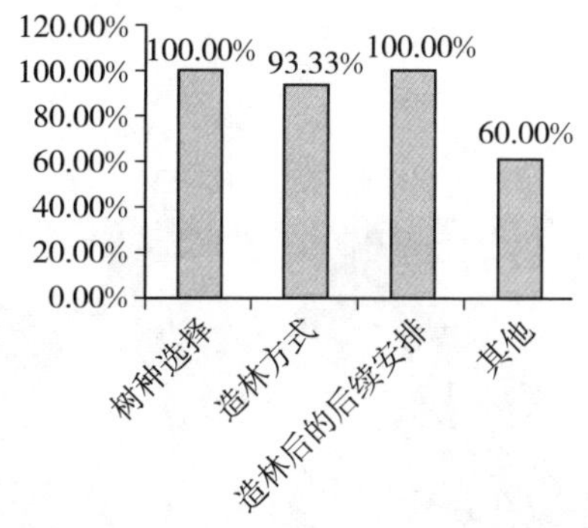

图 3-11 森林经营方案应该包含的内容

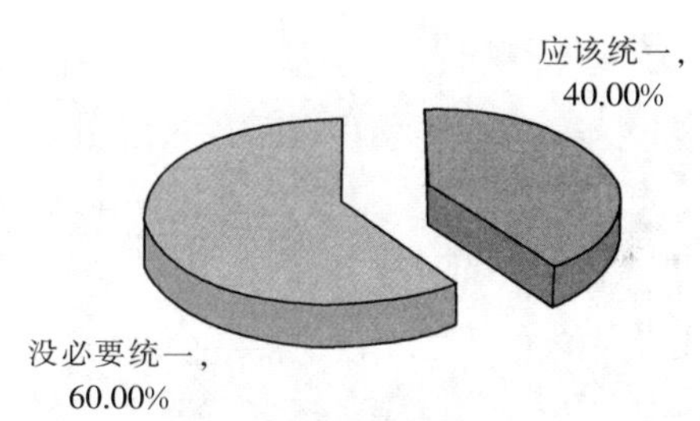

图 3-12 森林经营方案是否应统一格式

在对森林经营方案编制的人群的认知中，93.33%的林农认为林区低收入农户、贫困户、少数民族户、妇女等弱势群体可以参与编制森林经营方案，这也体现了参与式森林经营的特点，彰显公平公正、覆盖面广的原则。但是 80%的林农这些弱势群体可以参加，但是不一定强迫其参与，因为编写森林经营方案需要科学合理性，应该是那些所有林地具备一定规模，有意愿经营森林、有能力编写森林经营方案的林农更多地投入到这件事中。林农普遍都认识到，编制森林经营方案会涉及多方面知识，这本身就是一个学习的机会。另外，他们认识到森林经营方案编制过程中林业主管部门会开展相关的培训，农民的林地管理知识和管理能力都能得到提高。

关于“选择何种方式参与制定森林经营方案”的问题，如图 3-13 所示，66.67%的林农认为应以林农为主，专家等技术人员协助完成，6.67%的林农认为由林农自己完成，此外，剩下的林农选择了“请专家来做”，或“请其他有能力的人”。

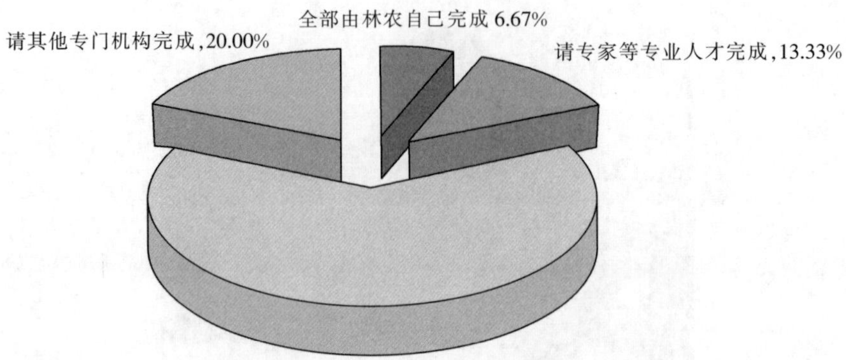

图 3-13　选择何种方式参与制定森林经营方案

第二：森林经营方案编制程序的认知

通过调查发现，所有林农都认为编制经营方案首先需要林地相关的基本资料和信息，包括林地面积和位置、林地权属、所种树种的资料和信息，另外还有 53.33%的林农选择了如立地条件、水资源、农业经营情况等其他信息。调查中 86.67%的林农认为有必要成立森林经营方案讨论小组，讨论小组可以由村中林业技术能人与村民成立，或是由林业合作组织与村干部成立，为林农提供技术帮助（图 3-14）。

图 3-14　森林经营方案讨论小组

在获取了林地相关的基本资料和信息后，编制讨论小组需要结合 SWOT 分析方法，对森林经营中存在的问题、优势、机遇等问题进行评估。但是 86.67%的林农认为在森林经营中缺乏资金和技术，93.33%的林农认为缺乏政府的一些相关政策的扶持，同时也有 66.67%的林农认为没有从森林经营中获得相关的利益（如图 3-15）。林农普遍反映应该从提高管理技术，增加技术培训和多争取上级支持等方面来改进森林经营中的问题。

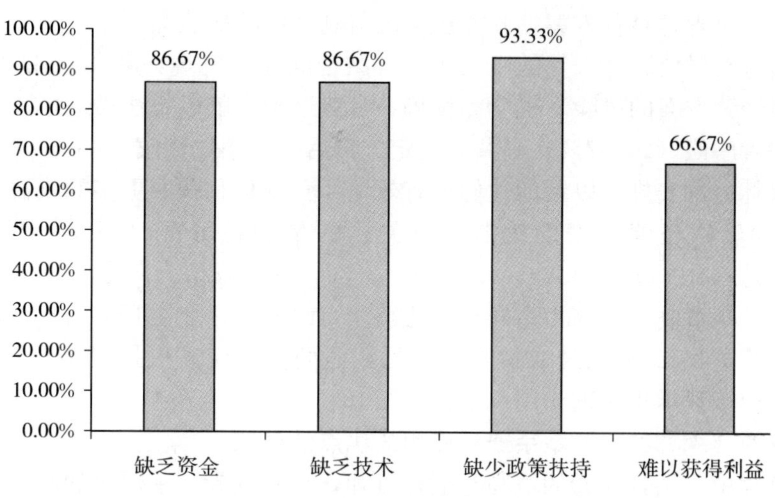

图 3－15　评估阶段所面临的主要问题

关于森林经营方案的规划阶段，所有林农都认为需要确定森林经营的目标，但是对于是否需要确定 5 年森林经营活动持不同意见，80％的林农认为需要短期规划，包括营林计划、林下经营计划、采伐计划和防火防病虫害等；20％的林农认为不能硬性规定森林经营活动年限。

在森林经营方案实施的过程中，所有林农都认为需要对森林经营进行监测，其中 26.67％的林农认为需要 1 年 1 次的监测，13.33％的林农各选择了 2 年 1 次和 5 年 1 次，其余林农认为应该根据森林经营阶段不同处理，如前 3 年应该 1 年检测至少 1 次，5 年后可 2 年检测 1 次。如图 3－16。对于谁来监测的问题，60％以上的林农认为应该由农民自己来监测，40％的林农选择由当地林业部门来监测。

最后，关于森林经营方案的反馈与信息共享阶段，所有林农都认为需要把所有的森林经营信息都反馈给村民，反馈方式主要有通过村民代表大会来共享信息和沟通、召开村小组会议和由林业部门传达等方式。

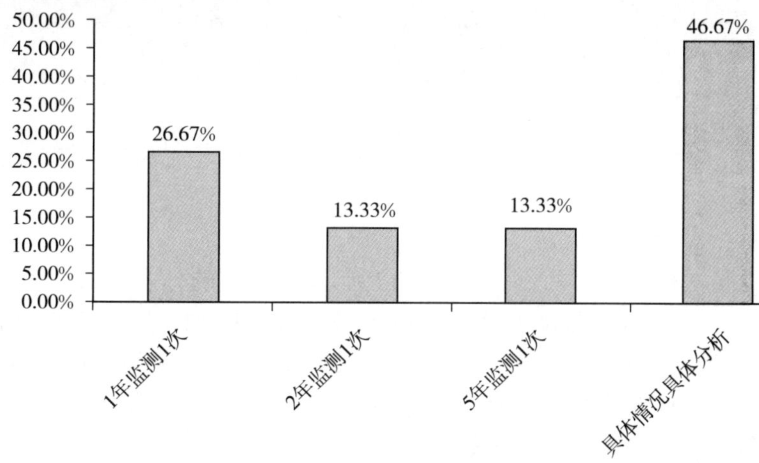

图 3－16　森林经营检测周期的认知

第三：林农对森林经营方案编制方法建议与制度保障的认知

项目组通过与村民、林农等的座谈培训，结合问卷调发现，53.33%的林农认为大家讨论编制森林经营方案的风险、机会和优势、劣势这种头脑风暴法最适用，其次大家选择的是利益相关者座谈（26.67%）和共同制定方案后进行集体修改（20%）。林农反映需要科学地制定森林经营安排，以帮助他们更有效地经营森林和获取更多的收益。从调查中显示，林农参与森林经营方案的编制，最关注的是利益分配（46.67%）和政策扶持（40%），其次是森林采伐（13.33%）。同时53.33%的林农认为应由上级主管部门制定参与式森林经营的规章制度，因为这样林农能够获得政府及林业主管部门资金、技术和税费减免等优惠政策，46.67%的林农持否定意见，他们认为应该根据村民自身的需求定制，上级主管部门应该只承担协助作用。

（2）林农对《森林经营方案手册》应用的优点的认知

在讨论过程中，结合问卷的填写与整理可知，林农认为《手册》的基本内容符合林农经营森林的基本意愿，即通过编写《手册》可提高林农对森林的经营管理水平，同时争取政府的政策扶持，进而增加收入。同时，林农认为《手册》科学性强、表述规范、层次鲜明，具有现实的指导意义，如果切实操作，能够有效地提高林农对森林的经营管理水平。此外《手册》中对《森林经营方案》编写的原则明确提出，能够有效保证相关利益者的民主权益，体现了公平合理的参与式编写原则（图3-17）。

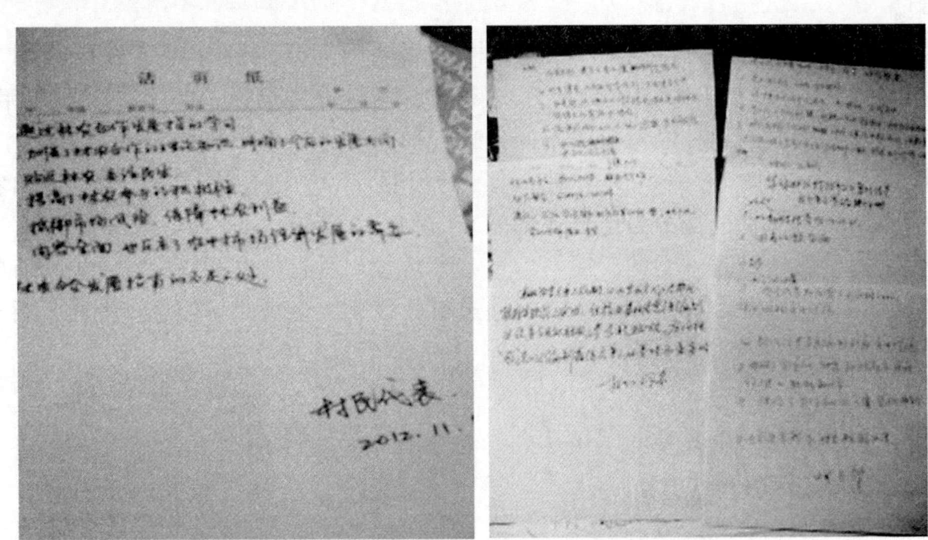
村民代表
2012. 11.

图3-17 林农对手册的反馈意见

通过现场提问，林农回答的方式，可以得到，53.33%的林农认为《手册》内容全面，覆盖面广，26.67%的林农认为《手册》的基本内容符合林农经营森林的基本意愿，33.33%的林农认为《手册》科学性强，33.33%的林农认为《手册》层次鲜明，具有现实的指导意义，80%的林农认为《手册》原则性强，能够有效保证相关利益者的民主权益，体现了公平合理的参与式编写原则。如图3-18。

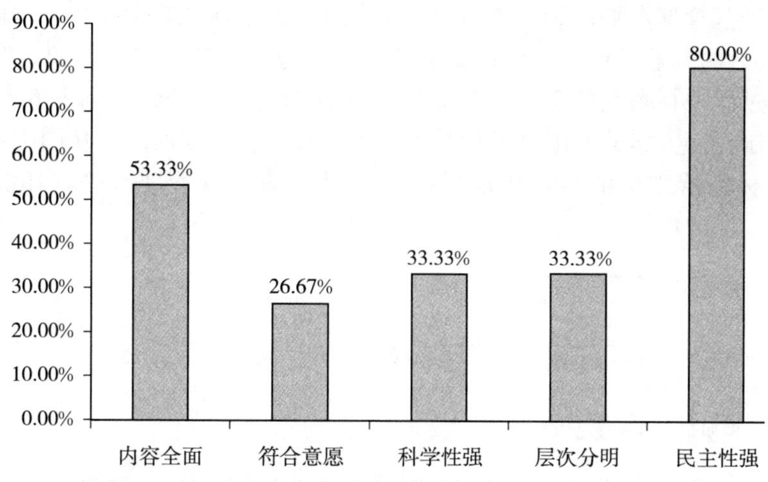

图 3－18　林农对《森林经营方案手册》应用的优点的认知

（3）林农对《森林经营方案手册》应用的不足的认知

《森林经营方案手册》的相关利益者权限的问题。通过参与式座谈，林农表示《森林经营方案手册》应该突出各利益相关者的地位，在《手册》中没有强调各利益相关者应该发挥的作用。不同的利益相关者对于参与式森林经营及方案的编制的需求不同。从林农的角度来讲，他们更需要获得自身切实的利益、自主权利以及政策扶持的指导。

《森林经营方案手册》缺少一定的实用性问题。林农认为《手册》科学性强、表述规范、层次鲜明，具有现实的指导意义，如果切实操作，能够有效地提高林农对森林的经营管理水平。但是加尚村长长期进行林业生产经营活动，林农都具有丰富的实际经验，他们表示从实用角度来讲，《森林经营方案手册》理论色彩较浓，内容比较深奥，难以理解，同时语言晦涩难懂，文本过厚，语言不够简洁，如果针对文化水平较高的林业工作者，文本相对比较容易理解，但是广大林农文化水平较低，《森林经营方案手册》对普通的合作社成员或者一般林农而言，文本的实用性不强。

《森林经营方案手册》中“政策扶持”与“技术指导”缺乏。因为林农自身文化水平有限，能力不足，在参与式森林经营及森林经营方案编制过程中，需要相关的部门或者专家、技术人员等提供技术指导。同时由于林农自身生产规模小，缺少资金等，也需要政府或林业主管部门提供相应的政策扶持，针对这部分内容应该更加具体和细化。参与座谈的林农均反映出对政策扶持和技术培训指导的强烈需求。因此，他们提出《森林经营方案手册》关于“技术指导”和“政策扶持”部分对于参与式森林经营及方案编制十分重要，需要在文本中给出更详细、更具体的说明。例如，政府部门需要给予相应的指导、培训和监督。应该说明政府应该给予哪些方面的指导，开展哪些方面的培训等。

3.1.4.3　林业工作人员对参与式林业及方案编制的意见反馈

（1）林业工作人员对参与式森林经营及方案编制的认知

第一：林业工作人员对编制森林经营方案目的的认知

在被调查的农户中，有60％的林业工作人员认为需要编制森林经营方案的最主要原因是为了提高经营管理水平；20%的林业工作人员选择了获取政策扶持，进而提高森林经营水平；13.33%的林业工作人员认识编制森林经营方案是为了规避风险，防止森林经营者在森林经营过程中耗竭性的采伐，进而保证森林的可持续经营；剩下6.67%的林业工作人员需要编制经营方案的原因是增加林农收入。如图3-19所示。从图中可见，林业工作人员认为森林经营方案的最直接的目的主要是提高经营管理水平，其次是获取政策扶持。

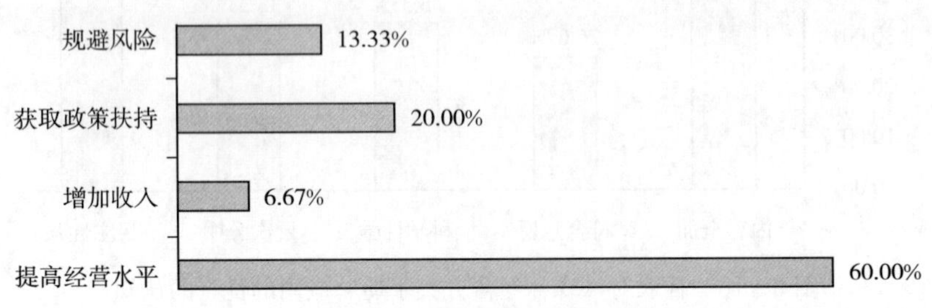

图3-19　林业工作人员对编制森林经营方案目的的认知

第二：林业工作人员对编制森林经营方案最大收益群体的认知

在被调查的农户中，有53.3%的林业工作人员认为编制森林经营方案的最大受益群体是林农，33.33%的林业工作人员认为编制森林经营方案的最大收益群体是政府，其余13.33%的林业工作人员认为编制森林经营方案最大收益群体是合作组织，如图3-20所示。

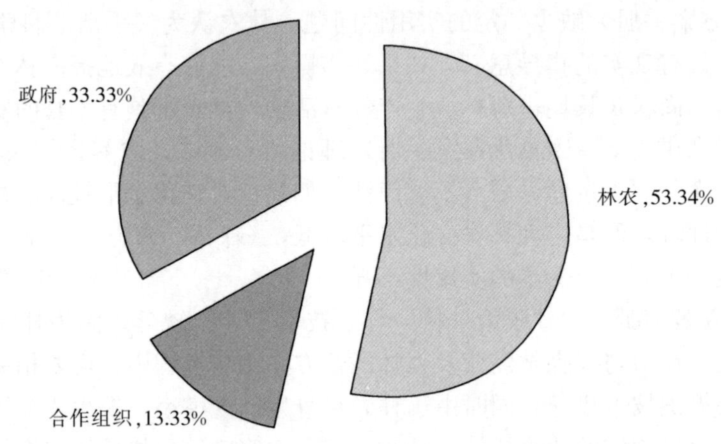

图3-20　林业工作人员对编制森林经营方案最大收益群体的认知

第三：编制森林经营方案所面临的问题

在问及编制经营方案存在的最主要的问题时，66.67%的林业工作人员认为森林经营者缺少技术及专业人才是目前所面临的最大问题，13.33%的林业工作人员认为森林经营缺少政府的扶持与指导是目前所面临的最大问题。还有13.33%林业工作人员选择了其他，如缺少相关森林经营信息、无法预估未来的发展情况、很难创新或不能根据不同情况采取不同的方案等。除此之外有6.67%的林业工作人员认为编制经营方案没有必要，所以编制不存在问题。如图3-21。由此可见，缺乏相应的知识技术而导致的能力低下，仍

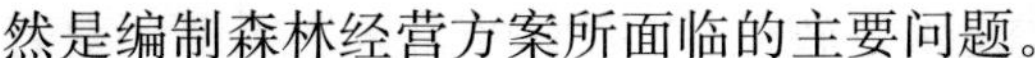

然是编制森林经营方案所面临的主要问题。

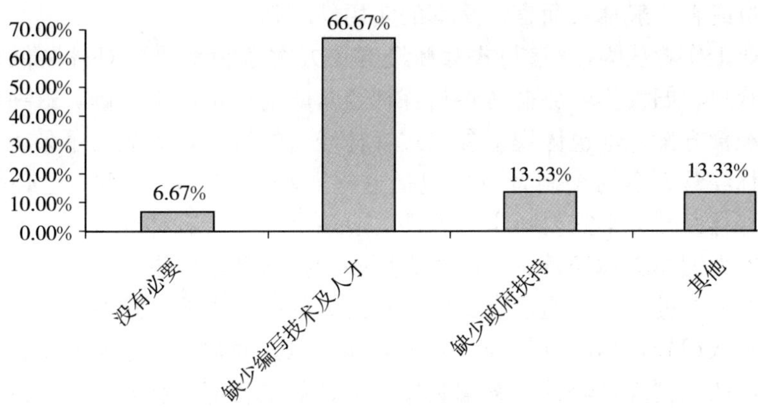

图 3－21　编制森林经营方案面临的最主要问题

第四：编制程序及政策保障的意见反馈

71.43％的管理者认为编制森林经营方案需要林区低收入农户、贫困户、少数民族户、妇女等群体参与到森林经营中，体现公平广覆盖的原则；其他的管理者认为这些弱势群体可以参加，但是没有必要强制要求必须包括。所调查的管理者也都认为森林经营方案要包括树种选择，同时有 85.71％的林业工作人员还选择了造林方式和造林后林地的后续安排，57.14％的林业工作人员认为还应包括如立地条件等其他的内容；42.86％的管理者认为需要将森林经营方案规范化，如设定标准文件，统一文本；57.14％的管理者则认为统一化会导致方案实施效果不好，而是应按照农民的实际需求编制。

在规划阶段，管理者认为需要确定森林经营目标，但是关于“是否需要确定 5 年森林经营活动的问题”上，57.14％的管理者认为需要，主要包括营林计划、采伐计划、林下经营计划和防火防病虫害等，而 42.86％的管理者认为不能硬性规定。同时在规划阶段，为了让经营者得到效益，全部的管理者认为有必要进行效益分析。管理者也都认为森林经营需要进行监测，57.14％的管理者认为监测应该每年 1 次，有 14.29％管理者选择了 2 年 1 次，28.57％的管理者选择了 5 年 1 次。调查显示，管理者认为监测内容应该包括是否按经营方案执行、执行效果以及影响经营方案实施的问题和整改措施的落实情况等。

3.1.4.4　林业工作者对《森林经营方案手册》应用的意见反馈

第一，《参与式森林经营及方案编制手册》应用对象不够明确。在该《手册》中，多次提到“农民”、“林农”、“合作组织成员”等相关概念，并没有明确的针对人群。因为农民可能没有林地，而林农又存在不同经营规模的问题，若林农经营范围过小，参与式森林经营方案编制成本过大，不切合实际。

第二，《森林经营方案手册》缺少一定的实用性问题，林农认为《手册》科学性强、表述规范、层次鲜明，具有现实的指导意义，如果切实操作，能够有效地提高林农对森林的经营管理水平。但是加尚村长长期进行林业生产经营活动，林农都具有丰富的实际经验，他们表示从实用角度来讲，《森林经营方案手册》理论色彩较浓，内容比较深奥，难以理解，同时语言晦涩难懂，文本过厚，语言不够简洁，如果针对文化水平较高的林业工作者，文本相对比较容易理解，但是广大林农文化水平较低，《森林经营方案手册》对普通的合作社成员或者一般林农而言，文本的实用性不强。

第三，林业工作者认为，《参与式森林经营及方案编制手册》对林区低收入农户、贫困户、少数民族户、妇女等弱势群体参与森林经营的地位指示不明确。这些弱势群体可以参与编制森林经营方案，这也体现了参与式森林经营的特点，彰显公平公正、覆盖面广的原则。但是森林经营方案的编制者可以包括这些弱势群体，但是不一定必须包括这些群体。因为编写森林经营方案需要科学合理性，应该是那些所有林地具备一定规模，有意愿经营森林、有能力编写森林经营方案的林农更多地投入到这件事中。同时林业工作者更多地强调了“带头人”的作用，通过有威望、有能力的能人带领，这些工作更易于完成。另外，林农普遍都认识到，编制森林经营方案会涉及多方面知识，这本身就是一个学习的机会，另外，他们认识到森林经营方案编制过程中林业主管部门会开展相关的培训，农民的林地管理知识和管理能力都能得到提高。

第四，对于政府的地位定位不明确。政府如何通过提供政策供给，对参与式森林经营及方案编制进行引导和扶持，如果出台政策过多，会不会对参与式森林经营及方案编制的决策有影响。如《手册》文本中对森林采伐限额的说明等。此外政府如何引导、如何监督，所出台的政策如何保持可持续性都未做明确的说明。

3.1.5 修改建议

3.1.5.1 主要结论

(1) 森林经营方案编制中存在的问题

第一，森林经营方案必须要有明确的编制单位。由于林地规模的限制，以农户为单位编制经营方案这种方式是不可行的，建议以自然村、合作组织或行政村为单位编制森林经营方案。

第二，森林经营方案编制的主体问题。以前森林经营方案都是以林业主管部门为主体，自上而下地推行。但多年的实践经验表明，方案中除了不同立地条件下造林对采伐年限的控制有一定的现实意义外，其他方面的规划内容都难以执行。究其原因一方面是资金的缺乏，另一方面是经营方案缺乏约束和控制。作为参与式森林经营方案，它的编制主体应该是以合作社或自然村、行政村的农民为主。但是农民素质偏低，往往缺乏能力、手段和意识。如果以政府为主，又容易违背农民的意识。这两者之间如何更好地结合，地方林业主管部门可以通过提供相关的培训、技术支撑和业务指导、成立规划编制的小组等方式来落实森林经营的规划。

第三，方案制定以后，规划内容的落实缺乏有效的技术、资源保障。例如规划制定出来以后要两年进行一次抚育或加强病虫害的防治等，然而资金的缺乏往往会使规划内容落不到实处。所以规划内容的制定必须在有国家相关的配套政策、制度支持的条件下才有可能落实。

第四，方案的审批、实施、监督和奖惩机制问题。方案编制以后，由谁来审批？如果是县林业局审批，那么审批之后由谁来具体实施，实施经营方案过程中由谁来监督以及有何奖惩措施等都是保障森林经营方案能够落到实处的重要问题。

第五，林业生产周期较长，除了自然风险外，还有经济风险，这种经济风险来源于不同时期对木材的采伐利用所获得的不同收益。如果在林业经营的一个规划期中，由于市场因素的影响对木材进行提前砍伐收益更大，那么针对这种情况，方案就应该有一定的弹性，灵活处理，把整个生长周期的经营方案和十年的经营期、五年的阶段计划相结合，以体现林业的特殊性，保障林农的利益。

(2)《手册》文本中存在的问题

在讨论过程中，结合问卷的填写与整理可知，林农和林业工作者均认为《手册》的基本内容符合森林经营者的基本意愿，同时，《手册》科学性强、表述规范、层次鲜明，具有现实的指导意义。如果切实操作，能够有效地提高森林的经营管理水平。此外《手册》中对《森林经营方案》编写的原则明确提出，能够有效保证相关利益者的民主权益，体现了公平合理的参与式编写原则。但是通过调查，林农和林业工作者仍然针对《手册》文本提出了针对性的意见，两个利益群体意见比较同意的有以下几点：

第一，在定位上，本手册的服务对象不明确。《参与式森林经营及方案编制手册》中，多次提到“农民”、“林农”、“合作组织成员”等相关概念，并没有明确的针对人群。因为农民可能没有林地，而林农又存在不同经营规模的问题，若林农经营范围过小，参与式森林经营方案编制成本过大，反而会给基层带来很大的工作量，不切合实际。

第二，在形式上，《森林经营方案手册》理论色彩较浓，内容比较深奥，专业术语较多，难以理解。同时语言晦涩难懂，文本过厚，语言不够简洁，如果针对文化水平较高的林业工作者，文本相对比较容易理解。但是广大林农文化水平较低，《森林经营方案手册》对普通的合作社成员或者一般林农而言，文本的实用性不强。

第三，在操作上，手册中虽然有写明方案编制的程序和步骤，但还是基本上处于理论解释和说明上，没有写明在实际操作中针对各利益相关群体的具体操作步骤。因此无论是管理者还是林农通过文本的阅读依然无法指导其实际行动。例如，在参与式森林经营方案编写的准备阶段，管理者的具体工作是哪些，农民需要做什么工作，具体的操作程序是什么；在评估阶段中，具体的指标是什么，用什么样的评估和监测的标准，这些描述的都不是很清楚，都是很繁琐、复杂的文字。

第四，在内容上，多数林业工作人员和林农表示经营方案中硬性地规定经营期不合理。经营方案中规定要“明确10～20年森林经营的主要活动，制定森林经营的年度计划和中期（5年）计划”，不符合林业经营的特点，林业生产周期长，而且经营不同的林种，生产周期也会不一样，所以硬性地规定经营周期不符合实际生产情况。

第五，在政策上，缺乏对森林经营方案编制的相关配套政策措施。林业工作人员和林农认为经营方案的实施需要监督，但是方案并没有明确监督的部门是哪些机构，这样就容易出现责任相互推诿。同时，文本中也没有说明对方案进行认定的部门，包括经营方案有什么样的约束性，如何保证村集体在森林经营过程中执行方案中的规划，等等。

3.1.5.2 意见和建议

(1) 对森林经营方案编制的建议

第一，方案要体现林农的主体地位。林改已经分林到户了，林农是主体，如何来经营、管理并获利于林业是他们自己的权力。正是为了保障这种利益的实现或科学的经营管理才制定这个经营方案。因此经营方案的制定主体应该是林农，他们所缺乏的技术或其他条件保障，是应该作为地方林业主管部门的一个重要工作内容，要帮助他们解决问题（市场信息、技术、资源本体等），另外规划技术、对问题的分析、在经营过程中面临的问题如何解决等都应该由主管部门与林农一起商量来解决。因此，制定方案时应该以林农为主题，政府应多方位、多渠道地提供支持和保障。

第二，把森林经营方案制定和执行纳入县层面的林业主管部门，尤其是林政资源管理部门，作为其工作的重要内容。在社区层面，经营方案由县里来审批、监督和执行，纳入到县层面林政资源管理体系当中。

第三，国家要加大对造林、森林资源经营管理、林区基本建设方面的规划和投资。应该把政府的林区发展规划和林农森林资源经营的方案结合在一起，从政策上提供森林经营方案制定和执行的外部环境和条件，并且要对外部环境和条件在方案中加以明确。

第四，在社区层面，要采取“循序渐进，政策引导”相结合的方式，对林业经营水平相对较高或林业对当地林农和政府比较重要的地区先推试点，在林农自愿的情况下，由林农申请，林业主管部门帮助解决，逐渐完善参与式森林经营方案制定和实施的体系。

第五，要简化森林经营方案，建议就林农森林经营的几个关键问题，如造林、抚育管理、采伐和病虫害防治等制定出具体的森林资源经营管理计划，把林业生产经营过程中最重要的问题拿出来做规划，然后完善相关的配套政策和管理制度，确保森林经营水平的提高。

第六，地方政府和林业主管部门应加强对林农森林资源经营的技术、管理、市场方面的培训，逐渐提高他们的意识和能力，这是未来提高森林资源经营管理水平的重要基础。制定森林经营管理方案是一种形式和手段，但农民自身的意识和能力是决定森林经营水平最关键和最基本的问题，所以应加强对林农的培训，使他们能很好地经营和管理森林资源。

第七，经营方案本身的制定的对象应该是有一定的规模、明确经营目标的群体和生产单位。要提高集体林整体经营水平，搞股份制林场、合作林场和合作组织是一个重要的前提保障。

（2）对《手册》文本的修改建议

针对林农及林业工作人员对参与式森林经营及方案编制的认知，以及《参与式森林经营及方案编制手册》应用的意见反馈，项目组针对以上问题及不足，总结并提出了以下几个方面的修改意见。

第一，要明确手册的使用对象，最好是针对不同的手册使用对象编制不同的方案。例如，针对林业工作人员和合作组织成员的经营方案要力求直观、简单明了，文字语言尽量本土化，文本可采用图表的形式增强林业工作人员的阅读兴趣。这样既加深了林业工作人员的理解又起到宣传作用。针对管理者的经营方案，可增加有关他们实际工作的内容，增强规范性和可操作性。如管理者在森林经营管理中的具体工作步骤，明确纳入森林经营方案的农户拥有林地的标准。

第二，手册语言应简洁明了，通俗易懂。应尽量使用简明的语言，采用图表结合的形式，避免用过于生僻的专业方法和官方化的语言使手册应用者难以理解。经营方案要尽量简化语言，避免过多的理论阐述，涉及到的一些专业方法，要加以简单易懂的文字说明，或配合相关图表来加强理解，避免用过于生僻的专业方法，从而增强对基层的指导性和可操作性。

第三，在操作上要进一步具体化。通过手册对森林经营方案编制操作的具体化说明，增强方案的可操作性。在经营方案编制的具体程序上要针对基层的实际工作进一步细化，说明每个步骤的具体程序，确定每个步骤需要的具体材料、相关人员、如何实施、达到怎样的标准、评估、监督的具体要求等，增强条理性，使基层在实际操作中有章可循。

第四，森林经营方案的相关内容需要与中国国情、各地的林业发展情况紧密结合。编制方案前要充分考虑林业的特点、中国林业发展的情况以及各地区社会经济发展情况和林业经济发展情况，合理科学地制定森林经营方案，对特殊情况地区要做出解释说明，因地制宜，不能一刀切。关于经营期问题，不易做硬性规定，要根据不同地区和树种，做出弹性安排。经营方案编制出来以后，可以先进行试点，根据具体情况再修改完善。

第五，经营方案要充分考虑基层的人员能力、技术、资金的情况。经营方案各步骤的实施，需要大量的人力、资金和技术的支持，为了保证经营方案的有效实施，方案中需对人员、技术、资金的来源与安排做出说明和规定。

第六，要加强相关的配套政策，保障经营方案的实施。森林经营方案的准备、规划、评估、监督等各程序的实施，需要相关的政策规定以及工商、税务等各部门的协作配合。所以加强配套政策建设，如税费优惠政策、生态补偿、林权抵押贷款以及限额采伐制度等方面的支持，是保障森林经营方案有效实施的重要方面。

3.2 尤溪县西城镇山连村的案例研究

3.2.1 案例点基本情况

(1) 背景

自 2004 年，中国政府启动了新一轮的集体林权制度。集体林权制度改革后，如何加强森林资源管理，提高森林资源管理水平，增加林农及林农合作组织的林业经济收入，已成为影响林权制度改革成效和可持续性的关键问题。现有森林资源管理制度，以及集体林管理模式在一定程度上忽视了林农的主体地位，有可能使得分散经营或合作经营均难以推动森林资源的有效配置。因此，森林资源经营方案的编制能够有效地指导林农进行林业生产活动。通过参与式方法，有助于加强林农、林业合作组织的经营管理意识与能力，促进林农及其合作组织在森林资源经营管理制度和政策改革中主动性，并提高农户在改革后续政策制定中的参与程度。

参与式方法在 20 世纪 80 年代由国际组织引入中国，在中国农村、林业及社会发展项目中发挥了良好作用，弥补了中国传统社会工作方法的不足。在林业领域，参与式方法，特别是参与式森林资源管理计划的制定与实施，在林业六大工程设计和实施管理，以社区为基础的资源管理，保护区社区管理，以及世界银行、粮农组织、欧盟等国际组织的中国林业项目中均发挥了良好作用。实践证明，参与式方法是符合中国林业发展实际的一种理念、一种思想和一种方法，而社区参与式森林资源经营管理计划，也被证明是可以充分调动社区群众林业经营积极性，较好地协调森林经营中各相关利益群体关系，提高森林资源经营管理水平的有效办法。此外，通过项目培训的形式培训当地人员，对将参与式方法持续应用到林农森林资源经营管理中具有现实意义，也是形成地方参与式森林资源管理能力的重要保障。

（2）组织架构

为深入了解福建省集体林权制度改革状况及其林农林业合作组织的发展现状，并通过参与式的方式对林农编制森林资源经营方案进行培训，受国家林业局委托，北京林业大学经济管理学院调研组在联合国粮农组织“支持中国集体林权改革的政策、法律和制度建设并促进知识交流”（GCP/CPR/038/EC）项目的支持下已经对2010年1月初对福建省尤溪县和邵武市四个案例村进行实地调研和培训指导。2012年10月，为了进一步验证《集体林区村级参与式森林经营及方案编制手册》的应用效果，北京林业大学经济管理学院《支持中国集体林权改革政策、法律和制度体系发展并促进知识交流项目》课题组进行二期项目的调研，调研地点为福建省三明市尤溪县山连村，旨在得到村民和林业主管部门的对指南应用的反馈信息，并且进一步对相关人员进行林业合作组织和参与式森林经营方案编制的培训。

（3）程序和方法

项目实施过程将由文献查询及培训资料具体化、头脑风暴法、参与式小组培训和座谈会议等具体活动组成。在实地工作中，与县项目办形成合作关系。具体采用的方法如下四个方面。

第一，文献查询及培训资料具体化。通过文献查询，对国内和国外，特别是国际组织在中国实施的、以社区为基础的参与式森林资源经营管理计划的制订方法、注意问题、成功经验进行综述和总结。结合项目资助方提供的指南，加以综合考虑培训对象的特点，对指南进行具体化，形成更加具有针对性和可操作性的培训方案。在培训实施中，针对四个案例村，设计具有典型性和代表性的参与式案例。

第二，头脑风暴法。头脑风暴法是相互启迪思想、激发创造性思维的有效方法，它能最大限度地发挥每个参加者的创造能力，提供解决问题的更多更佳的方案。运用头脑风暴法只规定一个主题，明确要解决的问题。把参加者组织在一起无拘无束地提出解决问题的建议或方案，组织者和参加者都不能评议他人的建议和方案。事后再收集各参加者的意见，交给全体参加者。然后排除重复的、明显不合理的方案，重新表达内容含糊的方案。组织全体参加者对各可行方案逐一评价，选出最优方案。在本次培训中，头脑风暴法主要运用于讨论影响合作社未来发展的因素及运用SWOT分析法探究合作社发展的优势、劣势及战略分析这两个阶段。

第三，参与式小组培训。小组培训的目的是树立参加者的集体观念和协作意识，教会他们自觉地与他人沟通和协作，齐心协力，保证项目目标的实现。每个小组培训项目的人数为四到六人，每个参加者最好有不同的性格、不同的经历、不同的知识和技能。小组培训要集中解决某一个问题。在解决问题的过程中，让参加者领悟沟通和协作的重要性。本次为了达到反馈指南意见的目的，把各利益相关者召集在一起首先对《参与式森林经营指南》的内容及方法等进行介绍与培训，然后在学习和深入理解的基础上，让林农提出改进建议。

第四，小组会议。小组会议能使人们相互交流信息，启发思维，了解到某一领域的最新情况，开拓视野。这种参与式的方法贯穿于整个培训的始末，用这种会议的方式，把培训的目标人群召集起来讨论编制森林经营指南的细节并提出改进建议。

(4) 自然村或行政村对象选择说明

山连村地处福建省尤溪县西城镇西北部，山连村共有 3 个自然村，10 个村民小组，210 户，人口 930 人，土地总面积 11 020 亩，林业用地面积 9 379 亩，其中：有林地面积 8 434 亩，人均拥有林地面积 10 亩。生态公益林 2 422 亩，商品材 6 957 亩。主要树种为马尾松和杉木，毛竹面积约为 200 亩。

山连村主要种植的农产品为水稻，畜牧业规模较小，主要牲畜为山羊，现保有存栏数约为 60 只，单位数量投入产出平均数值为 1∶3。

山连村主要林业生产活动如表 3－9 所示。

表 3－9 山连村主要林业生产活动

林业生产活动	规模	收入（元）	支出（元）
木材	私营木材加工厂	600 000	350 000
竹材	毛竹 4 万根	80 000	45 000
干笋	1t	30 000	15 000
湿笋	2t	8 000	4 000
果品	柑橘 30 亩	30 000	18 000

山连村资源现状如图 3－22。

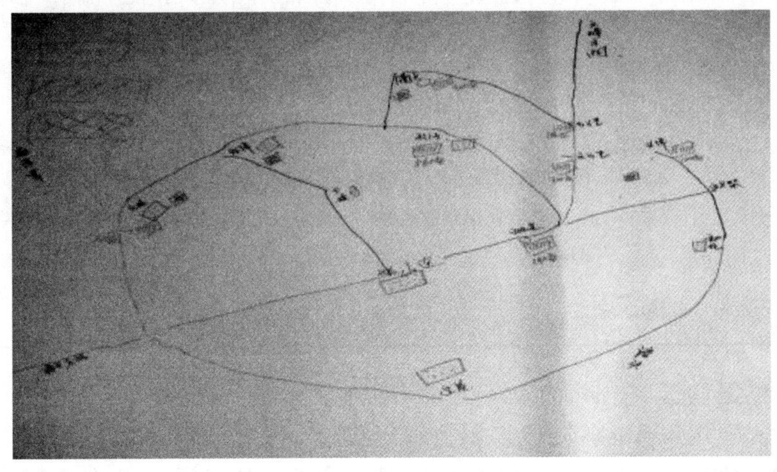

图 3－22 山连村资源现状图

3.2.2 主要活动

(1) 材料准备

通过文献查询，对国内和国外，特别是国际组织在中国实施的、以社区为基础的参与式森林资源经营管理计划的制订方法、注意问题、成功经验进行综述和总结。同时通过项目会议等形式回顾并总结前期调研情况，结合前期调研成果，对本次的项目调研提出可行性计划和具体安排。

结合项目资助方提供的合作组织发展指南，加以综合考虑培训对象的特点，对指南进行具体化，形成更加具有针对性和可操作性的农户和管理者调查问卷。

为了更好地宣传林农合作组织，项目组结合《中国集体林区村级参与式森林经营及方案编制手册》的具体内容制作了林农合作组织宣传册。宣传册主要介绍了林农合作组织的概念、成立程序，林农和政府的权利义务，相关合作社法的规定、国家对林农合作组织的政策支持以及林农合作组织在发展过程中遇到的问题等。同时还介绍了参与式森林经营的概念、目的、程序及相关方法等。

（2）目标人群选择

项目进程中涉及到主要的利益相关者包括森林所有者（林业合作组织成员）、村干部、合作组织领头人和当地政府官员。利益相关者群体中没有提及的一个重要成员是私营成分，例如林业和竹业加工企业。本项目着力通过加强组织建设和合作组织的管理以解决此问题。因此，本项目的开展对森林资源今后的发展有着重要的意义。在参与式经营方案制定的培训中，主要参与培训以及信息收集的目标人群详见表 3-10 所示。

表 3-10　目标人群及收集信息

序号	被访问者	收集信息和预期目标
1	林业专业合作社的关键成员	林业生产基本情况，森林资源经营管理中的问题和需求，对于完善合作组织指南的建议
2	林业专业合作社的一般成员	林业生产基本情况，森林资源经营管理中的问题和需求，参与合作组织的动因与收获，对于完善合作组织指南的建议
3	非林农合作组织成员的林农	林业生产基本情况，森林资源经营管理中的问题和需求，不参与合作组织原因，完善合作组织指南的建议
4	村干部	村森林资源及其经营整体状况，对于发展林农合作组织、完善合作组织指南的建议
5	乡（镇）政府	关于合作组织发展的地方规定，对于发展林农合作组织、完善合作组织指南的建议
6	县林业局	关于合作组织发展的县级规定，对于发展林农合作组织、开展参与式森林经营管理的意见和建议，以及完善合作组织指南的建议

（3）实施过程

本项目的实施共分为准备阶段、实地调研阶段以及报告撰写阶段。10 月 10 日至 10 月 25 日为准备阶段，10 月 25 日至 10 月 30 日为实地调研阶段，11 月 1 日至 11 月 20 日撰写项目报告。其中，项目准备阶段包括前期项目及相关文献回顾、项目组成员培训以及实地调研的材料准备等；实地调研阶段包括收集二手资料、林农培训与参与式访谈、林业工作者参与式访谈以及开展林农培训班等；报告撰写阶段包括整理二手资料、项目组成员总结讨论以及形成项目报告等。具体的工作程序详见图 3-23。

①实地调研。本次实地调研时间共 5 天，主要通过小组会议、头脑风暴、半结构式访

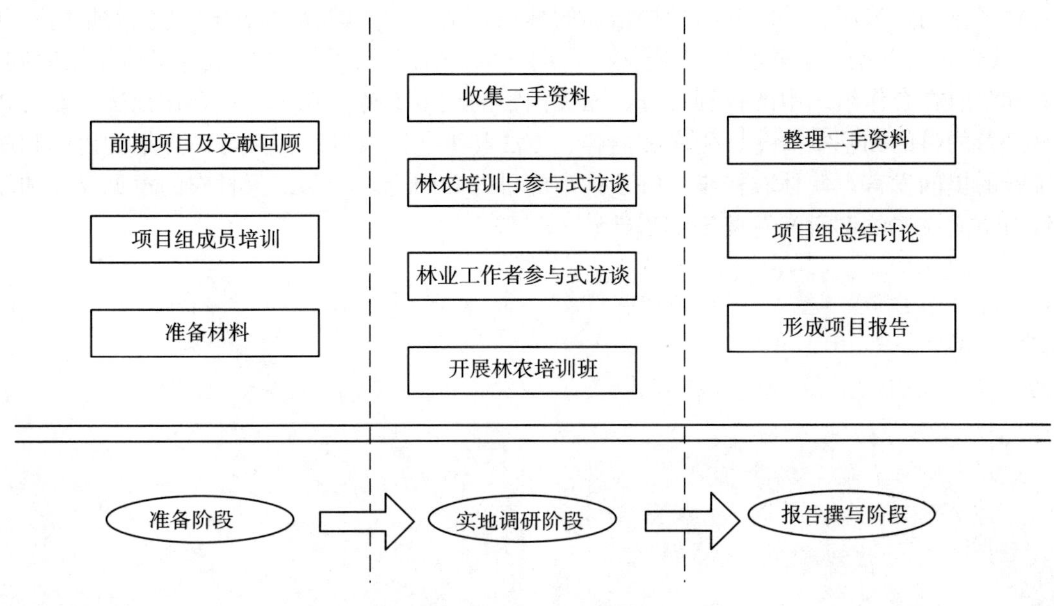

图 3－23　实施过程图

谈等方法，运用两个指南文本、宣传册和调查问卷等材料，对山连村应用森林经营指南情况进行宣传、培训和意见调查，同时还聘请有关专家进行森林经营方面的技术培训。项目的具体实施过程如表 3－11 所示：

表 3－11　项目调研实施过程

时间	主要工作	参与方	方法
2012.10.25	▲项目背景和目的介绍； ▲宣传、培训	√尤溪县项目办官员； √山连村委会成员； √林农； √林业专业合作社成员 √北林项目组	◆小组培训 ◆头脑风暴
2012.10.26—2012.10.27	▲讨论； ▲意见反馈； ▲调查问卷； ▲资料收集	√尤溪县项目办官员； √山连村委会成员； √林农； √林业专业合作社成员 √北林项目组	◆头脑风暴 ◆半结构式访谈 ◆资料收集
2012.10.28	▲森林经营技术培训	√山连村委会成员； √林业专业合作社成员 √北林项目组	◆小组培训 ◆头脑风暴
2012.10.29	▲会议座谈； ▲资料收集	√尤溪县项目办官员； √北林项目组	◆头脑风暴 ◆座谈会议

针对山连村林农、村委会成员、林业专业合作社成员的宣传培训主要采取专家授课和农民讨论、提问的方式进行，培训为期 1 天。培训前，项目组制作了林农合作组织和参与

式森林经营的宣传册，并印发给参加培训的林农，结合《中国林农合作组织发展指南》和《参与式森林经营指南》这两个指南文本，向林农详细介绍了林农合作组织的作用原则、林农和政府在合作组织中的权利义务、相关国家的政策支持、农民专业合作社法、参与式森林经营的目的和基本概念、程序和内容、方法和手段以及制度保障等。详细的讲解和林农踊跃的提问发言，使林农初步了解了指南的目的和内容，为第二天林农的意见反馈和填写针对指南文本的调研问卷奠定了基础。

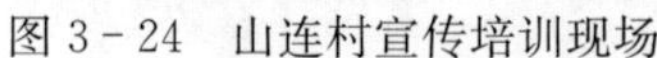

图 3－24　山连村宣传培训现场

图 3－25　尤溪县林业局座谈会

为了更好地得到林农的反馈意见来完善指南，项目组通过开放式的问题，运用头脑风暴法，让每个参加培训的林农写出自己的意见。这些开放式的问题包括：参与式森林经营指南存在的问题；指南需改进的地方；经营林地中最主要的问题；您认为编制经营方案最主要原因；您认为编制经营方案最主要的问题；您认为经营方案中最主要的问题。林农通过思考和回答这些问题，更清晰地认识了自身经营林地的需求以及现实中存在的问题，同时，通过专家对问题的解读和分析，使林农对参与式森林经营有了更深刻的认识。

为了帮助林农掌握杉木、马尾松、木荷等常见树种的造林技术，掌握毛竹和绿竹丰产培育技术，病虫害防治技术、油茶新植、低产林改造技术，认识到幼林抚育的重要性，项目组聘请了技术专家开展了相关技术培训。培训班举办前，编写了与林农生产密切相关的学习资料，并印发给参加培训的林农。在培训班上专家详细介绍了林木速生丰产的有关技术，主要包括：丰产栽培，幼林抚育、竹林丰产培育、油茶丰产培育等技术。通过举办林木速生丰产技术培训班，林农初步掌握了当地经常遇到的几种树种的培育措施，看到了自家经营林地的差距，意识到集约经营的重要性。在培训班举办期间，尤溪县项目办利用山连村地处国有林业单位周边的有利条件，组织参加培训的林农将自家山场与国有单位对比，让他们有切身体会，更加意识到科学育林的重要性。许多林农都表示今后要按照培训班上传授的知识，做好苗木的选择、林地准备、栽植、幼林抚育等工作。

②报告撰写。实地调研结束后，项目组成员对调研所获的相关二手资料、调查问卷、访谈结果及照片等资料进行内业整理，对实地调研的成果进行系统梳理。同时项目组召开总结会议，总结调研过程中发现的不同相关利益者提出的问题，尤其是森林经营过程中的

图 3-26 山连村技术培训现场

问题以及对《手册》草案的意见和看法，讨论并总结提炼出各利益相关者对《手册》草案的修改建议。

基于实地调研二手资料的整理以及项目组讨论的结果，针对目前尤溪县山连村森林经营过程中存在的问题以及《参与式森林经营指南指南》在村层面的应用，形成最终的项目应用成果报告。

3.2.3 应用成果

3.2.3.1 森林经营规划设计

（1）森林培育

森林培育是指由森林建立至成熟采伐前的全部培育过程。森林培育由前期的造林和后期的森林经营两个阶段组成。造林即人工林的营造，主要内容包括树种选择、苗木培育、整地、种植以至郁闭前的幼林抚育、管理等，以保证幼林形成为目的。森林经营以天然林和人工林郁闭后的抚育、管理为内容，以改善森林结构和环境、提高森林生产力、保证森林更新和发挥森林的多种效益为目的。

第一：造林更新设计

实施造林更新规划、造林更新是目前山连村森林更新的主要方式之一，也是迅速恢复森林植被的主要措施，造林更新对于提高林分质量、调整树种结构和林种结构具有重要意义。

造林更新的主要原则有：造林更新方式本着“以人工造林更新为主，人工造林更新、人工促进天然更新和天然更新相结合”的原则，据此确认当地集体林造林更新方式和比重。

山连村的造林任务为 2011 年 11 月前完成 277 亩造林绿化任务，其中：荒山造林 0 亩，疏林地补植 55 亩，非规划林地造林 50 亩，迹地更新 172 亩，在造林任务中应完成新植油茶 50 亩、竹类 30 亩（具体造林绿化山场，地块如表 3-12 所示）。

2010 年 12 月底前完成林地准备 70%，2011 年 2 月底前全面完成林地准备，2011 年 4 月底前全面完成栽植。

表 3-12 造林绿化任务一览表

单位：亩

面积合计	采伐迹地造林					荒山造林	疏林地改造					非规划林地造林（荒田等）
	小计	采伐面积	林班	大班	小班小计	小计	面积	林班	大班	小班	面积	
		93	047	06	020（1）							
277	172	17	043	01	010（1）	0	55	55	047	04	050	50
		62	043	01	060（1）							

注：表中非规划林地造林任务是无法完成的，可用除小班外的其他疏林地山场补植抵任务。

第二：幼林抚育和抚育间伐设计

幼林抚育是提高造林成活率和保存率的关键，是保证成林成材的重要环节，应以速生丰产林为重点，加强造林后头三年的管理。

杉木：一般要求连续抚育 4～5 年，造林头三年每年全面除草松土 2 次，第 4、第 5 年各进行一次，争取 4～5 年郁闭成林，对于 5～10 年未郁闭的幼林，应继续抚育 1 年，前期有深翻过的，继续全面除草松土，已深翻的应进行深翻抚育。

马尾松：一般要求造林后第 2、第 5 年各进行一次全面劈草，第 2 年需进行补植。

抚育间伐的目的是保证林分在生长过程中始终保持较合理的密度，保证保留密度能充分发挥土地生产潜力。坚持"以抚为主，抚育利用相结合"和"砍劣留优、砍小留大、砍密留稀、照顾均匀"的原则，伐前应搞好作业设计，砍伐木应做好标记，要避免过伐和造成天窗。每一种森林经营类型的抚育间伐措施，要依照不同的要求和标准。山连村 2010 年幼林抚育 772 亩，表 3-13 为每个林班具体情况。

表 3-13 2010 年山连村幼林抚育验收情况

林班	大班	小班	地名	面积	树种	造林年月	质量合格率%				
							抚育方式	净度	深宽度	除萌压蘖	扩穴培土
47	9	2①	后垅	172	10 杉	2008.2	一次全锄	96	96	95	
47	5	8①	里山	102	10 杉	2008.2	一次全锄	95	95	95	
46	2	7①	后堵坪	48	10 杉	2008.2	一次全锄	95	95	95	
46	2	1①2①	一排	61	10 杉	2008.2	一次全锄	95	95	95	
46	1	3①	一排	40	10 杉	2008.2	一次全锄	95	95	95	
43	1	3①	隔头水尾	76	10 杉	2008.2	一次全锄	67	98	96	
47	6	3①	牛角湾	89	10 杉	2010.1	二次全锄	95	95	95	95
47	8	3	下岭坑	96	10 杉	2010.1	二次全锄	95	95	95	96
47	6	5	三股山	45	10 杉	2010.1	二次全锄	95	95	95	95
47	2	1①	皮溪	43	10 杉	2010.1	二次全锄	67	98	96	96

（2）森林采伐设计

森林采伐量应依据功能区划和森林分类成果，分别为主伐、抚育间伐、更新、低产

（低效）林改造等，结合森林经营规划，采用系统分析、最优决策等方法进行测算，确定森林合理年采伐量和木材年产量。

第一：采伐量及采伐年龄的确定

确定年采伐量时应坚持以下原则：年消耗量小于年生长量；森林资源“全额管理、限额采伐”和“分类经营、合理采伐”。优先安排抚育间伐、林分改造和成过熟林采伐，以保证林分生长，提高林分质量和调整林种、龄种结构，实现森林资源的优化配置。

根据《福建省森林经营方案编制有关问题说明》中有关规定，结合山连村实际情况，综合确定杉木和马尾松不同经营类型的主伐年龄，如表3－14所示。

表3－14　各树种不用经营类型主伐年龄

经营类型	可主伐年龄	龄级
集约杉木小径材	16年	5
集约杉木中径材	26年	5
集约杉木大径材	31年	5
集约马尾松小径材	16年	5
集约马尾松中径材	31年	10
集约马尾松大径材	41年	10
短伐马尾松	16年	5
一般马尾松小径材	26年	5
一般马尾松中径材	31年	10
一般马尾松大径材	41年	10
一般杉木小径材	21年	5
一般杉木中径材	26年	5
一般杉木大径材	36年	5

数据来源：西城林业站。

第二：采伐管理

采伐管理要按照《福建省森林采伐管理办法》规定执行，同时要加强管理队伍建设、明确和落实工作责任制，健全采伐管理规章制度，狠抓采伐管理的伐区作业设计、伐区作业监督和伐区检查验收三个环节。伐区作业监督应有专人负责，伐区作业结束后应有森林资源管理部门立即组织有关森林资源管理人员进行检查验收。

（3）森林保护规划设计

第一：森林防火规划

认真贯彻“预防为主，积极消灭”的方针，大力推进生物防火林带工程建设，构筑生物阻隔带与自然阻隔带相结合的林火阻隔网络，有效控制森林火灾的危害；加快森林防火基础设施建设，完善森林防火监测体系；加强区域联防，促进半专业化森林应急扑火队伍建设；组建森林消防协会，创新森林防火管理机制。做到以人为本，科学防火；因害设防，合理布局；因地制宜，适地适树；突出重点，循序渐进；防火功效与多种效益相兼顾。

表 3-15　2010 年山连村生物防火林带营造一览表

村别	建设地点（土名）	林班—大班—小班	长度（km）	面积（亩）	树种	合格率（%）
山连	牛角湾	47—6—3①	1.5	22.5	木荷	90%
山连	下铃坑	47—8—3①	1	15	木荷	91%

要发挥区域优势组建半专业化森林应急扑火队伍，培训半专业化森林应急扑火人员，规划期内做好每年 1 次半专业化森林应急扑火队伍全员培训，培训内容包括科学扑救、实践扑火、机具操作、安全避险等。

规划期内，要按村组设置、按片设置、跨经营区设置，把森林经营区内或辖区内的林农和森林经营单位尽可能全部吸纳进来，增加联防面积，从而形成农村基层群体联防的新局面。

第二：林业有害生物防治

山连村主要林业有害生物发生种类有马尾松毛虫、毛竹枯梢病、篓竹枯萎病、松针褐斑病等。主要防治措施有以下几个方面：

树立森林健康理念，防控有害生物危害。首先是因地制宜多林种、多树种、多形式的混交造林，避免集中连片的针叶纯林，提高林分质量，改善森林生态环境，从而促进林分抵御林业有害生物的危害能力。结合低产林改造，有计划地将有关生物危害严重针叶纯林改造成混交林。加强抚育管理，清理病虫木，减少林分的虫口密度或病株，改善林内卫生状况，促进林分生长，提高林木抵御有害生物能力。

应用生物防治新技术，提高防控科技含量。围绕有害生物防治重点、难点，集中力量科技攻关，重点推广应用生物防治技术和先进实用的防治手段，逐步增加无公害防治比例。

切实加强监测网络建设，做好监测预报。要利用有害生物监测预报网络，及时掌握林业有害生物发生发展动态，为综合治理提供快、准的决策信息。

加强林业有害生物防治体系建设。林业有害生物防治的重点是加强有害生物预警、监测、检疫御灾和防治减灾体系建设，防止外来和本地危险性有害生物对生态系统的破坏，加大林业有害生物综合防控技术研究和基础设施建设力度，提高森林灾害综合治理水平。

第三：森林生态环境保护

首先，加强森林资源管理。规划期内要严格执行森林采伐限额管理制度，合理组织安排木材生产，搞好木材综合利用，提高木材利用率，降低森林资源消耗量。要加强林政资源管理，依法严厉打击乱砍滥伐林木、非法侵占林地、乱捕滥猎野生动物等破坏森林资源的违法行为，使自然环境保护步入健康良性循环的发展轨道。

其次，营造林的环保措施。第一，林地清理。造林地清理方式不提倡采用炼山烧杂。当坡度在 25 度以下的，若采伐剩余物和杂灌少的，应采用局部劈草清杂堆烧方式进行林地清理；若采伐剩余物和杂灌多，可采用劈草清除草堆烧方式进行林地清理。坡度在 25 度以上的，采伐剩余物少时，宜采取按环山水平沟，将采伐剩余物和灌草集中沟内暗火烧杂；若采伐剩余物和杂灌较多，可采用劈草清杂按环山水平沟带堆烧或块状堆烧方式清理林地。第二，整地。少用全面垦复的造林整地方式，多用环山水平带和“品”字型块垦或穴垦方式造林整地。第三，造林。造林时，从遵循科学规律角度来说，应多选择阔叶树种造林，多营造混交林，多种植乡土阔叶树种，合理调整森林群落结构，建立抗逆性强的森林生态系统。生态脆弱区域的坡度较大时，造林山场要带“帽”（保留山顶的现有林分），以保持生态脆弱区域森林生态的防护效能。

再次，生态公益林天然用材林实行严格林木采伐制度。生态公益林天然用材林认真实施《福建省森林采伐技术规范》，人工生态公益林实行小面积带状或块状皆伐。皆伐块间应保留相当于皆伐的林块，对保留的林块，待采伐迹地更新的幼树生长稳定后方可采伐，采伐迹地当年或次年应及时造林更新。天然用材林只允许择伐，以恢复和维持森林生态系统的稳定性。

（4）森林多种经营与生物多样性保护设计

非木质资源经营规划应以现有成熟技术为依托，以市场为导向，规划利用方式、强度、产品种类和规模。在严格保护和合理利用野生资源的同时，积极发展非木质资源的人工定向培育。非木质林产品形式有笋干、杨梅酒、松脂、蜂蜜、板栗、草药茶、野菜、香菇、农家乐、森林旅游、竹制品等。

生物多样性保护规划应充分考虑生物资源类型、保护对象特点、制约因素及影响程度、法律法规与政策等。乡村风景林应该得到保存，这部分森林一般具有典型地带性植被特征，林分结构较完整，树种种类多，对水土保持、美化环境、保护物种等都具有重要意义，除列入保护小区、名木古树之外的风景林也应加以保护。注重保护珍稀濒危物种和群落，在成熟的森林群落之间保留森林廊道。对于珍贵野生物种也应建立良种壮苗培育基地并开展规模性繁殖和栽培。对野生动物的保护应采取不同的保护措施，建立自然保护小区，同时加大普法宣传力度，建立乡规民约，增加民众保护野生动植物意识。

（5）基础设施与经营能力建设设计

林业基础设施建设是实现森林可持续经营的基础，在继续巩固、完善、提高现有基础设施的基础上，经营期内将对森林保护、林业社会化服务、林业信息化能力加大建设力度。首先，林道建设措施为：林道密度以满足森林经营的基本要求为原则，新建林道应尽量结合防火道、巡护路网等布设，避开高保护价值森林区域、缓冲带和敏感地区。同时，还要加强林业信息化建设，充分利用公共数据网等社会资源，推进内部办公自动化。加强林政管理系统建设和森林资源地理信息系统建设。

提高林业技术人员和林农的经营能力是实现林业现代化的重要条件，要定期对林业工作人员进行业务培训，具体培训内容应包括营造林技术规程、林业政策法规、病虫害防治等方面。并且通过技术培训、发放资料、信息服务、现场指导等多种科技服务形式，让众多林农掌握林业实用技术，使林农科学素质在整体上有大幅度的提高。

3.2.3.2 森林资源经营监测评估设计

森林经营的最终效果包括森林健康、家庭幸福、社区幸福和环境良好四个方面，每个方面都可以选择一些具体的指标来加以衡量（表 3－16），具体的监测评估指标如下：①森林健康状况，指标包括森林结构合理、生物多样性、林地合理利用、林龄多样、人类活动对森林影响可控、森林可以天然更新、病虫害有效防治、具有健康的生态系统等；②家庭幸福状况，指标包括农户经济收入增加、生活生产环境良好、能够通过保护资源获得收益、受教育机会和能力提升机会增多、幸福感强等；③村庄幸福状况，指标包括村委会及当地组织代表了农民的利益、当地组织有能力执行相关规定和进行监测、能够有效地解决冲突纠纷、制定政策公开公平、较高的管理水平等；④环境良好状况，指标包括政策制度惠农、农村市场顺畅有序、生态环境优惠、社会和谐、有相关的技术和信息支持等。

表 3-16　森林经营监测评估体系

类别	森林健康	家庭幸福	村庄幸福	良好环境
指标	森林结构合理、生物多样性、林地合理利用、林龄多样、森林可以天然更新、病虫害有效防治等	农户经济收入增加、生活生产环境良好、能够通过保护资源获得收益受教育机会等	村委会及当地组织代表了农民的利益、当地组织有执行力、有效地解决冲突纠纷、公开性、公平性等	政策制度惠农、市场顺畅有序、生态环境优越、社会和谐、技术支持等
监测主体	林业技术人员	社员	村干部	合作社社长
监测频度	季度	年度	每 5 年	每 5 年

3.2.3.3　投资与效益分析

（1）投资概算标准

森林经营过程中，主要投资项目及概算标准如下：

● 造林成本。苗木种植平均成本 300 元/亩、抚育平均成本 80～150 元/亩，接下来第一年 260 元/亩，第二年 160 元/亩，第三年 160 元/亩，第四年 80 元/亩。防火林带投入 180 元/亩。

● 采伐成本。间伐成本为 150～160 元/m^3，运费 50 元/m^3；育林基金为 95 元/m^3，设计费标准为 10 元/m^3，检验费为 10 元/m^3，主伐成本约为 160 元/m^3，税收为 30 元/m^3。

● 森林保护成本。防火林带投入 180 元/亩；森林投保标准为 1 元/（亩・年），保 20 年共 20 元/（亩・年）；护林员工资 80 元/m^3。

● 林地使用费（地租）：600～1 200 元/亩。

● 管理人员工资。标准为 20 元/m3，用于森林经营管理所需的其他费用，包括交通费、通讯费、接待费等。

（2）效益产出状况

主要的森林经营产出及概算标准如下：

● 出材量状况。林木生长 8～9 年以后第一次间伐，第一次间伐的出材量大约为 2～3m^3/亩；第二次间伐再隔四年，也就是第 13～15 年，第二次间伐的出材量大约为 3～6m^3/亩；第三次间伐为第 18～20 年，出材量为 5～8m^3/亩；主伐出材量大约为 10～15m^3/亩。

● 价格标准。具体价格标准如表 3-17 所示。

表 3－17 2010 年三明市木材销售指导价

单位：元/ m^3

树材种	平均销售价格
杉规格材	860
松规格材	720
杂规格材	630
杉非规格材	780
松非规格材	600
杂非规格材	480
薪材	300
毛竹	6.5
蒿竹	4.5
树头	600
特种用材	按实际销价
绿化苗	按实际销价

资料来源：三明市林业局。

● 生态效益产出，经营期内林分持续生长，林木蓄积量增加，能产生相应的生态效益，促进生态环境改善。但林木主伐后一定时期内可能会有一些环境负面影响，需要采取科学措施尽量避免或减轻环境负面影响。

● 社会效益产出状况。经营期内森林经营活动使森林资源变成资产进而变成资本，提高了社员的收入水平，创造了一些就业用工机会，有利于繁荣山区林业经济，为林农脱贫致富作贡献，发挥了很好的社会效益。

3.2.4 主要发现

为了验证和完善参与式森林经营指南的内容，本项目组运用参与式讨论、半结构式访谈的方式，了解农民、合作组织成员和林业工作人员对参与式森林经营的需求和问题，以及对编制参与式森林经营指南的问题和改进意见。由于山连村全部村民均为绿源合作社成员，社员代表的态度基本上可以反映整体村民的意见。

为了更好地反映《参与式森林经营指南》的内容，准确地获取不同层面的相关者对指南的建议，项目组根据指南的内容，共提炼出 34 个问题，形成调查问卷，便于农民和林业工作人员更好地理解相关问题，准确反映各方意见。

3.2.4.1 农户层面

（1）调查样本基本信息

山连村培训和访谈对象基本情况及构成特征：尤溪县西城镇山连村村民全体都参加了绿源专业合作社，所以本次调研的对象都是合作组织成员，共 21 人，其中村干部 2 人，合作组织主要负责人 1 人，乡镇林业站工作人员 1 人。样本村所选取的调查对象的基本特征为：21 位被访者有 2 名女性；年龄平均为 48 岁，其中 40～50 岁年龄段人数最多，共 9

人，占43%；参与座谈的被访者文化程度相对本村的平均水平较高，初中及以上学历的被访者共占被调查者总数的50%；家庭人口数平均为4人，家庭除合作组织林地外，另有林地面积平均是3亩。

(2) 林农编制方案的需求及问题

在被调查的农户中，有51%的林农认为需要编制森林经营方案的最主要原因是为了提高经营管理水平，26%的林农选择了增加收入，18%的林农选择获得政策支持，剩下5%的林农需要编制经营方案的原因是规避风险。如图3-27所示。可见林农对森林经营方案的最大需求主要是提高经营管理水平，从而增加林业收入。

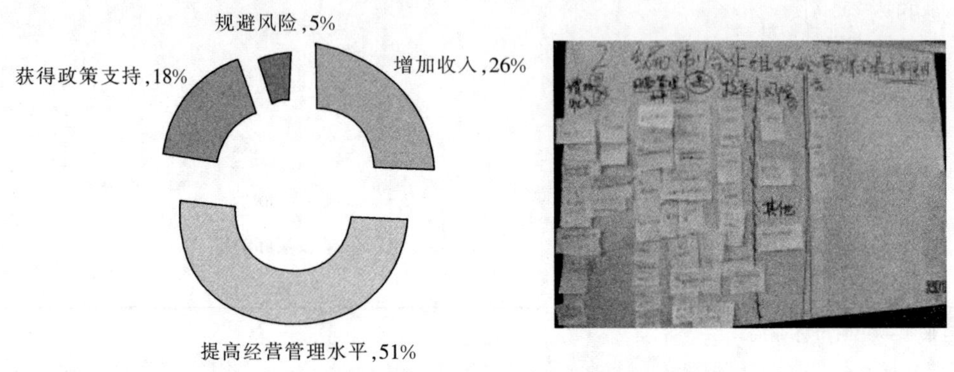

图3-27 农民需要编制森林经营方案的主要原因

通过头脑风暴法，让林农各抒己见，问及编制经营方案存在的最主要的问题，被调查的林农中有36%的人认为是缺少技术，19%的人选择缺少相关森林经营信息，10%的林农认为编制经营方案缺少相关国家政策扶持，6%的林农认为，缺少编制经营方案的相关有能力的人才，还有19%的林农认为当前编制经营方案无法预估未来的发展情况、很难创新或不能根据不同情况采取不同的方案等其他问题。可见，当前山连村编制森林经营方案面临主要的问题是缺少森林经营的规划技术，也缺少懂得规划的专业人才，林农希望政府为他们提供政策帮助，如提供森林经营的相关信息，开展技术培训等，来提升林农的经营管理水平（图3-28）。

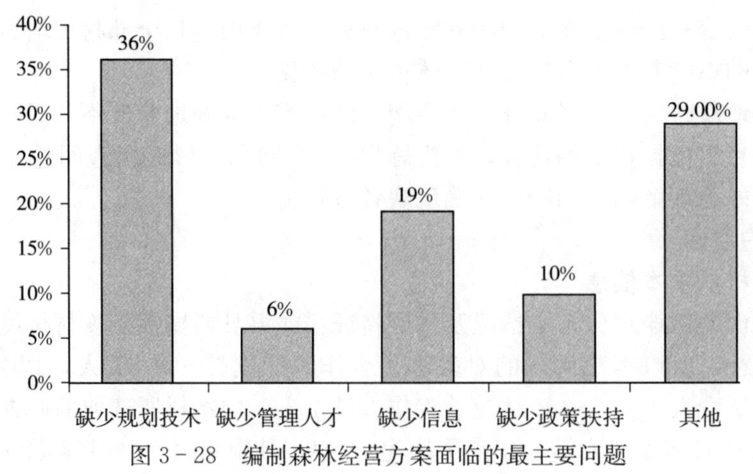

图3-28 编制森林经营方案面临的最主要问题

(3) 林农对《手册》应用的意见反馈

● 目的及基本概念

从调查中反映，林农都认为编制森林经营方案应该是村民自愿参加的，因为森林经营与农民利益相关，且能够帮助农民规避风险。90%的村民认为，如果没有森林经营方案，则存在经营风险，这些风险主要涉及权属争议、限额采伐、森林用途发生变化和政府占用没有补偿等问题。

所调查的林农都认为森林经营方案包括树种选择，同时有72.2%的林农还选择了造林方式，61.1%的林农选择了造林后林地的后续安排，50%的林农认为还应包括如立地条件等其他的内容（图3-29所示）。

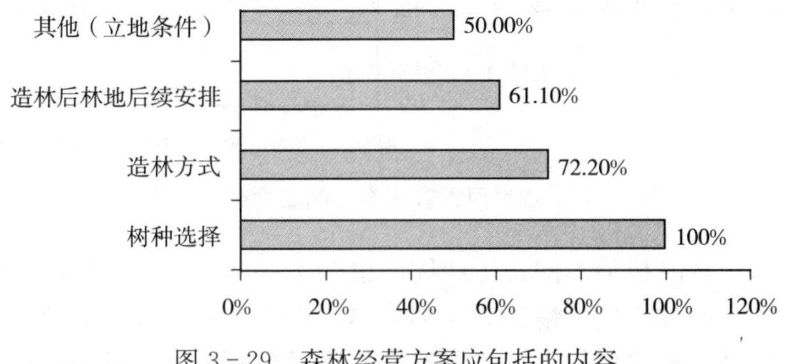

图3-29　森林经营方案应包括的内容

80%的林农认为编制森林经营方案需要林区低收入农户、贫困户、少数民族户、妇女等群体参与到森林经营中，体现公平广覆盖的原则。20%的林农持不同意见，认为这些群体对森林经营不了解，所以不一定非要参与，重点应该是需要有能力的人参与森林经营，这样才能体现科学合理性。林农普遍都认识到，若参与森林经营方案编制过程，农民的林地管理知识和管理能力都能得到提高。因为编制森林经营方案涉及多方面知识，这本身就是一个学习的机会。

图3-30　山连村宣传培训现场

被调查的林农都认为，经营方案没有明确方案编制的主体，作为参与式的森林经营方案书，应该以林农为主体。但是现实中林农又缺乏编制方案能力和意识，而完全由政府来编制，又容易违背农民的意识，所以大多数的林农认为两者结合是最理想的方式。如图 3-31 所示，76.92%的林农选择“农民主要参与，但是需要请技术人员帮助”，剩下的林农分别选择了“请专家来做”或“请其他有能力的人”，所调查的农户中，没有人认为全部由农民自己或林业部门来编制。

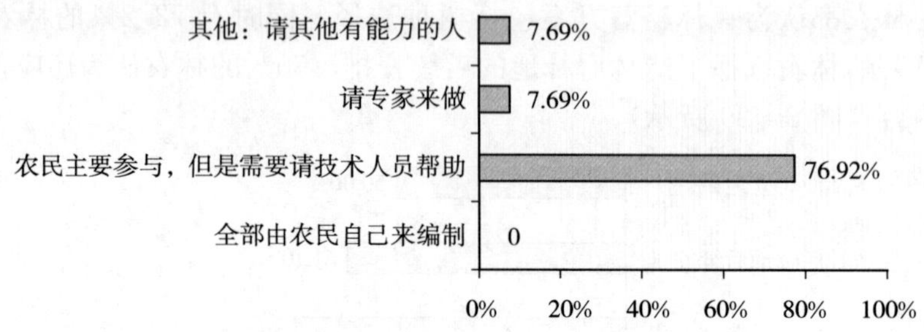

图 3-31　选择何种方式参与制定森林经营方案

多数林农表示经营的林种不同，生产周期也会不一样，经营方案中硬性地规定经营期不合理也不符合实际的林业生产情况。大部分林农也认为应该根据立地条件或采伐条件等不同情况而定。另外，林农也都表示，方案的使用对象不明确，其中有很多内容是适用于林业工作者的管理工作，林农希望方案的编制要明确目标使用对象，最好是针对不同的手册使用对象编制不同的方案。例如，针对林农和合作组织成员的经营方案要力求直观、简单明了，文字语言尽量本土化，文本可采用图表的形式增强林农的阅读兴趣，这样既加深了林农的理解又起到宣传作用。针对管理者的经营方案，可增加有关他们实际工作的内容，增强规范性和可操作性。如管理者在森林经营管理中的具体工作步骤，明确纳入森林经营方案的农户拥有林地的标准。在问及“你认为经营方案应该对谁更有用”的问题，47.62%的林农认为森林经营方案对农民和林业合作组织更有用，可以为林农提供森林经营技术指导，方便合作组织经营运行，而对政府的作用不太大（图 3-32）。

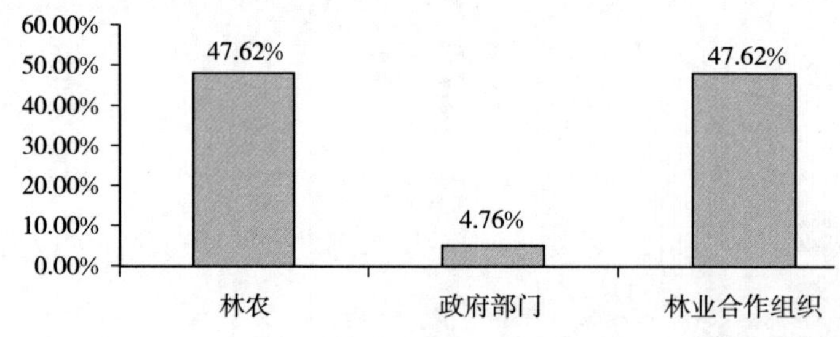

图 3-32　经营方案对谁更有用

- 编制程序的意见反馈

林农都认为编制经营方案需要一些林地相关的基本资料和信息，69%的林农认为这些信息应包含林地面积和位置，61%的林农选择了林地权属，46%选择了所种树种的资料和信息，另外还有 38%的林农选择了如立地条件、水资源、农业经营情况等其他信息（如图 3-

33)。调查中 90%的林农认为有必要成立森林经营方案讨论小组，讨论小组可以由村中林业技术能人与村民成立，或是由林业合作组织与村干部成立，为林农提供技术帮助。

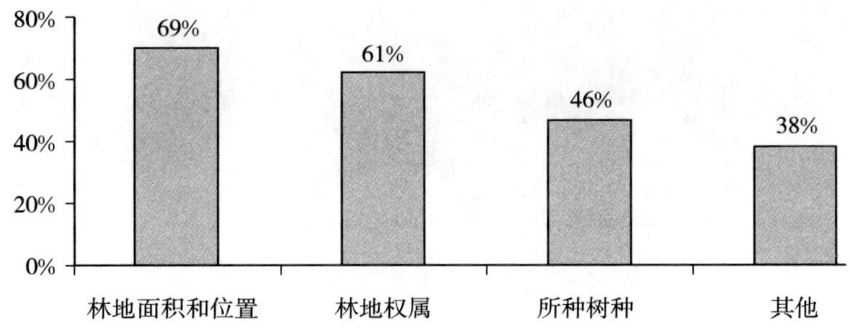

图 3-33 编制经营方案需要的基本资料和信息

如图 3-34 所示，93.75%的林农认为在森林经营中缺乏资金和技术，68.75%的林农认为缺乏政府的一些相关政策的扶持，同时也有 12.5%的林农认为没有从森林经营中获得相关的利益。林农普遍反映应该从提高管理技术，增加技术培训和多争取上级支持等几个方面来改进森林经营中的问题。

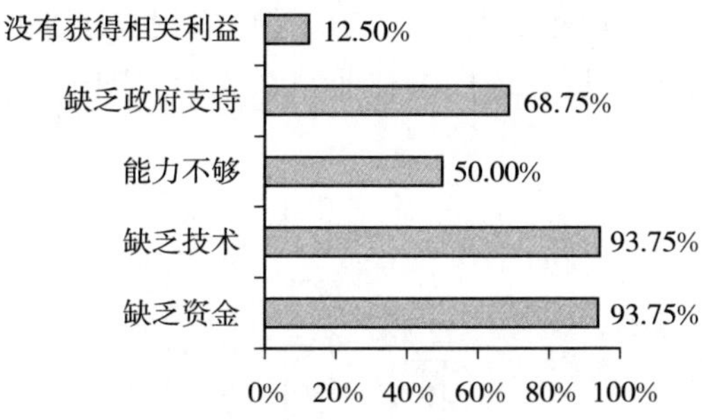

图 3-34 森林经营中存在的问题

82%的林农认为需要进一步了解森林经营中存在的优势和问题，帮助林农解决现实中存在的问题，有助于更好地森林经营，从而增加林农收益。同时，关于“是否需要判断林地未来变化”的问题，林农基本上都认为需要，其中 61.54%的林农认为判断的内容应包含政策法规变化，选择森林经营积极性的有 38.4%，劳动力转移的有 30.77%（图 3-35)。

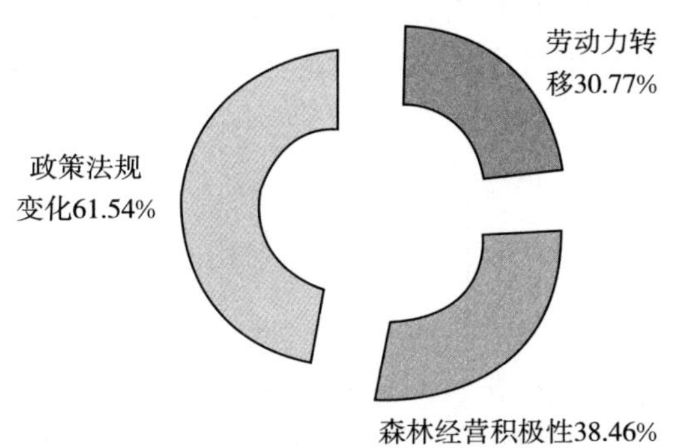

图 3-35 判断未来林地变化需要的内容

图 3-36 山连村半结构式访谈现场

关于森林经营方案的规划阶段，林农都认为需要确定森林经营的目标，但是对于是否需要确定 5 年森林经营活动图标持不同意见，他们认为林业生产周期长，因此方案应该具有灵活性，从而体现林业的特殊性，保证林农的利益，70%的林农认为需要短期规划，包括营林计划、林下经营计划、采伐计划和防火防病虫害等；30%的林农认为不能硬性规定森林经营活动年限。调查显示，林农都认为需要对森林经营进行监测，其中 55.5%的林农认为需要 1 年 1 次的监测，22.2%的林农各选择了 2 年 1 次和 5 年 1 次。对于谁来监测的问题，一林农认为指南中没有明确，一半以上的林农认为应该由农民自己来监测，33%的林农选择由当地林业部门来监测，剩下的 11%选择由林业站来监测（图 3-37、图 3-38）。

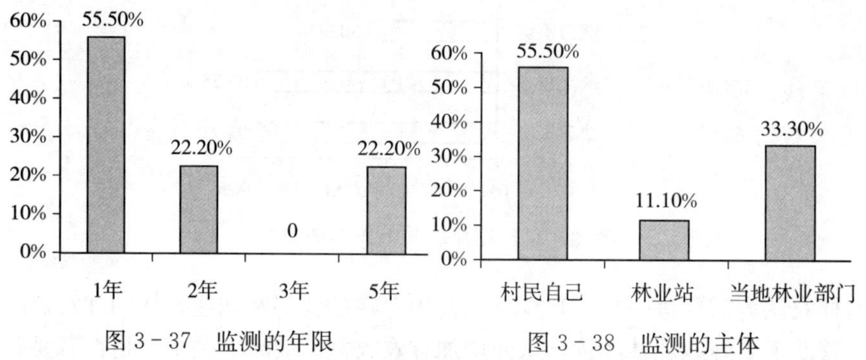

图 3-37 监测的年限　　图 3-38 监测的主体

关于森林经营方案的反馈与信息共享阶段，林农都认为需要把所有的森林经营信息反馈给村民，其中 60%的林农希望通过村民代表大会来共享信息和沟通，53.3%选择召开村小组会议，33.3%的林农希望上级传达的方式来共享信息（图 3-39）。

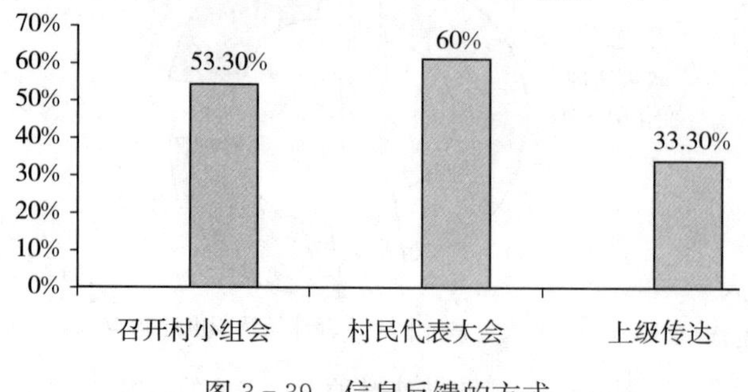

图 3-39 信息反馈的方式

● 方法建议与制度保障意见反馈

关于指南文本中的方法建议，大多数农民反映看不懂，方法基本上都是专业术语，许多农民还是第一次听说，虽然经过了培训，以农民现有的水平，还是很难理解。问及他们理想的编制方案的方法，80％的林农表示希望为村民制定，然后提交给上级的方式来进行方案的编制和执行，村民还是想更多地参与经营方案的编制，以便更好地反映他们的需求。69.2％的林农认为大家讨论编制森林经营方案的风险、机会和优势、劣势这种头脑风暴法编制森林经营方案最适用，其次大家选择的是利益相关者座谈和共同制定方案后进行集体修改（图 3－40）。

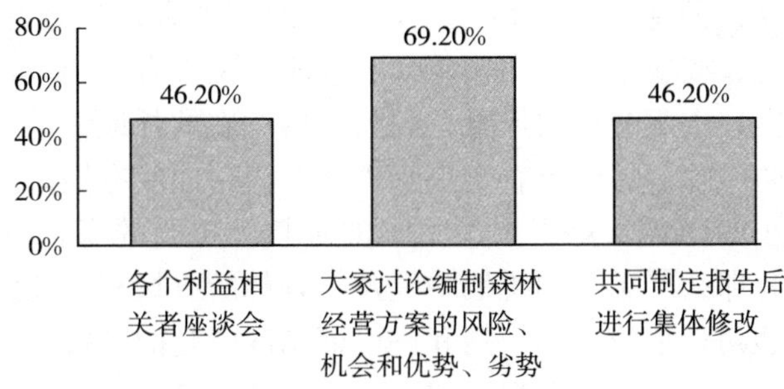

图 3－40 经营方案编制的方法

林农反映需要科学地制定森林经营安排，以帮助他们更有效地经营森林和获取更多的收益。从调查中显示，林农参与森林经营方案的编制，最关注的是利益分配和政策扶持，其次是森林采伐。同时关于“是否由上级主管部门制定参与式森林经营的规章制度”的问题，69％的林农持否定意见，他们认为应该根据村民自身的需求定制，上级主管部门应该只承担协助作用。另外 46％的林农认为应该由上级主管部门制定规章制度，但是要充分考虑林农对资金、技术和税费减免等优惠政策方面的需求（图 3－41）。

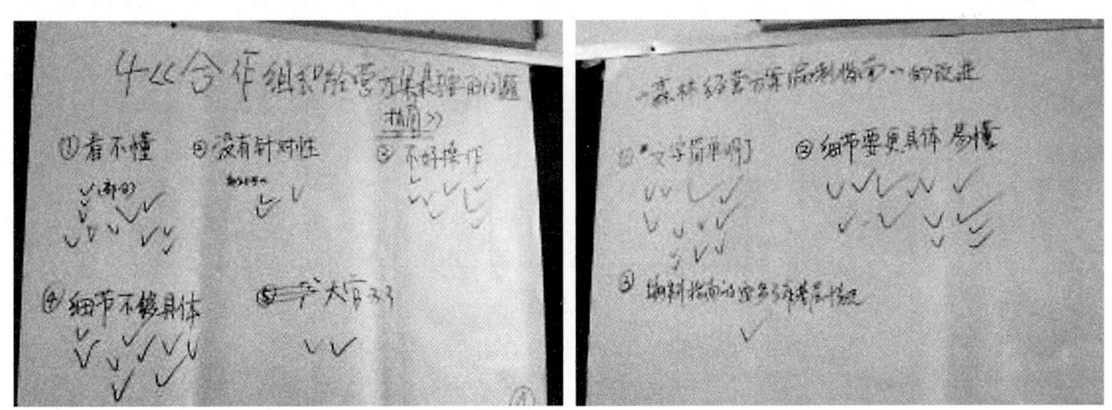

图 3－41 村民对经营方案文本的总体意见与建议

3.2.4.2 林业工作人员层面

（1）调查样本基本信息

在针对林业主管部门的座谈中，尤溪县林业局工作人员 8 人参加了讨论，其中包括林业局党委副书记、办公室主任、林改办主任、西城林业站站长、科技中心主任、林业高级工程师以及林权服务中心主任。参与座谈的 8 人均具有大专以上学历，从事林业工作平均年限为 13 年。

(2) 林业工作人员对《手册》应用的意见反馈

- 目的及基本概念意见反馈

从林业工作人员层面，他们认为编制森林经营方案应该是村民自愿参加，因为森林经营与农民利益相关，且编制过程能够帮助农民规避风险。关于林农参与的方式，管理者都选择“农民主要参与，需要请技术人员帮助”。关于“如果没有森林经营方案，是否存在经营风险”的问题，反馈的建议差异性较大，37%的管理者认为会存在风险，具体风险如：森林用途发生变化、权属争议、限额采伐、政府占用没有补偿等，73%的管理者认为如果没有森林经营方案，也不会存在风险，因为有些林农的林地很少，且林农对森林经营很熟悉，自己可以预防风险。另外也有个别管理者认为，即使有经营方案，同样会存在经营风险，只是风险大小的问题。对于方案文本的背景中提及的森林可持续经营带来的挑战，多数林农认为没有那么严重。如挑战中提及“森林所有权和林地使用权市场发育不完善、市场价格信息不透明；采伐指标管制和许可证制度引起的腐败”等等，这些都不符合现在林业经营的环境。农户和管理者都反映，现在森林所有权和林地使用权市场还是比较完善的，市场价格信息也很公开透明，采伐指标和许可证的申请程序都很规范

54.5%的管理者认为森林经营方案对林业合作组织最有用，可以方便合作组织经营运用和提高森林经营的方法技术；其次是林农，仅有 18.1%的管理者认为森林经营方案对政府部门有用。此部分的问题可以考察管理者对方案的使用对象的认识，虽然手册背景中有提及目标对象是村级森林经营者，但还是太模糊，一本手册同时给农民、合作组织成员和管理者使用，由于文化背景和实际的森林经营经验不一样，对每个层面的相关者的参考价值都不同，大大降低了手册的实用性和可操作性（图 3 - 42）。

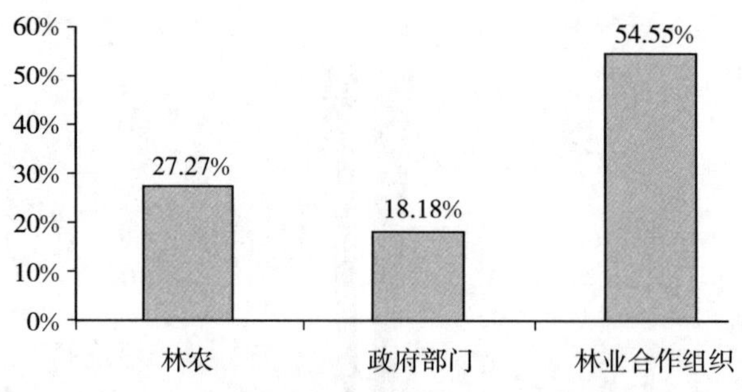

图 3 - 42　经营方案对谁更有用（管理者层面）

大部分的管理者都认为编制森林经营方案需要林区低收入农户、贫困户、少数民族户、妇女等群体参与到森林经营中，体现公平广覆盖的原则。管理者都认为若参与森林经营方案编制过程，农民的林地管理知识和管理能力会得到提高。因为编制森林经营方案会涉及多方面知识，这本身就是一个学习的机会。另外，在森林经营方案编制过程中林业主管部门开展的相关培训，也会提升林农的林地经营水平。所调查的管理者也都认为森林经

营方案要包括树种选择，同时有85.7%的管理者选择了造林方式和造林后林地的后续安排，20%的管理者认为还应包括如立地条件等其他的内容。

多数管理者表示经营方案中硬性地规定经营期不合理。经营方案中规定要“明确森林经营10～20年森林经营的主要活动，制定森林经营的中期（5年）计划和年度计划”，不符合林业经营的特点，林业生产周期长，而且经营不同的林种，生产周期也会不一样，所以硬性地规定经营周期不符合实际生产情况。问及他们认为合理的经营期，42.86%的管理者认为要根据立地条件或采伐条件等不同情况而定。另有42%的管理者认为应根据生长期或采伐期，把经营期限定为10年合适，还有14.3%的管理者认为应定为5年（图3-43）。

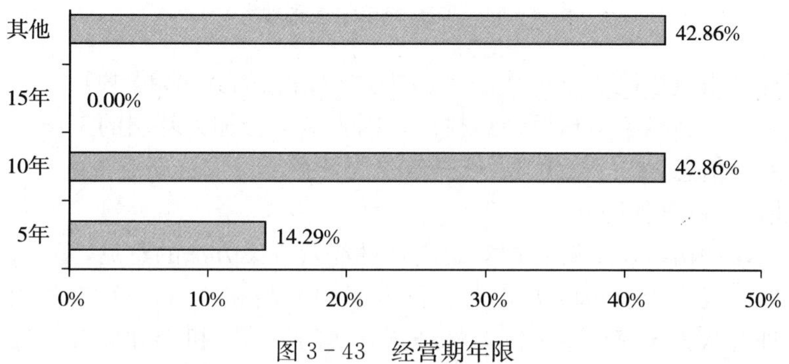

图3-43 经营期年限

● 编制程序的意见反馈

管理者也都认为编制经营方案需要一些林地相关的基本资料和信息，这些信息主要包括林地面积和位置、林地权属和所种树种等方面。他们认为可以由村中林业技术能人与村民，或是由林业合作组织与村干部，以及林业合作组织与院校、技术人员等方式来成立森林经营方案讨论小组。在“目前森林经营中存在的问题”调查中，管理者普遍反映的主要问题有资金、技术、能力、政府支持和是否获得利益等几个方面，71.4%的管理者认为需要进一步了解森林经营中存在的优势、问题；86%的管理者指出，要判断林地未来变化，判断的主要内容包括政策法规变化、森林经营积极性以及劳动力转移等方面。

在规划阶段，管理者认为分林到户后农户很难纳入森林经营规划中，只能是大户、林场。案例点现有的经济林面积比较小，而且采伐方式主要是间伐，加上农民还是习惯自己的森林经营理念。所以方案编制出来不一定能大范围实施，反而会给基层带来很大的工作量。

被访问的管理者都认为森林经营需要进行监测，但经营方案中也没有明确实施的过程谁来监督。一半以上的管理者认为应该由农民自己来监测，42%的管理者选择由当地林业部门来监测，剩下的14%选择由林业站来监测。关于监测的年限问题，57%的管理者认为监测应该每年1次，有14.3%管理者分别选择了2年和5年1次。他们认为监测内容应该包括是否按经营方案执行、执行效果以及影响经营方案实施的问题和整改措施的落实情况等（图3-44）。

对于指南中信息反馈和共享问题，43%的管理者认为需要将所有的森林经营信息反馈

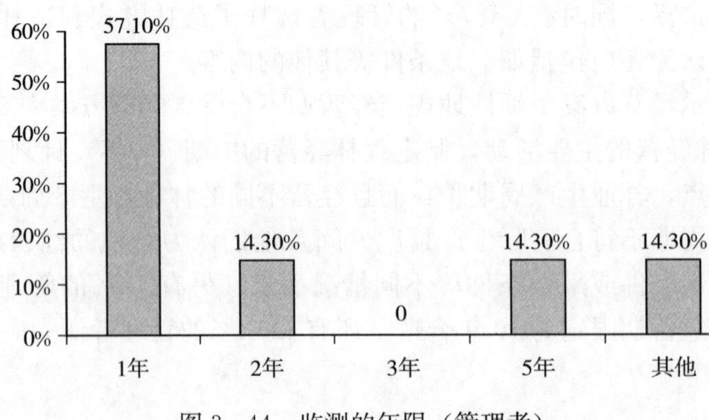

图 3-44　监测的年限（管理者）

给村民，可召开村小组会议或村民代表大会来进行信息的共享和沟通。而 57%管理者认为不需要将所有的森林经营信息反馈给村民，因为这样会加大基层的工作量，可以共享对林农有实际帮助的信息。

● 方法建议与制度保障意见反馈

通过座谈会议和访谈，了解管理对制定森林经营方案方法的意见，80%的管理者希望由村民制定，然后提交给上级的方式来进行方案的编制和执行，这与林农的愿望基本一致。60%的管理者认为大家讨论编制森林经营方案的风险、机会和优势、劣势这种头脑风暴法编制森林经营方案在实际操作中最适用，其次大家选择的是利益相关者座谈和共同制定方案后进行集体修改。

图 3-45　尤溪县林业局座谈会议现场

管理者都表示需要科学地制定森林经营安排，以帮助林农更有效地经营森林和获取更多的收益。从调查中显示，70%的管理者同意应该由上级主管部门制定参与式森林管理的规章制度，主要包括资金支持、技术支持以及税费减免措施等；还有 30%的管理者认为不需要，应该根据村民自身需求来制定规章制度，上级主管部门只承担协助的作用。同时，大部门的管理者认为村民有无知识、能力对森林经营方案的制度会产生影响。

3.2.5 修改建议

(1) 主要结论

通过问卷调查和小组会议，林农和林业工作人员对《集体林区村级参与式森林经营及方案编制手册》的基本内容都表示认同，认为手册具有一定的指导意义。同时也在实际操作层面和具体细节上对方案编制手册提出了一些完善意见，通过对林农和林业工作人员的意见总结，主要得出以下主要结论：

①手册文本理论性太强，语言文字没有考虑农民的接受性。调查中，大多数农民反映经营方案看不懂，经营方案全是文字内容，没有结合图表，农民虽然通篇阅读，但是对手册的具体内容还是较难理解。特别是参与式森林经营方案编制的方法建议，基本上都是专业术语，许多农民还是第一次听说，虽然经过了培训，以农民现有的水平，还是很难理解。

②从具体执行的角度来说。方案没有明确编制的单位和目标对象。必须要有明确的指南编制单位，建议可以自然村、合作组织或行政村为单位，这样林地面积可以达成规模。另外，手册的使用目标对象不明确。虽然手册背景中有提及目标对象是村级森林经营者，但还是太模糊，一本手册同时给农民、合作组织成员和管理者使用，由于文化背景和实际的森林经营经验不一样，对每个层面的相关者的参考价值都不同，大大降低了手册的实用性和可操作性。

③森林方案编制时的主体问题。访谈中，管理者指出：福建从 1985 年开始就为每个行政村编制了森林资源经营规划，以每十年为一个经营期来编制方案，但是方案的执行性很差，只有不同立地条件下的造林对采伐年限的控制有所应用，其他的方面的规划内容都难以执行，其中最主要的原因是政府没有资金，也没有手段来约束和控制。以前集体经营的时候都是省里出台政策，由县林业局或林业站来帮助编制森林经营方案，这种形式的森林方案编制的主体不是村民，而是当地的政府。但是，作为参与式的森林经营方案，它的编制主体应该是以合作社或自然村、行政村的农民为主。但是在现实中，如果以农民为主，他们往往缺乏能力、手段和意识，如果以政府为主，又容易违背农民的意识，所以这两者之间应该结合。一个很好的方式是：地方林业主管部门提供相关的培训，相关的技术支撑和业务指导，混合式成立规划编制的小组来实施落实这个规划。

④没有写明具体的实践操作步骤。经营方案虽然有写明方案编制的程序，但基本上处于理论解释和说明上，没有写明具体的针对基层工作的操作步骤。如准备阶段，管理者的具体工作是哪些？农民需要做什么工作？具体的操作程序是什么？在评估阶段中，具体的指标是什么？用什么样的评估和监测的标准文本？这些描述的都不是很清楚，都是很繁琐、复杂的文字。

⑤规划制定以后，规划内容的落实缺乏有效的技术、资源保障。规划制定出来以后要 2 年进行一次抚育或者加强病虫害的防治，加强林道、防火带的建设，这些可能会因为没有资金保障，而使规划内容落不到实处。所以规划内容的制定必须是有国家相关的配套政策、制度的支持，才有可能落实。规划即使制定出来了，内容也比较合理，但是缺乏资源技术的保障就难以落实。

⑥林业生产周期较长，在这个过程中除了自然风险外，还有经济风险，这种经济风险来源于不同时期对木材的采伐利用所获得的不同收益。经营方案中确定像杉木类的大径木材一般都是25年以上，中径木材是22年以上，一般的木材是20年，这样由于生长周期较长，这个过程中会出现不同的经济因素的变化。例如，如果大径木材生长到20年时发现市场上木材很赚钱而去采伐，针对这种情况，方案应该有灵活性，要把整个生长周期的经营方案和十年的经营期以及五年或当年短期的计划相结合，来体现林业的特殊性，保证林农的利益。

⑦缺乏对方案的政策配套措施。首先，方案中没有明确谁来组织实施，是以村民为单位制定以后村民自己组织实施还是地方的林业主管部门来组织实施？其次，林农和管理者认为经营方案的实施需要监督，但是实施的过程谁来监督，方案并没有明确监督的部门是哪些机构，如果森林经营出现了问题，由谁负责？方案具体有哪些奖惩措施？再次，也没有说明对方案进行认定的部门，包括经营方案有什么样的约束性，以及方案编制完了谁来审批？如果这些问题都还没有很明确的政策规定，那么这种方案也难以实施。

(2)《手册》修改建议

针对林农和管理者的意见反馈，以及座谈和问卷调查中提出的建议，大致总结了以下几个方面的修改意见

①手册应尽量使用本土化的语言，最好是采用图表结合的形式，避免用过于生僻的专业方法和官方化的语言。经营方案要尽量简化语言，避免过多的理论陈述，涉及到的一些专业方法，要加以简单易懂的文字说明，或配相关图表来加强理解，从而增强对基层的指导性和可操作性。

②森林经营方案要体现林农的主体地位。在分林到户以后，要充分体现林农的主体地位，如何来经营、管理并获利于林业是他们自己的权力，制定这个经营方案是为了保障这种利益的实现或保证科学的经营管理。因此，方案的制定应该是以林农为主体，政府多方位、多渠道地提供支持。地方林业主管部门的一个重要的工作内容是提供林农所缺乏的技术培训和其他条件保障，要帮助他们解决如市场信息、技术、资金等问题，另外，对问题的分析以及在经营过程中面临的问题如何来解决，这些都需要主管部门与林农一起商量来解决。

③简化森林经营方案，避免使用复杂的文本，就林农森林经营的关键的几个问题，如造林、抚育管理、采伐和病虫害防治，这四个方面的问题制定出具体的森林资源经营管理计划，把林业生产经营过程中最重要的问题拿出来做规划，然后把相关的配套政策和管理制度建立完善，确保森林经营水平的提高。

④国家要加大对造林、森林资源经营管理、对林区基本建设方面的规划，并通过规划落实来加大投入。应该把政府的林区发展规划和林农森林资源经营的方案结合在一起，政策要提供森林经营方案制定和执行的外部环境和条件，而且外部环境和条件要通过政策和林区发展规划加以明确和固定。如林道密度要达到多少？林道本身哪些部分是政府承担？哪些是林农承担？这些职责要分清楚。

⑤要把森林经营方案的制定和执行纳入不同层次的林业主管部门林政资源管理中。在社区层面，经营方案由县里来审批、监督和执行，纳入到县层面林政资源管理体系当中。

⑥对方案在社区层面，要采取“循序渐进，政策引导”相结合的方式，可以在林业经营水平相对较高或林业对当地林农和政府比较重要的地区先搞试点，在林农自愿的情况下，林农申请，林业主管部门帮助解决，逐渐完善参与式森林经营方案制定和实施的体系。一刀切的形式来制定和实施森林经营方案会导致方案形式化，具体内容并不符合林农的需要，在具体的执行中，政府没有能力来保障、监督和管理。所以在现实中采取循序渐进的形式，林农提出愿望，在此基础上，政府提供适当的帮助，通过示范推广，发现问题，总结一些经验。

⑦经营方案本身的制定和执行，其对象和组织形式应该是有一定的规模，有明确经营目标的群体、生产单位。提高集体林整体经营水平，搞股份制林场、合作林场和合作组织是一个重要的前提保障。只有森林资源经营达到一定的规模，而且是明确具体的形式，这样制定出的方案才会有一个明确的实施主体。

⑧地方政府和林业主管部门应加强对林农森林资源经营的技术、管理、市场方面的培训，逐渐提高他们的意识和能力，这是未来提高森林资源经营管理水平的重要基础，制定森林经营管理方案是一种形式和手段，但农民自身的意识和能力是决定森林经营水平最关键最基本的问题，所以应加强对林农的培训，使他们能很好地经营和管理森林资源。

4 江西省集体林区参与式森林管理案例研究

4.1 案例点基本情况

4.1.1 背景

新中国成立以来，中国集体林权制度经历了数次变革，在“分与统”、“放与收”的几次调整中，计划经济管理模式一直处于主导地位，始终没有解决好广大农民群众对林地和林木的产权问题，集体林业没有成为农民就业、增收的重要渠道。

改革是促进林业发展的根本途径。从 2003 年开始，中国政府实施了以“明晰产权、减轻税费、放活经营、规范流转”为主要内容的集体林权制度改革，实践表明：此次林权改革极大地调动了林农从事林业生产经营活动的积极性，增加了林农的收入，促进了集体林区的发展。但与此同时，广大林农和林农合作组织已在法律上成为真正意义上的森林经营者，传统的“自上而下”的森林经营管理方式已不适应形势变化的要求，如何使林农和合作组织提高参与意识和参与能力，更好地参与森林经营决策，有效提高森林可持续经营的能力，关系到林权改革的效率和集体林资源的配置效率，应成为继以确权为主要内容的主体改革后进一步深化林权改革的重要内容。

编制森林经营规划是科学经营森林、依法经营森林的重要依据，林改后，林农和林农合作组织已在法律上成为森林的经营者，森林经营规划的编制不能“远离”农民，不能没有农民的参与；森林经营规划的编制结果更不能与林农的资源和资金投入等实际情况相脱离，仅让林农被动执行。

为此，制定参与式森林经营及方案编制手册，并对林农进行培训，以及在森林经营规划编制过程中，具体应用参与式理论和方法，以林农主体，充分考虑和体现其需求，尊重当地社区的乡土知识和林农的意见，“自下而上”地编制参与式森林经营方案，不仅有助于提高林农的参与意识和森林经营能力，使森林经营方案得到有效实施，提高林农收益，而且对实现森林可持续管理，提升集体林权制度改革成效以及促进林业和林区发展都具有十分重要的现实意义。

根据项目要求，选择江西铜鼓县排埠镇双溪自然村作为项目试点村，进行《集体林区村级参与式森林经营及方案编制手册》的应用。

4.1.2 组织架构

本次《村级参与式森林经营及方案编制手册》的应用是由王立群教授带队，在铜鼓县林业局协助下完成的。项目组成员包括：

北京林业大学林业经济国际交流与合作中心：王立群（教授）；乔娜（硕士生）、康瑞斌（硕士生）、孙瑾（硕士生）、晏小雪（硕士生）、蓝瞻瞻（博士）、王秋菊（博士）；

江西省铜鼓县森林资源调查队队长：赵洪；

江西省铜鼓县林业局林改办和项目办：帅忠义；

江西铜鼓县排埠镇林业站：李金龙。

4.1.3 程序和方法

2012 年 10 月 16－25 日，按照项目要求，项目组选取江西省铜鼓县双溪自然村作为项目试点村，以粮农组织编制的《参与式森林经营及方案编制手册》为基础，利用参与式培训和调查方法，对试点村林农和合作组织成员进行编制手册宣讲和培训，使他们对《编制手册》有一个较为深入的认识和了解。在此基础上，编制了双溪自然村村级参与式森林经营方案，并获取相关利益者（包括林农、合作组织成员、村干部及合作组织负责人、县乡林业管理人员）对《编制手册》的意见和建议。

4.1.4 自然村选择说明

本项目实施选择江西省铜鼓县排埠镇双溪自然村为项目村，依据如下：

（1）双溪自然村是铜鼓县排埠镇三溪村的一个村民小组（自然村），而铜鼓县是林业重点县和江西省的林改试点县，三溪村也是粮农前三期项目的案例村，具有较好的项目实施基础和条件。

（2）双溪自然村境内的土壤土层较厚，土壤肥力中等，适生各种乔木、竹子等用材树种和茶、果等经济树种，森林资源丰富，类型多样，符合本期项目实施的要求。

（3）双溪自然村人均年纯收入 2 000 元，林业收入占 30%，森林经营是重要的经济活动。

4.2 主要活动

4.2.1 材料准备

此次项目的任务是：通过参与式培训，让林农对《集体林区村级参与式森林经营及方案编制手册》有一个比较深入的认识，了解参与式森林经营，提高参训林农的参与意识、参与森林经营的技能与能力；将参与式方法应用于森林经营方案编制中，协助林农编制双溪自然村参与式森林经营方案，真正在经营方案中反映和体现出林农的需求和本土知识，提高林农未来参与森林经营方案编制的能力及自主经营决策能力；在《编制手册》的应用过程中，征求不同相关利益者对《编制手册》的意见和建议。

为达到上述目标，项目组针对培训目标群体的实际情况，准备了《集体林区村级参与式森林经营及方案编制手册》的宣讲提纲和材料，并制作了“大纸”等培训道具；同时设计了参与式应用调查问卷（农户层面）、参与式应用访问提纲（村干部和林业工作者）。

4.2.2 目标人群选择

本项目主要培训和调查对象包括：林农、合作组织成员、村干部及合作社负责人、铜鼓县林业局相关工作人员。

双溪自然村参与此次培训的林农（含 FFC 成员和非 FFC 成员）共 18 人，男性 12 人，女性 6 人，12 位男性成员均为户主本人。其中 FFC 成员 3 人，其中一位为合作社社长，非 FFC 成员各为 15 人（图 4-1，图 4-2）。

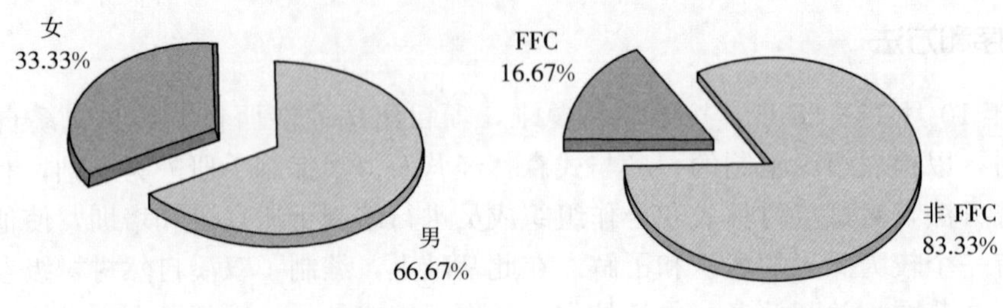

图 4-1　性别所占比例　　　图 4-2　FFC 成员所占比例

参与培训的林农年龄平均为 49 岁，主要集中在 30～60 岁这个年龄段。其中以 40～50 岁年龄段人数最多，占 33.33%（图 4-3）。

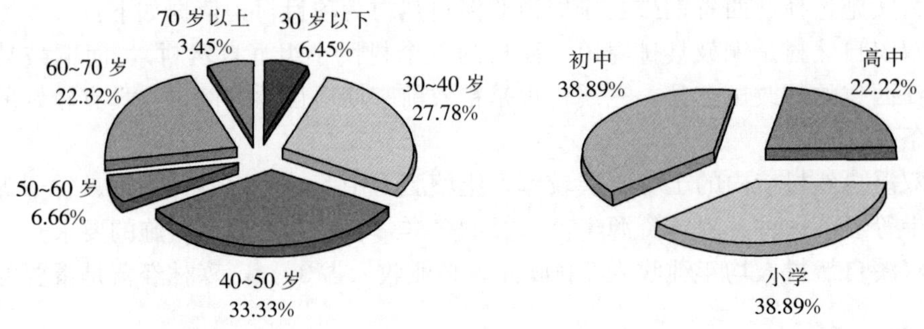

图 4-3　参与培训林农的年龄分布　　　图 4-4　参与培训林农的文化程度

参与培训的林农文化程度较低。文化程度小学学历和初中学历人数一样多，均占 38.89%，占全部培训林农的 77.78%；拥有高中学历的林农占 22.22%（图 4-4）。

参加培训的林农中，家庭总人口以 3～5 人居多，占 83.34%，其中家庭总人口数为 4 人的最多，占 38.89%；超过 6 人（含 6 人）的家庭仅占 11.12%（图 4-5）。

参加培训的林农中，曾任或现任村干部 3 人，占 16.67%，普通群众 15 人，占 83.33%（图 4-6）。

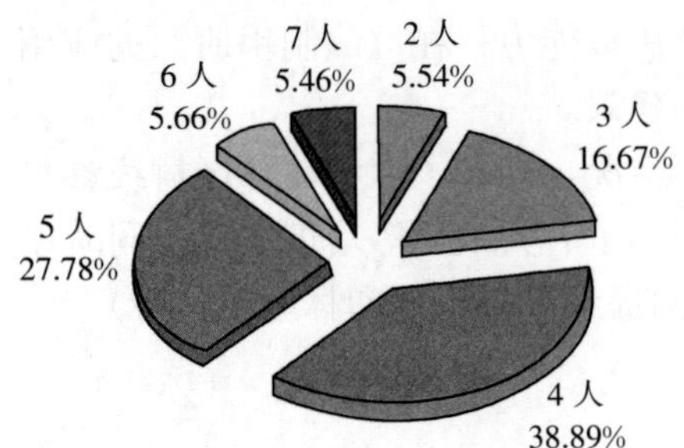

图 4-5　家庭人口数

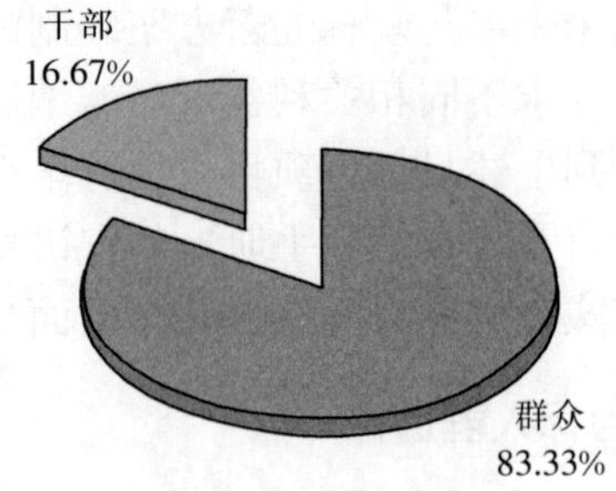

图 4-6　参与培训林农中曾任或现任村干部的比例

由此可以看出，参加培训的林农构成特征为：男性居多，男性均为户主本人；非 FFC 成员居多；年龄主要集中在 30～60 岁；文化程度较低，集中在小学、初中学历；农户家庭人口数多为 3～5 人；普通林农比例较高。

其他不同层面的受访者情况见表 4-1。

表 4-1 调查对象选择

序号	调查对象	部门/人数
1	合作组织成员	双溪林业专业合作社/3
2	林农	双溪自然村/15
3	村干部：书记、村长	三溪村委会/ 2
4	合作社负责人	双溪林业专业合作社/1
5	铜鼓县林业局	林改办、森林资源调查队、营林股、林政股 /6

4.2.3 实施过程

根据项目任务内容，项目组完成了对双溪自然村《参与式森林经营及方案编制手册》的培训，以及双溪自然村村级参与式森林经营方案编制任务，并征集了不同层面相关利益者对《编制手册》的意见和建议。本次项目组织和实施过程主要分为三个阶段：准备阶段、培训与应用阶段、征求意见阶段。

（1）准备阶段

①内业准备。2012 年 9 月 20－21 日召开的“参与式森林经营与林农合作组织指南应用”会议结束后，项目组认真学习了《集体林区村级参与式森林经营及方案编制手册》、相关参与式森林经营文献和前期项目报告、会议产生的相关材料，讨论了本阶段项目的目标、主要内容及任务，讨论并确定了项目实施的基本程序和方法，分别针对农户、村干部、林业工作者设计了调查问卷和访问提纲。

按照项目要求，与项目县协商，选定案例村；项目组到达项目县后，与铜鼓县林业局林改办和项目办主任、项目聘请的森林经理专家、铜鼓县林业站技术人员及相关人员一起，针对林农实际需求，对本次项目实施方案再次进行了详细的讨论和修改，做好培训和编案前的各项准备工作。

②外业准备。根据项目要求，项目组聘请了经验丰富的铜鼓县林业局森林资源调查队队长为本次项目的森林经理专家。在收集整理双溪自然村社会、经济及森林资源现状基础上，林农规划小组成员、项目组成员、森林经理专家和排埠镇林业站技术人员一起，边进行实地踏查边进行讨论，了解资源状况，进行小班勾绘。踏查过程中，了解了双溪村的土地资源区划和经营树种的分布。讨论过程中初步了解了双溪自然村近十年的经营状况和对未来经营发展的打算。随后，对林业局工作人员进行关键人物访谈和对自然村林农进行预调查，根据预调查结果修改问卷和访谈提纲，确保调查更加符合林农的实际情况。

（2）培训与应用阶段

①参与式培训。铜鼓县林业局林改办、项目办与双溪村根据标准负责选择参加培训的

林农和合作组织成员，共有18名合作组织成员和林农参加培训。

项目组根据培训资料、制定的培训方案和具体培训内容，有针对性地使用“小课程”、小组讨论、头脑风暴法、会议等参与式培训方法，以及利用大纸等直观教具，对林农、林业合作社成员、村干部及合作组织负责人、县乡林业管理机构工作人员进行参与式森林经营、方案编制及编制方法的宣讲和培训，让林农理解参与式森林经营的内容和思想，并引导林农思考和分析森林资源的可持续经营问题。

②参与式座谈。培训结束后，为了使林农对参与式森林经营有更为直观的认识，也为参与式经营方案编制做好准备，培训者利用参与式方法组织林农进行座谈，根据当地实际情况，结合培训内容，讨论双溪自然村社会经济、自然资源、森林经营评价、发展规划、森林经营政策等方面的情况。以SWOT和战略选择为例，培训者利用头脑风暴法，引导林农分析双溪自然村森林经营面临的优势、劣势、机会、风险，讨论双溪村目前森林经营状况和未来的发展趋势，并讨论确定森林经营影响因素的大小顺序。

③参与式编案。通过座谈会发现了参与者的长处，依据相关标准、要求和程序，选择能力较强的6名林农组成林农规划小组，根据《村级参与式经营及方案编制手册》的程序，并以林农规划小组为主体，在培训者和协助者帮助下，具体将参与式理论和方法应用于森林经营方案的编制，共同编制了《双溪自然村参与式森林经营方案》。

首先，协助者介绍并反复强调了森林经营方案编制及对未来森林经营的重要性，以《村级参与式森林经营及方案编制手册》为依据，与林农规划小组成员一起讨论制定了《双溪自然村参与式森林经营方案》的基本框架。

然后，以林农规划小组为主体，根据框架内容和双溪所拥有林地的实际情况，讨论了小班界定、主要技术经济指标确定及数据收集问题；依据小班草图反复确定了森林资源的分布情况，并共同讨论了未来5年经营期内的森林经营规划，在项目组的协助下完成了经营方案的编制。《经营方案》编写完毕后，征求村民的意见并进行修改，后经专家审定评估，完成定稿。

（3）意见收集与反馈

培训与应用阶段结束后，项目组主要通过调查问卷和半结构访谈等参与式方法向林农和林农规划小组成员、村干部以及林业工作者了解、征求对《参与式森林经营及方案编制手册》的意见及建议。问卷和访谈的主要内容如下：

- 林农拥有森林资源的基本状况和经营情况；
- 对参与式森林经营的了解程度，所持态度、意见和建议；
- 对参与式森林经营规划编制的必要性和作用的看法；
- 对参与式森林经营规划的认可程度；
- 对目前编制参与式森林经营规划需要的条件和已具备条件的认识；
- 对《集体林区村级参与式森林经营及编案手册》可操作性认知；
- 对《集体林区村级参与式森林经营及编案手册》程序、方法的可行性认知；
- 从定位、结构、内容等多方面对《集体林区村级参与式森林经营及编案手册》的评价和建议；
- 对已编好的参与式森林经营方案执行情况的看法；

- 对建立社区规章保障村级森林经营规划实施的看法。

在问卷调查和访谈结束后，协助者录入相关信息，并利用统计分析软件（主要使用SPSS）输出分析结果，并对分析结果进行总结分析。

(4) 项目实施过程中采用的方法

此次培训主要采用参与式方法进行培训。参与式培训是以参训者为主体的培训和学习模式。根据林农的需求与特点，针对不同培训内容，具体采用的参与式方法主要有："小课程"、实地踏查、小组讨论、头脑风暴法、会议、案例分析等。培训过程中，十分注重把参与者的需求和兴趣放在首位，通过各种方法调动和鼓励林农积极参与学习过程、参与讨论，多发言、多提问；通过培训发现参与者的长处和知识以便在森林经营方案编制中发挥他们的优势；利用参与式方法，让林农一起发现问题、分析问题并找出解决问题的途径。

各阶段具体实施的程序和方法简单概括如表 4－2。

表 4－2　《村级参与式森林经营及方案编制手册》应用的程序和方法

阶段	程序	活动	目标	方法
1. 准备	1. 内业准备	1. 收集资料、分析并综合信息 2. 根据已有信息，讨论项目实施的程序和方法 3. 根据参与式经营及方案编制手册设计调查问卷 4. 准备项目实施中所需的材料	1. 整体把握项目实施的主要任务和目标 2. 了解试点村的情况 3. 加深协助者对手册的理解	1. 小组讨论
		1. 与项目县联系，选定项目村 2. 详细讨论项目实施方案	1. 获得政府官员、村干部的支持 2. 选定自然村，确定关键人物 3. 了解该自然村的基本情况	1. 座谈会 2. 关键人物访谈
	2. 外业准备	1. 参与者本次项目实施的基本过程和任务 2. 收集相关数据 3. 实地踏查，现场勾绘小班草图 4. 进行预调查，并根据预调查结果修改问卷	1. 确保调查问卷更加符合实际情况 2. 确定培训的时间和程序 3. 确定自然村小班的边界，对自然村的土地资源区划和类型有个直观的认识，了解自然村森林资源和其他自然资源（如水资源）的现状，为方案编制做准备	1. 预调查 2. 关键人物访谈 3. 小组讨论 4. 实地踏查
2. 培训与应用	3. 参与式培训	对相关利益者进行参与式森林经营、方案编制程序和方法的培训	1. 让自然村的林农了解参与式森林经营 2. 引导林农利用参与式方法分析自然村森林资源的可持续经营问题 3. 林农熟悉参与式经营编制手册的结构和内容	1. 大字报等宣传材料 2. "小课程" 3. 头脑风暴法 4. 小组讨论
	4. 参与式座谈	1. 讨论森林经营的影响因素 2. 讨论目前森林经营中存在的问题和困难 3. 讨论内外环境在未来可能发生的变化 4. 讨论未来森林经营的发展趋势和变化	1. 确定利益相关者关注森林经营的方面和指标 2. 确定森林经营的影响因素、存在困难和发展变化 3. 筛选出优势、劣势、机会和风险 4. 发现林农的能力并选定规划小组成员	1. 座谈会 2. 头脑风暴法 3. 评分法 4. 排序 5. SWOT 分析法

（续）

阶段	程序	活动	目标	方法
2. 培训与应用	5. 参与式编案	1. 规划小组成员参照参与式经营方案编制手册，进一步明确森林经营的具体目标和10～20年森林经营的主要活动 2. 制定森林经营的中期（5年）计划和年度计划 3. 编制方案、征求村民意见，专家审定	1. 制定评估大纲 2. 评估森林资源经营现状 3. 评估森林资源未来发展趋势 4. 确定森林资源未来发展目标与规划 5. 结合手册编制出村级参与式森林经营方案	1. 小组讨论 2. SWOT 分析法 3. 问题树 4. 目标树
3. 意见收集与反馈	6. 征求各层面的意见和建议	1. 对自然村林农进行半结构式访谈、问卷调查 2. 与自然村的管理者座谈并进行半结构式访谈 3. 与林业工作者座谈并进行半结构式访谈	1. 针对手册的具体内容，收集不同层面对手册应用的建议	1. 座谈会 2. 半结构式访谈 3. 问卷调查

4.3 应用成果

4.3.1 本底概况

（1）社会经济状况

江西省铜鼓县是林业重点县和江西省的林改试点县，位于江西省北部，东经114°05′～114°44′，北纬28° 23′～28°50′，东交宜丰、奉新，南邻万载，西接湖南省的浏阳、平江，北连修水。

双溪自然村是铜鼓县排埠镇三溪村的一个村民小组，位于铜鼓县西南部，东邻钓鱼村，南接万载县，西连黄溪村，北交小水村，距铜鼓县城13km左右。地理坐标为东经114°20.016′E～114°20.557′E，北纬28°27.267′N～28°27.527′N。

双溪自然村境内属低山山貌，官山山系西南部，海拔在350～1 050m，平均海拔631m，森林分布于全村。属中亚热带北部湿润气候，气候温和，雨量充沛光照充足，无霜期较长，四季分明。具有冬夏长，春秋短的气候特征。全年平均气温17.3℃，最冷月为1月，平均气温5℃，最热月为7月，平均气温28.8℃。

该自然村境内的土壤类型主要为红壤、黄壤土，其中红壤土地面积为550亩，占总土地面积的64%，黄壤土地面积为270亩，占31%，由于土壤土层较厚，土壤肥力中等，适生各种乔木、竹子等用材树种和茶、苗、果等各种经济树种。组内植被中乔木树种主要为杉木、松木、桤木和枫香。

双溪自然村共有13户人家，人口总数为92人，其中劳动力人口50人，外出打工12人，占双溪村劳动力人口的13%。该村土地总面积865.15亩，其中林地面积823.16亩，占土地总面积的95.15%。村内每户都分有山林，分布情况见表4－3。

表 4-3 双溪自然村林地面积表

林地面积	户数
40 亩以下	4
40～70 亩	3
70～100 亩	3
100 亩以上	3

自然村内人均年纯收入 2 000 元，其中林业收入约 600 元，占 30%。林业收入主要有三个来源途径：采伐和出售原木及原竹的收入（见表 4-4）、林业项目补偿金（见表 4-5）、非木质林产品收入（见表 4-6）。其中，以毛竹收入为主。其他经济收入还包括林下养殖、在村内务工、外出打工、经商等。

表 4-4 双溪自然村采伐和出售原木及原竹的收入

年份	杉木收入			松木收入			毛竹收入			总计（元）
	原木出售量（m^3）	杉原木价格（元/m^3）	合计（元）	原木出售量（m^3）	松原木价格（元/m^3）	合计（元）	毛竹出售量（根）	毛竹价格（元/根）	合计（元）	
2010	12	600	7 200	1.3	600	780	3 000	9	27 000	34 980
2011	14	640	8 960	1.5	640	960	4 000	10	40 000	49 920
2012	15	700	10 500	1.6	700	1 120	5 000	11	55 000	66 620

表 4-5 双溪自然村林业项目补偿

年份	补助项目	补助规格（元/亩）	数量（亩）	总计（元）
2010	退耕还林补偿金	230	53.62	12 332.6
2011	退耕还林补偿金	125	53.62	6 702.5
2012	退耕还林补偿金	125	53.62	6 702.5

表 4-6 双溪自然村非木质林产品收入（2012 年）

项目	价格（元/kg）	平均产量（kg/亩）	面积（亩）	总计（元）
竹笋	8	10	284.98	22 798.4

目前，双溪村在采伐指标、资金信贷等方面都得到了排埠镇政府及县林业局的支持。采伐指标是从县里分到村里，再由村里按照具体情况分到各户。双溪村村民在过去 3 年里获得 30 多万元信用贷款，平均每户信用贷款 2 万～3 万元，其中，有 2 户获得了创业贷款，享受了免息政策。

（2）土地资源区划与类型

双溪村 2004 年开始林权改革，开展山林定权发证。2007 年林改延长山林承包期、核发林权证。《林权证》共发放到户 13 本，占应发农户的 100%。目前双溪村的森林主要以个人经营形式为主。

表 4-7　双溪自然村各地类面积

序号	一级地类	二级地类	三级地类	面积（亩）
1	林地	有林地	乔木林	422.44
2				
3			竹林	284.98
4		疏林地		0
5		灌木林地	国家特别规定灌木林	0
6			其他灌木林	0
7		未成林造林地	人工造林未成林地	91.93
8			封育未成林地	0
9		苗圃地		23.8
10		无立木林地	采伐迹地	0
11			火烧迹地	0
12			其他无立木林地	0
13		宜林地	宜林荒山荒地	0
14			宜林沙荒地	0
15			其他宜林地	0
16		辅助生产林地		0
17	非林地	农地		27.15
18		水域		0
19		未利用地		0
20		其他土地		14.84

双溪村土地总面积 865.15 亩，其中林业用地 823.16 亩，非林业用地 41.99 亩（见表 4-7）；分别占土地总面积的 95.15%和 4.85%。非林业用地中，荒田 22.85 亩，水田 4.3 亩，非林地 14.84 亩。活立木总蓄积量 4 470.03 米^3，竹林 28 498 株。

按林种分，双溪自然村防护林 53.62 亩，占林地面积的 6.51%，蓄积量为 314.03m^3；用材林 681.36 亩，占林地面积的 82.77%，蓄积量为 3 679.90m^3；经济林 88.18 亩，占林地面积的 10.71%（见表 4-8，表 4-9）。毛竹用材林均为中龄林、天然林。

表 4-8　双溪各小班森林基本状况

小班	小班面积（亩）	林种	优势树种	辅助树种	地貌类型	活立木总蓄积（m^3）	备注
1	56.59	一般用材林	杉木	松、阔	低山	0	2010 年造林
2	132.17	一般用材林	杉木	松、阔	低山	1 321.70	天然林
3	9.21	水土保持林	桤木	枫香	低山	82.89	2002 年退耕还林

（续）

小班	小班面积（亩）	林种	优势树种	辅助树种	地貌类型	活立木总蓄积（m^3）	备注
4	136.69	一般用材林	毛竹	杉、阔	低山	205.03	毛竹林
5	148.29	一般用材林	毛竹	杉、阔	低山	222.44	毛竹林
6	22.850				低山	0	荒田
7	2.85	水土保持林	桤木	枫香	低山	24.225	2003年退耕还林
8	42.27	一般用材林	杉木	松、阔	低山	380.43	天然林
9	12.28	其他经济林	桂花		低山	0	苗木
10	11.79	水土保持林	桤木	枫香	低山	106.11	2002年退耕还林
11	11.2	水土保持林	桤木	枫香	低山	100.8	2002年退耕还林
12	47.61	果木林	板栗		低山	476.1	板栗林
13	124.3	一般用材林	杉木	松、阔	低山	1 180.85	天然林
14	18.57	水土保持林	桤木	枫香	低山	0	2007年退耕还林
15	41.05	一般用材林	杉木	松、阔	低山	369.45	天然林
16	4.66	其他经济林	桂花		低山	0	苗木
17	16.77	食用原料林	茶叶		低山	0	茶叶
18	6.86	其他经济林	桂花		低山	0	苗木
19	14.84	非林地			低山	0	非林地
20	4.3	水田			低山	0	水田

表 4-9　双溪村林种面积总计

森林类型	林种	亚林种	面积（亩）
生态公益林	（一）防护林	水源涵养林	0
		水土保持林	53.62
		防风固沙林	0
		农田牧场防护林	0
		护岸林	0
		护路林	0
		其他防护林	0
	（二）特种用途林	国防林	0
		实验林	0
		母树林	0
		环境保护林	0
		风景林	0
		名胜古迹和革命纪念林	0
		自然保护区林	0

（续）

森林类型	林种	亚林种	面积（亩）
商品林	（三）用材林[①]	短轮伐期工业原料用材林	0
		速生丰产用材林	0
		一般用材林	681.36
	（四）薪炭林	薪炭林	0
	（五）经济林	果木林	47.61
		食用原料林	16.77
		林化工业原料林	0
		药用林	0
		其他经济林	23.80

注：①以生产木材、竹材为主要目的的森林、林木和灌木林。

按林龄分，有林地中幼龄林面积150.78亩，占有林地面积的18.32%；中龄林面积284.98亩，占34.62%；近熟林面积47.61亩，仅占5.78%；成熟林面积339.79亩，占41.28%；无过熟林（见表4-10）。

表4-10　双溪森林龄组构成情况

单位：亩、m^3

林龄组别	商品林				生态公益林	
	混交林		毛竹林		混交林	
	面积	蓄积	面积	蓄积	面积	蓄积
幼林	97.16	0	0	0	53.62	314.03
中林	0	0	284.98	427.47	0	0
近熟林	47.61	476.1	0	0	0	0
成熟林	339.79	3 252.43	0	0	0	0
过熟林	0	0	0	0	0	0

目前，毛竹林长势良好，每亩年生长量为15～20株，年采伐量为15～20株，生长量和采伐量基本持平。

此外，双溪自然村的优势树种还有：杉木，桤木等。杉树林有396.38亩，占森林总面积的48.15%，活立木蓄积量为3 252.43m^3。

4.3.2　森林资源与经营评价

(1) 分类型森林资源现状、特点

2004年林改之前，产权都是集体的，林农的森林管理经营积极性不高；林改后，林农分到了山林和林权，营林积极性大大提高。目前，双溪自然村主要是以林农个人经营为主，林农可以自由决定是否进行造林和营林，营造林投入，以及营造林的树种。

采伐方面，林改之前，采伐指标下达到集体，由股份制林场经营，之后，采伐指标落实到户，限额采伐制度依旧存在，林农进行采伐和销售林木必须获得采伐指标。近两年来，江西省正在进行集体林权制度配套改革试点，对限额采伐制度进行了优化和改革，提出并实施了“前置审批、双线运行、两榜公示”为主体的限额审批制度，逐步给予生产经营者更为有利的经营环境。

双溪村的有林地都为天然林，主要靠林木自然更新，林农现在主要是以林养林，造林支出并不多。就林业生产活动而言，补植造林、垦复、采伐为三大主要的投入环节，详见表 4-11。

表 4-11 双溪自然村 2010—2012 年造林和抚育支出表

年份	总计（元）	补植			垦复/抚育			采伐		
		平均每亩补植支出	亩数（亩）	合计（元）	平均每亩支出	亩数（亩）	合计（元）	杉木、松木等采伐支出	竹林采伐支出	合计（元）
2010	83 414.76	1 000	5	5 000	250	284.98	71 245	3 419.76	3 750	7 169.76
2011	23 324.70	1 000	10	10 000	240	20	4 800	4 274.7	4 250	8 524.7
2012	67 899.60	2 000	25	50 000	360	20	7 200	5 699.6	5 000	10 699.6

从表 4-11 可以看出，双溪村 2010 年在造林和抚育支出最多，其中抚育支出占总支出的 85.41%，与 2011 年、2012 年相比变化较大，原因在于 2010 年全村进行了毛竹林的全面改造，2011 年与 2012 年的差异产生于这两年的劳务费差异。据了解，双溪村劳务费 2010 年 70 元/工日，2011 年 80 元/工日，2012 年 120 元/工日。

双溪村补植和采伐均是以外包的形式承包给村内林地少的劳动力，所以补植和采伐支出均是按照外包的价格来计算总支出。如毛竹的采伐支出平均为 4 元/根。

为了更好地分析双溪村森林资源的现状和特点，根据踏查结果将 823.16 亩森林资源分为以下 4 种经营类型：

第一种，公益林，均为退耕还林，树种组成以桤木、枫香为主的混交林；

第二种，用材林，大部分为天然林，树种组成以杉木为优势树种，松、阔为辅助树种的混交林；

第三种，经济林，主要种植桂花为主的苗木、板栗、茶叶等；

第四种，竹林，全部为天然林，树种组成以毛竹为主的混交林。

● 公益林

生态公益林是为维护和改善生态环境、保持生态平衡、保护生物多样性等，在各级林业主管部门按照国家有关规定区划界定后，经林权所有者确认和县级以上人民政府同意，报上级林业主管部门核查认定的重点防护林和特用林。双溪自然村的生态公益林全部是退耕还林地，经营类型均为防护林，具体为水土保持林，详见图 4-7 中小班号为 3、7、10、11、14 的地块。

双溪的公益林共 53.62 亩，仅占有林地面积的 6.51%，其中，2002 年退耕还林 32.2 亩，2003 年退耕还林 2.85 亩，2007 年退耕还林 18.57 亩，均享受国家生态林补偿，目前主要是以保护为主，维持现状。

● 用材林

用材林是以提供木材、竹材为目的的森林，此处根据划分的经营类型，仅包括以杉木为优势树种的天然林和 2010 年造林部分，详见图 4-7 中小班号为 1、2、8、13、15 的地块。

双溪自然村的用材林面积 396.38 亩，占全村有林地面积的 48.15%。其中 339.79 亩为天然林，2010 年造林 56.59 亩。目前主要是适度经营，采伐量与生长量基本齐平。

● 经济林

经济林是以生产除木材以外的果品、食用油料、工业原料和药材等林产品为主要目的的森林。双溪自然村的经济林主要以生产苗木、板栗、茶叶为主，其中板栗种植已产生收益。详见图 4-7 中小班号为 9、12、16、17、18 的地块。

双溪村的经济林面积 88.18 亩，占全村有林地面积的 10.71%。其中，板栗树种植面积为 47.61 亩，以桂花为主的苗木面积 23.8 亩，茶叶 16.77 亩。目前双溪对经济林经营主要是垦复、施肥，与其他林木相比，对经济林的投入较大。

● 竹林

双溪的竹林属于天然林，以毛竹为优势树种的笋竹两用林，详见图 4-7 中小班号为 4、5 的地块。

双溪自然村毛竹林面积 284.98 亩，占有林地面积的 34.62%，但毛竹林收入（含毛竹和竹笋）占森林经营收入的 80.94%。目前村民对林地的管理只限于垦复，如 2010 年林农对毛竹林进行全面改造。因为是连片的，单户不能独立进行，因此要进行全垦，且隔一年垦复一次。除此之外，林农每隔一年还会在竹林地里挖笋，竹笋收入也成为双溪村民的一项重要收入。

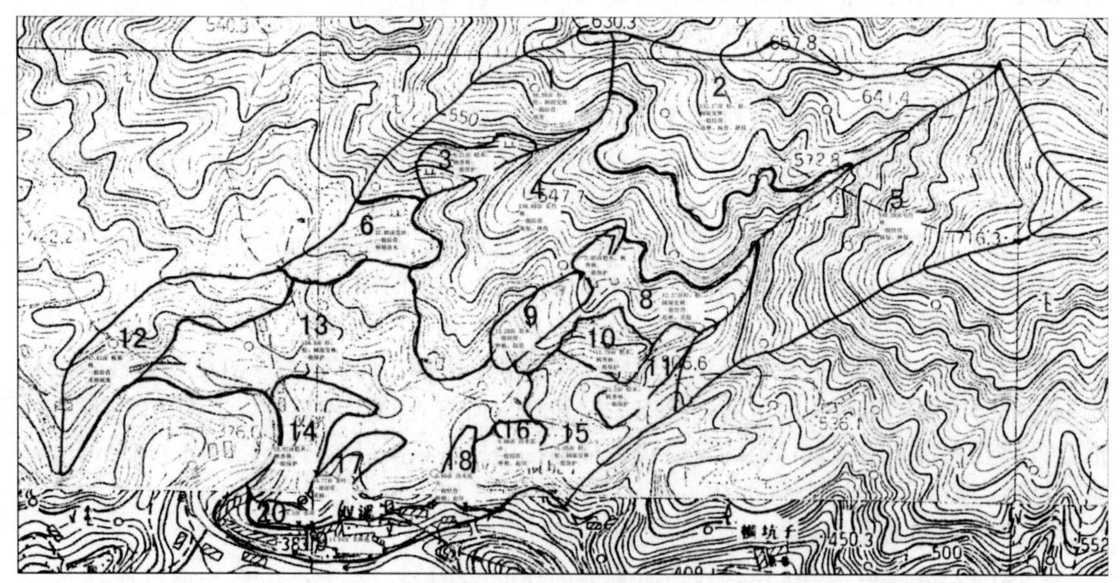

图 4-7 排埠镇三溪村双溪自然村森林经营规划图

（2）森林经营SWOT分析

为了使制定的森林经营方案更具针对性与实践意义，分析双溪自然村森林经营的优势和劣势，预测经营过程中面临的机会和风险十分必要。在村民积极参与下，双溪自然村森林经营的优势与劣势，面临的机遇和风险情况总结如下：

①优势（Strengths）：

● 双溪自然地理环境适合乔木林、竹林生长。双溪自然村境内气候温和，雨量充沛光照充足，特别适宜竹林以及乔木林生长。

● 各类竹材、木材市场需求强劲，木竹价格上涨很快。随着我国经济的快速发展，木材、竹材加工业发展迅速，木材市场异常火热，木竹价格日渐走高。

● 国家政策扶持力度加大，林改后税费减免较多，林农生产积极性高。

● 经营成本不高。林农选择成本较低的杉木进行造林，另外，大部分毛竹林几乎都是自然生长，管护成本相对较低。

● 林农保护竹林及森林经营的意识高。双溪林农对森林有很强的保护意识，一般不会出现一次把毛竹砍光的短视行为；他们还具有较丰富的森林经营本土知识和实践经验（如在春笋长成毛竹之前，把成熟毛竹砍掉，第二年新长的竹笋会更多）；另外，双溪村民还有其他收入渠道，如农业、养殖业、林下经济、外出打工等等，对森林经营收入的依赖度相对不大，也有利于木竹的可持续经营。

● 森林管理体制日趋完善。随着林权改革的不断深入，森林管理体制日趋完善，防火、防盗、防病虫害的措施得到有效落实和执行。

②劣势（Weakness）：

● 分林分山到户后，林农营林积极性提高，但缺乏造林营林资金，特别是面积少的林农，很难得到政府的补助金扶持。

● 国家政策扶持力度有所增强，但还远远不够。例如生态林补偿资金过低，灾后补助过少，甚至没有；修山公路，政府没有相应补贴，林农得自己掏钱修，每户按照林地面积大小平摊费用，但有的林农分的山地势高，现在还无上山公路。

● 优惠政策不到位，例如，小额贷款只贷款给农业经营，不贷给林业经营；只有极少数农民创业贷款获得免息的优惠政策，其他贷款均没有优惠政策。

● 毛竹林低改的指标相比以前申请难，但是毛竹林如果一年不改造，就会影响笋的生长和增加以后毛竹林的改造成本。

● 双溪村民有采集冬笋的传统，部分村民不仅挖自己林地的竹笋，还挖别人的竹笋。因冬笋冒出地面后口感不佳，村民一般寻找处于地面之下的冬笋，常常围着毛竹根部挖，损害毛竹生长。

● 双溪村的毛竹砍伐之后，竹根周围一米的范围内5年才能腐烂，影响竹笋的生长。

③机会（Opportunities）：

● 随着经济的发展，林业日渐受到各级政府和社会的重视。

● 国家和当地政府对林业经营的扶持力度会继续加大。

● 木竹产品价格会继续走高，非木质林产品笋的价格也会继续走高，村民的林业收入会继续增加。

● 经济林如板栗、茶叶的经营在当地还不是很多，大力发展经济林可以抢占市场，获得比较高的效益。

● 城市化进程加快的今天，城市绿化苗木的需求日渐增大，双溪种植花卉苗木适应了市场的需求，在当地花卉苗木的价格要比其他木竹产品的价格高。

● 国家鼓励合理采种濒危树种，有的濒危树种价格堪比黄金，因而濒危树种的种植将会给双溪增加很大的收益。

④威胁（Threats）：

● 劳动力减少。双溪林农人数不多，年轻人对森林经营不感兴趣，热衷于到外面闯世界（主要到外面打工创业），现在管理林地基本都是中老年人。

● 发生不可抗力的自然灾害。最近几年气温变化异常，例如在清明左右天气变暖，竹笋开始发芽，但常突然降温，冻死很多竹笋，也影响毛竹生长；如果出现雪灾，也会压死毛竹（2008 春节雪灾曾让村民损失几十万，2010 年的冰灾好多毛竹都折断了）。

● 经营成本上升。最近几年，物价上涨过快，包括种苗价格，劳动力价格等，尤其是劳动力价格，2010 年一个工 70 元，2012 年每个工要 120 元。竹材利润减少。

(3) 双溪村未来森林经营分析

首先保持优势、抓住机会。经过 2010 年的毛竹林全面改造，竹林垦复，笋竹结合是大多数双溪林农森林经营的必然选择。因而在未来的经营中，笋竹结合还是经营方向之一。

林农现在主要是以林养林，对林业收入的依赖性不大。目前自然村的村长想带领村民转向经济林尤其是花卉苗木的种植，以及按国家规定要求合理培育和种植国家濒危树种，既为国家的森林保护出一份力，也能为双溪林农带来利益。

双溪自然村林农的素质相对较高，林农之间也非常团结，有较强的森林可持续经营意识和丰富的森林经营经验。如今，国家政策大力扶持林业发展，各种木竹价格节节攀升，林农收入增加，森林经营积极性提高。根据双溪村林农的规划，未来 5 年内双溪村将以花卉苗木的种植为主要目标，按国家规定要求申请，进行国家濒危树种的培育和种植。

随着经济的不断发展和城市化进程加快，城市绿化的要求越来越高，花卉苗木的市场需求预期较好，价格相对较高，因而花卉苗木的种植会带来林农收入的增加。见图 4-8。

其次，林农认为目前经营的最主要困难在于缺乏资金。此外，林农认为缺乏技术、缺少造林指标、道路不方便、劳动力外流等也是导致森林经营效益不高的主要因素和困难。从长远来看，政策支持、加强沟通，林农目前森林经营中面临的一些问题会得到解决，森林经营能力将会提高。尽管双溪村林农目前森林经营中还面临一些问题，但随着林权改革的不断深化，政府政策在资金、信贷、技术方面扶持力度的增强，林农参与意识提高，不断完善和健全内部管理制度和措施，这些问题都将得到不同程度的解决，详见图 4-9。

4.3.3 分类型经营规划

4.3.3.1 经营方针与目标

(1) 森林经营原则与目标

根据林农规划小组对目前和未来森林经营、市场现状及未来变化趋势的分析，同时也

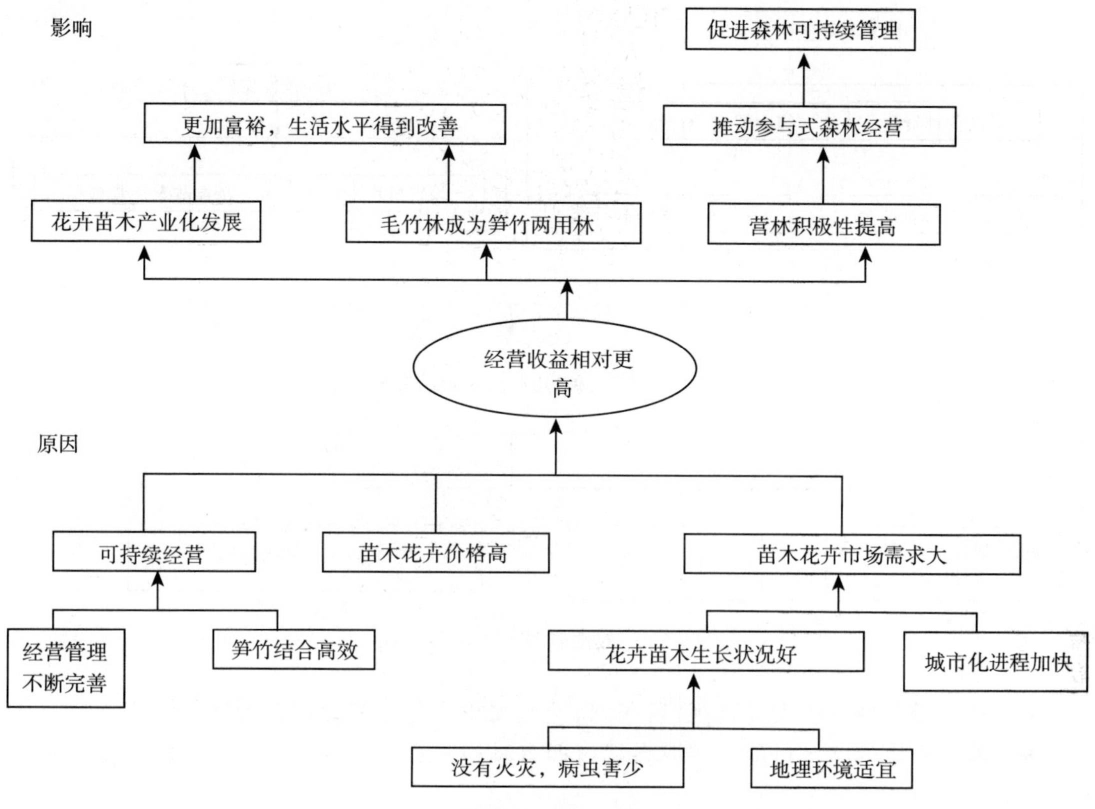

图 4－8　双溪未来森林经营选择分析

根据国家政策要求，双溪村的经营方针拟定为："以森林分类经营为基础，保护生态公益林，巩固发展用材林和毛竹林，大力发展经济林，尤其是花卉苗木产业，不断提高林地生产力，提高森林经营效率，实现综合利用"。

根据双溪村总体发展设想，以及现有森林资源状况、林地生产潜力、森林经营能力和当地社会经济情况等，本经营期双溪村森林经营目标具体确定为：

● 扩展林业用地，目前林地面积为 823.16 亩，到 2017 年增加到 846.01 亩。

● 苗圃面积，目前双溪村林业用地 823.16 亩，其中苗圃面积为 23.8 亩，今后五年还要增加 22.85 亩，到 2017 年达到 46.65 亩。

● 林种结构，保持目前生态公益林（93%）和商品林（7%）的比例不变。

● 森林经营收入，到 2017 年，森林经营收入达到 368 058.9 元。

根据以上经营目标和原则，双溪村民小组森林经营的具体措施是：

● 2013—2017 年，森林经营以毛竹自然林择伐更新造林为主；杉木以择伐更新为主。

● 生态公益林实行严格的封山育林措施。

● 加强森林资源保护工作，严格管理重点生态公益林，做好防盗、防火、防病虫害工作。

● 寻找资金、技术和政策扶持，努力尝试进行毛竹林低产改造。

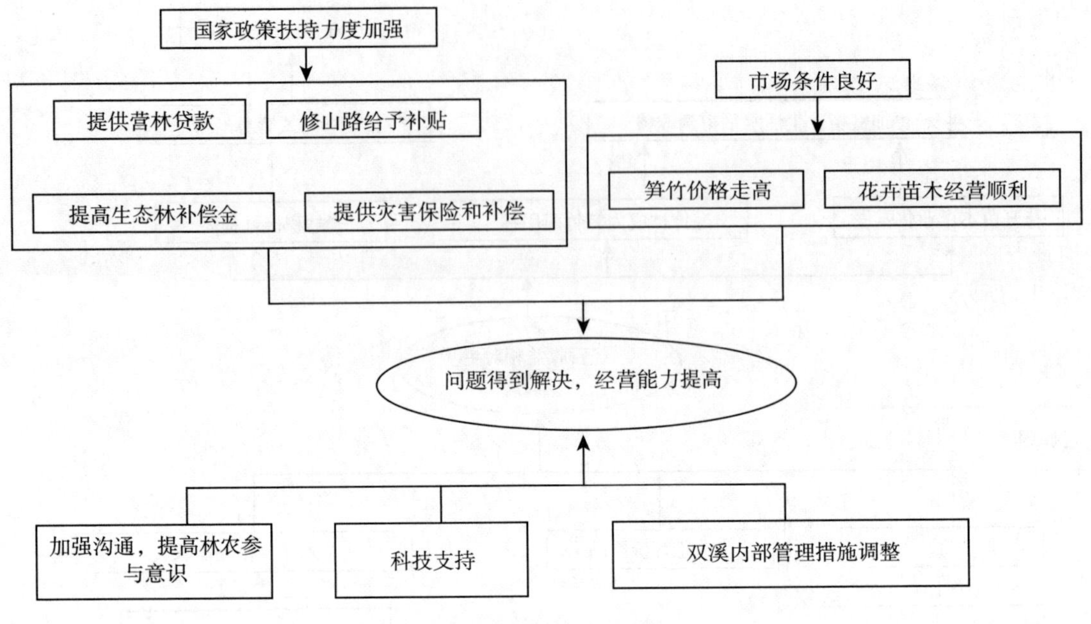

图 4-9　双溪森林经营问题分析

- 发展经济林。扩大经营规模，提高经营效益，充分调动林农营林积极性。
- 继续修建道路。目前，双溪自然村拥有林道 3 条，到 2017 年再增加一条横山道，约 3km 左右。

(2) 木材和非木质林产品生产目标

根据双溪自然村现有森林资源状况、林地生产潜力、森林经营能力和当地社会经济情况等，本经营期内木材和非木质林产品生产的具体目标：

- 为促进双溪自然村经济发展，大力发展花卉苗木，力争 5 年期满后，花卉苗木收入达到年收入 23 万元。同时考虑到自然地理环境和气候都非常适合濒危树种的生长，如果政策和技术不受限制，双溪村计划进行濒危树种的培育。
- 5 年内，为了提高经济效益，同时肥沃竹林土壤，双溪村计划毛竹林进行全部改造 3 次，形成笋竹两用林。
- 平均年采伐杉木 4 米^3 左右，村民小组每年杉木销售收入约为 2 767.2 元。
- 按用材林每亩年采伐 15 根计算，平均年采伐毛竹 4 275 根左右，若每根销售价格为 10 元，村民小组平均每年毛竹销售收入 42 750 元左右。
- 双溪村非木质林产品主要是竹笋，5 年内年均产量约为 2 850kg，收入达到 22 798.4元左右。

(3) 环境保护目标

坚持人人有责，防火、防盗、防病虫害，保护濒危物种。村民采取相互协助、相互轮流巡山的做法，强化灾前防范，提高应急能力，确保山有人巡，林有人护，不发生重、特大森林火灾，把森林火灾降到最低程度；同时经常对山林实地勘察，及时发现了解病虫害情况，有效控制病虫害成灾，提高森林病虫害防治率，控制毛竹、竹笋危险性病虫害爆发；对于国家重点保护的濒危物种，按照有关古树名木保护管理的条款，进行依法保护，保持物种的多样性。

4.3.3.2 分类型森林经营规划

（1）生态公益林

未来5年内生态公益林实行严格的封山育林措施经营，国家每年给予一定的补助，其中2007年退耕还林地，采取一次性补贴的方法，标准是150元/亩；2002年、2003年退耕还林的补助都延长了8年，未来5年的标准是每年每亩补助125元，具体补贴收入如表4-12所示。

表4-12 2013—2017年公益林补助收入

单位：元

小班号	面积（亩）	标准（元/亩）	2013年补助（元）	2014年补助（元）	2015年补助（元）	2016年补助（元）	2017年补助（元）
3	9.21	125	1 151.25	1 151.25	1 151.25	1 151.25	1 151.25
7	2.85	125	356.25	356.25	356.25	356.25	356.25
10	11.79	125	1 473.75	1 473.75	1 473.75	1 473.75	1 473.75
11	11.20	125	1 400	1 400	1 400	1 400	1 400
合计	35.05	—	4 381.25	4 381.25	4 381.25	4 381.25	4 381.25

（2）用材林

第一：森林培育

造林：双溪村现有林地823.16亩，其中乔木林422.44亩。本经营期更新造林总任务为162.17亩，年均32.43亩。根据立地条件和市场需求，今后几年内重点营造针阔混交林，实行以杉木主，阔叶树为辅，比例为8∶2，5年内共造林162.17亩，分布在2个小班内。在造林前要做好造林作业设计，按作业设计的要求施工，同时要保证采伐多少，次年更新多少，不留欠账。

根据目前的价格，造林每亩支出为460元，其中包括：苗木费80元，造林劳务费（包括整地费和栽苗费）380元，考虑到价格上涨因素，未来每年造林价格都会有所上涨。具体情况如表4-13所示。

表4-13 2013—2017年用材林造林规划表

造林年度	小班号	面积（亩）	原有树种	造林树种	造林费用
2013	2	30	杉木、松树、阔叶树	杉木、阔叶树	13 800
2014	2	30	杉木、松树、阔叶树	杉木、阔叶树	13 950
2015	2	30	杉木、松树、阔叶树	杉木、阔叶树	14 100
2016	2	42.17	杉木、松树、阔叶树	杉木、阔叶树	20 030.75
2017	8	30	杉木、松树、阔叶树	杉木、阔叶树	14 400
总计	2个小班	162.17			

抚育：2013—2017年规划造林167亩，根据双溪村现有的条件，杉、阔混交造林需

要连续抚育 3 年，2010 年造林 56.5 亩，还需抚育一年，因此 2013—2017 年共需抚育 222.5 亩。根据目前市场价格，3 年内每亩共抚育需 80 元，具体情况如表 4-14 所示。

表 4-14　造林抚育费用支出

单位：亩、元

小班	2013		2014		2015		2016		2017	
	面积	费用	面积	费用	面积	费用	面积	费用	面积	费用
2			30	800	60	1 600	90	2 400	102.17	2 724.53
1	56.59	1 509								

第二：森林采伐

双溪村的用材林中，乔木林的成过熟林面积占比达 70.12%，蓄积占商品乔木林的 87.23%；其次为幼龄林，面积占 20.05%；再次为近熟林，面积占 9.83%，蓄积占 12.77%。虽然近、成熟林的比重较大，但是采伐指标有限，只能少量择伐。择伐规划和采伐收入见表 4-15 所示。

表 4-15　2013—2017 年择伐量表

采伐种类	项目	2013 年	2014 年	2015 年	2016 年	2017 年
2	采伐量（m^3）	30	30	30	30	0
	销售价格（元/ m^3）	691.8	691.8	691.8	691.8	
	销售金额（元）	20 754	20 754	20 754	20 754	
	采伐成本（元/ m^3）	150	150	150	150	
	税费标准（元/ m^3）	91.8	91.8	91.8	91.8	
	成本合计（元）	7 254	7 254	7 254	7 254	
	销售利润（元）	13 500	13 500	13 500	13 500	
8	采伐量（m^3）	0	0	0		30
	销售价格（元/ m^3）					691.8
	销售金额（元）					20 754
	采伐成本（元/ m^3）					150
	税费标准（元/ m^3）					91.8
	成本合计（元）					7 254
	销售利润（元）					13 500
	销售利润总计（元）	13 500	13 500	13 500	13 500	13 500

(3) 经济林

第一：板栗

双溪村拥有板栗林 47.61 亩，经营期内，板栗年产约 250kg，按照市场价格是 20 元/kg，未来 5 年的收入及投入如表 4-16 所示。

表 4-16 2013—2017 年板栗投入产出表

单位：元

年份	2013	2014	2015	2016	2017
收入	5 000	5 000	5 000	5 000	5 000
投入	300	300	300	300	300

第二：茶叶

双溪村的茶叶是 2011 年种植的，目前有 16.77 亩。经营期内的投入主要包括垦复、施肥和剪枝；未来的投入、产出如表 4-17 所示。

表 4-17 2013—2017 年茶叶投入产出表

单位：元

项目	2013 年	2014 年	2015 年	2016 年	2017 年
投入标准（元/亩）	300	300	300	300	300
投入合计（元）	5 031	5 031	5 031	5 031	5 031
产量（斤）	1 677	2 012.4	2 347.8	2 683.2	3 018.6
销售收入（元）	33 540	40 248	46 956	53 664	60 372
劳务费（元）	16 770	20 124	23 478	26 832	30 186
销售利润（元）	16 770	20 124	23 478	26 832	30 186

第三：苗木花卉

目前，双溪村的苗圃地有 23.8 亩，约 20 000 株小苗，种类有“桂花、红叶石兰、绿化小苗、造林小苗”。经营期内计划每年新增加 5～6 亩，到 2017 年达到 46.65 亩，具体规划及投入、产出情况见表 4-18、表 4-19。

表 4-18 2013—2017 年苗木规划表

项目	2013 年	2014 年	2015 年	2016 年	2017 年
面积（亩）	28.8	33.8	38.8	43.8	46.65
新增面积（亩）	5	5	5	5	2.85
买入种苗（株）	2 000	2 200	2 400	2 600	2 714
卖出苗木（株）	1 500	1 700	1 900	2 100	2 300

表 4-19 2013—2017 年苗木投入产出表

项目		2013 年	2014 年	2015 年	2016 年	2017 年
投入	肥料（元）	7 260.50	8 521.01	9 781.51	11 042.02	11 760.5
	劳务工资（元）	24 201.68	28 403.36	32 605.04	36 806.72	39 201.68
	种苗费（元）	10 000	11 000	12 000	13 000	13 570
	农药费（元）	3 025.21	3 550.42	4 075.63	4 600.84	4 900.21
	租地费（元）	1 000	2 000	3 000	4 000	4 570

（续）

	项目	2013 年	2014 年	2015 年	2016 年	2017 年
收入	株数（株）	1 500	1 700	1 900	2 100	2 300
	销售金额（元）	150 000	170 000	190 000	210 000	230 000
	起苗成本（元）	22 500	25 500	28 500	31 500	34 500
	销售利润（元）	127 500	144 500	161 500	178 500	195 500

(4) 竹林

毛竹培育：由于双溪村的毛竹林都为天然林，村民对林地的管理只限于垦复，由于受资金的限制，对竹林仅进行低改，即对林地上的杂草、杂灌进行清除。因为是连片的，单户不能独立进行，因此要进行全垦，且隔一年垦复一次，各年的垦复费用如表 4－20 所示。

表 4－20　2013—2017 年毛竹林垦复支出表

单位：元/亩、元

小班	2013 年		2015 年		2017 年	
	垦复价格	垦复金额	垦复价格	垦复金额	垦复价格	垦复金额
4	300	41 007	300	41 007	300	41 007
5	300	44 487	300	44 487	300	44 487

毛竹采伐：目前，双溪村拥有竹林 284.98 亩，由于无采伐限额控制，经理期内计划每亩每年采伐 15 根，各小班具体采伐量以及收入见表 4－21 所示。

表 4－21　2013—2017 年毛竹采伐情况

小班	项目	2013 年	2014 年	2015 年	2016 年	2017 年
4	采伐量（根）	2 050	2 050	2 050	2 050	2 050
	销售价格（元/根）	10	10	10	10	10
	销售金额（元）	20 500	20 500	20 500	20 500	20 500
	采伐成本（元）	8 200	8 200	8 200	8 200	8 200
	销售利润（元）	12 300	12 300	12 300	12 300	12 300
5	采伐量（根）	2 224	2 224	2 224	2224	2 224
	销售价格（元/根）	10	10	10	10	10
	销售金额（元）	22 240	22 240	22 240	22 240	22 240
	采伐成本（元）	8 896	8 896	8 896	8 896	8 896
	销售利润（元）	13 344	13 344	13 344	13 344	13 344
销售利润总计（元）		25 644	25 644	25 644	25 644	25 644

注：税费由加工厂负责，价格中不包括税费。

（5）非木质林产品

第一：非木质资源的分布与特征

非木质林产品是除木材以外来自森林（包括人工和天然）的生物资源产品，双溪村的非木质林产品主要是竹笋，是林农经济收入来源之一。

第二：非木质资源的经营利用与保护规划

为了使竹林更好地生长，同时保证一定的产量，村民决定隔一年挖一次，春笋使用的是留大挖小技术，冬笋普挖，但是挖浅不挖深，同时，规定竹笋禁止非本村村民挖，这样很好地保护了本村的竹林。此外，竹笋的产量比较高，年产约 2 850kg。各年度具体情况如表 4－22 所示。

表 4－22　2013—2017 年非木质林产品采伐收入情况

采伐种类	项目	2013 年	2015 年	2017 年
4	采伐量（kg）	1 366.9	1 366.9	1 366.9
	销售价格（元/kg）	8	8	8
	销售金额（元）	10 935.2	10 935.2	10 935.2
	采伐成本（元）	8 201.4	8 201.4	8 201.4
	销售利润（元）	2 733.8	2 733.8	2 733.8
5	采伐量（kg）	1 482.9	1 482.9	1 482.9
	销售价格（元/kg）	8	8	8
	销售金额（元）	11 863.2	11 863.2	11 863.2
	采伐成本（元）	8 897.4	8 897.4	8 897.4
	销售利润（元）	2 965.8	2 965.8	2 965.8
销售利润总计（元）		5 699.6	5 699.6	5 699.6

（6）森林与生物多样性保护

生物多样性保护和资源永续利用是森林可持续发展的核心，也是林业生产者所追求的目标。

第一：生物多样性保护

村民小组境内列为国家重点保护的植物 2 种，分别是南方红豆杉和香樟。按照要求，加强保护属国家重点保护的植物；按照有关古树名木保护管理的条款，加强对村民小组古树名木就地保护工作，依法保护古树名木。

第二：森林防护

做好防火和防病虫害工作。森林防火目标为：坚持以人为本，强化灾前防范，提高应急能力，科学处置火情，全面提升森林火灾科学防控水平，不发生重、特大森林火灾，把森林火灾降到最低程度。在现有防火巡查的基础上，双溪村还将重点防范森林病虫害，积极参加相关技术培训工作，控制毛竹、竹笋危险性病虫害爆发。

4.3.4　规划实施的条件

目前，在资金、人员、组织、技术等方面的支持下，双溪村的森林经营规划能够实施。具体来看：

(1) 资金方面

首先，国家每年给予双溪村 4 381.25 元的退耕还林补贴，这样不仅使得森林得到很好的保护，还对林农进行了适当的补贴。其次，双溪村大力发展苗木产业，市场前景良好，预计到 2017 年，能有 230 000 元的收入；同时，木材、毛竹、非木质林产品等销售渠道良好，收入稳定。

(2) 人员组织方面

首先村民比较团结，这样就有利于规划的顺利实施；其次，林农积极性高，愿意投入经营森林。此外，村委有比较丰富的森林经营经验，对整个村的森林资源情况非常了解，能够把握未来市场，受到村民的信任。

(3) 技术支持

目前林业局的专业技术人员有 3 名，同时每个工作站也配备 1 名技术人员，在规划的编制及实施过程中进行专业方面的技术指导。

4.3.5 投资与效益分析

(1) 投资概算

根据以上各表计算出双溪村各年的林业投入情况如表 4－23 所示，投入除了抚育、垦复还包括了采伐成本。

表 4－23 双溪村各年林业投入情况

单位：元

		2013 年	2014 年	2015 年	2016 年	2017 年	合计
营林投资	造林投入	13 800	13 950	14 100	20 030.75	14 400	76 280.75
	抚育投入	87 003	800	87 094	2 400	88 218.53	265 515.5
	择伐投入	24 350	24 350	24 350	24 350	24 350	121 750
	经济林投入	90 088.39	104 429.8	118 771.2	133 112.6	144 019.4	590 421.4
非木资源培育	竹笋	17 098.8		17 098.8		17 098.8	51 296.4
	总计	232 340.2	143 529.8	261 414	179 893.4	288 086.73	1 105 264

(2) 收入情况

表 4－24 双溪村各年森林经营收入表

单位：m^3、元/m^3、元

来源		2013 年			2014 年			2015 年		
		数量	价格	金额	数量	价格	金额	数量	价格	金额
用材林	杉木、松木	30	691.8	20 754	30	691.8	20 754	30	691.8	20 754
竹林	毛竹	4 274	10	42 740	4 274	10	42 740	4 274	10	42 740

（续）

来源		2013年			2014年			2015年		
		数量	价格	金额	数量	价格	金额	数量	价格	金额
经济林	板栗	500	10	5 000	500	10	5 000	500	10	5 000
	茶叶	1 677	20	33 540	2 012.4	20	40 248	2 347.8	20	46 956
	花卉苗木	1 500	100	150 000	1 700	100	170 000	1 900	100	190 000
非木资源	竹笋	5 699.6	4	22 798.4		4		5 699.6	4	22 798.4
补偿	公益林补偿	35.05	125	4 381.25	35.05	125	4 381.25	35.05	125	4 381.25
合计		279 213.65			283 123.3			332 629.7		

表4-25 双溪村森林经营收入表

单位：m³、元/m³、元

来源		2016年			2017年		
		数量	价格	金额	数量	价格	金额
用材林	杉木、松木	30	691.8	20 754	30	691.8	20 754
竹林	毛竹	4 274	10	42 740	4 274	10	42 740
经济林	板栗	500	10	5 000	500	10	5 000
	茶叶	2 683.2	20	53 664	3 018.6	20	60 372
	花卉苗木	2 100	100	210 000	2 300	100	230 000
非木资源	竹笋				5 699.6	4	22 798.4
补偿	公益林补偿	35.05	125	43 81.25	35.05	125	4 381.25
合计		336 539.3			386 045.7		

（3）经济效益分析

总收入与总支出的差便是双溪村的利润，见表4-26。

表4-26 双溪村2013—2017各年森林经营利润

单位：元

项目	2013年	2014年	2015年	2016年	2017年
总支出	232 340.2	143 529.8	261 414	179 893.4	288 086.73
总收入	279 213.65	283 123.3	332 629.7	336 539.3	386 045.7
利润	46 873.45	139 593.5	71 215.65	156 645.9	97 958.92
人均纯收入	509.494 02	1 517.32	774.083 2	1 702.672	1 064.771

（4）生态效益和社会效益分析

通过实施5年森林经营规划，双溪村的森林经营活动在帮助村民获得一定经济收入的同时，也将获得较好的生态效益和社会效益。体现在：一方面，公益林和商品林林地质量将得到进一步的提高，林种结构得到优化，林地抗自然灾害、病虫害以及火灾能力会得到提升。另一方面，也将提高村民的参与能力与决策能力，不断提高林农的森林经营水平，提高林地生产力，使林农丰富的本土知识和实践经验得到更充分的应用，还将提供一定数量的劳动就业机会，为其他村民小组的森林经营活动提供借鉴，实现较好的社会效益。

4.4 主要发现

4.4.1 村层面

受访的铜鼓县双溪自然村村干部认为编制森林经营规划是必要的，具体表现在：

(1) 能够全面了解森林资源情况以及资源的优劣势，从而在选种、造林和采伐方面进行很好的选择与规划。

(2) 从森林经营的长远发展来看，能够一起讨论未来的森林经营活动，把握市场方向，确定长期战略目标，实现森林可持续经营。

(3) 科学的规划，能够增加收益。

但同时，受访者也认为，森林经营方案编制的可行性和执行过程中也存在一些问题：

(1) 林农的文化程度和专业知识限制。首先，由于文化水平限制，在森林经营方案编制过程中，无论是森林资源现状分析，还是进行未来规划时，有些成员的参与程度较差，文案表达能力有限。其次，由于缺乏专业知识，如仅知道所拥有林地的“四至”范围，很难和规划图联系起来，给编案带来困难。

(2) 缺乏对政策的了解和资金保证。首先，林农表示对一些政策不是很清楚，不能很好地结合政策进行规划；其次，林农经济不宽裕，即使有科学合理的规划，没有资金的保证，也无法编制和实施。如在访谈中了解到，由于受资金的限制，双溪村的毛竹林改造只进行了一半，不仅影响毛竹的生长，一定程度上也影响了林农森林经营的积极性。

4.4.2 农户层面

受访的双溪村林农认为编制森林经营规划需要一些支持，具体表现在：

(1) 希望获得政策、资金的支持。调查结果显示，89%的林农表示目前最缺乏相关政策和技术的支持。首先，目前乔木林采伐指标无法按照当年的实际需要发放，限额没有按照森林实际情况核定，不能够实现资源利用效益的最大化，影响林农经营的积极性。其次，缺乏残次林、毛竹林改造的指标，只有获得连续的支持，规划才有意义。最后，林农即便有很好的规划，因为受政策和资金限制，也无法实施。如双溪村林农计划未来进行竹林垦复和濒危物种的培育，但是林农经济不宽裕，也没有相关的补贴和支持，只能是一个设想而已。

(2) 需要营林、病虫害防治技术指导。访谈结果显示，78%林农表示没有接受过相关技术的指导，同时目前培育濒危物种也受到政策和技术限制。

(3) 需要专门的技术人员来协助编制方案。

此外，受访者认为，森林经营规划的必要性和执行过程中存在一些问题，具体表现在：

（1）对于规划的必要性，大致有三种观点：一部分林农表示，自己地不多，搞参与式经营规划意义不大；另一部分林农表示，如果没有技术上、政策上和资金上的指导和支持，编制规划没有作用；还有部分林农表示，没有必要编制方案，认为目前自己经营就很好。

（2）对于方案的编制，林农表示因文化水平和技术水平低，不能够独立编制；同时，受文化水平限制，认为编制规划太难，看不懂，实际操作起来程序多且复杂。因收入太少，一起搞的积极性不高。

（3）对于规划的可行性。首先，部分林农表示每户的林子山势不同，路况不同，所需劳力不同，起点不统一，一起规划执行还是有点不公平，说服力小，就算制定，也不一定可行。其次，因为每个人都有自己的想法，不好统一，就算规划好了，一旦有灾害发生或是市场价格好，都容易不按规划执行。林农表示，每个人对自己的林地都有话语权和决定权，光靠一个编案约束不了大家，自觉性很重要，强制作用不大。

4.4.3　林业工作人员层面

受访的铜鼓县林业管理部门工作人员认为：编制森林经营规划是必要的，森林经营方案可以使林农有一个长远的生产和发展目标，明确森林经营发展方向；也有利于面对林改后分户经营和林农成为森林拥有者的现实进行森林资源管理，充分发挥森林的生态、经济和社会效益。部分受访者表示，编案是可行的，政策方面，有国家、省营林项目的支持；技术方面，相关的林业技术服务机构可以为村级组织提供服务。

但同时也认为，森林经营规划的编制和执行过程中存在一些问题，具体表现在：

（1）编制方面

总的来说编制参与式经营规划比较困难，主要是林农各自想法不同，经营方式和资源状况也有差别，规划目标很难统一，很难编制出一个长期、统一的规划。

同时林农收入状况、政策的稳定性、资金投入的保障、专业技术指导等方面因素，也给方案编制带来难度。具体来看，制定评估大纲能做，因为林农对自己的林地经营比较关注，对其影响因素也比较了解。评估森林资源现状能做，因为自然村范围相对较小，森林资源现状易于评估。评估未来经营发展趋势不易做，因为林农各有各的打算；同时，受信息与知识水平限制，很难准确判断未来发展趋势，存在一定的风险。确定森林经营的具体目标与规划不易做，原因在于如果森林资源类型相同，则容易确定，反之，难于确定；此外，林农各自的经营目标很难统一，协调上较难。规划执行进展的监测不易做，各种政策、人员、资金的不确定性导致不能保证监测顺利进行。

（2）执行方面

林业工作者均表示规划执行有一定难度。首先，客观上，林农各自山林条件不同，对山林的管理有差别，文化素质存在差异，发展目标各异，经营目标较难统一；另外，市场价格变化也是一个最重要因素，规划执行有一定难度，需要建立规章来保障规划的执行。

最后，山林刚分到千家万户，各种政策、管理措施如落实到村层面，可能会带来一些问题。

4.5 修改建议

4.5.1 主要结论

(1) 政策层面

首先，参与式森林经营方案的编制需要林农在一起讨论未来森林经营的发展方向，制定营林计划，把握市场方向，确定长期的战略目标，实现森林可持续经营。这符合村级发展的目标。因而从政策和森林资源管理方面看编制参与式森林经营方案是可行的。

其次，参与式森林经营方案的执行有赖于国家政策的长期扶持。森林经营是一个长期持续的投入资金、技术、劳务才会有收益的过程，未来的经营随时会受到自然灾害、市场条件的影响，因而必须有一个长期稳定的政策和足够的资金保证，才能使编制好的参与式经营方案得以有效执行。目前，林农经济不宽裕，资金保证的来源主要有两个：一是国家或省级的造林、抚育、退耕还林、生态林补贴，另一个是政府财政支持的林业经营贴息或免息贷款。换言之，足够的资金保证也是对国家政策的要求。

现阶段国家政策对林业经营的支持是值得肯定的，但是还存在一些不足。如造林抚育的指标相对林农的需求还是很少，林农想经营林下养殖、经济林等，但林业经营贷款还是会受到政策的限制。同时由于林农很难把握政策的方向，如果没有长期稳定的政策引导，即使参与式方案编制成功，也不一定能够得到有效的执行。

(2) 技术层面

首先，参与式森林经营方案的编制如果没有专业技术人员协助，即使有《参与式森林经营指南》的指导，林农独立编制方案也是比较困难的。一方面是文化和技术水平较低，专业知识缺乏，如勾图等；另一方面，林改后林地分到千家万户，林地之间地势、基础设施、森林生长情况各不相同，林农对自己的林地都有经营规划，但大家一起编制方案还有一定的困难。

目前，县林业局设有专门的技术信息服务部门，不定期让森林经营大户到县里参加培训，也给上门咨询的林农以技术支持，但是这方面的技术服务相对普遍缺乏经营技术的林农而言，还是不够的。

其次，参与式森林经营方案的执行不仅需要林农对目前森林经营现状、未来发展趋势有清楚的认识，还需要林农之间长期的协作。因为森林经营规划短则 5 年，长期规划可达 10～20 年，这么长时间里很多因素都是不可控的，如政策、市场条件的变化，经营过程中也难免遇到困难和分歧，都使得林农不容易按规划执行。

但这并不意味着参与式森林经营方案在技术上不可行，只是说目前的条件还不够成熟。参与式森林经营作为一个新事物，林农从认识到认可还需要一个过程。总的来说森林经营方案可以使得林业生产有序，可以使林农有一个长远的生产和发展目标，可以科学、合理、有序地经营林地、林木及其他林产品，充分发挥森林的生态、经济和社会效益，能为林农林业生产提供指导性服务，最终实现规模效益。

4.5.2 《手册》修改建议

（1）定位方面

受访者表示，手册应适用于林场、合作社或林业大户。因为这些人员的目标性比较一致，容易统一，能够执行到位。其次，对于小户林农，林改后他们拥有自己的经营计划，经营目标较难统一，因此应尊重他们的意愿，本着自愿原则参与方案编制。

（2）内容、结构方面

受访者表示，建议针对林农实际情况，进一步简化编案程序、增强可操作性，增加经营的具体指导内容，如怎样合理安排采伐，怎样科学选种、造林。

总之，作为一个新事物，从接受到实施需要一个过程。其次，方案的执行也需要政策、规章来约束和保障。

5 浙江省集体林区参与式森林管理案例研究

5.1 案例点基本情况

5.1.1 背景

在中国，将近60%的林地属于集体林。长期以来，集体林经营更多地反映政府意愿和利益需求，而在森林经营，特别是森林经营决策上，林权所有者意愿表达不足，致使森林经营效率提升乏力，以及政府与林主的利益冲突。在中国，农民没有参与森林经营的传统，但新时期林业经济的发展又突出强调农民生产经营的主体地位，农民参与森林经营势在必行。现阶段世界上流行的参与式森林经营，要求森林经营中多方利益相关者的参与。但在中国森林经营决策仍以政府行政管理机构制定，森林经营方案往往由林业行政机构一手包办，这使得森林经营方案由于不符合基层的需求难以具体落实，而开展参与式森林经营，由基层自主制定森林经营决策是解决这一问题的重要途径。因此，在现有的政策体系下，寻求适合中国林业发展实际的参与式森林经营方式，就显得非常有必要，对改善中国森林经营具有重要意义。

国家林业局—联合国粮农组织—欧盟的“支持中国集体林权改革政策、法律和制度体系发展并促进知识交流项目”为在中国实施参与式森林管理提供了可能。浙江省作为中国东南沿海集体林改革和林农合作社发展的先行省份，林农合作社已经成为浙江省林业管理的重要形式。在浙江省进行试点研究，探讨参与式森林经营的可能性与必要性，对完善参与式森林经营和对其他省份提供借鉴具有重要意义。

5.1.2 组织构架

项目组建立了一支多学科、多层次、多部门联合的研究队伍（见表5-1）。成员既包括了高校不同专业领域专家、研究生，也包括了案例点基层林业管理决策人员，从而确保研究工作的顺利进行和相关报告的科学性。

表5-1 项目成员名单

姓名	单位	职务	分工
李兰英	浙江农林大学	副教授	项目设计、组织实施、监督协调、对策研究
蔡细平	浙江农林大学	副教授	分报告完成人
朱臻	浙江农林大学	讲师	分报告完成人
王懿祥	浙江农林大学	副教授	森林经营方案设计
万超伟	浙江农林大学	研究生	数据收集、分析

（续）

姓名	单位	职务	分工
黄文静	浙江农林大学	研究生	数据收集、分析
许亚斌	浙江农林大学	研究生	数据收集、分析
韩丞彦	浙江农林大学	研究生	数据收集、分析
童红卫	龙泉市林业局	林权办公室主任	地方协调、数据收集
叶祥根	龙泉市林业局	副局长	地方协调
何小兵	龙泉市林业局	工程师	技术支持
王伟文	龙泉市林业局	工程师	技术支持

5.1.3　程序和方法

（1）工作程序

本次工作主要包括几个阶段：

- 资料准备阶段。主要收集相关二手资料，准备培训材料和相关问卷。
- 实施阶段。主要包括《集体林区村级参与式森林经营及方案编制手册》培训；案例村森林经营主题相关的参与式访谈。
- 报告完成阶段。主要包括完成《集体林区村级参与式森林经营及方案编制手册》应用报告；案例村村级森林经营方案的完善稿等。

（2）研究方法

采用参与式乡村快速评估技术和其他参与式方法组织调研。主要包括关键信息人访谈、二手资料收集、参与式访谈、参与式画图、头脑风暴法等。

- 关键信息人访谈。对龙泉市林业局相关人员进行了关键信息人访谈。主要内容包括对现有森林经营政策的认知及评价、参与式森林经营的必要性与可能性、促进参与式森林经营的政策建议等。
- 二手资料收集。收集了国家、浙江省和龙泉市层面的林业政策，森林资源清查报告，小班卡，林相图，基本图等二手资料。
- 参与式访谈。对龙泉市林业局林业干部、当地村干部组、农户组分别开展了参与式访谈。重点讨论当地森林资源分布状况、森林经营项目、森林经营的政策需求等。
- 参与式画图。结合小班因子卡和林相图，在技术专家指导下，农民参与勾勒作业小班，包括采伐、抚育、低产林改造。
- 头脑风暴法。为了保证群体决策的创造性，提高决策质量，充分尊重广大农民的意愿，在可持续森林经营方案编制的基础工作中，请受训人员发表自己的见解。

5.1.4　案例点概况

肖庄村属龙泉市锦溪镇管辖，地处龙泉市西北方向靠中心地带，仙霞岭山脉分支，在大地貌分区上属于浙南山地，在小地貌分区上属于龙泉市西北山地，整个地势由东南向西北倾斜，海拔在500～1 100m之间，最高山峰位于南部山区，一般坡度在25°～30°左右，是典型的南方集体林区村落。

肖庄村距离锦溪镇 32km，距离龙泉市区 16km，距主干道 9km。全村 133 户，497 人。肖庄村林地面积占整个村行政面积的 90%以上，耕地面积 34.87hm^2，林地面积 975.47hm^2。当地农户主要收入来源为毛竹经营和食用菌栽培。因此选择肖庄村作为案例点具有一定的典型性和示范性。

5.2 主要活动

5.2.1 材料准备

在开展实地调研和培训之前，主要开展了以下准备工作：

（1）收集当地森林资源和森林经营相关二手资料。对当地森林资源清查资料进行收集、整理和分析，并摘录其重点，如立地条件、权属变化、主要的森林利用情况、经营管理方面存在的问题等。收集当地的小班卡、林相图、基本图。

（2）准备和打印《村级参与式森林经营方案编制手册》、《肖庄村森林经营方案初稿》等培训材料。

（3）设计参与式访谈提纲和相关问卷。主要包括当地森林资源变化和分布状况、森林经营项目变化、森林经营的政策需求等相关问题。

5.2.2 目标人群选择

（1）林业管理决策者群体层面

在龙泉县林业局内与森林经营相关的部门领导、管理人员共 5 人分别进行关键信息人访谈。访谈内容包括参与式森林经营的必要性与可能性、促进参与式森林经营的政策建议、当地森林经营现状和存在的问题等。

（2）村集体层面

组织村干部参与式访谈。参与式访谈主要包括肖庄村村长、书记、村会计、合作社成员等共 7 人。主要了解当地森林资源变化和分布状况、森林经营项目变化、森林经营的政策需求等相关问题。

（3）农户层面

召开《村级参与式森林经营方案编制手册》培训会议。参加本次培训的人员共 21 人，其中女性 3 人。培训对象包括村干部、林农合作社成员、普通农户等。

5.2.3 实施过程

（1）课程背景介绍

2012 年 10 月 12 日上午 9 点培训正式开始，协助人员分发《村级参与式森林经营方案编制手册》培训材料，培训核心成员向参与小组介绍项目实施的背景、主要内容、时间安排、实施的意义、预期要达到的效果。

（2）经营指南培训与讨论

项目组成员结合 PPT 介绍《村级参与式森林经营方案编制手册》主要内容；培训结

束后，邀请培训人员展开讨论并对《村级参与式森林经营方案编制手册》提修改完善建议。介绍目前编制完成的村级森林经营方案，请与会人员讨论并提供相关修改完善建议。

（3）参与式座谈

当日下午及第二天，项目组全体成员与培训人员围在一起，通过参与式座谈与讨论，了解林农对当地森林经营的看法和评价。主要问题包括：当地森林资源分布和变化状况；当地森林经营存在的问题；合作组织和村民希望当地森林如何发展；什么样的森林可以长久经营下去；怎样通过经营健康的森林为成员带来更大的效益等。

5.3　应用成果

5.3.1　本底概况

肖庄村地处龙泉市西北方向靠中心地带，海拔在500～1 100m之间。肖庄村属中亚热带季风气候区，四季分明，气候温暖，雨量充沛。肖庄村全村土地总面积959.8hm^2，其中林业用地面积901.27hm^2，非林业用地面积58.53hm^2，分别占93.7%和6.3%，森林覆盖率达到90.1%。肖庄村主要林产品包括竹材、竹笋、食用菌和木材。人均毛竹林面积0.71hm^2，竹材一直是肖庄村的主要林产品，农民人均纯收入有51.45%来自于森林经营。

（1）社会经济状况

肖庄村属龙泉市锦溪镇管辖，地处龙泉市西北方向靠中心地带，地势由东南向西北倾斜，在地形上四周高，中间低，海拔在500～1 100m。肖庄村离锦溪镇32km，距离龙泉市16km，距主干道9km。肖庄村属中亚热带季风气候区。基本特征是四季分明，气候温暖，雨量充沛。年均降雨量1 646.9mm；年均无霜期为261.2天；年均气温为17.7℃；年平均日照时间1 740.9h，日平均气温≥10℃期间年积温5 109.6～5 858.5℃，年均积温5 545.7℃。

肖庄村由3个自然村组成，分别是肖庄、黄家山和坑头。全村有7个村民小组，133户，497人，其中劳动力355人。有耕地面积34.87hm^2，林地面积975.47hm^2。村民经济来源主要有：毛竹材、竹笋销售收入，打工收入以及外出经商收入。2009年2月肖庄村被龙泉市人民政府授予“龙泉市毛竹专业村”荣誉称号，同年12月被龙泉市生态建设工作领导小组办公室授予“生态村”称号。2011年全村生产总值323万元，农民人均纯收入为6 503元，低于全市农民人均收入8 025元。

肖庄村目前的主要经济来源为毛竹和食用菌栽培。林业收入是村里经济的主要来源，占50%以上。

（2）土地资源区划与类型

肖庄村土地总面积959.8hm^2，其中林业用地面积901.3hm^2，非林业用地面积58.5hm^2，分别占93.7%和6.3%。林业用地中，有林地面积858.5hm^2，占95.3%，灌木林地面积6.8hm^2，占0.8%，无立木林地27.3hm^2，占3.0%。

5.3.2　森林资源与经营评价

根据《村级参与式森林经营方案编制手册》的指导意见，对当地森林资源和经营状况进行评价。本次编案森林资源数据来自于龙泉市 2009 年二类森林资源动态监测更新后的成果。

(1) 分类型森林资源现状、特点

- 各地类面积与森林覆盖率。肖庄村全村土地总面积 959.8hm^2，其中林业用地面积 901.3hm^2，非林业用地面积 58.5hm^2，分别占 93.7%和 6.3%。林业用地中，有林地面积 858.5hm^2，占 95.3%，灌木林地面积 6.8hm^2，占 0.8%，无立木林地 27.3hm^2，占 3.0%。全村森林覆盖率 90.1 %，林木绿化率 90.9%。
- 有林地林种结构。全村有林地面积中，乔木林 517.3hm^2，占 57.8%；竹林 349.9hm^2，占 42.2 %。有林地按林种分：生态公益林 8.7hm^2 占 1.0%，商品林 865hm^2，占 99.0%。
- 森林总蓄积。全村活立木总蓄积 46 644m^3，散生木蓄积 34m^3。
- 乔木林资源。全村乔木林面积 517.3hm^2，蓄积 46 610m?，平均 90m^3/hm^2。乔木林面积中，纯林 153.2hm^2，混交林 364.1hm^2，比例为 30：70；纯林蓄积 7 274m^3，混交林蓄积 39 131m^3，比例为 16：84。
- 用材林资源。用材林面积 518.8hm^2，其中 6.1hm^2 是毛竹林，其余为乔木林。用材林活立木总蓄积 46 340m^3。
- 竹林。全村毛竹林面积 349.9hm^2，627 290 株，其中水源涵养竹林 343.8hm^2，615 680 株，用材林 6.1hm^2，11 610 株。
- 经济林。全村经济林总面积 6.5hm^2，均为茶叶。茶叶全部处于盛产期。
- 人工林与天然林。全村乔木人工林面积 375.8hm^2，占乔木林面积的 72.7%，乔木天然林面积 141.5hm^2，占乔木林面积的 27.3%，乔木人工林蓄积 36 434m^3，占 78.2%，乔木天然林蓄积 10 176m^3，占 21.8%。
- 无林地。全村无林地 27.5hm^2，其中采伐迹地 26hm^2，灌木林 0.3hm^2，其他无立木林地 1.3hm^2，分别占 94.4%、1.0%、4.6%。
- 公益林林地。全村生态公益林总面积 8.7hm^2，全部为省级公益林，占有林地面积的 1.02%，占林业用地面积的 0.97%。其中杉木林 4.6hm^2、竹林 4.1hm^2。
- 森林生长量。根据森林资源小班调查与样地调查监测数据，以龙泉市全市林木生长率计算方法为依据，对乔木林分进行归类统计生长量，得出区域范围内平均年生长率 8.5%；总生长量 3 975m^3，其中松类年生长量为 1 966m^3，杉木年生长量 1 766m^3，阔叶类生长量 243m^3。

(2) 当地森林经营评价

- 活立木总蓄积量 46 644m^{3}中，用材林占绝大部分，为 46 340m^3，占 99.3%。
- 毛竹林面积比重大，全村毛竹林面积 349.9hm^2，占有林地面积的 40.8%。
- 乔木林中，优势树种以杉木为主。
- 森林覆盖率高。区域覆盖率高达 90.1%，高于 84.2%全市森林覆盖率，具有典型的山区农村特征，随着农村经济的发展，工业用地，交通用地，居民生活用地应会有所增加，但比重不会太大，覆盖率仍能保持较高水平。
- 乔木林结构以混交林为主，占 70%。以混交林为主的林分，有利于维持林分的稳定，有利于保持生物的多样性，发挥森林的生态效益。

- 林地以集体林为主，林权以个体为主。区域林地按所有制分：国有林地占林业用地的0.0%；集体所有林地占100.0%。
- 森林资源生长量大于消耗量，森林资源持续增长。
- 天然林资源得到保护，质量明显提高。

5.3.3 分类型森林经营规划

根据《村级参与式森林经营指南》的要求以及肖庄村林地分布的特定位置和当地社会、经济、生态效益的需要，结合大环境对林业的发展要求，制定本经营期森林经营方针为：以森林分类经营为基础，围绕毛竹林和珍贵树种用材林建设、保护和培育森林资源两个基本点，稳步发展林下蔬菜经济，依靠科技进步，优化森林结构、提高森林质量、努力提高资源开发和多种经营收入比例，改善经营效益，培育稳定复杂健康的森林生态系统，实现森林资源的多功能可持续经营。

5.3.3.1 生态公益林管护

生态公益林的面积与所处位置保持不变，不做调整。生态公益林实行严格的封山育林措施。

5.3.3.2 用材林

根据森林可持续经营方针、目标，以及全村的森林立地及其质量，并且初步征求了社员的意向。本着有效利用和盘活现有林地的原则，对苗木生产、造林更新、幼林抚育和封山育林进行统筹规划和合理安排，以增加森林资源数量，提高森林资源质量，提高林地生产力和森林经营效益。

（1）造林更新

本经营期造林更新的面积有两部分：一是现有采伐迹地的造林，全部安排在2011年造林，现有采伐迹地26hm^2，安排人工造林8.3hm^2，人工促进天然更新17.7hm^2；二是每年安排的用材林主伐采伐迹地造林，一般是当年采伐，当年年底或翌年年初造林。按照森林采伐规划安排，本经营期主伐面积87.7hm^2，其中前4年73.8hm^2，安排人工造林45hm^2，人工促进天然更新28.8hm^2。本经营期共需要更新造林53.3hm^2，年均10.7hm^2，人工促进天然更新46.5hm^2，年均9.3hm^2。

（2）幼林抚育

幼林抚育是巩固造林成果，提高林木成活率和保存率，促进林木生长，尽早郁闭成林的重要环节，幼林抚育应根据不同的经营类型，选择不同的抚育措施。应适时进行劈灌、锄草、松土、除萌、培土、施肥等抚育措施。新营建的珍稀树种针阔混交林连续抚育3年，造林后前2年每年2次，分别于5—6月和8—9月进行锄草松培土，第3年5—6月锄草松培土1次或8—9月全劈一次；同时在抚育时要注意合理保护天然幼苗幼树。

（3）抚育间伐

从幼龄林郁闭后到主伐之前要进行多次抚育间伐。抚育的对象是目标树，间伐的对象是干扰树。间伐的目的在于：调节目标树的营养面积、增强其稳定性、提高单木质量，所以是对林冠进行的抚育；调节林分树种组成，达到养护土壤，促进林分的物质循环；保持林分在整个生命周期过程中始终具有一定数量的目标树，尽快使其达到终伐利用的目标胸径，提高木材的收获量；促进林分天然更新，保持其生长能力在一个较高的水平上；增加物种多样性。

抚育间伐对象一般是郁闭度 0.8 以上的林分；已达主伐年龄但经营期不主伐的林分；遭受自然灾害损伤，急需进行卫生伐的林分。

(4) 封山育林

封山育林对象是经营期内不进行主伐和抚育间伐的用材林，共计 182.4hm^2。

在封育期间严禁进山采伐与砍柴，但可进行一些不破坏林木的林副业生产及多种经营活动；实行“轮封”的林分，封育期间禁止一切人为活动，开封期间允许在林内开展副业生产。

(5) 森林采伐

根据肖庄村森林资源可持续发展的总体目标要求，并根据国家林业局《关于编制“十一五”期间年森林采伐限额工作的通知》(林资发〔2004〕211 号)、浙江省林业厅《关于编制“十一五”期间年森林采伐限额工作的通知》(浙林资〔2004〕125 号)、《森林采伐作业规程》(LY/T 1646—2005)、《国家林业局关于印发〈“十二五”年森林采伐限额编制工作方案〉的通知》(林资发〔2009〕160 号)、《浙江省林木采伐管理办法》、《浙江省林业厅关于开展“十二五”期间年森林采伐限额编制工作的通知》(浙林资〔2009〕77 号)等文件与技术规范，开展森林采伐规划工作，制定经营期的采伐规划、年度森林采伐规划以及森林更新计划。

(6) 森林保护

认真贯彻“预防为主、积极消灭”的方针，大力推进生物防火林带工程建设，构筑生物阻隔带与自然阻隔带相结合的林火阻隔网络，有效控制森林火灾的危害。

林业有害生物防控是森林保护的重要组成部分，是现代林业发展的基础。如何维护好现有良好的生态环境，保护好森林资源，全面推进林业现代化步伐，加快有害生物防控体系建设具有十分重大的现实意义。

肖庄村近年来未发生重大病虫害，毛竹林发生过竹象虫和竹楼舟蛾虫害。

5.3.3.3 经济林

肖庄村的经济林主要是茶叶，做好茶叶的经营管理尤为重要。近几年主要做好茶叶的病虫害防治、除草松土、防冻等工作。

5.3.3.4 竹林

肖庄村共有毛竹林资源 349.9hm^2，立竹量 627 290 株，亩均立竹量 120 株。平均每户 2.6hm^2。毛竹林分布于 41 个小班，占 117 个小（细）班的 35%。

肖庄村的毛竹林以用材为主，生产竹笋为辅。

(1) 发展目标

毛竹林每亩立竹量从现在的 113 株提高到 2015 年的 150 株以上；毛竹年收入从 2010 年的 70 万元提高到 2016 年的 100 万元，提高 43%；竹笋收入从 2009 年的 30 万元提高到 2015 年的 50 万元，提高 67%。

(2) 技术措施

肖庄村的毛竹用材林高效经营，主要是做好立竹年龄结构调整、叶面积指数提高和竹木混交培育等三项关键技术。

(3) 立竹年龄结构调整

● 最佳立竹年龄结构。毛竹林的最佳立竹年龄结构是1、2、3度竹所占比例为1∶1∶1或者2∶2∶1，即1、2、3度竹所占比例为各占1/3或者1度竹占40%、2度竹占40%及3度竹占20%。也就是说，立竹中没有4度及以上的毛竹；繁殖能力强的2～3度立竹（3～6年生）占毛竹林总株数的60%～67%。

● 普及“砍4留3”技术。普及“砍4留3”技术是立竹年龄结构调整的最佳技术，也就是年龄4度以上（7年生以上）的立竹全部砍伐；年龄在3度以内（6年生以下）的全部保留，都不砍伐。

毛竹的最佳砍伐年龄是4度以上（7年生以上），此时毛竹竹材的公定容积重、力学强度等都稳定在最高水平，属于可砍伐竹材。4度以上（7年生以上）立竹对毛竹林来讲是弊大于利，影响了笋竹产量的进一步提高，必须砍伐；1度（1～2年生）立竹虽然繁殖能力弱，但它是2～3度竹的预备队，必须保留，否则，将来就没有2～3度立竹，就没有毛竹林的主力军；2～3度（3～6年生）立竹繁殖能力强，它是毛竹林中制造和积累有机营养物质的主力军，不能砍伐，必须保留。

毛竹采伐最佳时间为每年的阳历11月至次年的2月底。

● 每年新竹“记号”法。普及“砍4留3”技术首先要辨别清楚立竹的年龄，而年龄4年生以上的立竹就难以一眼辨别清楚，如果要靠看叶柄脱落的痕迹来确定每株立竹年龄，就很麻烦，而且工作效率很低，成本高，不利于提高生产率。

最好的办法是：每年10月份之后，在当年新竹竹竿距地面1.5m左右高的地方，写上当年年号的最后一个阿拉伯数字，如：2006年的新竹书写一个“6”字即可，以此类推。墨汁、油漆等8年以内不会退色的材料都可以用于书写。大约1个劳动力每天可以书写20～40亩的毛竹林，省时省工，非常有利于提高劳动生产率。

● 叶面积指数提高。

——调高目标：本社毛竹林平均立竹度为120株/hm^2，估算成叶面积指数大约为“2～3”之间，远远低于叶面积指数应在“7”以上才能达到高产的要求。调高的空间很大，说明毛竹林增产空间也很大，潜力很大。为此，我们必须确定一个当前和长远的调高目标。

——调高方法：调高方法主要是在留养新竹数量上掌握“循序渐进”法；在留养新竹时间上掌握“盛期留竹”法；

①“循序渐进”法。“循序渐进”法是在每一个大年留养新竹数量控制上必须掌握的一门技术。因为，需要增加留养新竹数量的毛竹林，由于立竹株数少，叶面积指数低，上年制造积累的有机营养物质相对较少，如果在一个大年突然间留笋养竹的数量过多，则会造成有机营养物质短缺，供应不上，造成一部分留笋不能长成新竹，成为死笋。死笋没有经济价值，死笋多了，就降低了毛竹林的经济效益。“循序渐进”法就是在每一个大年逐步提高留养新竹数量。每一个大年留养新竹的数量是上一个大年的留养新竹数量的130%

为宜，如某人有毛竹林 0.7hm²，2005 年大年留养了新竹 400 株，那么，按照“循序渐进”法，2007 年大年应该留养新竹（400 株×130%）520 株；2009 年大年应该留养新竹（520 株×130%）676 株；以此类推。其余的笋都要及时挖去，可上市销售，提高竹林效益；同时，可以减少有机营养物质的消耗，促进留笋长成新竹。

②“盛期留竹”法。“盛期留竹”法是在留养新竹时间上必须掌握的技术。什么时候挖笋，什么时间留竹，是毛竹林高效经营的重要技术环节，为了确定合理的留竹时间，我们将毛竹春笋分为三个出笋阶段，即早期、盛期、后期。

早期笋：个体小、数量少，一般占春笋总产量的 15%左右，且多为浅鞭笋，不宜留养成竹，可以全部采挖利用。

盛期笋：此时为出笋高峰期，出笋数量占春笋总产量的 50%以上。盛期笋个体大、笋体壮，是留养新竹的最佳时期。

后期笋：后期笋一般占春笋总产量的 35%左右。这个时期的笋质量较差，成竹率低，因此也不宜再留养，可全部采挖利用。

留养的最佳时间：浙江省大部分地区在阳历 3 月中、下旬开始陆续出笋，清明节前后进入出笋盛期，出笋盛期约 15 天左右，整个出笋期为 40～45 天或稍长一些。在出笋盛期的发笋最多的 3～5 天时间内是留养的最佳时间。此时把做好的竹签带到竹林，在要留的笋旁边插一根竹签作标志，留足数量后，其余的笋都可以挖掉了。因为气候的变化和经营水平的提高，发笋盛期会提早，所以不能按老传统到清明前后才来留笋养竹，要在清明前一个星期就开始留笋养竹。海拔高的地方，由于气温低，毛竹林的出笋期要迟一些，留养新竹的时间也要迟一些。

- 竹木混交培育

——意义：所谓毛竹林竹木混交培育技术，就是在毛竹林中混交生长少量的树木，促进毛竹林健康成长，从而提高毛竹林效益，降低毛竹林培育成本的方法。意义主要有三个方面：一是有利于减少毛竹林因雪压灾害而造成的损失。二是有利于减少毛竹林有害生物的发生机率和减轻所造成的危害。三是有利于增加竹林中土壤的腐殖质含量，提高土壤有机肥料的供给水平。

——方法：现有毛竹纯林最好通过补栽阔叶树，改造成竹木混交林。一般补栽阔叶树苗 5～6 株/hm²。

现有竹木混交林根据下述《树木选留原则》进行处理。

- 树木选留原则

①逐渐伐除原则。当竹木混交林生长比较茂密，对毛竹的生长有影响的时候，就要开始伐除一部分树木；过几年又生长茂密，对毛竹生长又有影响的时候，再伐除一部分树木；如此进行多次，直至最后保留株数。

②落叶阔叶树优先选留原则。选留不同的乔木树种，对毛竹林的作用效果好差不一样。当前效果最好的是落叶阔叶树（如枫香等），其次是常绿阔叶树，第三是针叶树（其中松树好于杉木）。不能选留灌木树种。因此，要优先选留乔木树种中的落叶阔叶树。由于枫香高大，其树冠处于毛竹林冠之上，对毛竹的光合作用影响较小；挺拔，防毛竹因雪压危害作用强；扎根深，在 1 米以上，与竹鞭争空间和肥水的影响相对较小。因此，在土

层深厚的地方，应当推广选留枫香为主，其他树种为辅；同时尽量选留多树种，使竹木混交林的生物多样性尽量多一点。

选留树冠在毛竹林冠之上的落叶树种为最佳。

③保留株数宜少不宜多原则。最后保留株数宜少不宜多，在树木较高大（整个树冠全部处于毛竹林冠之上）时，每亩只能保留 1～2 株。如果留得太多，则会造成竹产品较大减产。

- 毛竹采伐量计算

现有毛竹林面积 349.9hm^2，总株数 627 290 株。

年采伐毛竹株数＝627 290/7×80%＝71 690 株。

5.3.4　规划实施的条件

（1）资金

本次规划所需资金主要来源于由欧盟出资，中国国家林业局和联合国粮农组织（FAO）共同实施的“支持中国集体林权改革的政策、法律和制度建设并促进知识交流”项目。

（2）人员

本次案例村森林经营方案的编制人员来自于中国国家林业局和联合国粮农组织（FAO）共同实施的“支持中国集体林权改革的政策、法律和制度建设并促进知识交流”项目龙泉案例组成员。主要编制成员既包括了浙江农林大学林业经济管理和森林经理等专业领域专家和研究生，也包括了案例点龙泉县林业局等基层林业管理决策单位的相关技术人员，更得到了森林经营方案具体落实案例点肖庄村农户的广泛参与，从而确保本次规划方案的编制得到了不同层面人员的参加，确保方案科学有效、富有可行性。

（3）组织

为了确保案例村森林经营方案编制顺利完成，本次编制工作制定了合理的组织分工管理体系，成立了村级森林经营方案编制组，主要包括方案编制组和地方咨询组两个小组。方案编制组由“支持中国集体林权改革的政策、法律和制度建设并促进知识交流”项目龙泉案例组组长浙江农林大学经济管理学院李兰英副教授任组长，项目组成员涉及林业经济管理、森林经理等多个专业领域的专家，地方咨询组由龙泉市林业局叶祥根副局长任组长，包括林改办、营林科等主要科室成员，为村级森林经营方案的编制奠定了扎实的组织保障。

（4）技术支持

此次村级森林经营方案编制得到了森林经理领域专家的技术支持，也得到了来自案例点林业管理决策单位龙泉市林业局何小兵、王伟文两位林业工程师的技术帮助。此外，龙泉市林业局还提供了森林资源二类清查数据、小班因子表、地形图等二手资料。

5.3.5　投资与效益分析

营林投资估算包括人工造林更新投资，幼林抚育投资，抚育间伐投资，主伐采伐投资。

5.3.5.1 投资分析

(1) 造林投资分析

造林更新投资包括林地清理，整地，种植等造林作业的全过程，直接费用主要是造林工资和种苗费用。

本经营期造林更新投资详见表5-2，合计投资额500 800元，平均每年投资100 160元。

表5-2 造林更新投资与费用估算

单位：亩、工、元/工、株、元

年份	造林更新面积	用工投资			苗木投资		总投资
		用工量	工资定额	投资额	苗木数量	投资	
2011	125	563	100	56 300	11 000	22 000	78 300
2012	225	1 013	100	101 300	19 800	39 600	140 900
2013	225	1 013	100	101 300	19 800	39 600	140 900
2014	75	338	100	33 800	6 600	13 200	47 000
2015	150	675	100	67 500	13 200	26 400	93 900
合计	800	3 600	100	360 000	70 400	140 800	500 800

(2) 幼林抚育投资

幼林抚育投资包括幼林抚育劳动工资。

本经营期幼林抚育投资详见表5-3，合计投资额449 400元，平均每年投资89 880元。

表5-3 幼林抚育投资与费用估算

单位：亩次、工、元/工、元

年份	幼林抚育面积	用工投资			总投资
		用工量	工资定额	投资额	
2011	515	515	100	51 500	51 500
2012	775	775	100	77 500	77 500
2013	1 347	1 347	100	134 700	134 700
2014	975	975	100	97 500	97 500
2015	882	882	100	88 200	88 200
合计	4 494	4 494	100	449 400	449 400

(3) 抚育间伐投资

抚育间伐投资包括间伐用工投资，间伐材运输费和间伐管理费三项，其中前两项为直接费用，管理费按直接费的15%估算。

本经营期抚育间伐投资详见表5-4，合计投资额1 526 280元，平均每年投资305 256元。

表 5-4 抚育间伐投资与费用估算

单位：m^3、工、元/工、元

年份	间伐蓄积	用工投资			运输费用	管理费	总投资
		用工量	工资定额	投资			
2011	656	984	100	98 400	98 400	29 520	226 320
2012	762	1143	100	114 300	114 300	34 290	262 890
2013	1 309	1963.5	100	196 350	196350	58 905	451 605
2014	1 066	1599	100	159 900	159 900	47 970	367 770
2015	631	946.5	100	94 650	94 650	28 395	217 695
合计	4 424	6 636	100	663 600	663 600	199 080	1 526 280

(4) 主伐采伐投资

主伐投资包括林木采集用工投资，木材运输费和木材采伐管理费三项，其中前两项为直接费用，管理费按直接费的15%估算。

本经营期木材主伐合计投资额 3 373 065 元，平均每年投资 674 613 元，详见表 5-5。

表 5-5 主伐木材投资与费用估算

单位：m^3、工、元/工、元

年份	主伐蓄积	用工投资			运输费用	管理费	总投资
		用工量	工资定额	投资			
2011	2 171	3 257	100	325 650	325 650	97 695	748 995
2012	2 142	3 213	100	321 300	321 300	96 390	738 990
2013	1 532	2 298	100	229 800	229 800	68 940	528 540
2014	1 744	2 616	100	261 600	261 600	78 480	601 680
2015	2 188	3 282	100	328 200	328 200	98 460	754 860
合计	9 777	14 666	100	1 466 550	1 466 550	439 965	3 373 065

(5) 营林收入

营林收入主要是木材销售收入。

本经营期木材销售收入详见表 5-6，合计销售收入 8 467 000 元，平均每年销售收入 1 693 400 元。

表 5-6 营林收入预算

单位：m^3、元

年度	采伐材积			木材价格		合计
	小计	松	杉	松	杉	
2011	1 696	744	952	900	1 100	1 716 800
2012	1 742	986	757	900	1 100	1 720 100
2013	1 705	1041	663	900	1 100	1 666 200
2014	1 686	887	800	900	1 100	1 678 300
2015	1 691	867	824	900	1 100	1 686 700
合计	8 520	4 525	3 995	900	1 100	8 467 000

(6) 营业生产利润

营林收入减去营林投资即为营林生产利润，护林管理费（主要为病虫害防护和森林防火费）按每年2万元计，营林生产利润详见表5-7，合计营林生产利润2 517 455元，平均每年503 491元。

表5-7 营林生产利润估算

单位：元

项　目		合计	2011年	2012年	2013年	2014年	2015年
营林投资	合计	5 949 545	1 125 115	1 240 280	1275 745	1 133 950	1 174 655
	造林更新	500 800	78 300	140 900	140 900	47 000	93 900
	幼林抚育	449 400	51 500	77 500	134 700	97 500	88 200
	抚育间伐	1 526 280	226 320	262 890	451 605	367 770	217 695
	主伐采伐	3 373 065	748 995	738 990	528 540	601 680	754 860
	护林管理	100 000	20 000	20 000	20 000	20 000	20 000
木材销售收入		8 467 000	1 716 800	1 720 100	1666200	1 678 300	1 686 700
利润		2 517 455	591 685	479 820	390 455	544 350	512 045

(7) 毛竹林经营投资与效益分析

毛竹采伐采用择伐，采伐后单位立竹株数按年龄组成：一、二、三度竹各占30%，四度以上竹占10%。现有毛竹林分面积349.9hm^2，总株数627 290株。按下式计算采伐量：

$$毛竹年采伐株数=毛竹总株数\div 7\times 0.9$$

本经营期年伐毛竹株数80 652株，平均每亩采伐15株，平均每株16.5kg，现价每千克0.5元，生产成本是平均每千克0.14元，即每株.2.31元，可创亩产值124元，利润35元。

经走访调查，肖庄村的毛竹林现在每年的成本主要是抚育施肥的投入，平均每年每亩120元，竹笋每年每亩平均可创产值600元，利润480元。

肖庄村在经营期内每亩毛竹可创利润515元，349.9hm^2 毛竹可创利润2 703 235元。

5.3.5.2 效益分析

(1) 经济社会效益

通过村级简明森林经营方案的编制和实施，一方面提高了营林质量和水平，提高了森林直接产出的效益；另一方面，提高了生产效益，提高了村民对森林经营的认识。因此，其社会经济效益非常显著。

同时确保木材的长期供应，提高森林生产力，稳定森林经营权，加强基础管理与环境管理，激发村民森林经营的积极性。

(2) 生态效益

森林具有水源涵养、水分蓄存、净化水质等功能，可调节溪流流量、调节水库水位，所以森林有天然水库、绿色水库之称。森林的水源涵养功能正越来越被重视。良好的森林植被很好地保护水资源，森林能净化水质，良好的森林植被使水源鲜甜甘美，通过森林蓄水，其水利效益，农业灌溉效益，村民生活用水效益都很明显。

由于林冠截留和地被物覆盖，森林内林地土壤受雨水和地表径流的冲刷程度很低，起到水土保持作用，有效地保护了土壤资源。由于树木的根系深入土层深处，具有改善土壤结构的作用。枯枝落叶等有机物的分解，则有助于提高土壤肥力。

森林能调节温度和湿度，森林通过吸收大量二氧化碳将减轻大气温度效应。森林蒸腾作用能提高空气湿度，促进大气降雨，还能形成叶面降水，因而能调节小气候。

森林是动物的繁衍家园，由于森林植被的进一步改善，森林内动物种群、数量都会增加。通过对森林的科学经营和有效保护，能增加阔叶林和混交林的比重，防止生物物种减少，部分森林将演替成地带性植物群落，呈现植被多样性、植物种类多样性。

森林通过光合作用能吸收二氧化碳，释放氧气，净化大气。森林的净化大气途径主要有吸附粉尘、吸收有害气体、分泌具有杀菌性能的物质等，因此，森林称为“大地之肺”。

5.4　主要发现

5.4.1　村层面

（1）参与式森林经营要结合区域生态环境要求

村干部普遍认为村级参与式森林经营是不错的，可以强调根据地方实际自然环境调整相应的森林经营方案。以肖庄村为例，对竹林的高强度经营导致土壤结构破坏，质量下降，而自然环境退化又造成了竹笋的质量下降，直接影响竹笋的产品深加工。同时，大量竹林经营导致了当地资源林种单一，有水土流失等现象。因此在参与式森林经营方案编制中要注重林种的生态化经营，防止过度经营对环境带来的威胁和破坏。

（2）参与式森林经营需要林业基础设施的改善

村干部普遍反映，确保森林可持续经营，实现森林参与式管理，需要林业基础设施改善。基础设施的完善程度直接影响到森林经营的效果，而基础设施的投资建设和管护依靠村集体的经济能力仍然有限，需要农户和政府部门的共同支持。以肖庄村为例，竹林道路建设上，季节性洪水频发造成洪涝灾害，导致竹林道路遭到毁坏。目前由于缺乏资金，基础设施尤其是林道得不到有效管护和维修，直接影响上山砍竹和挖笋。2007—2009 年地方政府在当地曾给予修路补贴，但仍应重视基础设施的后续管护责任落实。由于村集体收入有限，如果政府部门给予管护费用补贴，对于确保基础设施长久使用和当地森林可持续经营都有帮助。

（3）参与式森林经营的实施存在困难

村干部认为参与式森林经营能够在森林经营中体现农户的意愿这是好事，但是同时认为农户在森林经营中过于重视经济利益，这可能与政策相违背，会导致他们在执行政策中出现困难。他们还认为如果实施参与式森林管理，可能会增加工作难度，有来自政府的压力，一些森林管理的政策需要实施，如公益林管理以及采伐限额管理等政策。如果实施参与式森林管理使得他们执行这些政策难度更大，遇到的农户的阻力将会更大。

5.4.2 农户层面

(1) 村级参与式森林经营应注重采伐管理的便利性

农户访谈中反映，当地森林采伐管理到位。对于当地林业部门林木采伐证审批管理，村民认为合理且满意。村民普遍认为办理采伐证很方便，一般采伐 $5m^3$ 以下立即就能批准，由分管站长签字。采伐 $5m^3$ 以上则做样地，一般都是挑样地中大径材进行择伐。但在边远山村，森林采伐审批由于当地交通导致不便，在村设立采伐审批管理点可以满足农户需求，也可以发挥村参与式森林管理决策作用，由村集体决定并控制本村的采伐量。

(2) 森林采伐后应重视造林更新

村民认为现有采伐管理严格，但对造林更新要求却仍然很低，不利于可持续经营。在村级参与式森林经营管理中应重视伐后的造林更新问题。部分村民反映，林权改革分山到户后，对当地长期从事森林经营的林农而言造林更新没有问题，但是如果对于长期在外打工的人员则造林更新难以保证。村民认为基层林业相关部门应监督造林更新行为，也可以通过林地流转、造林承包等形式解决外出务工人员无法开展造林更新的问题。

(3) 村级参与式森林经营需要技术指导

村民普遍反映，单纯依靠村自主参与管理森林经营仍然不够，在技术、资金等方面仍然需要政府的支持。因此在参与式森林经营指南中也应增加技术方面的保障，强化对林农的技术指导。以肖庄村为例，现有竹林经营，特别是除草剂的使用等容易导致水土流失和环境污染。需要通过专家培训竹林生态化经营模式，提升竹林经营水平。同时，希望专家和地方林业分管单位向农户积极推荐新的、市场价值高又符合当地自然资源条件的林种，当地林农对于品种更新，丰富当地森林经营类型十分欢迎和赞同。农户们希望培训的方式多样化，包括网络培训、现场指导、上课传授、材料分发等形式。

(4) 参与式森林经营需要好的制度和政策保障

村民认为目前没有很好的制度保障他们的权益和参与森林管理，尤其是一些林业政策，限制了在具体的森林经营中考虑他们的利益和经营愿望，比如公益林管理政策等。同时他们认为这个政策应该有所区分，对于公益林也需要经营，在发挥生态效益的同时，通过适当的经营措施可以提高经济效益。政策应该进一步细化，不应该一刀切，考虑各地的具体情况。

比如公益林补贴政策，当地农户的公益林，发挥了涵养水源和景观效益，而涵养水源为龙泉市的饮用水做出了贡献，他们应该分享自来水厂收入的一部分，这是林分的特殊性，已经产生了经济效益，希望政策可以进一步细化考虑。

(5) 参与式森林经营方案需要林农的大力参与

农户认可自主参与式森林经营的意义，他们认为这有利于解决传统上困扰林农的指标申请难、申请不透明等问题。他们还认为编制森林经营方案时应该以林农为主体，经营方案的编制单位也应该取决于林农的经营活动。如果是木材砍伐方案，应该以村小组为单位；如果是林地利用规划，则以行政村为单位比较合适；如果是搞专业林业经营，比如林下经济等需要相邻地块合作经营，则需要以地缘为单位，涉及到的邻近地区的林农都应该参加。有的时候成片经营可能会遭遇插花山，这种情况下甚至需要跨小组、跨村的合作，一起制定经营方案。

5.4.3　林业工作人员层面

(1) 有效引导基层林业合作组织参与地方森林经营

地方政府和合作社理事长等普遍认为，参与式森林经营需要发展基层林业合作组织的作用。但是政府应通过制定合理的激励政策有效引导，并进行甄别扶持，这是在参与式森林经营指南中要强调的。现有林农合作社很多都是虚设，往往是一些经营主体为了套取项目补贴扶持组建合作组织。应等到合作社真正健康运行起来并得到林农社员的广泛认可后，针对部分急需资金的合作社给予项目补贴扶持。同时，可以对合作社建立绩效评价制度，对部分运作评价良好的合作社予以以奖代补的支持，支持合作社的优胜劣汰。

(2) 政府应在参与式森林经营中调整角色定位

在龙泉市林业局的关键信息人访谈中发现，地方林业管理决策人员认同参与式森林经营的理念。政府应改变“自上而下”的林业行政决策角色，部分决策可能不适合当地区域社会经济和自然资源发展条件。政府应积极调动基层营林单位积极性，让营林主体自主决策管理，而将行政决策的角色改为服务角色。政府可以引导村民自主进行森林经营，为经营主体提供营林项目的选择、营林技术、产品和市场信息等服务功能。针对地方森林经营虽然需要不同层面的法律法规监督，但是森林经营法律法规不必管得太多、太紧，应培养林农的自主经营决策权，要相信林农具有自主经营决策和森林可持续经营的能力和理念。

(3) 参与式森林经营应是全方位的、可持续性的

与林农对林业经营的经济效益的关注相比，林业部门的工作人员则更为关心全面的可持续的林业发展。林权管理服务中心认为森林经营应该强调全面的林业，而不是片面的林业，林业应该是立体的、综合的经营，不光是竹子和木材，还应该将林下经济、观光林业、花卉苗木经营等纳入进来。林业经营应该注重可持续性和全面性，我国的林业其实一直没放开，不适合搞市场经济，适合开发的林业产业也就是林下经济。

5.5　修改建议

5.5.1　主要结论

根据参与式和关键信息人访谈，针对村级森林可持续经营提出以下政策建议：

5.5.1.1　政策层面

(1) 完善森林采伐限额制度的政策

根据森林分类经营的要求，应出台政策对村级生态公益林和商品林采取不同的采伐管理制度。

- 生态公益林抚育采伐管理

国家对生态公益林采取了强制性的约束和管理，更新伐区设计必须经过县级以上林业主管部门批准，并按批准的设计任务书执行。当地政府应采取切实有效的政策措施，给予当地农户内在的激励，实现外在约束与内在激励的有机结合。具体包括：①因地制宜确定生态公益林抚育采伐强度，可给予村级一定的自主权，决定森林抚育采伐强度；②在村层面，对急需抚育的中幼龄林采取科学合理的森林抚育措施，采用透光伐、生态疏伐、生长伐、卫生伐等抚育间伐技术，优化森林结构，促进林木生长，提高森林质量；③鼓励当地农户在不影响生态公益林生长的前提下发展林下经济，并为其提供资金、技术等方面的扶持。

- 商品林采伐限额管理

森林采伐限额管理制度改革的重点是商品林，将现行“采伐限额制”逐渐改为“采伐登记备案制”。可以在部分案例村进行试点，由林木所有者自行确定采伐年龄和采伐方式。同时，各级林业主管部门定期对林木采伐执行情况监督检查，切实执行凭证采伐制度，提高凭证采伐率。在法律法规上界定采伐后必须在当年或次年更新，禁止采伐生理和工艺皆不成熟的中幼林，限制进行皆伐等规定。

（2）完善林权抵押贷款及其林业附属金融产品的政策

地方可以率先出台《林权抵押管理办法》，对林权抵押概念界定、抵押登记、抵押变更终止、登记责任、抵押物安全、抵押物利用、抵押物处置事项作出明确规定。应从以下方面进行优化：延长抵押贷款期限。林木生产周期长，应适当延长抵押贷款期限，以符合森林经营的特点以及经营主体的利益。明确抵押贷款优惠利率。避免政策补贴的利息成为商业银行的额外利润，保障贷款方的真正收益。完善贴息政策。林权抵押贷款贴息体现了财政对林业的支持，可根据抵押贷款的用途差异设定差异性的贴息率，推动森林的分区和分类经营，规范贷款办理程序。

针对目前村级森林经营中基层农户小额信贷无法满足森林经营对资金的需求，适当提高农户小额信用贷款的授信额度，可根据农户要求、资信程度、资金投向、还款能力和信用社的能力适当增加农贷金额，延长贷款期限，真正发挥小额信贷支持森林可持续经营的实施效果。大力开展森林经营和林区基础设施建设中长期信贷业务，以引导更多社会资金投入林区基础设施建设，夯实森林经营发展的基础。

（3）健全生态公益林补偿政策

首先，生态公益林补偿应区分权益损失补偿与建设、管护费用。权益补偿是对生态公益林的经济损失进行补偿，应直接补给森林、林木所有者。建设经费和管护经费主要用于种苗培育、封山育林、造林更新和林木抚育、管护等，应发放给当地林农。其次，建立健全分类补偿与分档补助相结合的森林生态效益补偿机制，逐步提高生态公益林补偿标准。在此基础上，建立健全以公共财政为主体建设生态公益林的投资机制。

5.5.1.2 技术层面

（1）多方参与编制村级森林经营方案

森林可持续经营是编制村级森林经营方案的重要原则。在村级参与式森林经营指南中，应明确编制森林经营方案需要做好前期调查工作，采用先进的调查方法和手段，加强专题调查和技术经济分析工作。同时，应明确各类经营主体和不同类型森林应制定差异性的森林经营方案，分类指导，形成模式化，便于应用和推广。在指南中应明确编制村级参与式森林经营方案的组织工作，需要专业技术人员、森林经营主体和林业行政管理者三结合。在村级森林经营方案编制工作之前，应加强森林资源调查、专业调查和编案等专门人才骨干培训，组织各类型村级森林经营方案试点示范工作。

(2) 建立和完善村级层面森林经营技术标准体系

南方集体林区产权改革后，森林经营主体主要为林农和村集体。因此在村级参与式森林经营指南中要鼓励地方建立适合当地区域发展的森林可持续经营技术标准，从而保证当地森林经营水平和村级森林经营方案的质量。

5.5.2 《手册》修改意见

(1) 语言和结构需进一步凝练

《手册》表述应尽量规范并保持一致。为了使报告使用者等相关人员更准确地理解把握培训内容，《手册》必须做到语言精练，表述规范，概念准确。目前的《手册》专业性太强，只能适合素质较高的林业工作人员，林农就看不懂，林农也不需要。例如森林培育规划和森林采伐规划中的内容过于宽泛，林农不易看懂。因此可以开发一套相对完整的《手册》给林业工作人员和林场、合作社领导、村干部等，另外开发一套比较简易的读本，比如以问答式或者就是几页纸的形式，解释为什么要做参与式森林经营、参与式森林经营的内涵、如何参与森林经营等。

在结构层次，参与式森林经营方案编制的方法建议中没有涉及建议部分，应该把方法和建议分为两部分，并提出合理意见。对于森林培育规划、森林采伐规划两部分应该单独编成一册，并用更详细、林农易懂的语言来描述。

(2) 应体现村级经营主体的需求和特点

目前的草案所针对的对象基本上是合作社社员、承包大户，而农户参与少。许多农户还不能够认识到村级参与式经营方案的重要性，应该提高面对主体的多样性，使得整个村的村民都参与到其中。《手册》应将“以森林经营活动为中心，涉及的参与主体都应该被纳入进来”作为一个原则。

(3) 应增加参与式森林经营方案的具体编制方法

目前的草案内容大部分仍停留在理论和技术层面，应注重实践指导作用，使其更具操作性。可以补充本次项目试点的八个村作为编制森林经营方案的案例，以供参考。

(4) 应增加编制意义

《手册》一开始就阐述了参与式森林经营的概念和目的，但未能介绍其意义。这是能激励农民参与到其中的部分，应予添加。

(5) 在制度保障中应增加对森林经营主体的激励政策

参与式森林管理的制度保障内容还不够完善，应该添加对村民参与森林管理的奖励、激励制度。

(6) 增强导向性说明

现有培训手册内容导向性不强，应该引导参与者关注森林经营的长期利益，调整参与者的短期利益倾向。应在国家林业局的《简明森林经营方案编制技术规程》的基础上，结合参与式讨论，将国家森林可持续经营的理念和村民参与式森林可持续经营的意愿充分体现到方案中来。

(7) 对森林经营方案设计应体现灵活性

《参与式森林经营方案》应区别于一般的林业经营方案，可能有多种形式，如森林采伐经营方案、林下经济等专业活动方案、林地利用方案等，不同的方案可能适用于不同的单位，建议在开发手册的同时，做几个不同方面的案例。

附：浙江省龙泉市肖庄村简明森林经营方案

前言

中国森林可持续经营标准与指标（LY/T 1954—2002）中对森林可持续经营描述为：森林作为生态系统具有多种经济利益和环境价值。森林可持续经营目的在于保证森林连续有效地满足当代人们的物质生产、文化精神生活和无形的利益需求，而且有利于长期的经济与社会发展。森林资源的保护、管理、开发、利用等活动应在尊重国家主权和区域平等的条件下，既能满足当代人的需求，又不能损害未来世代满足他们自己需求的能力。

森林可持续经营方案是森林经营主体根据国民经济和社会发展要求以及国家林业方针政策编制的森林资源培育、保护和利用的中长期规划，是对生产顺序和经营利用措施的规划设计。它既是森林经营主体制定年度计划，组织和安排森林经营活动的依据，也是林业主管部门管理、检查和监督森林经营活动的重要依据。

现阶段浙江省基本没有村级森林经营方案，当地村民基本没有明确的目标（毛竹林除外）。因此，村级森林经营方案应根据浙江省村级的实际情况按决策过程中村民参与的原则进行编制，并配合能力建设。编案组深入到肖庄村通过资料收集、访问调查等形式，调查了项目村的基本情况，尽可能了解村民对森林的想法，得到利益相关者的需求，并根据分析调查结果初步拟定经营功能区及相应经营措施，与村民讨论确定经营目标及相应经营措施，在经营功能区及相应经营措施的基础上整理成村规民约，明确权与利、奖励与惩罚，让全村人在今后的经营活动中共同遵守。

编案组的编制工作以科学发展观为指导，运用现代林业思想，编制既能实现科学营林、发展多功能林业，又能体现广大林农为经济主体的意愿，以村为单位编制经营方案，有利于调动林农护林、营林的积极性，有利于林地经济开发，有利于促进森林资源的可持续发展。编制森林经营方案时始终坚持生态优先，经济、生态和社会效益兼顾的原则；坚持科学培育、合理利用森林资源的原则；坚持因地制宜、实事求是的原则；坚持发扬民主、公平、公正、公开透明的原则。在广泛吸纳林农意愿，尽可能体现经营者的意图上，将经营重点放在珍稀树种用材林建设和毛竹笋材林建设上。方案将森林经营作业小班、开发利用小班，根据各农户的林分状况排列经营顺序，依据编案村的核定年采伐限额对各类经营小班进行分年度排序，并将经营小班落实到农户和山头地块。《森林经营方案》定稿后在本村进行公示，由村民大会或村民代表大会讨论通过后，经市林业主管部门组织专家论证评审，批准后实施。

一、基本情况

（一）地理位置及自然条件

肖庄村属龙泉市锦溪镇管辖，地处龙泉市西北方向靠中心地带，仙霞岭山脉分支，在大地貌分区上属于浙南山地，在小地貌分区上属于龙泉市西北山地，整个地势由东南向西北倾斜，在地形上四周高，中间低，海拔在500～1 100m之间，最高山峰位于南部山区，一般坡度在25°～30°左右。

肖庄村距离锦溪镇32km，距离龙泉市16km，距主干道9km。肖庄村四面环山，跟镇政府之间因山峰阻隔并无直接的道路相通，需先绕道龙泉市才能到锦溪镇。全村土地总面积14 397亩，其中林业用地面积13 519亩。

肖庄村属中亚热带季风气候区。基本特征是四季分明，气候温暖，雨量充沛。年均降雨量1 646.9mm；年均无霜期为261.2天；年均气温为17.7℃；年平均日照时间1 740.9h，日平均气温≥10℃年积温5 109.6～5 858.5℃，年均积温5 545.7℃；年平均相对湿度79%。灾害性气候多为4～6月暴雨，台风期绝大多数只是受外围风力的影响。

土壤以山地红壤、黄壤为主，土壤肥沃，又未受第四纪冰川严重影响，适宜各种林木生长，植物资源较丰富，是历史上的用材林产区。其中红壤一般分布在海拔800m以下，面积为5 288亩，占林业用地面积的39.1%；黄壤一般分布在海拔800m以上，面积为8 231亩，占林业用地面积的60.9%。土层厚度是土壤条件的重要指标，山地土壤薄土层3 512亩；中土层10 007亩。

肖庄村的森林植被在中国植被区划中属中亚热带常绿阔叶林北部亚地带，浙闽山丘甜槠木荷林植被区，为典型的中亚热带常绿阔叶林。地带性植被为壳斗科、樟科、木兰科、山茶科的常绿阔叶树种为主构成的常绿阔叶林。

（二）社会经济结构

肖庄村坐落在大山中间的低谷地带，由3个自然村组成，分别是肖庄、黄家山和坑头。全村有7个村民小组，133户，497人，其中劳动力355人。村民以打工、经商、种养殖业为主，2009年粮食播种面积586.05亩，粮食总产量187t，基本满足村民自己的粮食所需。2008年农民人均纯收入5 440元，2009年农民人均纯收入为6 053元，超过了龙泉市农民人均纯收入平均水平5 805元。2009年2月肖庄村被龙泉市人民政府授予“龙泉市毛竹专业村”。2009年12月被龙泉市生态市建设工作领导小组办公室授予“生态村”称号，2009年列入重点整治村建设，2010年开始进行“网格化管理，组团式服务”，主要是各项具体事务由专人联系管理。2010年肖庄村各种特色产业发展迅速，抚育毛竹林高效基地1 591.05亩，发展坑头高山蔬菜基地49.95亩，后垅吊瓜基地30亩。2010年肖庄村清理了肖庄溪河道1 000米，将生态环境改善工作进一步推进。

肖庄村目前的主要经济来源为毛竹和食用菌栽培。林业收入是村里经济的主要来源，约占60%。

（三）林权改革和肖庄竹笋专业合作社

肖庄村林权制度改革始于1982年落实国家林业“三定”政策，把集体山林按照统分结合的方法，100%的集体山林分户经营，形成以家庭经营为基础、统分结合的林业双层经营体制。2006年，肖庄村开展了“延长山林承包期”工作，对已划定的自留山保留长期不变，责任山的承包期延长至50年。近年来，“在山定界、林定权、人定心”和延长山林承包期的基础上，龙泉市在引导林农参与合作、森林资源合作和林权抵押贷款等方面进行了探索。

肖庄竹笋专业合作社（以下简称肖庄合作社）是一家以竹笋、杨梅干的加工、销售为主的合作社，其经营模式是“企业＋合作社＋农户”的形式，是村里唯一稍有规模的林产品收购和加工的农民合作组织。于2007年8月由村民周康伟和潘卫发发起成立，注册资金100万元。初始成员77名，其中有5名出资成员，构成合作社的理事会和监事会成员（理事会3人，监事会2人），72名为非出资成员。2009年社员发展到132名。现有资产300万元，拥有“肖庄”品牌，主要加工和销售白笋、笋干和杨梅等森林食品。“肖庄”为丽水市著名商标。

社员大会是合作社最高权力机构，主要是解决合作社的重要问题。但只有8%的社员认为，其个人意见对合作社有较大影响。合作社设立了由3名成员组成的理事会，理事长为合作社的法定代表人。同时，设监事2名，组成合作社的监事会，代表全体成员监督检查理事会和工作人员的工作。

自成立以来，合作社获得了长足的发展，合作社资产从最初的7万元发展到现在的300万元，包括固定资产150万元，其中厂房100万元，机器设备50万元，库存商品100万元以及市场门市部50万元。此外，合作社带动的农户也呈快速增长的势头，从2007年刚成立时的132户，到2009年已经带动2 100户农户，年增幅达到300%。

肖庄合作社拥有笋竹两用林基地1 500亩，每年可以产笋50万kg，产值达60万元左右，可以产竹10万多根，产值达100多万元。合作社每年与社员的交易额达300多万元。2009年肖庄竹笋专业合作社年产值已经达到500多万元，为合作社发展带来强劲的动力，也为肖庄农户收入的增加和生活水平的提高带来了实质性的好处。

二、森林资源与经营评价

本次编案的森林资源数据来自于龙泉市2008年开展的二类森林资源动态监测更新后的成果。

（一）森林资源现状

（1）各地类面积与森林覆盖率。肖庄村全村土地总面积14 397亩，其中林业用地面积13 519亩，非林业用地面积878亩，分别占93.7%和6.3%。

林业用地中，有林地面积12 877亩，占95.3%，灌木林地面积102亩，占0.8%，无立木林地409亩，占3.0%。

全村森林覆盖率90.1 %，林木绿化率90.9%。

（2）有林地林种结构。全村有林地面积中，乔木林7 759亩，占57.8%；竹林5 249亩，占42.2 %。有林地按林种分：生态公益林131亩占1.0%，商品林12 975亩，占99.0%。

（3）森林总蓄积。全村活立木总蓄积46 644m^3，散生木蓄积34m^3。

（4）乔木林资源。全场乔木林面积7 759亩，蓄积46 610m^3，平均6.0m^3/亩。

乔木林面积中，纯林2 298亩，混交林5 461亩，比例为30∶70；纯林蓄积7 274m^3，混交林蓄积39 131m^3，比例为16∶84。

乔木林资源按优势树种分：黄山松林面积922亩、蓄积7 596m^3；马尾松林面积2 175亩、蓄积16 532m^3；杉木林3 221亩、蓄积17 711m^3；硬阔1 441亩、蓄积4 465m^3。乔木林中黄山松、马尾松、杉木、硬阔的面积结构为11.9%、28.0%、

41.5%、18.6%；蓄积结构为16.3%、35.5%、38.0%、10.2%。

乔木林按林种分，用材林面积7 690亩、蓄积46 374m³；水涵林69亩、蓄积270m³；用材林、水涵林的面积结构为99.1%、0.9%，蓄积结构为99.4%、0.6%。

乔木林按龄组起源分，各龄组人工林与天然林面积结构比为：幼龄林7∶93，中龄林50∶50，近熟林100∶0，成熟林100∶0；各龄组人工林与天然林蓄积结构比为：幼龄林0∶100，中龄林41∶59，近熟林100∶0，成熟林100∶0。乔木林人工林面积总计5 637亩、蓄积总计36 434m³，天然林面积总计2 122亩、蓄积总计10 176m³，人工林、天然林的面积结构为72.7%、27.3%，蓄积结构为78.2%、21.8%。乔木林幼、中、近、成、过的龄组面积结构为11.9%、32.3%、11.4%、44.4%、0%；蓄积结构为9.2%、21.5%、13.3%、56.1%、0%。详见表5－8。

表5－8　乔木林龄组组成

单位：亩、m³

龄组	面积		蓄积	
	人工林	天然林	人工林	天然林
合计	5 637	2 122	36 434	10 176
幼龄林	63	862	0	4 204
中龄林	1 247	1 260	4 068	5 972
近熟林	881	0	6 205	0
成熟林	3 446	0	26 161	0
过熟林	0	0	0	0

（5）用材林资源。用材林面积7 782亩，其中92亩是毛竹林，其余为乔木林。用材林活立木总蓄积46 340m³。

（6）竹林。全村毛竹林面积5 249亩627 290株，其中水源涵养竹林5 157亩615 680株，用材林92亩11 610株。

（7）经济林。全场经济林总面积98亩，均为茶叶，茶叶全部处于盛产期。

（8）人工林与天然林。全场乔木人工林面积5 637亩，占乔木林面积的72.7%，乔木天然林面积2 122亩，占乔木林面积的27.3%，乔木人工林蓄积36 434m³，占78.2%，乔木天然林蓄积10 176m³，占21.8%。

（9）无林地。全场无林地413亩，其中采伐迹地390亩，灌木林4亩，其他无立木林地19亩，分别占94.4%、1.0%、4.6%。

（10）公益林林地。全场生态公益林总面积131亩，全部为省级公益林，占有林地面积的1.02%，占林业用地面积的0.97%。其中杉木林69亩、竹林62亩。

（11）森林生长量。根据森林资源小班调查与样地调查监测数据，以龙泉市全市林木生长率计算方法为依据，对乔木林分进行归类统计生长量，得出区域范围内平均年生长率8.5%；总生长量3 975m³，其中松类年生长量为1 966m³，杉木年生长量1 766m³，阔叶类生长量243m³。分树种、分龄级的生长率与生长量详见表5－9。

表 5-9　各优势树种各龄组年生长率与生长量表

单位：m^3、%

龄组＼优势树种	乔木林分	幼龄林	中龄林	近熟林	成过熟林
合计乔木林蓄积	46 610	4 204	9 940	5 415	26 122
合计年生长率	8.5	5.6	8.6	6.6	8.8
合计年生长量	3 975	234	858	356	2 308
松类蓄积量	24 128	3 069	2 236	3 931	14 752
松类年生长率	8.15	5.46	9.17	5.21	8.74
松类年生长量	1 966	168	205	205	1 289
杉木蓄积量	17 711	0	4 068	1 484	11 370
杉木年生长率	9.97	8.14	12.03	10.18	8.96
杉木年生长量	1 766	0	489	151	1019
阔叶类蓄积量	4 771	1 135	3 636	0	0
阔叶类年生长率	5.09	5.85	4.5	4.42	5.97
阔叶类年生长量	243	66	164	0	0

（二）森林资源特点

（1）活立木总蓄积量 46 644m^3 中，用材林占绝大部分，为 46 340m^3，占 99.3%。

（2）毛竹林面积比重大，全村毛竹林面积 5 249 亩，占有林地面积的 40.8%。

（3）乔木林中，优势树种以杉木为主。

（4）森林覆盖率高。区域覆盖率高达 90.1%，高于 84.2%全市森林覆盖率，具有典型的山区农村特征，随着农村经济的发展，工业用地、交通用地、居民生活用地应会有所增加，但比重不会太大，覆盖率仍能保持较高水平。

（5）乔木林结构以混交林为主，占 70%。以混交林为主的林分，有利于维持林分的稳定，有利于保持生物的多样性，发挥森林的生态效益。

（6）林地以集体林为主，林权以个体为主。区域林地按所有制分：国有林地占林业用地的 0.0%，集体所有林地占 100.0%。

（7）森林资源生长量大于消耗量，森林资源持续增长。

（8）天然林资源得到保护，质量明显提高。

（三）森林经营评价

1. 森林经营管理情况

龙泉市林业局是当地主管林业工作的职能部门，其下属的锦溪镇林业工作站是肖庄村的基层林业管理服务单位。20 世纪 80 年代，林业“三定”的时候，集体山林分山到户，林农成为真正的林业经营主体，大大激发了农民造林的积极性，村里造林 400 余亩，森林总面积达到 10 000 余亩。20 世纪 90 年代，村里造林 300 多亩；之前的很多荒山也种上毛竹，面积有 100 多亩，村里森林面积增加到 14 000 余亩。2000 年以后，村里每年都会造林 10 亩左右，森林资源面积比较稳定。2008 年冰雪灾害，竹林被毁 1 000 余亩，后补植

500 余亩，现在村里森林资源的面积有 13 210 亩。

肖庄村现有的森林资源中，所有的森林都是属于农户个人所有，森林经营权也是属于农户所有。肖庄村主要的经营行为有林道建设、造林和采伐更新。2007 年在肖庄合作社的带领下，肖庄村向龙泉市政府争取到了 16 万元的拨款，用于村里主干路的修建，大大方便了各种林产品的运输和销售。2010 年肖庄村发展了坑头高山蔬菜基地 50 亩，后垅吊瓜基地 30 亩，同时，村里传统的竹笋、杨梅、木耳和香菇产业也呈现良好的发展态势。

随着政府林业部门对采伐限额制度的进一步规范和对采伐税费的改革，森林采伐变得更加方便，对于 $5m^3$ 以下的采伐指标，只要得到分管站长的签字同意，林农就可以很快得到采伐指标，提高了工作效率。对于采伐税费的收取情况，择伐不需要交纳，皆伐则需要向村里交纳 5 元/m^3 的村提留费用。

2. 森林经营存在的主要问题

肖庄村每年的森林经营没有规划，更没有编制森林经营方案。对于用材林纯粹是以砍木头为主，皆伐之后也对大部分采伐迹地不管理，任其天然更新，森林经营水平较低。同时，还存在四个方面的问题：一是很多森林没有及时抚育间伐，林分质量不高，抚育欠账比较严重；二是采伐没有计划随意性太大，很有必要通过森林经营方案的编制来规范采伐限额和采伐行为；三是村民的森林经营意识不到位，一块山头由十多户村民所有，怎么经营？如何经营？村民的森林经营能力亟待培训提高；四是村民有迫切增加经济收入的意愿，却缺乏方法。

3. 解决方法和本经营期主要工作

针对以上问题、优势和原则，肖庄村应侧重以下几项工作：

（1）争取纳入到龙泉市森林城镇规划中的新农村建设村镇绿化工程中。

（2）发挥优势，挖掘潜力，抓好木材销售管理，大力发展珍稀树种用材林，努力提高商品林的综合经济效益。

（3）大力推进产业发展，办特色产业，加大毛竹材、笋的经营力度，变资源优势为经济优势。

（4）继续推动肖庄专业合作社的经营服务，不但继续在竹笋、梅的加工上做强做大，而且吸收更多的村民入社，共同致力于用材林经营水平的提高。

（5）加强森林资源保护工作，抓好防盗、防火、防病虫害工作，控制林地流失。

（6）积极与浙江农林大学建立合作关系，大力推广科技成果，加速科技成果转化为生产力，加大科技成果的运用，建立科技支撑体系。

（7）为了确保森林采伐不出现问题，实行伐区监理制度，林业站与伐区监理签订协议书，明确责任。按照村民组和流域分期实施，确保每个小班都有人打印挂号。采伐结束后由林业站统一检尺验收，有销售困难的农户，由专业合作社和林业站提供销售信息，帮助销售。

三、森林经营方针、目标与布局

（一）森林经营方针

根据肖庄村林地分布的特定位置和当地社会、经济、生态效益的需要，结合大环境对林业的发展要求，制定本经营期森林经营方针为：以森林分类经营为基础，围绕毛竹林和珍贵树种用材林建设、保护和培育森林资源两个基本点，稳步发展林下蔬菜经济，依靠科技进步，优化森林结构、提高森林质量、努力提高多资源开发和多种经营收入比例，改善经营效益，培育稳定健康的森林生态系统，实现森林资源的多功能。

（二）森林经营目标

本经营期主要经营目标如下：

（1）有林地面积保持在 12 000 亩以上，森林覆盖率维持原有水平，不出现大的下滑。

（2）期末森林蓄积量大于 5 万 m^3，年均蓄积净增量大于 0.1 万 m^3。

（3）年采伐蓄积 3 000m^3 以下，产材 1 800m^3 以下。

（4）期末林分每亩蓄积量达到 7m^3 以上。

（5）年总产值达到 300 万元，多种经营收入比例，期末达到 70%以上。

（6）继续调整树种结构，提高森林服务功能和产品生产力。

（三）森林经营布局

生态公益林和商品林的面积与所处位置保持不变，不做调整。

全村主要分为三个功能区：①生态公益林经营区，分别是 63、75、76 号小班，面积为 136 亩，占林业用地面积的 1.0%；②商品用材林经营区，面积 8 167 亩，占林业用地面积的 60.41%；③竹林经营区，面积 5 187 亩，占林业用地面积的 38.37%。

本经营期的商品林经营以笋材两用林经营、培育珍贵阔叶林和用材林抚育间伐为主。

生态公益林实行严格的封山育林措施。

四、森林培育规划

根据森林可持续经营方针、目标，以及全村的森林立地及其质量，初步征求了社员的意向，本着有效利用和盘活现有林地的原则，对苗木生产、造林更新、幼林抚育和封山育林进行统筹规划和合理安排，以增加森林资源数量，提高森林资源质量，提高林地生产力和森林经营效益。

（一）造林更新

造林更新是培育森林资源的第一环节。造林更新规划应根据造林地的立地条件、更新条件、位置交通条件、历史林分、现有森林、经济情况，从可持续发展的目的出发，结合肖庄村的历年森林经营经验和村民意愿，对更新方式、需培育的森林经营类型、造林更新树种、密度等做出科学的安排。

本经营期造林更新的面积有两部分：一是现有采伐迹地的造林，全部安排在 2011 年，现有采伐迹地 390 亩，安排人工造林 125 亩，人工促进天然更新 265 亩；二是每年安排的用材林主伐采伐迹地造林，一般是当年采伐，当年年底或翌年年初造林。按照森林采伐规划安排，本经营期主伐面积 1 316 亩，其中前 4 年 1 107 亩，安排人工造林 675 亩，人工促进天然更新 432 亩。本经营期共需要更新造林 800 亩，年均 160 亩，人工促进天然更新 697 亩，年均 139.4 亩。分年度造林小班一览表详见表 5－10；分年度人工促进天然更新小班一览表见表 5－11。

总之，经营期造林更新主要任务是在采伐迹地上通过造林建立 800 亩珍稀树种示范林；在其余采伐迹地上（697 亩）进行人工促进天然更新。

1. 建立珍稀树种示范林的意义

（1）发展珍稀用材树种资源，有利于提高森林质量，充分发挥森林综合效益。

表 5-10 经营期分年度造林更新小班一览表

单位：亩、株/亩

小地名	林班号	小班号	细班号	细班面积	树种组成	地类	造林更新规划						
							更新年度	更新面积	更新方式	整地方法	更新树种	造林密度	目标树种
大丘田	1	10	1	113	8硬1杉1马	采伐迹地	2011	70	造林	块状	浙江樟	80	樟、杉
大湾	1	20	1	248	5马3杉2硬	采伐迹地	2011	30	造林	块状	细柄阿丁枫	80	枫、杉、硬、马
大河儿	1	22	1	200	5杉3马2硬	采伐迹地	2011	25	造林	块状	浙江樟	80	樟、杉、硬、马
小计						采伐迹地	2011	125					
处后	1	1	1	229	4黄3杉3硬	采伐迹地	2012	75	造林	块状	浙江楠	80	楠、杉、硬
大河儿	1	22	1	200	5杉3马2硬	采伐迹地	2012	75	造林	块状	浙江樟	80	樟、杉、硬、马
太公坟	1	79	1	236	5杉3硬2马	采伐迹地	2012	75	造林	块状	杂交马褂木	80	马褂木、杉、硬
小计						采伐迹地	2012	225					
处后	1	1	1	229	4黄3杉3硬	采伐迹地	2013	75	造林	块状	浙江楠	80	楠、杉、硬
大湾	1	20	1	248	5马3杉2硬	采伐迹地	2013	75	造林	块状	细柄阿丁枫	80	枫、杉、硬、马
大河儿	1	22	1	200	5杉3马2硬	采伐迹地	2013	75	造林	块状	浙江樟	80	樟、杉、硬、马
小计						采伐迹地	2013	225					
太公坟	1	79	1	236	5杉3硬2马	采伐迹地	2014	75	造林	块状	杂交马褂木	80	马褂木、杉、硬
小计						采伐迹地	2014	75					
处后	1	1	1	229	4黄3杉3硬	采伐迹地	2015	75	造林	块状	浙江楠	80	楠、杉、硬
大湾	1	20	1	248	5马3杉2硬	采伐迹地	2015	75	造林	块状	细柄阿丁枫	80	枫、杉、硬、马
小计						采伐迹地	2015	150					
合计								800					

表 5-11 经营期分年度人工促进天然更新小班一览表

小地名	林班号	小班号	细班号	细班面积	树种组成	地类	人工促进天然更新规划				
							更新年度	更新面积	更新方式	抚育方法	目标树种
大湾	1	19	1	176	8杉1马1硬	采伐迹地	2011	30	人促	块状	杉、阔
大河儿	1	23	1	129	8杉2马	采伐迹地	2011	25	人促	块状	杉、马、阔
猫儿竹	1	31	1	116	6杉2马2硬	采伐迹地	2011	40	人促	块状	杉、马、阔
大湾	1	36	1	217	5马3杉2硬	采伐迹地	2011	50	人促	块状	杉、马、阔
岙头	1	42	1	458	5马4杉1硬	采伐迹地	2011	50	人促	块状	杉、马、阔
猫儿竹	1	47	1	160	7杉2硬1马	采伐迹地	2011	70	人促	块状	杉、马、阔
小计							2011	265			
清明田	1	14	1	132	6杉2马2硬	采伐迹地	2012	75	人促	块状	杉、马、阔
小计							2012	75			

（续）

小地名	林班号	小班号	细班号	细班面积	树种组成	地类	人工促进天然更新规划				
							更新年度	更新面积	更新方式	抚育方法	目标树种
清明田	1	14	1	132	6杉2马2硬	采伐迹地	2013	57	人促	块状	杉、马、阔
小计							2013	57			
猫儿竹	1	47	1	160	7杉2硬1马	采伐迹地	2014	75	人促	块状	杉、马、阔
处后山	1	82	1	257	5杉3马2硬	采伐迹地	2014	75	人促	块状	杉、马、阔
小计							2014	150			
猫儿竹	1	47	1	160	7杉2硬1马	采伐迹地	2015	75	人促	块状	杉、马、阔
处后山	1	82	1	257	5杉3马2硬	采伐迹地	2015	75	人促	块状	杉、马、阔
小计							2015	150			
合计								697			

目前，全村用材林主要为松、杉等树种，也有部分的硬阔树种，树种基础较好，但是现存的杉木、马尾松和黄山松的生态、经济和社会效益较低，面临着亟待更新改造的难题。适时引入珍稀树种用材林建设，并以此为契机改变肖庄村的森林经营方式，提高森林经营水平，能有效解决肖庄村“林改”后森林如何经营这一难题，能有效改变全村的林分结构，提高林分质量，是构建、维持森林生态系统平衡和生物多样性的重要方式，能有效兼顾和充分发挥森林的各种效益。

（2）发展珍稀用材树种资源，有利于缓解市场供求矛盾，有效保障木材供给安全。

珍稀用材树种材质优良，木材售价高，但生长周期长，天然资源匮乏，市场供求矛盾突出。珍稀木材原料紧缺已成为制约浙江省乃至全国以木材为原料的有关产业可持续发展的重要问题。发展珍稀用材树种资源必能有效缓解木材市场供求矛盾，保障供给。

（3）发展珍稀用材树种资源，有利于林农增收致富，提高用材林的比较效益

与一般用材树种相比，珍稀用材树种成材后经济价值极高，比较效益明显，通过珍稀树种示范基地带动周边林农培养一定数量的珍稀用材树种，就是积累财富，也是“藏富于民”。特别是“林改”之后，肖庄村农民造林积极性极大提高，希望从山上获得更多的经济效益。通过引导村民发展珍稀用材树种资源，可以发挥珍稀用材树种的比较优势，促进农民增收致富。

2. 造林树种

经过与村民的协商交流，肖庄村经营期造林树种规划选择主要是浙江樟、浙江楠、杂交马褂木、细柄阿丁枫等适宜当地生长的乡土速生优质树种，采取杉、松、阔多树种混交造林模式。

3. 造林范围和面积

规划2011—2015年更新造林面积为800亩。其中：主伐更新面积800亩，用材林800亩，均占100%。1小班营造的树种为浙江楠、10小班和22小班营造的树种为浙江樟、20小班营造的树种为细柄阿丁枫、79小班营造的树种为杂交马褂木。目标林相全部为珍稀树种、杉、松、阔针阔混交林。以优势树种分：浙江楠225亩，占28.1%；浙江

樟 245 亩，占 30.6%；细柄阿丁枫 180 亩，占 22.5%；杂交马褂木 150 亩，占 18.8%。经营期分年度造林更新小班见表 5-10。

4. 珍稀树种用材林人工造林技术方案

根据速生丰产林的培育目标，按照浙江省商品林建设技术规程等相关规程，综合提高适应本村林地条件的营造林技术措施。

（1）密度要求。初植密度每亩 80 株。

（2）林地清理与整地挖穴。林地清理时间一般在造林前一年的 7—12 月份进行，整地前先对林地进行带状或块状割草清理，不得炼山或全垦，以防水土流失。带状清理宽度 1～2m，块状 1～1.5m 见方，清除灌草。林地清理后即进行带状或块状整地，一般带宽 1m，块状整地规格 1～1.5m 见方，深 30cm，水湿地采用高垄整地，开沟筑垄，垄宽依行间距而定，垄高 20～40cm。采用容器苗造林，种植穴规格根据造林树种特性、苗木大小等确定，一般直径 30～60cm，深 30～50cm。

（3）回穴土、施基肥。在造林前 1 个月左右回穴土，先回表土后回心土，当回穴土至半穴时，每穴施用复合肥 150g，过磷酸钙 50g，与底土充分混匀后继续回穴土至平穴备栽。

（4）苗木选择。苗木选用 2 年生及以上Ⅰ级容器苗，即一般苗高 35cm 以上、地径大于 0.4cm，顶芽饱满、根系完整、主杆健壮无病虫害的苗木，经相关部门检疫，证明无检疫性病虫害，杜绝劣质苗上山造林。

（5）栽植。宜在春季透雨后的阴雨期间栽植，一般在 2—3 月间进行，适当深栽，回土要细，适当压实，做到“苗正、舒根、适深、踩实、穴满”，穴面与山坡形成反倾斜，以利保水、保土、保肥。栽植一个月后全面检查苗木成活情况，发现死株及时补植。

（6）抚育管护。栽植后连续抚育 3 年 5 次。造林当年的秋季抚育 1 次；第 2、第 3 年春末、秋初各抚育 1 次。抚育工作主要是除草、松土、培土、补植和追肥。每穴（株）施放复合肥 100g。施肥采用在植株两侧周边开环状浅沟方法埋施，用土覆盖，以防肥料流失。

5. 人工促进天然更新技术措施

天然更新是在各种迹地上，依靠森林采伐方式来调节和处理林地环境，依靠原有幼苗幼树和伐桩自身的更新能力，在自然力的作用下更新下一代森林。

主伐时对表 5-12 中的森林只采伐针叶树，阔叶树保留下来，而且尽可能避免对目的树种的幼苗幼树的损害。林地清理采用劈杂不烧山。对采伐中被压断或打坏的较大幼树，应齐地平茬，促使贴地面萌发，恢复生长；对妨碍幼树生长的枝桠树梢，要移开平铺腐烂，确保阔叶树天然更新成功。

对于杉木伐桩，保留 1～2 棵从根茎附近发出的干形通直、生长力旺盛的萌条，除去其余多发的萌条，以减少竞争，促进主要萌条速生。

技术要点：在伐后的 4 年内进行 1～2 次的劈杂抚育，主要劈除灌木、蔓藤、杂草和过密的萌芽、萌蘖幼树。在劈杂抚育时，应本着“宁密忽稀”的原则，尽量保留较大的种群密度。

（二）幼林抚育

幼林抚育是巩固造林成果，提高林木成活率和保存率，促进林木生长，尽早郁闭成林的重要环节，幼林抚育应根据不同的经营类型，选择不同的抚育措施。应适时进行劈灌、锄草、松土、除萌、培土、施肥等抚育措施。新营建的珍稀树种针阔混交林连续抚育 3 年，造林后前 2 年每年 2 次，分别于 5—6 月和 8—9 月进行锄草松培土，第 3 年 5—6 月锄草松培土 1 次或 8—9 月全劈一次；同时在抚育时要注意合理保护天然幼苗幼树。

幼林抚育时间：应尽可能避开雨季，以免造成水土流失。严禁打枝，保护好林下植被和枯枝落叶，促进林地凋落物的积累和生物循环以及森林群落的形成，以达到保持和改良土壤，提高土壤肥力，发挥森林多种功能。

幼林抚育面积：经测算经营期幼林抚育总面积为 4 494 亩，2011 年需幼林抚育面积为 515 亩，2012 年需抚育面积为 775 亩，2013 年需抚育面积为 1 347 亩，2014 年需抚育面积为 975 亩，2015 年需抚育面积为 882 亩。

经营期分年度幼林抚育小班一览表详见表 5 - 12。

表 5 - 12　经营期分年度幼林抚育小班一览表

单位：亩

土名	林班	小班	细班	造林年度	造林树种	抚育面积	合计亩次	年度抚育亩次				
								2011	2012	2013	2014	2015
大丘田	1	10	1	2011	浙江樟	70	350	140	140	70		
大湾	1	20	1	2011	细柄阿丁枫	30	150	60	60	30		
大河儿	1	22	1	2011	浙江樟	25	125	50	50	25		
大湾	1	19	1	2011		30	60	30		30		
大河儿	1	23	1	2011		25	50	25		25		
猫儿竹	1	31	1	2011		40	80	40		40		
大湾	1	36	1	2011		50	100	50		50		
岙头	1	42	1	2011		50	100	50		50		
猫儿竹	1	47	1	2011		70	140	70		70		
处后	1	1	1	2012	浙江楠	75	375		150	150	75	
大河儿	1	22	1	2012	浙江樟	75	375		150	150	75	
太公坟	1	79	1	2012	杂交马褂木	75	375		150	150	75	
清明田	1	14	1	2012		75	150		75		75	
处后	1	1	1	2013	浙江楠	75	375			150	150	75
大湾	1	20	1	2013	细柄阿丁枫	75	375			150	150	75
大河儿	1	22	1	2013	浙江樟	75	375			150	150	75
清明田	1	14	1	2013		57	114			57		57
太公坟	1	79	1	2014	杂交马褂木	75	300				150	150
猫儿竹	1	47	1	2014		75	75				75	
处后山	1	82	1	2014		75	0					

（续）

土名	林班	小班	细班	造林年度	造林树种	抚育面积	合计亩次	年度抚育亩次				
								2011	2012	2013	2014	2015
处后	1	1	1	2015	浙江楠	75	150					150
大湾	1	20	1	2015	细柄阿丁枫	75	150					150
猫儿竹	1	47	1	2015		75	75					75
处后山	1	82	1	2015		75	75					75
合计						1 497	4 494	515	775	1 347	975	882

（三）抚育间伐

1. 抚育间伐目标

从幼龄林郁闭后到主伐之前要进行多次抚育间伐。抚育的对象是目标树，间伐的对象是干扰树。抚育间伐的目的在于：

（1）调节目标树的营养面积、增强其稳定性、提高单木质量，所以是对林冠进行的抚育。

（2）调节林分树种组成，达到养护土壤，促进林分的物质循环。

（3）保持林分在整个生命周期过程中始终具有一定数量的目标树，尽快使其达标终伐利用的目标胸径，提高木材的收获量。

（4）促进林分天然更新，保持其生长能力在一个较高的水平上。

（5）增加物种多样性。

在同龄林经营体系中，抚育择伐是以积累森林蓄积量为目的，主伐利用是收获所有积累的蓄积量，所以抚育和主伐的方法是根本不同的。这种抚育是在林木分类的基础上，尽可能减少对自然的干扰，尽可能促进目标树的发展，尽可能利用自然力的作用，保证单木高质量生长和完全成熟，不断提高更新能力、目标树质量和森林生态系统的稳定性。

2. 抚育间伐对象

（1）郁闭度0.8以上的林分。

（2）已达主伐年龄但经营期不主伐的林分。

（3）遭受自然灾害损伤，急需进行卫生伐的林分。

间伐强度的确定主要是依据林分特征、立地条件、林分发育阶段、森林恢复能力。立地条件好、森林恢复力强的采伐强度可以大一些，否则，可以弱一些；在成、过熟林阶段可以强一些，其他阶段可以弱一些。作业区中干扰树的材积累加值与整个林分总蓄积之比，为采伐作业强度。肖庄村抚育间伐强度控制在10％～20％之间（阔叶树一般不采伐），一般要求在小班内进行控制。

具体实施时，根据立木个体体积粗略估计被采伐林木（干扰木）个体数量，先在作业区样地内标记，统计采伐强度（已经标记的干扰木）。与目标设定强度差距如果误差不超过5％，就算合格。整个作业区的最后采伐个体标记（干扰木）也需要通过标记、统计、调整，才能达到设计强度基本一致。

3. 抚育间伐技术要点

（1）进行林木分类，选出每个小班（细班）的目标树和干扰树，并进行标记；选出特别目标树，一般林木不作处理。

（2）根据林分质量高低，一般中龄林可有15～20棵目标树/亩，成过熟林可有7～10棵目标树/亩，对于同一林分，一般随着林分年龄的增加，目标树数量逐渐减少，对于同样年龄的林分，质量越高的林分目标树越多。

（3）每一株目标树需伐除1～3株干扰树。林分密度大的林分干扰树多。间伐的时间不宜过长和过短，两次择伐的时间间隔取决于目标树的质量生长。正常情况下，两次作业的时间间隔可达10～20年。

（4）每一次选择作业强度取决于林分生长的质量和被促进生长的目标树。一个总体原则：标记目标树，通过间伐来支持目标树的生长。

（5）目标树有以下特征：有活力的、健康、位于主林层、树冠生长良好（松树为圆锥形树冠）、属种子繁殖；萌生的不能作为目标树；有较高材质，主干没有被损害，树干通直且至少有4m的无分叉；注意：果树可以作为目标树，即使材质不高，重要的是有生命力和有较大的树冠。

（6）干扰树有以下特征：属于主林层/最高层的树，且胸径在10cm以上；材质较低，起源萌生或者/并且有大树枝或者/并且主干弯曲或者/并且主干受到损害或者/并且属于不能生产高材质树种；生长紧靠目标树，两者树冠接触形成竞争，且比目标树更高或与之等高。当目标树和干扰树生长在同一林冠层并形成竞争时，应伐除干扰树。换言之，目标树和干扰树都属于优势木或亚优木。

（7）有选择的间伐：间伐主要是在主林层（最高层）中进行，集中采伐干扰树，不必对下林层和中林层的树木进行间伐。在采伐和集材经营中，下林层的所有的乔灌木应该被保留和保护，特别保护阔叶树种的天然更新。

（8）阔叶树一般不采伐，统一予以保留。

4. 抚育间伐面积

经营期内需抚育间伐总面积2 932亩，年均抚育间伐面积488.7亩。

（四）封山育林

1. 封山育林对象与面积

封山育林对象是经营期内不进行主伐和抚育间伐的用材林，共计2 736亩。

2. 封山育林方式

在封育期间严禁进山采伐与砍柴，但可进行一些不破坏林木的林副业生产及多种经营活动；实行“轮封”的林分，封育期间禁止一切人为活动，开封期间允许在林内开展副业生产。

（五）苗木需求量

根据规划的人工造林更新面积计算：

经营期造林共需苗木70 400株，其中：2011年11 000株，2012年19 800株，2013年19 800株，2014年6 600株，2015年13 200株。分树种统计：需浙江楠19 800株，浙江樟21 560株，细柄阿丁枫15 840株，杂交马褂木13 200株。详细情况见表5－13。

请市林业局帮助调运苗木，提高良种使用率。使用Ⅰ、Ⅱ级检疫合格苗木造林，提高

Ⅰ级苗使用率。

表 5－13　主要造林树种需苗量规划表

单位：株

树种	合计	2011 年	2012 年	2013 年	2014 年	2015 年
总计	70 400	11 000	19 800	19 800	6 600	13 200
浙江楠	19 800		6 600	6 600		6 600
浙江樟	21 560	8 360	6 600	6 600		
细柄阿丁枫	15 840	2 640		6 600		6 600
杂交马褂木	13 200		6 600		6 600	

注：表中需苗量为加 10%保险系数之后的需苗量。

五、森林采伐规划

根据肖庄村森林资源可持续发展的总体目标要求，并根据国家林业局《关于编制“十一五”期间年森林采伐限额工作的通知》（林资发［2004］211 号）、浙江省林业厅《关于编制“十一五”期间年森林采伐限额工作的通知》（浙林资［2004］125 号）、《森林采伐作业规程》（LY/T 1646—2005）、《国家林业局关于印发〈“十二五”年森林采伐限额编制工作方案〉的通知》（林资发［2009］160 号）、《浙江省林木采伐管理办法》、《浙江省林业厅关于开展“十二五”期间年森林采伐限额编制工作的通知》（浙林资［2009］77 号）等文件与技术规范，开展森林采伐规划工作，制定经营期的采伐规划、年度森林采伐规划以及森林更新计划。

（一）采伐利用原则

根据肖庄村的可持续经营目标确定以下几个原则：

（1）森林采伐利用注重考虑木材市场和区域经济发展的需求。

（2）必须将采伐量按小班落实到山头地块，确保合理采伐量具有可操作性。

（3）为减小对生态环境的影响，对用材林采伐时连片面积不得大于 75 亩，并尽可能多地采用择伐作业。

（4）对生态公益林禁止任何形式的主伐利用。

（5）林木年消耗量小于年总生长量，用材林年采伐量低于年生长量。

（6）有利于改善、调整森林结构和提高森林质量。

（7）优先安排成熟林的采伐。

（8）主伐对象为达主伐采伐年龄的林分。

（9）主伐时保留阔叶树。

（二）合理年伐量

本经营期内森林采伐类型主要有对用材林中的部分成熟林进行主伐；对部分用材林进行抚育间伐。

经营期内只对人工针叶林进行主伐，杉木主伐年龄为 26 年，黄山松主伐年龄为 31 年，马尾松主伐年龄为 31 年。

抚育间伐对象包括：

（1）郁闭度0.8以上的中龄林；

（2）遭受病虫害、雪压、火灾及大风等自然灾害，受害木株数达10%以上的林分；

确定合理年伐量应坚持用材林年伐量低于年生长量，实行限额采伐，有利于调整和改善森林结构，保持年伐量相对稳定，全村森林资源持续增长的原则。

根据《森林法》和《浙江省森林采伐限额编制实施细则》关于年采伐量应小于测算的合理采伐量和林木生长量的原则，结合肖庄村今后发展的需要，根据县下达的年森林采伐限额，确定“十二五”期间全村采伐量为14 201m^3，其中主伐9 777m^3，抚育间伐4 424m^3，年均采伐2 840m^3。

（三）伐区配置

伐区配置是按照确定的年采伐量，将其具体落实到山头地块（小班）。应根据肖庄村实际情况，根据逐片安排，适当集中原则，综合考虑林况、水土保持、护林防盗、病虫害防治等各方面情况加以落实。经营期各年度主伐小班详见表5-14，各年度间伐小班详见表5-15。根据市场需求和村民个人意愿，森林管护状况和年度作业设计结果，可在同种采伐类型中作适当调整。

表5-14 经营期分年度主伐小班一览表

单位：亩、m^3/亩、m^3

林班号	小班号	细班号	细班面积	林分现状						主伐设计				
				树种组成	起源	年龄	郁闭度	疏密度	每亩蓄积	主伐年度	主伐面积	主伐强度	主伐前亩蓄积	预计主伐蓄积
1	1	1	229	4黄3杉3硬	人工	34	0.9	0.9	7.3	2011	75	0.7	7.3	383
1	14	1	132	6杉2马2硬	人工	34	0.9	0.8	9.6	2011	75	0.8	9.6	576
1	22	1	175	5杉3马2硬	人工	30	0.9	0.9	10.8	2011	75	0.8	10.8	648
1	79	1	236	5杉3硬2马	人工	30	0.9	0.9	9.4	2011	75	0.8	9.8	564
小计										2011	300			2 171
1	1	1	229	4黄3杉3硬	人工	34	0.9	0.9	7.3	2012	75	0.7	7.9	414
1	14	1	132	6杉2马2硬	人工	34	0.9	0.8	9.6	2012	57	0.8	10.4	474
1	20	1	218	5马3杉2硬	人工	42	1.0	0.9	8.5	2012	75	0.8	9.2	552
1	22	1	175	5杉3马2硬	人工	30	0.9	0.9	10.8	2012	75	0.8	11.7	702
小计										2012	282			2 142
1	47	1	90	7杉2硬1马	人工	28	0.8	0.7	6.3	2013	75	0.8	7.4	444
1	79	1	236	5杉3硬2马	人工	30	0.9	0.9	9.4	2013	75	0.7	10.9	572
1	82	1	257	5杉3马2硬	人工	32	0.8	0.7	7.3	2013	75	0.8	8.6	516
小计										2013	225			1 532
1	1	1	229	4黄3杉3硬	人工	34	0.9	0.9	7.3	2014	75	0.7	9.0	473
1	20	1	218	5马3杉2硬	人工	42	1.0	0.9	8.5	2014	75	0.8	10.4	624
1	47	1	90	7杉2硬1马	人工	28	0.8	0.7	6.3	2014	15	0.8	7.9	95
1	82	1	257	5杉3马2硬	人工	32	0.8	0.7	7.3	2014	75	0.8	9.2	552
小计										2014	240			1 744

（续）

林班号	小班号	细班号	细班面积	林分现状						主伐设计				
				树种组成	起源	年龄	郁闭度	疏密度	每亩蓄积	主伐年度	主伐面积	主伐强度	主伐前亩蓄积	预计主伐蓄积
1	1	1	229	4黄3杉3硬	人工	34	0.9	0.9	7.3	2015	75	0.7	9.5	498
1	20	1	218	5马3杉2硬	人工	42	1.0	0.9	8.5	2015	68	0.8	10.9	593
1	22	1	175	5杉3马2硬	人工	30	0.9	0.9	10.8	2015	25	0.8	13.5	270
1	79	1	236	5杉3硬2马	人工	30	0.9	0.9	9.4	2015	69	0.7	12.1	584
1	82	1	257	5杉3马2硬	人工	32	0.8	0.7	7.3	2015	32	0.8	9.5	243
小计										2015	269			2 188
合计											1 316			9 777

表5-15　经营期分年度间伐小班一览表

单位：亩、m^3/亩、m^3

林班号	小班号	细班号	细班面积	林分现状						间伐设计				
				树种组成	起源	年龄	郁闭度	疏密度	每亩蓄积	间伐年度	间伐面积	间伐强度	间伐前亩蓄积	预计间伐蓄积
1	24	1	361	4马3杉3硬	人工	37	1.0	0.9	8.5	2011	361	0.14	8.5	430
1	36	1	167	5马3杉2硬	人工	39	0.9	0.8	8.7	2011	167	0.16	8.7	226
小计			528							2011	528			656
1	39	1	320	6马2杉2硬	天然	46	0.9	0.9	7.3	2012	320	0.16	7.9	406
1	40	1	169	6黄2杉2硬	人工	44	0.9	0.8	8.7	2012	169	0.16	9.5	256
小计			489							2012	489			762
1	3	1	288	4黄3杉3硬	人工	28	0.9	0.9	8.5	2013	288	0.14	9.9	397
1	42	1	408	5马4杉1硬	人工	39	0.9	0.9	9.8	2013	408	0.18	11.4	837
1	28	1	39	7杉3马	人工	20	0.9	0.8	8.3	2013	39	0.20	9.7	75
小计			735							2013	735			1 309
1	4	1	236	4黄3杉3硬	人工	34	0.9	0.9	8.5	2014	236	0.14	10.5	399
1	18	1	179	5马3杉2硬	人工	45	0.9	0.8	7.6	2014	179	0.16	9.5	271
1	30	1	52	6杉2马2硬	人工	34	0.9	0.7	7.3	2014	52	0.16	9.1	76
1	31	1	116	6杉2马2硬	人工	37	0.8	0.8	8.3	2014	116	0.16	10.3	126
1	41		157	4杉4马2硬	人工	25	0.8	0.6	6.2	2014	157	0.16	7.7	194
小计			740							2014	740			1 066
1	73	1	285	5马4杉1硬	人工	36	0.9	0.6	5.7	2015	285	0.18	7.5	386
1	44	1	104	7杉2硬1马	人工	29	0.8	0.7	7.3	2015	104	0.18	9.6	180
1	64	1	51	4杉3马3硬	人工	37	0.8	0.6	5.4	2015	51	0.14	7.1	65
小计			440							2015	440			631
合计			2 932								2 932			4 424

（四）木材产量

本经营期内共规划落实主伐森林面积 1 316 亩，抚育间伐森林面积 2 932 亩，采伐共消耗蓄积量 14 201m³，可产商品材 8 521m³（出材率统一按 60%计算）。详见表 5－16 和表 5－17。

表 5－16　森林采伐各年度分采伐类型规划表

单位：亩、m³

年度	采伐类型	合计	主伐			间伐		
			小计	松	杉	小计	松	杉
2011	面积	828	300			528		
	蓄积	2 827	2 171	847	1 324	656	394	262
2012	面积	771	282			489		
	蓄积	2 904	2 142	1 071	1 071	762	572	191
2013	面积	960	225			735		
	蓄积	2 841	1 532	1 132	400	1 309	604	705
2014	面积	980	240			740		
	蓄积	2 810	1 744	1 013	731	1 066	465	601
2015	面积	709	269			440		
	蓄积	2 819	2 188	1 209	979	631	237	394
总计	面积	4 248	1 316			2 932		
	蓄积	14 201	9 777	5 272	4 505	4 424	2 271	2 153

表 5－17　木材分年度产量表

单位：m³

年度	采伐类型	合计	主伐			间伐		
			小计	松	杉	小计	松	杉
2011	材积	1 696	1 303	508	795	394	236	157
2012	材积	1 742	1 285	643	643	457	343	114
2013	材积	1 705	919	679	240	785	362	423
2014	材积	1 686	1 046	608	439	640	279	361
2015	材积	1 691	1 313	725	587	379	142	237
总计	材积	8 521	5 866	3 163	2 703	2 654	1 362	1 292

（五）消耗量与生长量

根据主伐设计，抚育间伐设计，本经营期消耗总蓄积为 14 201m³，年均消耗 2 840m³。而本场森林年生长量为 3 975m³，规划设计消耗量占森林年生长量 71.4 %，可以确保森林资源的持续发展。

六、非木材资源培育利用

非木质资源经营，是充分发挥其资源优势，发展立体林业，调整产业结构，搞活经济，以短养长，促进自身发展的有效措施；是变资源优势为商品经济优势的重要手段；是全村经济增长所在；也是提高农民收入的有效途径。肖庄村应在以林为本的前提下正确、积极稳妥地发展非木质资源经营。

肖庄村非木质资源主要是毛竹和森林景观等。肖庄村经过近10多年的发展，毛竹林面积和资源增加迅速，已达5 249亩，毛竹林面积不宜继续扩大。如何继续合理开发利用以毛竹林为主的非木质资源对于森林能否可持续经营至关重要。因此，在本经营期，宜走内涵发展的道路，从增加亩均立竹度出发，增加单位面积毛竹林的附加值和经济效益。

（一）毛竹林资源现状

全村共有毛竹林资源5 249亩，立竹量627 290株，亩均立竹量120株。平均每户39.4亩。毛竹林分布于41个小班，占117个小（细）班的35%。

肖庄村的毛竹林以用材为主，生产竹笋为辅的竹林。

（二）发展目标

毛竹林每亩立竹量从现在的113株提高到2015年的150株以上；毛竹年收入从2010年的70万元提高到2016年的100万元，提高43%；竹笋收入从2009年的30万元提高到2015年的50万元，提高67%。

（三）技术措施

肖庄村的毛竹用材林高效经营，主要是做好立竹年龄结构调整、叶面积指数提高和竹木混交培育等三项关键技术。

1. 立竹年龄结构调整

（1）最佳立竹年龄结构。毛竹林的最佳立竹年龄结构是1、2、3度竹所占比例为1∶1∶1或者2∶2∶1，即：1、2、3度竹所占比例为各占1/3或者1度竹占40%、2度竹占40%及3度竹占20%。也就是说，立竹中没有4度及以上的毛竹；繁殖能力强的2～3度立竹（3～6年生）占毛竹林总株数的60%～67%。

（2）普及“砍4留3”技术。普及“砍4留3”技术是立竹年龄结构调整的最佳技术，也就是年龄4度以上（7年生以上）的立竹全部砍伐；年龄在3度以内（6年生以下）的全部保留，都不砍伐。

毛竹的最佳砍伐年龄是4度以上（7年生以上），此时毛竹竹材的公定容积重、力学强度等都稳定在最高水平，属于可砍伐竹材。4度以上（7年生以上）立竹对毛竹林来讲是弊大于利，影响了笋竹产量的进一步提高，必须砍伐；1度（1～2年生）立竹虽然繁殖能力弱，但它是2～3度竹的预备队，必须保留，否则，将来就没有2～3度立竹，就没有毛竹林的主力军；2～3度（3～6年生）立竹繁殖能力强，它是毛竹林中制造和积累有机营养物质的主力军，不能砍伐，必须保留。

毛竹采伐最佳时间为每年的阳历11月至次年的2月底。

（3）每年新竹“记号”法。普及“砍4留3”技术首先要辨别清楚立竹的年龄，而年龄4年生以上的立竹就难以一眼辨别清楚，如果要靠看叶柄脱落的痕迹来确定每株立竹年龄，就很麻烦，而且工作效率很低，成本高，不利于提高生产率。

最好的办法是：每年10月份之后，在当年新竹竹竿距地面1.5m左右高的地方，写上当年年号的最后一个阿拉伯数字，如：2006年的新竹书写一个“6”字即可，以此类推。墨汁、油漆等8年以内不会退色的材料都可以用于书写。大约1个劳动力每天可以书写 20～40 亩的毛竹林，省时省工，非常有利于提高劳动生产率。

2. 叶面积指数提高

（1）调高目标。本社毛竹林平均立竹度为 120 株/亩，估算成叶面积指数大约为“2～3”之间，远远低于叶面积指数应在“7”以上才能达到高产的要求。调高的空间很大，说明毛竹林增产空间也很大，潜力很大。为此，我们必须确定一个当前和长远的调高目标。

①当前的目标：从现在起到 2015 年，平均立竹度从 120 株/亩调高到 200 株/亩以上，叶面积指数大约为“3～5”之间。

②长远的目标：从 2016 年开始的下一个经营期，调高为 250 株/亩以上，叶面积指数大约为“6”以上。

（2）调高方法。调高方法主要是在留养新竹数量上掌握“循序渐进”法；在留养新竹时间上掌握“盛期留竹”法。

①“循序渐进”法。“循序渐进”法是每一个大年留养新竹数量控制上必须掌握的一门技术。因为，需要增加留养新竹数量的毛竹林，由于立竹株数少，叶面积指数低，上年制造积累的有机营养物质相对较少，如果在一个大年突然间留笋养竹的数量过多，则会造成有机营养物质短缺，供应不上，造成一部分留笋不能长成新竹，成为死笋。死笋没有经济价值，死笋多了，就降低了毛竹林的经济效益。

“循序渐进”法就是在每一个大年逐步提高留养新竹数量的技术。每一个大年留养新竹的数量是上一个大年的留养新竹数量的 130％为宜，如某人有毛竹林 10 亩，2005 年大年留养了新竹 400 株，那么，按照“循序渐进”法，2007 年大年应该留养新竹（400 株×130％）520 株；2009 年大年应该留养新竹（520 株×130％）676 株；以此类推。其余的笋都要及时挖去，可上市销售，提高竹林效益；同时，可以减少有机营养物质的消耗，促进留笋长成新竹。

②“盛期留竹”法。“盛期留竹”法是在留养新竹时间上必须掌握的技术。什么时候挖笋，什么时间留竹，是毛竹林高效经营的重要技术环节，为了确定合理的留竹时间，我们将毛竹春笋分为三个出笋阶段，即早期、盛期、后期。

早期笋：个体小、数量少，一般占春笋总产量的 15％左右，且多为浅鞭笋，不宜留养成竹，可以全部采挖利用。

盛期笋：此时为出笋高峰期，出笋数量占春笋总产量的 50％以上。盛期笋个体大、笋体壮，是留养新竹的最佳时期。

后期笋：后期笋一般占春笋总产量的 35％左右。这个时期的笋质量较差，成竹率低，因此也不宜再留养，可全部采挖利用。

留养的最佳时间：浙江省大部分地区在阳历 3 月中、下旬开始陆续出笋，清明节前后进入出笋盛期，出笋盛期约 15 天左右，整个出笋期为 40～45 天或稍长一些。在出笋盛期的发笋最多的 3～5 天时间内是留养的最佳时间。此时把做好的竹签带到竹林，在要留的笋旁边插一根竹签作标志，留足数量后，其余的笋都可以挖掉了。因为气候的变化和经营水平的提高，发笋盛期会提早，所以不能按老传统到清明前后才来留笋养竹，要在清明前一个星期就开始留笋养竹。海拔高的地方，由于气温低，毛竹林的出笋期要迟一些，留养新竹的时间也要迟一些。

3. 竹木混交培育

（1）意义。所谓毛竹林竹木混交培育技术，就是在毛竹林中混交生长少量的树木，促进毛竹林健康成长，从而提高毛竹林效益，降低毛竹林培育成本的方法。意义主要有三个方面。

有利于减少毛竹林因雪压灾害而造成的损失。

有利于减少毛竹林有害生物的发生机率和减轻所造成的危害。

有利于增加竹林中土壤的腐殖质含量，提高土壤有机肥料的供给水平。

（2）方法。现有毛竹纯林：现有毛竹纯林最好通过补栽阔叶树，改造成竹木混交林。一般补栽阔叶树苗 5～6 株/亩。

现有竹木混交林：现有竹木混交林根据下述“树木选留原则”进行处理。

（3）树木选留原则。

①逐渐伐除原则。当竹木混交林生长比较茂密，对毛竹的生长有影响的时候，就要开始伐除一部分树木；过几年生长茂密，对毛竹生长又有影响的时候，再伐除一部分树木；如此进行多次，直至最后保留株数。

②落叶阔叶树优先选留原则。选留不同的乔木树种，对毛竹林的作用效果不一样。当前效果最好的是落叶阔叶树（枫香等），其次是常绿阔叶树，第三是针叶树（其中松树好于杉木）。不能选留灌木树种。因此，要优先选留乔木树种中的落叶阔叶树。由于枫香高大，其树冠处于毛竹林冠之上，对毛竹的光合作用影响较小；挺拔，防毛竹因雪压危害作用强；扎根深，在 1m 以上，与竹鞭争空间和肥水的影响相对较小。因此，在土层深厚的地方，应当推广选留枫香为主，其他树种为辅；同时尽量选留多树种，使竹木混交林的生物多样性尽量多一点。

选留树冠在毛竹林冠之上的落叶树种为最佳。

③保留株数宜少不宜多原则。最后保留株数宜少不宜多，在树木较高大（整个树冠全部处于毛竹林冠之上）时，每亩只能保留 1～2 株。如果留得太多，则会造成竹产品较大减产。

（四）毛竹采伐量计算

现有毛竹林面积 5 249 亩，总株数 627 290 株。

年采伐毛竹株数＝627 290/7×80％＝71 690 株。

七、森林与生物多样性保护

（一）森林防火

1. 指导思想

认真贯彻“预防为主、积极消灭”的方针，大力推进生物防火林带工程建设，构筑生物阻隔带与自然阻隔带相结合的林火阻隔网络，有效控制森林火灾的危害。

2. 基本原则

以人为本、科学防火，因害设防、合理布局，因地制宜、适地适树，突出重点、循序渐进，防火功效与多种效益相兼顾。

3. 森林防火规划

（1）森林防火阻隔带。现有林火阻隔网络阻隔带总长约 15km，其中：林区机耕路

10km，溪流自然阻隔带 4km。

规划至 2015 年，林火阻隔带总长为 17km，其中防火林带 2km。

对现有林火阻隔网络阻隔带，结合林区机耕路维修，每年清理杂草等可燃物，保持阻隔林火的作用。

经营期内在 79 小班和 85 小班新建一条 700 米的竹林道，客观上也能起到防火阻隔带的作用。

（2）通讯网络建设。每个护林员已经配备手机。

（3）预防体系建设。

①加强领导，落实责任。把森林防火作为一项战略性措施摆上议事日程。将责任按区块分解到人，并根据森林火灾主要为人为火的特点，将森林火灾的预防工作重点放在做好重点人群的思想认识上，林区护林人员必须每年至少开展一次调查，摸清和掌握防范责任区第一手资料，明了责任区域防护工作的主要对象、问题、重点、难点，并提出具体的对策，逐个问题、逐个地块、逐个人员加以落实解决，将林火发生的可能性降至最低。

在房前屋后、重点林区等醒目的地方要建立永久性的防火宣传标语，组织干部、村民学习森林防火法规和林区用火、防火、灭火基本知识，发放护林防火宣传手册，使森林防火条例和扑火、救火等有关知识深入到每个村民当中，提高和树立全民防火灭火观念，克服和消除轻视、麻痹思想。

②防火联防区建设。通过与各邻近乡（镇）村建立护林联防区，进行信息沟通，互相帮助，做到"一方有难，八方支援"，形成护林防火人人有责的氛围。

③加强火源管理。强化对进入林区的车辆和人群的管理，严禁在林区内吸烟、野炊、烧烤等产生明火的行为。

（二）有害生物防治

林业有害生物防控是森林保护的重要组成部分，是现代林业发展的基础。如何维护好现有良好的生态环境，保护好森林资源，全面推进林业现代化步伐，加快有害生物防控体系建设具有十分重大的现实意义。

肖庄村近年来未发生重大病虫害，毛竹林发生过竹象虫和竹楼舟蛾虫害。

1. 主要虫害

（1）竹象虫。是竹类的主要害虫。幼虫蛀食竹笋，使笋枯死，还蛀食一米多高的嫩竹，使其生长不良，在成竹前易被风吹折成断头竹，即使是成竹，也造成顶端小枝丛生及嫩竹纵裂成沟等畸形现象，结果竹材硬脆，不堪利用。成虫以笋为补充营养，将笋喙成许多小孔，影响笋竹的生长，对下一轮笋的产量有严重的影响。

防治方法：①秋冬两季对竹林进行劈山松土，可以直接捣毁象甲土室改变象虫越冬环境条件，致象虫大量死亡。每年或隔年进行 1 次，可逐年压低竹象甲的为害。②竹象甲有假死性，行动迟缓，捕捉容易。③可用 80%敌敌畏乳油 1 000 倍液，喷杀成虫，效果良好。

（2）竹楼舟蛾，是竹类的主要害虫。幼虫取食竹叶，严重为害，将竹叶食尽，使毛竹枯死，影响下年度出笋及竹材质量。

防治方法：①加强竹林经营管理冬季抚育可杀死竹楼舟蛾在土中的越冬幼虫；成虫喜产卵于矮竹、夏季砍去 1m 以下的新竹，可以减少林间的卵量；②灯光诱杀成虫；③卵期释放赤眼蜂，每亩 7 万头；④大发时可放敌敌畏插管烟剂；⑤击竹时幼虫会落地，可在地面喷药，用 50%辛硫磷、80%敌敌畏乳油 1 500 倍液。

2. 对策

坚决贯彻“预防为主，科学防控、依法治理、促进健康”的方针，注重搞好生物防治，重点牢固树立以营林为基础的森林病虫害防治思想，新造林全部营造多树种针阔混交林，不断提高林分的生物多样性，增强林分抵抗有害生物入侵的能力；加强抚育管理，促进林分旺盛生长，提高林木对病虫害的抵抗能力；同时要继续抓好虫情测报工作，加强植物检疫工作。

（1）新造林中营造针阔混交林的比例达到 100%，保护好现有阔叶林资源，以改善森林生态环境，为有害生物的天敌创造良好的栖息条件，有效防止森林病虫害的发生与蔓延。

（2）加强林农的培训工作，提高林农病虫害防治技术水平。

（3）林业有害生物防治检疫是一项法律性、技术性较强，涉及面较广的社会工作，为提高全民防灾意识，加强森林生物灾害知识的普及和森防法规的宣传教育，经常性开展森防检疫法规及主要林业有害生物防治技术科普知识宣传，发放宣传材料，提高村民主动参与防灾、减灾的意识。

（4）建立畅通信息渠道，一旦发生病虫害，受害村民能及时反映给市林业局相关部门，其余村民也能得到相关受害信息而加强巡查。做到及时发现，及时报告，及时通告，及时处理。

（5）对于市林业局，要加强管理部门和技术人员力量，建立病虫害防治信息服务网，做好病虫害的预测预报工作。

（三）森林经营活动的环境影响分析

植树造林不仅提供商品木材，为社会、经济发展服务，同时营林活动本身就是对生态环境的保护，例如改善土壤结构和营养状况，减少水土流失和地表径流，改善水源补给，调节气候等，从而保护环境和改善野生生物生存条件，保护生物多样性。但是一些营林操作如果控制不好、操作不当，也会对生态造成负面影响。森林经营活动有森林砍伐、植树造林和与之相联系的运输道路建设及木材运输等等。各项经营作业可能对环境产生的负面影响见表 5-18。

表 5-18 主要森林经营活动可能造成的环境影响

营林操作	对生态环境的负面影响	现行方式	评价结果
树种选择	选择外来树种，具有侵入性、破坏本地生态系统或不适应本地条件 生长率低的本地树种，产量低，经济和生态效益不明显	更新造林以乡土树种为主，外来树种经多年实践无不良作用。优势树种以速生树种为主，提高抗性与效益	轻微

（续）

营林操作	对生态环境的负面影响	现行方式	评价结果
选种	没有经过选优和检疫，生产力低、发生病虫害的可能性大	没有进行过优选	严重
育苗	苗木品种少或无性系种类少，影响营林多样性，削弱森林生态系统的稳定性	苗木品种单一	严重
选择造林地	坡度过陡的林地或过于贫瘠的林地，操作困难、导致水土流失，生产力低下 本地树种丰富或具有其他生态价值的林地，破坏生物多样性和本地生态系统	单一扩增毛竹	严重
清理	炼山的方法，破坏原有植被和生物多样性、损失肥效、污染空气、增加土壤风化的可能性、安全问题	经常有炼山行为	严重
整地	机械化整地，破坏原有土层结构和导致土壤迁移 在陡坡林地上全垦，水土流失	不实行机械化整地，无陡坡林地全垦现象。仅采取局部带状或小块状整地	轻微
施肥	表土施肥，肥分流失和污染水源 单一成分无机肥，导致土壤肥力下降和土壤结构破坏 低效肥，土壤肥力下降、生产力降低	在用材林经营中不施肥，毛竹林经营施肥严格按照无公害、有机化生产	轻微
种植	密度太大，过多消耗土壤肥力	合理种植，无过密现象	轻微
护林	护林机制不能有效防止偷砍偷伐和各种自然灾害，林木生产力降低、破坏生态系统和导致安全问题	已建立有效的护林联防机制，加强护林巡逻，有效防止偷砍偷伐和各种自然灾害	轻微
防火	防火安全培训不够、火灾预防不力、防火设施不足够，不能有效控制灾情、人员的安全问题	有防火预案，签订责任状，强化培训，配备设施，能有效控制灾情	轻微
筑（修）路	挖掘山坡，导致山体坍塌、水土流失 道路穿过水源，破坏水源 道路年久失修，造成水土流失和林业操作不便	公路建设由政府统一规划实施，定期维护，山林内以人行为主的步道为主，对水土保持无影响	轻微
灭虫	使用剧毒和残留期长的杀虫剂，污染土壤、水源、毒害生物、危害人畜	病虫害防治以生物、物理防治为主，不使用剧毒和残留期长的杀虫（菌）剂	轻微
灌溉	大规模引水灌溉，消耗水源，造成水土流失	少部分经济林进行抗旱灌溉，不存在大规模引水灌溉	轻微
采伐和制材	大面积连片采伐，导致林木数量急剧减少、砍伐不可持续、土壤风化和流失可能性增加 机械化采伐，水土流失和破坏土层 残留物太多，林产品利用低、造成环境负荷	连片采伐面积没有超过 75 亩，采伐不使用任何机械设备	一般

（续）

营林操作	对生态环境的负面影响	现行方式	评价结果
木材集运	从陡坡上直接冲下，土层破坏、水土流失严重；或用大型车辆运输，碾坏道路	运材方式采用钢索索道肩运直接上车为主	轻微
萌芽	超过两个轮伐期，生产力降低、抵抗病虫害能力减弱 萌芽率低于80%，生产力降低	目前尚无两个轮伐期及以上的林分，杉木萌芽林采取补植阔叶树种的措施，提高生产力	无
重新造林	不及时重新造林，土壤裸露时间长，风化的可能性增加	一般天然更新造林，土壤裸露时间较长	一般

八、投资与效益分析

营林投资估算包括人工造林更新投资，幼林抚育投资，抚育间伐投资，主伐采伐投资。

（一）造林更新投资

造林更新投资包括林地清理、整地、种植等造林作业的全过程，直接费用主要是造林工资和种苗费用。

本经营期造林更新投资详见表5－19，合计投资额500 800元，平均每年投资100 160元。

表5－19 造林更新投资与费用估算

单位：亩、工、元/工、株、元

年份	造林更新面积	用工投资			苗木投资		总投资
		用工量	工资定额	投资额	苗木数量	投资	
2011	125	563	100	56 300	11 000	22 000	78 300
2012	225	1013	100	101 300	19 800	39 600	140 900
2013	225	1013	100	101 300	19 800	39 600	140 900
2014	75	338	100	33 800	6 600	13 200	47 000
2015	150	675	100	67 500	13 200	26 400	93 900
合计	800	3 600	100	360 000	70 400	140 800	500 800

（二）幼林抚育投资

幼林抚育投资包括幼林抚育劳动工资。

本经营期幼林抚育投资详见表5－20，合计投资额449 400元，平均每年投资89 880元。

表5－20 幼林抚育投资与费用估算

单位：亩次、工、元/工、元

年份	幼林抚育面积	用工投资			总投资
		用工量	工资定额	投资额	
2011	515	515	100	51 500	51 500
2012	775	775	100	77 500	77 500

（续）

年份	幼林抚育面积	用工投资			总投资
		用工量	工资定额	投资额	
2013	1 347	1 347	100	134 700	134 700
2014	975	975	100	97 500	97 500
2015	882	882	100	88 200	88 200
合计	4 494	4 494	100	449 400	449 400

（三）抚育间伐投资

抚育间伐投资包括间伐用工投资、间伐材运输费和间伐管理费三项，其中前两项为直接费用，管理费按直接费的15%估算。

本经营期抚育间伐投资详见表5-21，合计投资额1 526 280元，平均每年投资305 256元。

表5-21 抚育间伐投资与费用估算

单位：m^3、工、元/工、元

年份	间伐蓄积	用工投资			运输费用	管理费	总投资
		用工量	工资定额	投资			
2011	656	984	100	98 400	98 400	29 520	226 320
2012	762	1 143	100	114 300	114 300	34 290	262 890
2013	1 309	1 963.5	100	196 350	196 350	58 905	451605
2014	1 066	1 599	100	159 900	159 900	47 970	367 770
2015	631	946.5	100	94 650	94 650	28 395	217 695
合计	4 424	6 636	100	663 600	663 600	199 080	1 526 280

（四）主伐采伐投资

主伐投资包括林木采集用工投资、木材运输费和木材采伐管理费三项，其中前两项为直接费用，管理费按直接费的15%估算。

本经营期木材主伐合计投资额3 373 065元，平均每年投资674 613元，详见表5-22。

表5-22 主伐木材投资与费用估算

单位：m^3、工、元/工、元

年份	主伐蓄积	用工投资			运输费用	管理费	总投资
		用工量	工资定额	投资			
2011	2 171	3257	100	325 650	325 650	97 695	748 995
2012	2 142	3213	100	321 300	321 300	96 390	738 990
2013	1 532	2298	100	229 800	229 800	68 940	528 540
2014	1 744	2616	100	261 600	261 600	78 480	601 680
2015	2 188	3282	100	328 200	328 200	98 460	754 860
合计	9 777	14 666	100	1 466 550	1 466 550	439 965	3 373 065

（五）营林收入

营林收入主要是木材销售收入。

本经营期木材销售收入详见表 5-23，合计销售收入 8 467 000 元，平均每年销售收入 1 693 400 元。

表 5-23 营林收入预算

单位：m^3、元

年份	采伐材积			木材价格		合计
	小计	松	杉	松	杉	
2011	1 696	744	952	900	1 100	1 716 800
2012	1 742	986	757	900	1 100	1 720 100
2013	1 705	1 041	663	900	1 100	1 666 200
2014	1 686	887	800	900	1 100	1 678 300
2015	1 691	867	824	900	1 100	1 686 700
合计	8 520	4 525	3 995	900	1 100	8 467 000

（六）营林生产利润

营林收入减去营林投资即为营林生产利润，护林管理费（主要为病虫害防护和森林防火费）按每年 2 万元计，营林生产利润详见表 5-24，合计营林生产利润 2 517 455 元，平均每年 503 491 元。

表 5-24 营林生产利润估算

单位：元

年份		合计	2011	2012	2013	2014	2015
营林投资	造林更新	500 800	78 300	140 900	140 900	47 000	93900
	幼林抚育	449 400	51 500	77 500	134 700	97 500	88 200
	抚育间伐	1 526 280	226 320	262 890	451 605	367 770	217 695
	主伐采伐	3 373 065	748 995	738 990	528 540	601 680	754 860
	护林管理	100 000	20 000	20 000	20 000	20 000	20 000
	合计	5 949 545	1 125 115	1 240 280	1 275 745	1 133 950	1 174 655
木材销售收入		8 467 000	1 716 800	1 720 100	1 666 200	1 678 300	1 686 700
利润		2 517 455	591 685	479 820	390 455	544 350	512 045

（七）毛竹林经营投资与效益分析

毛竹采伐采用择伐，采伐后单位立竹株数按年龄组成：一、二、三度竹各占 30%，四度以上竹占 10%。现有毛竹林分面积 5 249 亩，总株数 627 290 株。按下式计算采伐量：

毛竹年采伐株数＝毛竹总株数÷7×0.9

本经营期年伐毛竹株数 80 652 株，平均每亩采伐 15 株，平均每株 16.5kg，现价每千克 0.5 元，生产成本是平均每千克 0.14 元，即每株 .2.31 元，可创亩产值 124 元，利润

35元。

经走访调查，肖庄村的毛竹林现在每年的成本主要是抚育施肥的投入，平均每年每亩120元，竹笋每年每亩平均可创产值600元，利润480元。

肖庄村在经营期内每亩毛竹可创利润515元，5 249亩毛竹可创利润2 703 235元。

（八）效益分析

1. 经济社会效益

通过村级简明森林经营方案的编制和实施，一方面提高了营林质量和水平，提高了森林直接产出的效益；另一方面，提高了生产效益，提高了村民对森林经营的认识。因此，其社会经济效益非常显著。

同时确保木材的长期供应，提高森林生产力，稳定森林经营权，加强基础管理与环境管理，激发村民森林经营的积极性。

2. 生态效益

（1）调节水资源。森林具有水源涵养、水分蓄存、净化水质等功能，可调节溪流流量、调节水库水位，所以森林有天然水库、绿色水库之称。森林的水源涵养功能正越来越被重视。良好的森林植被很好地保护水资源，森林能净化水质，良好的森林植被使水源鲜甜甘美，通过森林蓄水，其水利效益，农业灌溉效益，村民生活用水效益都很明显。

（2）保护土壤。由于林冠截留和地被物覆盖，森林内林地土壤受雨水和地表径流的冲刷程度很低，起到水土保持作用，有效地保护了土壤资源。由于树木的根系深入土层深处，具有改善土壤结构的作用。枯枝落叶等有机物的分解，则有助于提高土壤肥力。

（3）调节气候。森林能调节温度和湿度，森林通过吸收大量二氧化碳将减轻二氧化碳的大气温度效应。森林蒸腾作用能提高空气湿度，促进大气降雨，还能形成叶面降水，因而调节气候。

（4）保护生物多样性。森林是动物的繁衍家园，由于森林植被的进一步改善，森林内动物种群、数量都会增加。通过对森林的科学经营和有效保护，能增加阔叶林和混交林的比重，防止生物物种减少，部分森林将演替成地带性植物群落，呈现植被多样性、植物种类多样性。

（5）净化大气。森林通过光合作用能吸收二氧化碳，释放氧气，净化大气。森林的净化大气途径主要有吸附粉尘、吸收有害气体、分泌具有杀菌性能的物质等，因此，森林称为“大地之肺”。

6　安徽省集体林区参与式森林管理案例研究

6.1　案例点基本情况

6.1.1　背景

集体林业用地在中国林地面积中的占比高达58%，其利用水平对林农生活和农村发展产生着重要的影响。在过去的30年里，集体林权制度经历了多次变革：20世纪80年代初的林业“三定”，使部分林地使用权开始向农户转移。但由于缺乏明晰、安全的林地经营权，加之林地收益权与决策权缺失，以及林地细碎化问题严重，致使农户林地经营积极性低下，林地退化现象严重。1987年，中国政府出台了一系列旨在鼓励与发展林地规模化经营的政策，但家庭经营制度安排依然占有重要地位，林地细碎化问题仍未得到有效解决，这在一定程度上制约了中国集体林的持续发展，乃至整个农村经济发展和农民收入水平的提高，同时也影响到森林资源的持续经营和配置效率等。集体林基本上都由当地政府根据自己的利益需求实施经营。早期的林业政策改革已经引进了若干关于农户经营林地的不同方法，这些方法包含多种程度的管理制度改革，且已在多个地区实施过。

最近的林权改革更清晰和更广泛地强调将土地使用权和林权下放给农户个人。多层次利益相关者的参与，特别是基于政策推行组织化的森林使用者和社区的参与是中国推进集体林权制度改革的重要挑战之一。基于行政架构的官方森林管理体系难以使农民获得最佳森林收益，而在森林管理中导入多种参与式方法，包括提高林农能力是必须的。同时中国的森林管理缺乏参与传统，要提高林权制度改革效率，林农合作组织参与森林管理的能力必须加强。

国家林业局—联合国粮农组织—欧盟在中国实施的林权改革项目旨在加强集体林权制度改革的政策、法律和体制框架建设，并促进中国和其他国家在林权改革方面的经验交流，推进中国集体林区的森林参与式经营水平。

参与式森林经营指将参与式发展理论和方法运用到森林资源管理中。其内涵可概括为：森林经营必须和乡村发展紧密联系，社区农民必须积极参与森林经营活动并受益，应当进行土地权属、利益分配等社会制度方面的改革以密切森林经营和社区人民的利益关系，使他们感到林业既是他们的工作，又是他们本身的利益所在。参与式森林经营需要政府部门、科技工作者转变观念，特别是在当地群众和森林管理方面，从过去的“为乡村及群众管理森林”转变到“必须和乡村群众共同管理森林”。进行必要的政策调整以鼓励和支持乡村群众参与，按照可持续的方式管理当地的森林，而不能将他们排除在森林以外。为此，项目编制了《中国集体林区村级参与式森林经营及方案编制手册（草案）》（以下简称《手册》），并在项目村进行试点应用。

本应用报告是将《中国集体林区村级参与式森林经营及方案编制手册（草案）》在安

徽省黄山市黄山区永丰乡文祥村进行了试点应用的基础上形成的，该应用活动根据《手册》的步骤和程序、内容的指示，进行了相关应用，并对《手册》的实用性等方面进行了验证，提出修改建议。

6.1.2 组织架构

本次应用活动根据《集体林区村级参与式森林经营及方案编制手册》的程序和内容要求组建工作团队。团队主要成员主要有南京林业大学经济管理学院张敏新、贾卫国、研究生陈翩、陈思焜及黄山区林业局的江文秀副局长、江建煌科长、永丰乡林业站副站长曹迁、站长周长顺，祥符村村干部王春龙、林业专业合作社理事长王春龙以及农户等。

表 6-1 《集体林区村级参与式森林经营及方案编制手册》应用工作团队人员名单

姓 名	性别	单 位	职务或职称
江文秀	男	黄山区林业局	副局长
江建煌	男	黄山区林业局	科长
周长顺	男	黄山区永丰乡林业站	站长
曹 迁	男	黄山区永丰乡林业站	副站长
王春龙	男	黄山区永丰乡文祥村	村干部、理事长
孙学成	男	黄山区永丰乡文祥村下坑组	村民
王素珍	女	黄山区永丰乡文祥村王家组	村民
杜德莲	女	黄山区永丰乡文祥村榜上组	村民
孙德男	男	黄山区永丰乡文祥村高岸组	村民
黄二保	男	黄山区永丰乡文祥村向阳组	村民
张敏新	男	南京林业大学经济管理学院	教授
贾卫国	男	南京林业大学经济管理学院	副教授
陈 翩	女	南京林业大学经济管理学院	研究生
陈思焜	女	南京林业大学经济管理学院	研究生

6.1.3 程序和方法

(1) 程序

①收集背景信息，明确地块。本次《手册》应用活动按照项目预先设定选择在安徽省黄山市黄山区永丰乡文祥村进行。

②讨论确定参与式森林经营及规划小组。根据编制森林经营方案的组织工作要求，与黄山区林业局、永丰林业站以及文祥村委会、祥符林业合作社讨论，并在走访村民的基础上建立参与式经营小组。

③收集分析资料。与文祥村村干部座谈，了解该村的基本情况，村级发展规划和思路，进行村民访谈，了解村民对于村级发展与森林经营的基本思路和看法。资料收集重点在于森林资源资料的收集和现场踏查。实地了解、核对森林资源情况。初步划分森林经营类型，并在地形图上勾绘边界。

④评价森林经营，讨论征询未来经营的意见。召开村民座谈会，根据初步划分的经营类型，分地块逐块用图片展示森林现状，村民对森林经营的现状进行议论和讨论，充分发言，讨论、分析和指出森林经营中的存在问题，评价森林经营，征询未来经营的意见。

⑤编制参与式森林经营方案（草案）。《手册》应用工作小组根据村民讨论的结果，和村民对未来森林经营的设想，合并评论和建议，提出未来森林经营的措施，编制参与式森林经营方案（草案）。

⑥反馈、交流、讨论参与式森林经营方案（草案）并征询《手册》意见。《手册》应用工作小组召开村民会议，并将所编制的参与式森林经营方案（草案）展示给村民，进行反馈，提交讨论。并进一步获取他们的想法，征求完善意见和建议。

同时，《手册》应用工作小组就《手册》的内容和程序，为完善内容，征求村民以及村委会成员、合作社领导关于参与式森林经营管理的程序和方法上的意见和建议。

⑦参与式森林经营方案定稿。根据村民对编制参与式森林经营方案（草案）的意见和建议，进一步完善参与式森林经营方案并定稿，并提交村委会、林业主管部门以及村民分享。

（2）方法

①文献收集与踏查。对于《手册》应用活动的所在村的背景资料和森林资源资料主要通过收集文献资料和现场踏查的方法获得。

文献主要有村、乡的社会经济统计资料和自然环境等介绍文字资料，森林资源二类清查资料，森林采伐证发放资料和历年林业的作业设计资料，林权证发放资料，公益林划分资料，地形图等。经过分析和汇总，获得现有森林资源的情况。并踏查进行核对，勾绘地形图。踏查先在地形图上确定路线，结合书面资料确认各小班、区域的森林资源情况，进行现场核对，并进行初步的勾绘。

②访谈。访谈主要对象有村委会成员、合作社领导、村民、林业技术人员、林业局工作人员。访谈主要包括以下几个方面：

- 收集背景资料的访谈：对象为村委会成员、村中老人以及林业技术人员；
- 确定工作小组之前的访谈，主要是村委会成员和村民；
- 关于《手册》的程序和内容方面的意见和建议，访谈对象为林业技术人员、林业局工作人员。

③召开座谈会。召开村民、村干部和合作社领导以及林业技术人员的座谈会。主要座谈内容有：

- 当前森林经营状况的评价；
- 当前森林经营存在的问题分析；
- 未来的森林经营战略；
- 未来的具体的森林经营措施选择；
- 参与式森林经营方案（草案）的讨论和完善；
- 关于《手册》中的参与式程序和内容的意见和建议；
- 参与式森林经营所需要的环境和条件等。

④幻灯和图片展示。主要在讨论会上使用幻灯和图片进行展示需要讨论的内容。主要

展示以下内容：

- 收集的关于《手册》应用对象区域的森林资源基本情况，包括基本数据、林相图、林权图、公益林分布图等；
- 踏查中拍摄的关于各种典型林分的照片，用于对森林评价和经营问题分析；
- 编制的参与式森林经营方案草案用于讨论；
- 《手册》的相关内容用于讨论并提出修改建议等。

⑤头脑风暴法以及问题树、SWOT 分析等。在座谈会中，通过幻灯和图片展示的资料，启发和提示村民进行思考，并运用头脑风暴法和问题树、SWOT 分析等方法，记录和分析村民关于森林经营所关注的内容（即森林经营评价的因子），讨论森林经营的目标，对森林经营的愿望，指出目前森林经营的问题，通过问题树等方法，分析森林经营存在问题的原因，以及改进的可能和政策需求等。并结合当地森林经营的习惯和条件，以及市场和政策环境等进行 SWOT 分析，提出未来森林经营的目标和具体的经营措施。

6.1.4 自然村或行政村对象选择说明

（1）项目点自然社会情况

按合同约定，本次调研在安徽省黄山区的文祥村村级层面展开。案例村的选择由项目预先确定，项目选择文祥村附近的五个自然村及其山林作为《手册》运用活动的项目点。

文祥村位于黄山区永丰乡，以中高山和低山丘陵为主，属亚热带季风湿润气候，四季分明，雨量充沛，湿润温暖，小气候特点显著。文祥村有 17 个村民小组，1 818 人，1 200 个劳动力，外出务工人员 780 人，农户 522 个，2010 年村人均收入为 7 282 元，2011 年人均收入为 8 000 元。根据村级统计，全村土地总面积 26 163 亩，其中耕地面积 2 483.25 亩，人均 1.37 亩，其中水田人均 0.8 亩，水域（太平湖叉湖）面积 1 975.95 亩，山林面积 18 112.5 亩，其中竹山（毛竹、雷竹）1 299 亩。

（2）项目点森林资源情况

文祥村现有山林面积 18 112.5 亩，其中竹山（毛竹、雷竹）1 299 亩。村中以公益林为主，农户商品林很少，合作社有一定的商品林。文祥村中列入本次编案有 5 个自然村，分别为：王家、下坑、高岸、向阳和塝上。祥符片土地总面积 12 691.7 亩，其中山林面积为 8 989.6 亩。农户所有山林面积为 3 748.3 亩，合作社所有山林面积为 2 285 亩，国家所有森林面积为 2 956.3 亩。王家村民组森林经营以竹林为主，另外有少量的马尾松、槠树、杉木林等。其中竹林经营有以毛竹居多，有 17、18、25、29、35 等小班。下坑村民组森林经营主要以马尾松为主，辅助树种有枫香、杉木等，小班有 12、13、14、15、16、20、22、30、39 等。高岸村民组森林经营主要以枫香等阔叶林为主，还有少量的马尾松、毛竹等，小班为 48、49、50、51、52、53、54、57 等。向阳村民组森林经营以枫香等软阔为主，还有经营马尾松、槠树等，小班为 12、19、21、23、24、41、46 等。塝上村民组森林经营以杉木林为主，还经营毛竹、雷竹、马尾松、槠树、板栗茶叶混交林等，小班为 26、27、28、32、47、33、34 等。

6.2 主要活动

6.2.1 材料准备

- 准备参与式森林经营（PFM）有关的所有项目报告，主要是项目前期在试点村基于参与式森林经营培训材料应用所形成的能力建设、政策评估报告；
- 准备与中国森林管理相关的林业政策、法律和规章制度，包括《森林法》、《简易森林经营方案》、《森林采伐与更新规程》和《中华人民共和国农民专业合作社法》等；
- 准备该项目前期形成的《集体林区村级参与式森林经营及方案编制手册》草案并复印20份，以备征求意见用；
- 收集中国和其他地区形成的森林经营文献，分析归纳其经验；
- 对项目村黄山区文祥村现有资料进行收集、整理和分析，并摘录其重点，如立地条件、权属变化、公益林划分、主要的森林利用情况、经营管理方面存在的问题等，复制相关的地图和表格；
- 收集整理目前拥有的黄山区文祥村的资料，并对其他相关资料进行分析，弄清森林资源的经营情况，包括农业发展情况，各合作组织发展情况，森林冲突及其处理情况，妇女或青年的发展规划，其他社会经济发展情况等；
- 拟定座谈会提纲，制定工作计划等。拟定的工作计划见表6－2：

表6－2 《集体林区村级参与式森林经营及方案编制手册》应用项目工作计划表

时间	工作内容
9月22—29日	1. 材料收集与研读； 2. 确定项目地块。
10月7日	1. 到黄山区； 2. 与林业局沟通，进行项目安排，商讨成立应用小组事宜； 3. 通知相关人员。
10月8日	1. 与林业站、村干部、合作社领导座谈、走访村民； 2. 成立工作小组并明确目标和任务，进行分工； 3. 森林资源数据收集与完善。
10月9日	1. 踏查； 2. 完善整理资料、制作展示幻灯等。
10月10日	召开村民座谈会： ● 评价森林 ● 问题分析 ● 未来措施选择
10月11日	1. 形成草案 2. 召开村民座谈会征求草案意见； 3. 征求《手册意见》。
10月12日	1. 形成终稿并反馈； 2. 林业局征求《手册》意见。

6.2.2 目标选择和组成应用小组

本次《手册》应用项目活动按照项目总体要求和预先安排，选择安徽省黄山区文祥村进行，并选择该村祥符片五个村民组（原祥符村）的山林作为参与式森林经营的对象。参与式森林管理的主要目标人群包括林业管理部门人员、当地林业技术人员、文祥村林业专业合作社成员、文祥村村民以及协助者（本应用项目执行者）。

根据参与式指南的步骤和要求，首先分别与黄山区林业局、永丰林业站、文祥村村委会干部、祥符林业合作社领导进行座谈，商讨组成指南应用小组的人选和事宜，并深入五个村民组走访村民，进行交流，了解村民对于参与式森林经营、森林经营等方面的知识和能力，以及参与指南运用的意愿，确定初步的名单，进行讨论，组成由林业专业技术人员、森林经营主体和林业行政管理者以及协助者组成的参与式森林经营及规划小组。最终选择 15 人组成《手册》应用小组，具体名单见表 6－1。

应用小组成立后，进一步在小组内明确参与式森林经营的概念，以及本次应用活动的目标和任务，并进行了分工。

6.2.3 实施过程

（1）相关资料的收集分析

根据计划步骤和安排，应用小组首先进行相关资料的收集。主要是对文祥村新的信息的补充和完善，《手册》应用对象的森林资源的资料收集。文祥村属亚热带季风湿润气候。四季分明，雨量充沛，湿润温暖，小气候特点显著。年平均气温为 15.4℃，最热月（7 月）平均气温 27.4℃，最冷月（1 月）平均气温 2.8℃，无霜期达 210～230 天。全村土地总面积 26 163 亩，其中耕地面积 2 483.25 亩，人均 1.37 亩，其中水田人均 0.8 亩，水域（太平湖叉湖）面积 1 975.95 亩，山林面积 18 112.5 亩，其中竹山（毛竹、雷竹）1 299 亩。其中相符片包括下坑、王家、向阳、塝上、高岸五个村民组，组建有祥符林业合作社。祥符片土地总面积 12 691.7 亩，其中山林面积为 8 989.6 亩。农户所有山林面积为 3 748.3 亩，合作社所有山林面积为 2 285 亩，国家所有森林面积为 2 956.3 亩。

森林资源的资料主要是在 2004 年二类清查的小班数据基础上，结合 2007 年林权制度改革的森林资源资料和 2009 年公益林划分的森林资源资料和 2009 年退耕还林验收（含荒山造林）的资料，确定初步的森林资源情况，并根据近年的采伐审批和采伐证发放的数据资料，修正小班数据和森林资源情况。《手册》应用对象的五个村民组，共有山林 8 989.6 亩，其中国有林 2 956.3 亩，全部为公益林，集体林 6 033.3 亩（农户 3 748.3 亩，合作社 2 285 亩），其中公益林 5 851.6 亩，商品林 3 138 亩。树种组成主要为杉木林、竹林以及天然次生林（有的以马尾松为优势树种，有的以马尾松、槠树为优势树种，有的以枫香、槠树等软阔为优势树种的混交林）。具体见表 6－3、表 6－4。

表 6－3　祥符片森林资源现状表

单位：亩

	农户所有	合作社所有	国家所有	总和
商品林面积	1 253	1 885		3 138
公益林面积	2 495.3	400	2 956.3	5 851.6
总和	3 748.3	2 285	2 956.3	8 989.6

表 6－4　祥符片集体林产权统计表

经营主体	经营类型	面积（hm^2）	主要树种	主要林种
个人经营	自留山	156.5	马尾松、阔叶树、杉木、毛竹	防护林
	责任山	689.4	马尾松、阔叶树、杉木、毛竹	防护林
其他	合作组织	152.3	杉木、毛竹	用材林
	林场	110.76	杉木	用材林
	其他（大户）	10.8	毛竹	防护林

其林相分布如图 6－1 所示：

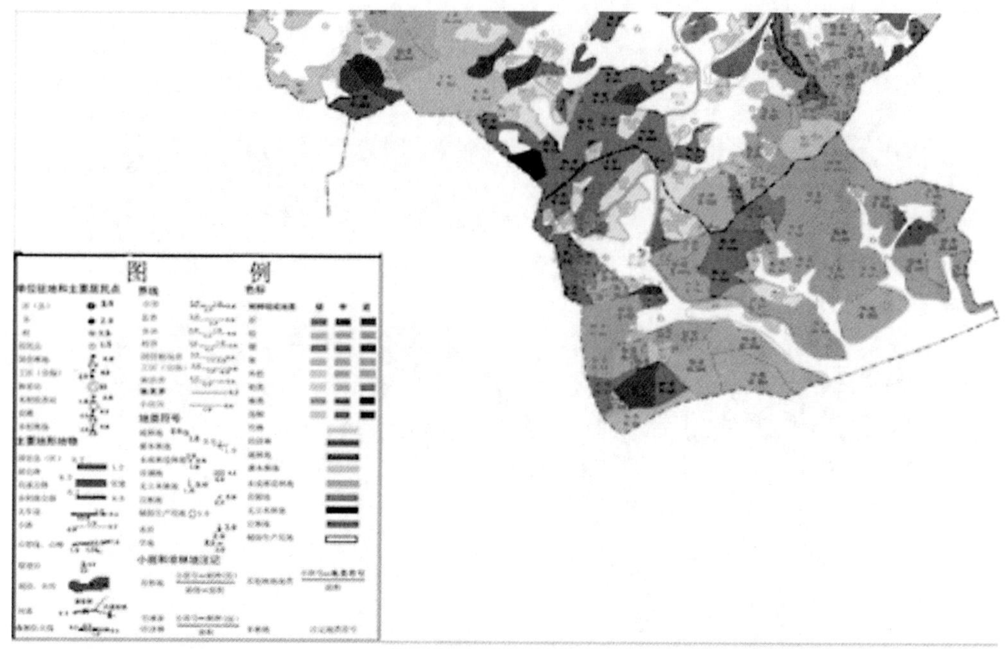

图 6－1　祥符片森林的林相图

①国有林、集体林的分布（图 6－2）。

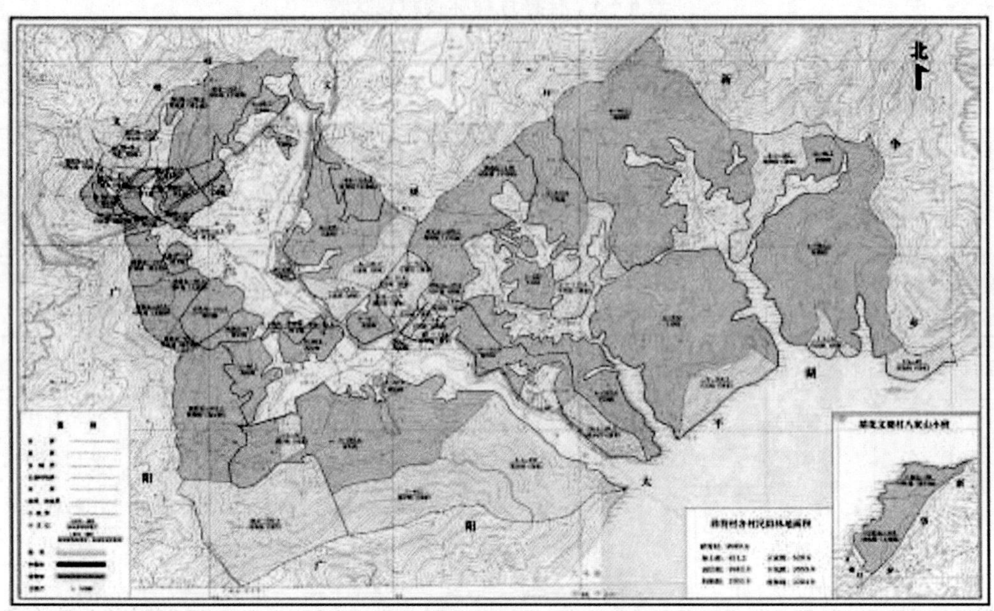

图 6－2　祥符片森林资源所有权图

②公益林、商品林的分布（图 6－3）。

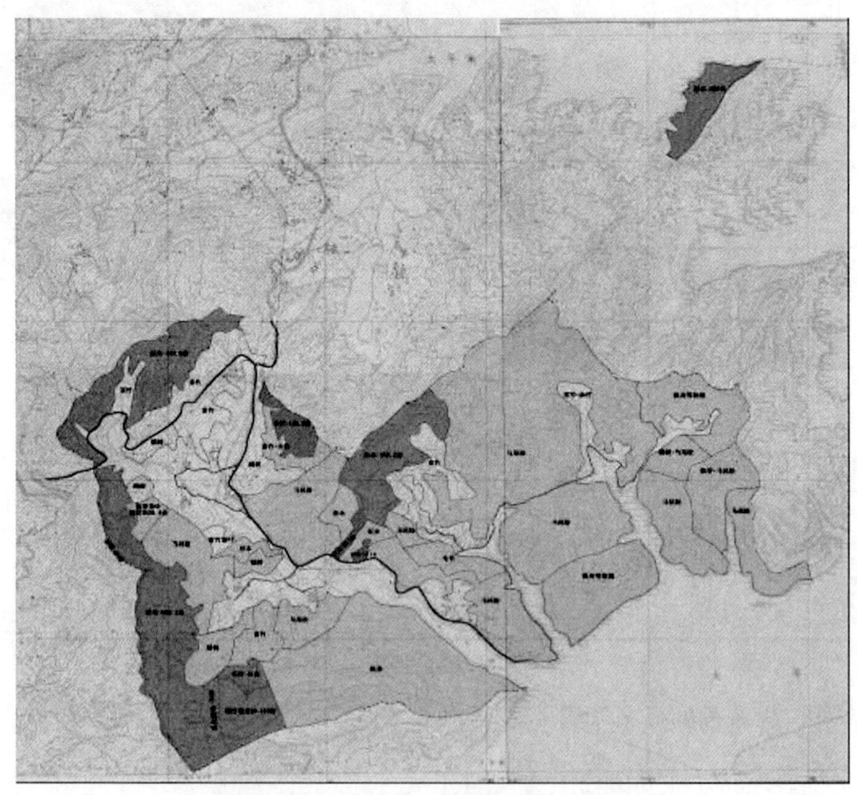

图 6－3　祥符片森林资源公益林分布图

③2009年以来的采伐情况。祥符片的森林采伐对于目前的森林资源情况产生了影响，使得与实际情况产生了一定的差异。祥符的采伐包括农户自用材采伐、森林抚育采伐和主伐。农户自用材采伐比较分散，对森林资源状况影响不大。表6-5统计的是森林抚育采伐和主伐情况。

表6-5 2009—2012年祥符片森林采伐统计

发证日期	消耗结构	许可采伐数量		采伐地点	采伐方式	采伐强度	采伐面积
		蓄积合计	材积合计	小班（小地名）		%	
2009-5-22	商品材	314	157	西家尖	生长伐	20	173
2009-5-22	商品材	326	163	西家尖	生长伐	24	145
2009-5-22	商品材	160	80	黄龙山	生长伐	25	74
2009-10-15	商品材			四冲里	择伐	15	105.8
2010-8-30	商品材	180.3	110	西家尖	隔离带采	100	37
2010-8-30	商品材	560.7	342	陵山	皆伐	100	70
2010-9-29	商品材	78.7	48	黄龙山	雪灾木清	6	205
2010-12-23	商品材	274	137	凤形	生态疏伐	15	170
2011-9-16	商品材	250	152.5	西家尖	隔离带采	100	33
2011-9-16	商品材	685	500.1	陵山	皆伐	100	83
2011-11-24	商品材	83	49.8	下圩桩	生长伐	12	108
2011-12-14	商品材	47	18.8	凤形	卫生伐	15	35.6
2012-7-27	商品材	115	70.2	西家尖	隔离带采	100	27
2012-7-27	商品材	671	489.8	陵山	皆伐	100	70

④2009年以来的造林数据。具体数据统计如表6-6：

表6-6 2009—2012年祥符造林数据统计表

小地名	前地类	林种	树种	造林密度	造林方法	苗木种类	面积
养山	宜林荒山	用材林	泡桐	30	植苗	实生苗	5
犁头尖	宜林荒山	用材林	泡桐	30	植苗	实生苗	9
磨形	宜林荒地	经济林	雷竹	60	移竹	竹母	9
松树岭	宜林荒地	经济林	雷竹	60	移竹	竹母	6
高山	宜林荒山	用材林	木荷	150	植苗	实生苗	30
犁头尖	宜林荒山	用材林	泡桐	30	植苗	实生苗	30
陵山	宜林荒山	用材林	油茶	80	植苗	实生苗	30
高山	宜林荒山	用材林	泡桐	30	植苗	实生苗	90
高山	宜林荒山	用材林	木菏	167	植苗	实生苗	30
犁头尖	宜林荒山	用材林	泡桐	30	植苗	实生苗	30
陵山	宜林荒山	用材林	油茶	80	植苗	实生苗	30

(2) 踏查和初步划分经营类型

《手册》应用小组在数据资料收集的基础上，在1：10 000的地形图上确定踏查路线，并准备空白的1：10 000的地形图多份，用于现场初步勾绘边界等。全体小组成员一起参与踏查，共计耗时一天，上午踏查了高岸、下坑、塝上三个村民组的森林，下午踏查了王家、向阳村民组的森林，重点看了合作社的采伐迹地和新造林地以及退耕还林形成的竹林等。对数据资料进行了实地核对，简单勾绘了相关的边界，并对典型代表性林分类型进行了拍照。

根据数据资料和踏查核对的森林资源情况，根据林种、优势树种等初步划分了经营类型，按照森林经营用途划分为以下几种经营类型：

第一种，属于公益林，树种组成以马尾松、枫香为优势树种的混交林；适度经营，补植为主。

第二种，属于公益林，树种组成以枫香、槠树等软阔为优势树种的混交林。以保护为主，维持现状。

第三种，主要是商品林，并多为合作社拥有的林分，少部分为公益林，书中为杉木，进行森林经理作业，并逐步更新为竹林等。

第四种，为竹林，主要为毛竹、雷竹，进行竹林经营，笋竹两用。

第五种，为防火林道上种植的油茶，进行经济林经营。

应用小组将初步划分的经营类型及大概的经营设想提交村民座谈会讨论。

(3) 召开村民代表座谈会

召开村民座谈会。在会议上首先用幻灯介绍参与式森林经营的相关概念和思想，并进一步介绍《集体林区村级参与式森林经营及方案编制手册》编制以及本次活动的背景，《手册》规定的参与式森林经营的大致内容和步骤。并就所收集的《手册》应用对象区域——相符片的森林资源数据资料以及踏查获得的相关照片等分地块用图片进行展示现有的森林资源情况，农户进行讨论、评价现有的森林，村民对森林经营的现状进行议论和讨论，村民充分发言，分析和指出森林经营中的存在问题。并结合森林经营的环境和政策，讨论对未来森林经营的期望和可能采取的森林经营措施。在这个过程中，村民充分交流讨论，分析村民评价森林的标准，以及影响村民参与森林经营、实现经营意图的主要障碍以及可能的措施和途径。

农户认为：

①对于现有的一些划分为公益林的以马尾松和枫香为优势树种的公益林，由于马尾松遭受病虫害，大量枯死并可能全部枯死。由于政策限制，森林未能很好地开展经营，目前森林状况不佳，甚至出现稀疏的情况，农户希望在这部分森林里进行一定的经营作业，补植毛竹等并最终形成竹林。甚至个别农户认为对于太平湖周围的一级公益林可以全部改造为毛竹林，虽然短期内会产生景观和涵水功能下降，但3～5年后会形成更加优美的景观，并认为毛竹林涵水能力更强，同时可以提高经济效益，有利于森林的稳定。

②对于枫香等软阔为主的公益林，目前生长良好，还是政府经营为宜，主要发挥生态效益，但是政府的生态补偿过低，不足以补偿农户森林经营的损失，农户提出每亩每年补助100～120元为宜。也有农户提出可以对这些森林在保持生态效益的情况，进行适度经

营，以提高经济效益。具体的措施可以是对郁闭度较高的林地，政府可以允许农户进行适当的砍伐更新，种植经济树种如杉木、竹林等，这样既不影响森林生态效应，又可以给农户增加经济效益。

③对于杉木林经营，农户认为目前杉木林经营不好，主要表现在出材量低，经济效益不高。原因可能是土壤问题，不适合杉木生长，没有做到适地适树；当地交通不便，杉木林对交通道路有一定的要求等。农户认为杉木林的未来经营方式主要是把商品杉木林逐步更新改造为杉阔混交林，杉木公益林长大后，政府应给出合理规划，允许农户进行抚育渐伐，砍大留小，进行择伐。合作社杉木林将逐步改成竹子和泡桐、枫香等竹阔混交林，最终成竹林和枫香。即使有少部分杉木林是公益林，农户认为应该进行经营，因为杉木林的防护效益比较差，应该逐步改造为枫香、毛竹等竹阔混交林，既可以有很好地涵养水源和景观效益，也可以有较好的经济效益。

④竹林经营总体经济效益好，农户经营意愿高。竹林一般分为雷竹和毛竹。雷竹的经济效益更好，主要以产笋为主要经济收入。祥符村本地雷竹产笋量大概为 250～300kg/亩，而附近村较好的一般为 750～1 000kg/亩。因此农户对目前的竹林经营满意度也不高。农户认为产笋量不高的主要原因是：缺乏规模经营，林地不集中，人均拥有林地少而且分散，从而导致对雷竹的抚育少。由于野猪对毛竹笋危害大等原因，毛竹经济收入主要来自于毛竹竹材。毛竹过细，农户认为原因有：毛竹成林时间短；土壤质量问题；后中期抚育力度不够；林地树桩萌芽影响生长等。对于雷竹和毛竹的未来经营，农户将更多地种植雷竹，逐步将毛竹更新为雷竹。原因有：雷竹见效快、用工少、产笋多，而且抚育时间短，一般第四年就会有经济收入，而毛竹对交通要求较高，至少要抚育 6、7 年。

⑤农户认同应用小组初步划分的经营类型，认为符合农户的意愿，未来希望针对不同的森林经营类型采取不同的森林经营行为。

（4）制定初步规划

《手册》应用工作小组根据村民讨论的结果，评价目前森林经营情况，归纳、总结出目前森林经营的问题，并根据村民对未来森林经营的设想，合并评论和建议，提出未来森林经营的措施，编制参与式森林经营方案（草案）。主要的内容应该包括：背景资料、森林资源状况、森林资源评价、森林经营问题分析、未来经营的目标、未来经营的措施等。这些内容在本报告的前面不同部分已经分别做过一些介绍，这里仅就森林经营类型的划分和未来经营措施进行进一步的明确。

对于近五年的具体的森林经营措施初步规划如下：

经营类型一：马尾松＋枫香为优势树种的公益林经营

经营方针和目标：作为公益林，发挥生态效益为主，但同时考虑经济效益。因此，在不影响现有林分生态效益的情况下，逐步将现有林分进行树种改造，适当增加竹、茶叶的比重。

主要措施：清理枯死马尾松；补植毛竹或茶叶。

作业年度：2013—2015 年在已经有枯死马尾松尚未清理的林分中先清理马尾松，并补植、移栽毛竹。每亩不多于 30 株。2016—2017 年，在未发生枯死的林分中逐步进行林下茶叶、毛竹种植。毛竹每亩不多于 20 株。

经营类型二：枫香软阔为优势树种的公益林经营

这种经营类型基本以保护为主，不进行主动的经营干预。当这类经营类型的森林出现退化，或者优势树种过密时，可以采取单株择伐，存在林中空地等可以补植毛竹等。

经营类型三：杉木林经营。

这种经营类型主要是商品林，还有少部分公益林，但考虑树种组成，划为一个经营类型，采取同样的经营方式，林权主要为合作社拥有。

经营方针和目标：逐步改造杉木林，成为竹阔混交林，提高经济效益的同时也发挥生态效益，前期为毛竹、泡桐和枫香混交，最终泡桐采伐后（约更新十年后）形成“毛竹＋枫香”的混交林。

主要措施：

采伐：每年 100 亩左右的速度进行皆伐，采伐蓄积约为 $900m^3$/年，出材量约为 $600m^3$/年。

造林：采伐迹地次年更新，每亩移栽毛竹 40 株，泡桐 20 株，枫香 20 株（如果采伐迹地前期已经在林下移栽毛竹后，每亩约补植 20 株）；在未采伐杉木林内移栽毛竹 20 株/亩。

抚育：迹地更新造林后三年抚育，主要进行砍灌，除草，每年两次。第一年进行毛竹垦覆，以后每五年毛竹垦覆一次。

经营类型四：竹林经营。

竹林分毛竹和雷竹。除合作社原有的毛竹林外，多数为退耕还林、荒山造林过程中形成的，以雷竹为主。

经营目标和方针：维持竹林稳定和良好的长势，提高经济效益。毛竹林为笋竹两用林，以生产竹材为主，雷竹主要为笋用林。

经营措施：主要是加强抚育。毛竹林主要进行林地清理，砍灌，砍除藤蔓，清除老桩，钩稍，施肥等，并每五年进行一次垦覆。对新生竹标注年份和记号，按照存三去四的原则，进行采伐，最终保持立竹度 220 株/亩。雷竹林主要是培育竹笋，措施主要包括施肥、松土、浇灌、覆盖保温、清理老竹和杂灌等，保持每亩立竹度 800～1 000 株。

经营类型五：经济林经营

在《手册》应用区域内有两片经济林，均为合作社所有。一片为板栗＋茶叶，面积约 50 亩，目前出租经营，仍维持现状；一片是在防火林带上栽植的油茶，面积 60 亩，目前林龄为 3 年，尚未达到成龄。近年主要进行抚育，具体措施为：林地清理，清除油茶林中的藤灌木、杂草、寄生植物和其他混生的林木树种，清理残次油茶树，并进行施肥和树冠整形。

(5) 展示、反馈与讨论

按照《手册》的步骤和程序，应用工作小组在召开村民会议的基础上，编制参与式森林经营方案草案，并制作幻灯，再次召开村民会议进行展示、反馈和讨论。应用小组将根据农户的意见制定方案（草案），将经营方案中的主要的内容和思路进行了幻灯展示和反馈，征求了农户的意见，并进一步获取他们的想法，完善意见和建议。

(6) 征询《手册》意见

在反馈经营方案的村民会议上，《手册》应用工作小组就《手册》的内容和程序，为完善内容，征求村民以及村委会成员、合作社领导关于参与式森林经营管理的程序和方法上的意见和建议。农户认为《手册》程序过于复杂，难以理解，同时参与森林经营方案的编制也存在技术上的困难，农户认为他们没有参与编制的技术水平，同时也认为，对于他们的森林经营不需要那样规范的森林经营方案，他们心中有数。

6.3　应用成果

6.3.1　本底情况

（1）地形地貌

规划区域属于黄山市黄山区乌石乡文祥村的一部分（村合并以前为祥符村）。地处东经117°53′～118°05′，北纬30°8′26″～30°13′（地形图上判读该数据），分别与本区乌石乡及本镇龙源村、汤家庄村交界，为太平湖北岸，全村土地总面积26 163亩，其中耕地面积2 483.25亩，人均1.37亩，其中水田人均0.8亩，水域（太平湖叉湖）面积1 975.95亩，山林面积18 112.5亩，其中竹山（毛竹、雷竹）1 299亩。属于长江一级支流青弋江上游区，青弋江全长211km，控制流域面积6 035km²。分布于黄山西部，区域分布于南北走向山脉内，地势东北、西部高，中间及南部较低，最高海拔754.6m，最低海拔200m。

（2）气候

规划区域地处中亚热带北缘，属亚热带季风湿润气候，四季分明，夏季酷热，冬季严寒，雨量充沛，暴雨集中，湿润温暖，小气候特点显著，昼夜温差大。年平均气温为15.4℃，最热月（7月）平均气温27.4℃，最冷月（1月）平均气温2.8℃，无霜期达210～230天。年均日照时数1 700h，年均降水量在1 564mm，年蒸发量1 200mm，平均相对湿度78%。

规划区域内年际降水不稳定，季节分配不均匀。夏季最多，春季次之，秋季较少，冬季最少，年平均降水量为1 564.5mm，其中春季占32.8%，夏季占36.9%，秋季占17.8%，冬季占12.5%；资料显示，月降水量最多是6月，达231.7mm，12月最少，仅45.8mm。规划区域沿太平湖北岸，汊湖纵横。

（3）土壤和立地条件

规划区域内地质构造复杂，基岩以千枚岩、页岩为主，适宜于杉木、竹类、阔叶树等树种的生长。土壤以黄壤为主，河谷盆地以潮土、新积土为主。土层厚度平均约50cm左右。山脊、山顶立地条件较差，阴坡较阳坡立地条件好，山谷和部分下坡立地较差。

（4）社会经济条件

黄山区土地总面积1 641km²，辖14个乡镇，76个村，总户数39 858户，总人口16.32万人，其中农业人口12.48万人，农村劳动力7.45万人，人口密度98.5人/km²。2009年全区工农业生产总值为411 400万元，财政收入37 558万元，农民人均年收入5 948元，城镇职工人均年收入28 252元。文祥村有17个村民小组，1 818人，1 200个劳动力，外出务工人员780人，农户522个，2010年村人均收入为7 282元，2011年人均收入为8 000元。项目区域为王家、下坑、高岸、向阳和塝上5个村民组境内的山场。

6.3.2 森林资源与经营评价

（1）调查

本次编案小班调查区划是在2004年二类森林资源清查资料基础上，依据新版林权证（2011年发放），以及公益林划分和退耕还林和荒山造林验收的资料，根据地类、树种、龄组、地形地貌、经营类型等，现场核对，确认小班界线，并进行补充调查，在地形图上现场勾绘。

（2）区划

利用1：10 000的地形图、2004年二类清查小班图、公益林划分图和林权证发放图，考虑龄组、树种、经营类型等差异，结合GPS定位将规划区域划分为79个小班，并含有1个副小班。其中原有小班由于采伐、造林以及小班优势树种发生变化，边界也相应有所改变。具体成果见小班区划图6-4。

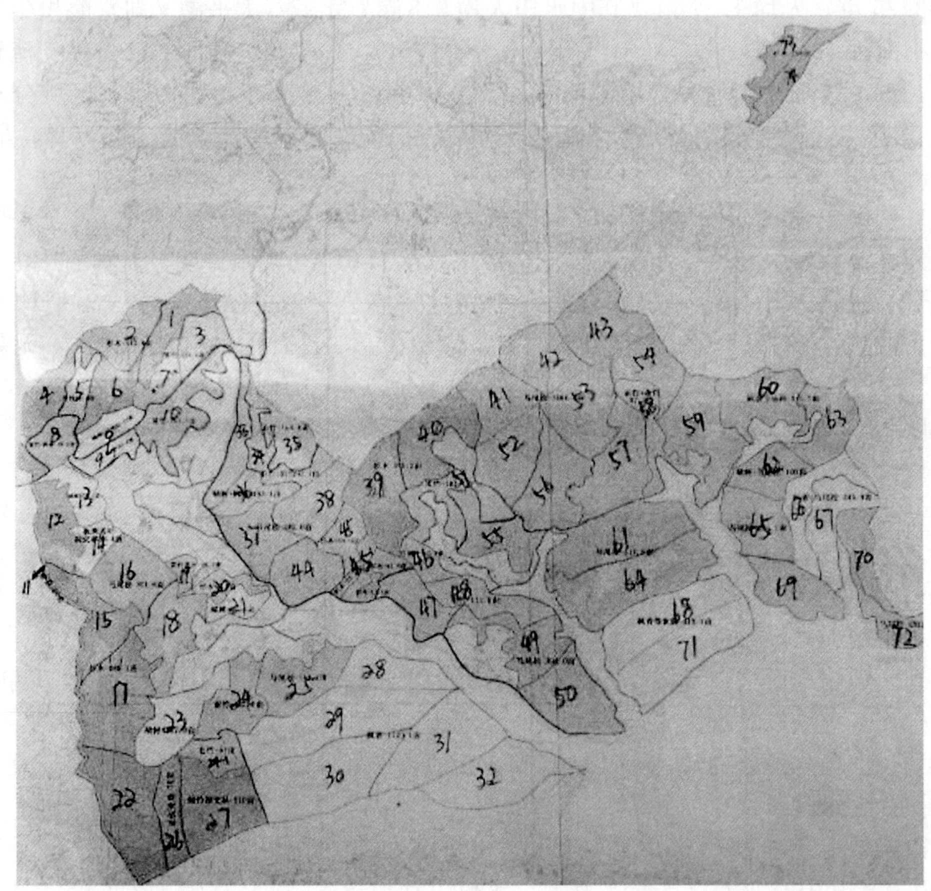

图6-4 小班区划图

（3）数据处理与结果

①数据处理方法。

蓄积量的计算：根据角规值和平均树高查《常用树种断面积标准表》（《安徽省森林资

源规划设计调查实施细则》2003 年 9 月版）得出每公顷蓄积。

生长量的计算：一是采用生长锥进行实地检测求算而得，二是利用现有资料数据与本次调查数据比较，并考虑期间的人为经营活动的影响，计算而得。

林分密度的计算：根据平均树高和平均胸径查二元材积表，得出每株平均蓄积，再以每公顷（每亩）蓄积除以每株蓄积得出林分密度。

运距：通过图上求算作业小班到支道距离。

②小班数据。规划区域中人工杉木林以及毛竹林是在 20 世纪 90 年代陆续造林形成，其余部分为天然次生林，主要树种为枫香、马尾松、甜槠、苦槠、栎类等，部分小班有散生的大径材，主要树种是马尾松和枫香。

规划区域森林共分 74 个小班，3 个副小班，林地面积 8 989.6 亩，其中人工杉木林（1、2、4、6、12、15、17、20、22、39、40、45、47、73、74 号等 15 个小班和 45 - 1 一个副小班），计 1 698.5 亩，蓄积 16 985m^3，11（60 亩）、26（70 亩）号小班为采伐迹地，并进行了更新造林，分别为油茶和阔竹混交（泡桐、枫香、毛竹），竹林 1679 亩（3、5、7、8、10、19、27、34、35、48、51、58 号等 12 个小班和 24 - 1 一个副小班），天然次生林（16、18、25、37、38、41、42、43、44、46、49、50、52、53、54、55、56、57、59、61、62、64、65、69、70、72、9、13、21、23、24、28、29、30、31、32、33、36、60、63、66、67、68、71 等 44 个小班和 9 - 1 一个副小班），计 5 232.7 亩，蓄积 51 549.1m^3。

(4) 林分状况综述和分析

树种组成主要为杉木林、竹林以及天然次生林（有的以马尾松为优势树种，有的以马尾松、槠树为优势树种，有的以枫香、槠树等软阔为优势树种的混交林）。

祥符片所在区域为皖南山地区域，水热条件较好，立地条件中上，适合植物生长，但是规划区域中的森林由于经营管理水平不够，林分生长状况不太理想，林分蓄积量整体较低，森林质量整体较差。

①公益林经营。相符片共有公益林面积 5 851.6 亩，占整个森林面积的 65.1%（表 6 - 7）。主要为天然次生林。主要树种是枫香、马尾松以及甜槠、苦槠和青岗栎等乡土树种，相对物种丰富，但普遍缺少管理，粗放经营；长期的无序樵采和“拔大毛”作业使林分质量下降，平均蓄积量仅约 40～60m^3/hm^2，出材量极低。以马尾松为优势树种的林分中遭受松褐天牛危害成灾，导致马尾松大面积枯死。枯死木清理后的森林，林相残破、稀疏，需要尽快进行补植等。

表 6 - 7 祥符片森林资源现状表

单位：亩

	农户所有	合作社所有	国家所有	总和
商品林面积	1 253	1 885		3 138
公益林面积	2 495.5	398.8	2 956.3	5 851.6
总和	3 748.5	2 284.8	2 956.3	8 989.6

对于现有的一些划分为公益林的以马尾松和枫香为优势树种的公益林，由于马尾松遭

受病虫害，大量枯死。由于政策限制，森林未能很好地开展经营，目前森林状况不佳，甚至出现稀疏的情况，农户希望在这部分森林里进行一定的经营作业，补植毛竹等最终形成竹林。甚至个别农户认为对于太平湖周围的一级公益林可以全部改造为毛竹林，虽然短期内会产生景观和涵水功能下降情况，但3～5年后会形成更加优美的景观，并认为毛竹林涵水能力更强，可以提高经济效益，有利于森林的稳定。

对于枫香等软阔为主的公益林，目前生长良好，还是政府经营为宜，主要发挥生态效益，但是政府的生态补偿过低，不足以补偿农户森林经营的损失，农户提出每亩每年补助100～120元为宜。也有农户提出可以对这些森林在保持生态效益的情况，进行适度经营，以提高经济效益。

②杉木林经营。总体来说目前杉木林经营不好，主要表现在出材量低，经济效益不高。原因可能是土壤问题，不适合杉木生长，没有做到适地适树；当地交通不便，杉木林对交通道路有一定的要求。对于规划区域内的人工林，目前主要的措施就是逐年进行主伐，进行树种结构调整。在人工林的林中空地及其林缘，草木旺盛，也有乡土阔叶树的幼树存在。但在郁闭度较大的林分内，林相单一，林下植物稀少，生物多样性差。

农户认为杉木林的未来经营方式主要是把商品杉木林逐步更新改造为杉阔混交林，杉木公益林长大后，政府应给出合理规划，允许农户进行抚育渐伐，砍大留小，进行择伐。合作社杉木林将逐步改成竹子和泡桐、枫香等竹阔混交林，最终成竹林和枫香。即使有少部分杉木林是公益林，农户也认为应该进行经营，因为杉木林的防护效益比较差，应该逐步改造为枫香、毛竹等的竹阔混交林，既可以有很好地涵养水源和保持景观，也可以有很好的经济效益。

③竹林经营。竹林经营总体经济效益好，农户经营意愿高。竹林一般分为雷竹和毛竹。雷竹的经济效益更好，主要以产笋为主要经济收入。毛竹林整体长势不错，虽有一些砍灌、除草抚育等经营措施，但整体立竹度不高，毛竹一般在170～180株/亩，低的只有130株/亩。出笋阶段，易受到野猪、猴子等野生动物的干扰，保留成材率不高。雷竹林更是缺少管理，杂灌丛生，出笋率低，祥符村本地雷竹产笋量大概为250～300kg/亩，而附近村较好的一般为750～1 000kg/亩。因此农户对目前的竹林经营满意度也不高。农户认为产笋量不高的主要原因是：缺乏规模经营，林地不集中，人均拥有林地少而且分散，从而导致对雷竹的抚育少。由于野猪对毛竹笋危害大等原因，毛竹经济收入主要来自于毛竹材。而毛竹过细，农户认为原因有：毛竹成林时间短；土壤质量问题；中后期抚育力度不行；林地树桩萌芽影响生长等。对于雷竹和毛竹的未来经营，农户倾向更多地种植雷竹，逐步将毛竹更新为雷竹。原因有：雷竹见效快、用工少、产笋多，而且抚育时间短，一般第四年就会有经济收入，而毛竹对交通要求也高，至少要抚育6、7年。

④经济林经营。经济林主要是11号小班的防火隔离带的油茶林60亩，14号小班的板栗+茶叶的58.4亩。14号小班目前租赁给外地商户经营，整体状况一般。油茶林刚三年，前期主要进行砍灌、除草等抚育措施，生长状况一般。

从规划区域的祥符片森林资源及其经营情况来看，总体上存在以下问题：①林地生产力低下，人工林和天然林出材率低下，经济效益低；②林区道路条件较差，交通不便，提高了林业生产的成本；③劳动力成本逐年上升，营林成本逐年增加，生产资金相对不足；

④农户对于林业经营管理经验不足，森林经营水平低，尤其是竹林经营水平低下；⑤祥符片的农户对林下经济、林副产品的利用加工开展不足，影响了森林综合效益的发挥。

6.3.3 分类型森林经营规划

(1) 经营类型的划分

根据数据资料和踏查核对的森林资源情况，根据林种、优势树种等初步划分了经营类型，并提交村民座谈会讨论，祥符片的森林资源按照经营用途划分为以下几种经营类型：

第一种，属于公益林，树种组成以马尾松、枫香为优势树种的混交林；适度经营，补植为主。

第二种，属于公益林，树种组成以枫香、楮树等软阔为优势树种的混交林。以保护为主，维持现状。

第三种，主要是商品林，多为合作社拥有的林分，少部分为公益林，树种为杉木，可进行森林经营并逐步更新为竹林等。

第四种，为竹林，主要为毛竹、雷竹，进行竹林经营，笋竹两用。

第五种，为防火林道上种植的油茶，进行经济林经营。

具体的森林经营类型的划分如图 6-5。

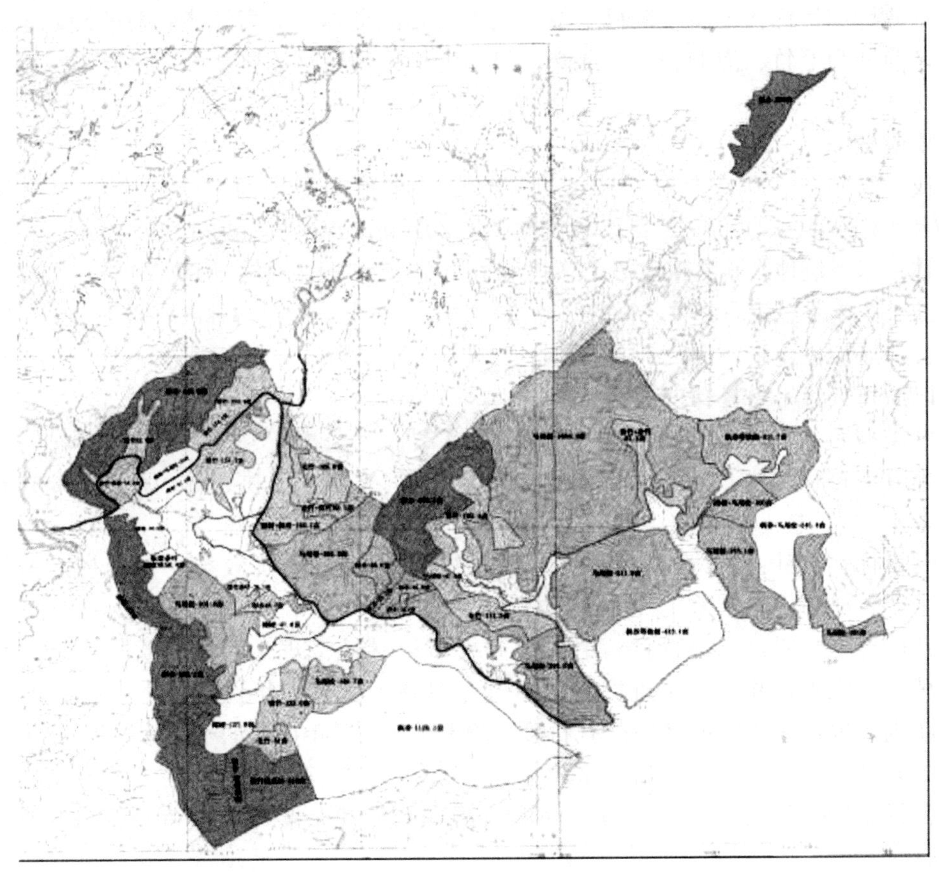

图 6-5 森林经营类型的划分图

(2) 分类型的森林经营活动安排

经营类型一：马尾松＋枫香为优势树种的公益林经营

经营方针和目标：作为公益林，发挥生态效益为主，同时考虑经济效益。因此，在不影响现有林分生态效益发挥的情况下，逐步将现有林分进行树种改造，适当增加竹、茶叶的比重。

主要措施：清理枯死马尾松，补植毛竹或茶叶。

作业年度：2013—2015 年在尚未清理的林分中先清理枯死马尾松，作业面积为 2 987.6 亩，清理马尾松蓄积为 4 481.4m^3，并补植、移栽毛竹。每亩不多于 20 株。2016—2017 年，在未发生枯死的林分中逐步进行林下茶叶、毛竹种植，毛竹每亩不多于 15 株。

经营类型二：枫香软阔为优势树种的公益林经营

这种经营类型基本以保护为主，不进行主动的经营干预。当这类经营类型的森林出现退化，或者优势树种过密时，可以采取单株择伐，存在林中空地等可以补植毛竹等。

经营类型三：杉木林经营。

这种经营类型主要是商品林，还有少部分公益林，但考虑树种组成，划为一个经营类型，采取同样的经营方式，林权主要为合作社拥有。

经营方针和目标：逐步改造杉木林，成为竹阔混交林，提高经济效益的同时也发挥生态效益，前期为毛竹、泡桐和枫香混交，最终泡桐采伐后（约更新十年后）形成毛竹＋枫香的混交林。

主要措施：

采伐：每年按 100 亩左右的速度进行皆伐，采伐蓄积约为 900m^3/年，出材量约为 600m^3/年。五年共采伐 689.1 亩，采伐蓄积 6 201.9m^3，出材量为 4 093.25m^3。

造林：采伐迹地次年更新，每亩移栽毛竹 40 株，泡桐 20 株，枫香 20 株（如果采伐迹地前期已经在林下移栽毛竹后，每亩约补植 20 株）；在未采伐杉木林内移栽毛竹 20 株/亩。

抚育：迹地更新造林后三年抚育，主要进行砍灌、除草，每年两次。第一年进行毛竹垦覆，以后每五年毛竹垦覆一次。

经营类型四：竹林经营。

竹林分毛竹和雷竹。除合作社原有的毛竹林外，多数为退耕还林、荒山造林过程中形成的，以雷竹为主。

经营目标和方针：维持竹林稳定和良好的长势，提高经济效益。毛竹林以笋竹两用林，以生产竹材为主，雷竹主要为笋用林。

经营措施：主要是加强抚育。毛竹林主要进行林地清理，砍灌，砍除藤蔓，清除老桩，钩稍，施肥等，并每五年进行一次垦覆。对新生竹标注年份和记号，按照“存三去四”的原则，进行采伐，最终保持立竹度 220 株/亩。五年内毛竹林采伐 221.3 亩，产竹 33 195 竹，抚育毛竹林 272.3 亩。雷竹林抚育面积 1 406.7 亩，每年主要是培育竹笋，措施主要包括施肥、松土、浇灌、覆盖保温、清理老竹和杂灌等，保持每亩立竹度 800～1 000 株。

经营类型五：经济林经营

在《手册》应用区域内有两片经济林，均为合作社所有。一片为板栗+茶叶，面积为58.4亩，目前出租经营，规划期内仍维持现状；一片是在防火林带上栽植的油茶，面积60亩，目前林龄为3年，尚未达到成龄。近年主要进行抚育，具体措施为：林地清理，清除油茶林中的藤灌木、杂草、寄生植物和其他混生的林木树种，清理残次油茶树，并进行施肥和树冠整形。

(3) 主要营林活动规划

● 采伐

规划期内的采伐主要包括对经营类型三的杉木林的主伐改造、经营类型一的天然林的马尾松清理即卫生伐以及毛竹林采伐。规划期五年内皆伐杉木林689.1亩，对于马尾松和枫香为优势树种的天然林，进行马尾松清理，在三年内完成面积为2 987.6亩。对于35、48号小班的毛竹进行择伐，砍伐老竹，强度约为20%，规划期内每年进行一次。具体安排如表6-8：

表6-8　规划期内采伐作业规划表

经营类型	作业小班	采伐类型	作业年度	作业面积	采伐强度	采伐蓄积
经营类型三：杉木林	22、17、15、12	皆伐	2013—2018	689.1	100%	6 201.9
经营类型一：马+枫	16、18、25、37、38、41、42、43、44、46、49、50、52、53、54、55、56、57、59、61、62、64、65、69、70、72	择伐	2013—2015	2 987.6	30%	4 481.4
经营类型四：竹林	35、48	择伐	2013—2018	221.3	20%	33 195株

● 造林

规划期内造林主要有：①采伐迹地次年更新造林，造林树种为毛竹+泡桐+枫香条状混交，造林密度毛竹40株+泡桐20株+枫香20株/亩。规划期五年内造林面积为689.1亩。②未采伐的杉木林进行林下更新移植毛竹，规划期内1、2、4、6号小班进行林下移植，作业面积为443.8亩，造林密度为20株/亩。③对于经营类型一的天然林内由于马尾松清理择伐所形成的空地补植。作业年度为2014—2016年。作业面积为2 987.6亩，补植密度15株/亩。具体安排如表6-9：

表6-9　规划期内造林作业规划表

经营类型	作业小班	作业年度	作业面积	造林树种	造林密度	造林方式
经营类型三：杉木林	22、17、15、12	2014—2019	689.1	毛竹+泡桐+枫香	40株+20株+20株/亩	条状混交
	1、2、4、6	2013—2018	443.8	毛竹	20株/亩	林下栽植
经营类型一：马+枫	16、18、25、37、38、41、42、43、44、46、49、50、52、53、54、55、56、57、59、61、62、64、65、69、70、72	2014—2016	2987.6	毛竹	15株/亩	补植

● 抚育

规划期内，在规划区域内的抚育主要有以下几项：

——新造林抚育

对于新造林地，造林后三年每年抚育两次，分别在4—5月和8—9月进行，主要是砍灌、去除杂草和培蔸，三年后每年抚育一次到第五年林分郁闭，主要是砍灌、去除杂草。详细作业计划见表6-10：

表6-10 新造林地抚育规划表

作业小班	造林年份	作业面积	抚育年度/作业次数					
			2013	2014	2015	2016	2017	2018
26	2012	70	2	2	1	1		
22	2014	195.3		2	2	2	1	1
17	2015	120.5			2	2	2	1
17	2016	104.0				2	2	2
15	2017	149.2					2	2
12	2018	120.1						2

——林下更新移栽的抚育

主要是对1、2、4、6号小班的林下更新移植进行抚育，移植后三年内在移植母竹周围砍灌、除草和培蔸，每年两次，规划期内林下更新移植作业面积为443.8亩。

——毛竹林抚育

对于35、48、24-1和34号小班主要进行林地清理，砍灌，砍除藤蔓，施肥等，并在规划期内进行一次垦覆，对于35、48号小班还需要进行清除老桩，钩稍等抚育活动。对于林地清理，砍灌，砍除藤蔓，施肥，清除老桩，钩稍等活动每年进行一次，可在7—9月份进行。垦覆的活动时间安排如表6-11：

表6-11 竹林垦覆规划

小班号	面积（亩）	垦覆年份
35	105.8	2013
48	111.5	2014
24-1	51	2015
34	92.1	2016

——雷竹林抚育

雷竹林抚育主要是3、5、7、8、10、19、27、51、58号小班，每年抚育面积1 406.7亩，每年主要是培育竹笋，措施包括施肥、松土、浇灌、覆盖保温、清理老竹和杂灌等。

——经济林抚育

主要对11号小班油茶林进行，2013年进行树冠整形，规划期内每年进行林地清理，清除油茶林中的藤灌木、杂草、寄生植物和其他混生的林木树种，清理残次油茶树，施肥。

森林经营类型及经营规划见表6-12。

表 6-12　森林经营类型及经营规划表

经营类型	小班组成	优势树种	单位：亩				方	林龄	林分起源	经营类型	主要经营规划							
			总面积	其中			蓄积				采伐			造林			抚育	
				国有	合作社	农户					采伐方式	消耗蓄积	作业年度	主要树种	初植密度	作业年度	抚育措施	抚育年度
一	16、18、25、37、38、41、42、43、44、46、49、50、52、53、54、55、56、57、59、61、62、64、65、69、70、72	马+枫 5、7 异龄林天然林	2 987.6	1942.1		1 045.5	11 950.4	异龄林	天然林	防护林	择伐	6 201.9	2013—2015	毛竹	15	2014—2016	母竹砍灌、除草和培兜	2013—2018
二	9、9-1、13、21、23、24、28、29、30、31、32、33、36、60、63、66、67、68、71	枫+槠	2245.1	1014.2		1 230.9	4 490.2	异龄林	天然林	防护林								
三	1、2、4、6、12、15、17、20、22、39、40、45、45-1、47、73、74	杉	1 889.5		1 729.6	159.9	18 895	25	人工林	用材林	皆伐	4 481.4	2013—2018	毛竹+泡+枫毛竹	40+20+20 20	2014—2019	砍灌、去除杂草和培兜	2013—2018
	26	新造林地	70					1										
四	35、48、34、24-1	毛竹	360.4		156.8	203.6	64 872		人工林	材笋两用林	择伐	33 195 株	2013—2018				林地清理，砍灌，砍除藤蔓，施肥，清除老桩，钩梢，垦覆等	2013—2018
	3、5、7、8、10、19、27、34、35、48、51、58	雷竹	1 318.6		280	1 038.6	约 55 万株			笋用林								
五	11	油茶	60		60			3		经济林							树冠整形，林地清理，施肥	2013—2018
	14	板栗+茶叶	58.4		58.4						出租							
合计			8 989.6	2 956.3	2 284.8	3 678.5												

6.3.4 生物多样性保护和多种经营

森林是陆地上最大的生态系统，保护森林特别是天然林对保持所在区域生物多样性有积极意义。规划区域内祥符片森林主要以天然林为主，前期人工形成的杉木纯林在规划期及其以后的经营过程中将逐渐为阔竹混交林所替代，生物多样性将更加丰富。在天然林内主要以保护为主，很好地保护了生物多样性。但是在竹林经营培育中对生物多样性有一定影响，尤其是在竹林的抚育过程中的砍灌、清除杂草等措施，保持了林相整齐和林内清洁，但生物多样性降低。在经营期内该区域的森林经营应尽量保护物种的多样性，在不影响森林卫生和森林安全的情况下，保护林下植物和野生动物。

森林病虫害是威胁当地森林健康发展的重要因素，规划区域内的森林受到天牛的危害，几乎全部枯死，对生物多样性产生了重要的影响，使得森林植被和林相发生了较大改变，农户都希望在未来可以在林业站和专家的帮助下获得防治森林病虫害的知识与方法。

祥符片森林有红藤（紫藤）、兰花、野生灵芝、野菇等，以及少量天竹，有一定的经济价值，但由于受到公益林保护利用较少。对于农户拥有的天然林内经济林产品，在可持续经营和不影响森林生态效益的前提下可以适度允许农户进行采摘，以提高森林的收益。

6.3.5 规划实施条件

本森林经营规划将国有林、合作社山林和农户自己经营的山林一起进行规划，大量的森林经营活动在农户的山林上展开。如天然林的马尾松择伐清理、择伐清理后的补植，部分毛竹林以及几乎雷竹林的抚育等，全部在农户的山林上进行。虽然该规划的编制过程中强调了农户的参与性，规划体现了农户的经营意愿，但是在规划实施过程中，对农户实施规划的组织和安排需要一个强有力的政策和资金等方面的支持。对于合作社山林的皆伐、迹地更新、林下更新移栽以及竹林经营抚育，由于体现了合作社的意愿，实施相对简单。

同时对于竹林经营，尤其是笋用的雷竹林经营，当地缺少经验，规划要能很好地实施，还必须提供技术支持，进行技术培训。

6.4 主要发现

6.4.1 农户层面

通过农户访谈和座谈会交流，对于参与式森林经营，农户持欢迎态度，认为在他们的森林经营中考虑他们的利益和想法较之其他的森林管理有很大的进步，对于参与森林管理的意愿比较强烈。

同时农户也认为，目前没有很好的制度保障他们的权益和参与森林管理，尤其是一些林业政策，未能考虑他们的利益和经营愿望，比如公益林管理政策等，他们认为这个政策应该有所区分，对于公益林也需要经营，在发挥生态效益的同时，通过适当的经营措施可以提高经济效益。政策应该进一步细化，不应该一刀切，考虑各地的具体情况。比如公益林补贴政策，当地农户的公益林，发挥了涵养水源和景观效益，而景观效益为太平湖旅游做出了贡献，他们应该分享太平湖的旅游收入的一部分，这是他们林分的特殊性，但他们不能获得，希望政策可以进一步细化考虑。

虽然，农户表现出较强烈的参与森林管理意愿，但是从交流和《手册》应用中发现，农户参与森林管理的能力有待于进一步提高，对于森林经营的计划性不足，带有一定的盲目性。经营的目标和思路，随着外界环境信息和政策的变化而变化，这对需要长周期经营的森林是不利。因此，一方面需要有稳定的林业政策，避免政策频繁调整，影响农户的森林经营行为；另一方面要加强农户森林管理能力的培训和能力培养。

对于《手册》中参与式森林经营的内容和程序，农户认为过于复杂、过于细致，难以理解。

6.4.2　村级层面

通过村干部的访谈和交流，发现村干部对参与式森林经营的态度，在表示欢迎的同时也表示出一定的忧虑和怀疑。认为参与式森林经营能够在森林经营中体现农户的意愿，这是好事。但是同时认为，农户在森林经营中过于重视经济利益，这可能与政策相违背，也会导致他们在执行政策中出现困难。如果实施参与式森林管理，可能会增加他们的工作难度，一些森林管理的政策需要实施，如公益林管理以及采伐限额管理等政策，如果实施参与式森林管理使得他们执行这些政策难度更大，遇到的农户的阻力将会更大。

他们也认为公益林可以适度放开经营，但参与式的森林管理应该有一定的范围和限度，应该在明确的政策范围下进行。同时，他们也表达出目前的公益林补贴过低，公益林管理存在一定难度。

对于《手册》中参与式森林管理的程序和内容，他们也认为过于细致，有些程序不够明白，难以执行，比如有关监测的规定，不够明了。同时，认为《手册》应该对参与式森林管理的范围和实施的政策环境应该给予一定的考虑。比如，对于太平湖周边的一级公益林，如何参与森林管理，哪些可以参与管理，农户的意愿应该在什么样的程度和范围内体现等。

6.4.3　林业工作人员层面

对于参与式森林管理，林业技术人员认为农户参与森林管理的能力有限，尤其对于参与式森林经营方案的编制的能力相当缺乏，农户参与森林管理必须要一定的技术协助和保障。同时农户对于森林经营管理依靠直觉经验比较多，在生产中的计划性较弱，即使是农村参与编制森林经营方案，在实际中也很难执行。或者是根据农户的意愿，森林经营方案中的经营措施等很难细化、具体到年度、地块、小班，即使进行了相关的规定和计划，也很难执行。

林业技术人员认为《手册》所规定的程序和步骤，对林业技术尤其是森林经营方案的编制技术存在一定要求，农户参与有一定难度，农户的参与能力有待提高，森林经营管理的知识需要进一步提高。同时，《手册》未能就农户参与森林管理的具体层面作出规定，哪些农户可以参与，哪些需要协助，哪些需要考虑政策规定，对于农户的意愿有所保留等没有具体的规定，在方案编制过程中经营目标、经营措施的选择从技术角度、政策规定角度和农户意愿角度可能会产生矛盾。

林业技术人员认为，参与式森林经营及其方案的编制主要是促使农户参与森林经营和管理，因此，必须考虑林农知识技能水平和实施可能性。编案过程应弱化技术性，强化参与性，避免过分强调技术的倾向。

林业管理人员认为，农户参与森林管理，在森林经营中体现农户的意愿可以减少政策执行的难度，但在具体的操作中没有明确规定和突出谁在森林管理中的主导地位，没有说明哪些层面的森林经营管理是农户可以参与的，哪些是需要考虑政策规定的，哪些对于农户的意愿需要有所保留的，等等。农户看重经济效益，会影响林业的生态效益的发挥，对于一级公益林农户也想进行经营。过度地强调参与性，将导致一些林业政策难以实施。

对于《手册》的程序和内容，认为过于细致，难以操作。

6.5 修改建议

6.5.1 主要结论

通过《手册》应用项目的进行，对我国南方集体林区开展参与式森林经营以及编制参与式森林经营方案有以下几点认识和结论：

(1) 开展农户参与式森林经营需要更细致的政策

随着森林分类经营、林权制度和森林采伐政策等各项改革的深入推进，不同类型森林主导功能日益明确，产权主体日趋落实，为加强森林经营工作明确了方向。林权制度改革后，森林资源从原来的集中经营管理变成千家万户分散经营的局面，参与式森林管理也是农户森林权益的体现。而农户参与式森林经营必须在一定的政策环境下展开，农户参与森林经营的程序和方法需要政策上进行规定，从而保障农户的森林权益。同时对于森林经营管理的每个细致的方面都要进行细致的规定，如农户如何参与，参与到哪个层面，森林的哪些经营管理农户的意愿可以适当保留，以及何种类型的森林农户可以参与经营管理以及参与到哪个层面，哪种类型的森林不适合农户参与等，均需要针对各地区的具体情况作出细致的规定。只有如此也才能保障合理有序地参与森林的经营管理，才能使森林发挥更大的效益。

(2) 农户参与森林管理的能力需要进一步提高

从《手册》应用活动中，可以看出农户参与森林经营管理的意愿和积极性较高，但对于参与森林经营管理的能力欠缺，除了缺少程序制度和程序保障以外，农户自身的森林经营能力也是重要原因。项目进行中农户体现出的森林经营管理主要靠经验和直觉，有合理的成分，但有时也缺少科学性，有时对于长周期经营森林缺少筹划和目标，遇到市场变动频繁调整，难以很好地经营森林。同时，农户对于具体的森林经营措施和手段，森林经营的技术和规划也表现出一定的欠缺，与满足我国森林经营方案以及规划的需要存在一定的差距。开展农户参与式森林经营，农户的能力建设和相关知识、技术培训至关重要。

(3) 调整完善现有的政策体系以适应参与式森林经营

除了对参与式森林经营需要细致的政策规定以外，还需要对现有的森林管理、森林经营的政策进行调整和完善。现有的诸多管理政策和规定与农户参与式森林经营不相适应，难以保证或者阻碍了农户参与森林经营管理，使得在森林经营中农户的意愿难以得到反映。改革现有的林业工程和项目的运作方式、规则可适应参与式森林管理。

(4) 进行森林资源管理改革，鼓励多种形式的合作

南方集体林区林改后产权到户，林权分散，经营单位变小，不仅仅给资源培育、林木砍伐、森林保护等方面的管理带来了新的问题，需要进行森林资源管理的改革，同时也增加了经营成本，使农户经营积极性下降。因此鼓励和促进多种形式的联合和合作是解决的途径之一。进行森林资源管理制度改革，运用市场机制，减少管理环节，降低农户林权流转的交易成本，积极引导农民在自愿的基础上，以资金、技术等为纽带，进行林木、林地、林业劳动力和林业技术等各种林业生产要素的联合和合作。可以通过开展林业合作经济组织示范点建设，帮助和指导合作经济组织制定和完善规章制度，加大对林业合作组织的扶持力度等形式进行。

6.5.2 《手册》修改建议

(1) 指南程序和内容应更加简化

对于准备阶段，第一步可以简化，可简化为需要什么资料、向谁寻找这些资料和资料整理分析；第三步可简化为组建小组、分配成员任务。对于评估阶段，内容描述过细，可以适当进行总结概括，设计评估指标等。《手册》过于概念化和理论化，可以对相关的内容和程序更加精简。不一定需要预定评估因子，评估必须在踏查等工作之后进行。《手册》中对于程序和步骤，如何进行，何时进行等交代得不够清晰，鉴于实际情况，建议取消本步骤，或者简单设置一个后期执行检查的程序以及内容即可。

(2) 参与式规划应更具有可操作性

方案编制缺乏科学的预见性，指标和措施一概落实到小班和具体年度，在经营期内没有调整和修订余地，缺乏灵活性，应变能力差。同时，经营方案与现行有关政策（森林分类经营、天然林保护、限额采伐等）和计划脱节，导致规划的可操作性不强。建议在《手册》中将参与式的经营规划内容省去，取而代之的是经营的思路和策略。根据这些制定年度工作计划，操作性更强。

(3)《手册》的使用应该更加明确

《手册》中应对应用进行更加明确的说明，尤其在如何和现有的森林资源管理政策的协调方面，需要进一步说明。对《手册》的应用范围作出更细致的规定和说明。对《手册》中的程序以及方法的规定，在实际应用中如何选取、如何运用也应该做出更详细的说明。

(4)《手册》的编制应该体现参与式，尊重使用者意愿

《手册》的编制，是为了使使用者能够很好地对参与式森林经营及其森林经营方案的编制给予更好的操作指导，因此尊重和体现使用者的意愿要求，使得使用者更加方便简洁地运用至关重要。

7 贵州省集体林区参与式森林管理案例研究

7.1 案例点基本情况

7.1.1 背景

加强森林经营是我国林业发展的一项长期任务，编制森林经营方案是开展各项经营活动的基础。第六次全国森林资源清查表明：我国集体林的林业用地、森林面积和活立木蓄积量分别占全国的60.08%、57.55%和23.67%。根据集体林区社会经济和森林资源特点，编制和实施好集体林经营方案，对提高集体林资源质量和我国林业整体发展水平具有重要意义。我国集体林主要分布在农林交错地区，集体林作为一种以乡村社区为背景的多目标、多需求、多功能的社会林业，其经营发展应和当地社区社会、经济及资源环境可持续发展具有一致性。过去以县为单位编制的集体林经营方案很难兼顾县域范围内的差异性，难以适应当地社区居民对森林的多种需求，实施比较难，而行政村作为最基层的组织，范围小，共同点多，内聚力比较大，在行政村范围内容易形成一致意见。在集体林权落实到户后，以行政村为单元编制森林经营方案，建立农户联合的森林经营机制，有助于避免单个农户因为经营山林分散、面积小而不重视森林经营的问题，有助于政府对分户经营的集体林进行指导。因此，森林经营方案的编制应突出林农的主体地位，充分听取林农意见，政府林业管理部门和林农就当地森林发展方向、经营管理的技术和政策达成共识的过程，能够有效地促进社区（行政村）内部成员对森林进行自我管理。

国家林业局—联合国粮农组织—欧盟的“支持中国集体林权改革政策、法律和制度体系发展并促进知识交流项目”为在中国实施参与式森林管理提供了可能。《村级参与式森林经营及方案编制手册》出台，为村级编制森林经营方案提供了理论和技术指导。但目前该手册仍需要需要通过听取不同层面尤其是基层森林经营单位和主体意见以便于不断完善。

贵州省作为我国南方集体林区的省份之一，自2006年开展集体林权制度改革以来，集体林产权制度已经成为贵州省林业管理的重要形式。在贵州省进行试点研究，探讨参与式森林经营的可能性与必要性，收集对《村级参与式森林经营及方案编制手册》的编制意见，对完善参与式森林经营和对其他省份提供借鉴具有重要意义。

7.1.2 组织构架

项目组建立了一支多学科、多层次、多部门联合的研究队伍。成员既包括了高校不同专业领域专家、研究生，也包括了案例点基层林业管理决策人员，从而确保研究工作的顺利进行和相关报告的科学性。项目成员名单如表7-1：

表 7-1　项目成员名单

姓名	单位	职务	分工
沈月琴	浙江农林大学	教授	项目设计、组织实施、监督协调、对策研究
朱臻	浙江农林大学	讲师	分报告完成人
李兰英	浙江农林大学	副教授	分报告完成人
王懿祥	浙江农林大学	副教授	森林经营方案设计
闵启利	锦屏县林业局	局长	地方协调
杨通福	锦屏县林业局	工程师	协助案例点调查
江苾	锦屏县林业局	工程师	协助案例点调查
王振红	锦屏县林业局	高级工程师	协助案例点调查
冯娜娜	浙江农林大学	研究生	数据收集、分析
曾程	浙江农林大学	研究生	数据收集、分析

7.1.3　程序和方法

（1）工作程序

本次工作主要包括几个阶段：第一阶段：资料准备阶段。主要收集相关二手资料，准备培训所需的相关材料；第二阶段：实地调研阶段。本次调研活动主要包括了《村级参与式森林经营方案编制手册》的培训；案例村森林经营主题相关的参与式访谈；第三阶段：报告完成阶段。主要包括完成《村级参与式森林经营方案编制手册》应用报告；案例村村级森林经营方案的完善稿等。

（2）采用的研究方法

采用参与式乡村快速评估技术组织调研。

- 关键信息人访谈。对锦屏县林业局相关人员进行了关键信息人访谈。主要内容包括对现有森林经营政策的认知及评价、参与式森林经营的必要性与可能性、促进参与式森林经营的政策建议等。
- 二手资料收集。收集了国家、贵州省和锦屏县层面的林业政策，森林资源清查报告，小班卡，林相图，基本图等二手资料。
- 参与式访谈。对当地村干部和 21 位农户开展了参与式访谈。重点讨论当地森林资源分布状况、森林经营项目、森林经营的政策需求等。

7.1.4　行政村对象选择说明

欧阳村位于锦屏县城东南部，东经 109°18′35″，北纬 26°16′49″，距所隶属的新化乡 0.75km，县城 50km，黎平机场 10km。全村总面积 600hm²，其中林地面积 433.3hm²，油茶占林地总面积的 87.7%；耕地面积约 133.3hm²，水稻田 71.5hm²，旱地 46.7hm²，退耕地约 20hm²。该村属中亚热带湿润季风气候，气候温和，无霜期长，年均气温 16.4℃；雨水充沛，常年降水量 1 250～1 400mm；光照偏少，年日照数为 1 086.3h，雨热同期，是全县粮油、蔬菜主产区，素有“鱼米之乡”和“油湖”的美誉。境内地势比较平坦，海拔约 400m。植被属中亚热带常绿阔叶林，以油茶为主，兼杂有少量杉木、蚊子树、茅栗、小米柴、映山红和榉木等。

欧阳村是一个以农业为主的村落。欧阳一带素有“茶油鱼米之乡”的美誉，是全县的粮油之乡、蔬菜之乡、瓜果之乡，经济来源主要来自油茶、蔬菜、养殖和外出务工，其中，山茶油与白菜是当地的两大特产，油茶收入约占总收入的一半。2009 年，欧阳村在锦屏县“十二五”规划中被列入油茶产业重点建设基地之一。因此选择欧阳村作为案例点具有一定的典型性和示范性。

7.2 主要活动

7.2.1 材料准备

在开展实地调研和培训之前，主要开展了以下准备工作：

（1）收集当地森林资源和森林经营相关二手资料。对当地森林资源清查资料进行收集、整理和分析，并摘录其重点，如立地条件、权属变化、主要的森林利用情况、经营管理方面存在的问题等。收集当地的小班卡，林相图，基本图。

（2）准备《村级参与式森林经营方案编制手册》培训材料。

（3）设计参与式访谈提纲。主要包括当地森林资源变化和分布状况、森林经营项目变化、森林经营的政策需求等相关问题。

7.2.2 目标人群选择

（1）林业管理决策者群体层面

在锦屏县林业局内与森林经营相关的部门领导、管理人员共 6 人分别进行关键信息人访谈。访谈内容包括参与式森林经营的必要性与可能性、促进参与式森林经营的政策建议、当地森林经营现状和存在的问题等。

（2）村集体层面

组织村干部参与式访谈。参与式访谈主要包括欧阳村村长、书记、合作社成员等共 7 人。主要了解当地森林资源变化和分布状况、森林经营项目变化、森林经营的政策需求等相关问题。

（3）农户层面

召开《村级参与式森林经营方案编制手册》培训会议。参加本次培训的人员共 21 人次（其中有 3 名女性）。培训对象包括村干部、林农合作社成员、普通农户等。

7.2.3 实施过程

（1）课程背景介绍

2012 年 10 月 17 日上午 9 点培训正式开始，协助人员分发《村级参与式森林经营方案编制手册》培训材料，培训核心成员向参与小组介绍项目实施的背景、主要内容、时间安排、实施的意义、预期要达到的效果。

（2）经营指南培训与讨论

项目组成员结合PPT介绍《村级参与式森林经营方案编制手册》主要内容；培训结束后，邀请培训人员展开讨论并对《村级参与式森林经营方案编制手册》提修改完善建议。介绍目前编制完成的村级森林经营方案，请与会人员讨论并提供相关修改完善建议。

（3）参与式座谈

当日下午，项目组全体成员与培训人员围在一起，通过参与式座谈与讨论，了解林农对与当地森林经营的看法和评价，与培训人员一起分析当地林业发展面临的优势、劣势、机遇、威胁；另外，通过开放式访谈了解当地森林资源分布和变化状况、当地森林经营存在的问题、合作组织和村民希望当地森林如何发展、如何实现森林可持续经营，以及通过森林可持续经营可以带来的效益等问题。

（4）关键信息人访谈

在锦屏县林业局内与森林经营相关的部门领导、管理人员共6人分别进行关键信息人访谈。访谈内容包括参与式森林经营的必要性与可能性、促进参与式森林经营的政策建议、当地森林经营现状和存在的问题等。

7.3　应用成果

7.3.1　基本情况

（1）地理位置及自然环境

欧阳村位于锦屏县东南部，东经109°18′35″，北纬26°16′49″，距所隶属的新化乡0.75km，县城50km，黎平机场20km。东与黎平县秧南、沙寨隔江相望，西临密寨、邦寨、罗司田，南与新化所接壤，北与映寨为界。全村总面积646.2hm^2，其中水田71.53hm^2，旱地46.67hm^2。林地417.8hm^2。境内地势比较平坦，海拔约400m，属于丘陵地带。

欧阳村属中亚热带湿润季风气候。气候温和，年均气温16.4℃，气温年21.4℃，全年温度大于或等于30℃的94天，小于或等于0℃17天。雨量充沛，干湿分明。境内常年降水量在1 250～1 400mm。4—9月为一年中的温湿季，降水量占全年70%，当年10月至次年3月为一年中的干季，降水量占全年的30%。雨热同季。4—9月平均降水量均大于年平均数，气温升高，降水量也随之增多，反之减少。光照偏少，但较集中。年日照数为1 086.3h，占全年可照数的25%，但日照比较集中，75%集中于农作物生长旺盛期的4—9月。

境内有亮江，属于长江流域中上游的清水江支流，在锦屏县城汇入清水江。属雨水补给型河流，流量随季节雨量的变化而变化。主要土类为黄壤，还有红壤、耕作土、黄红壤。

植被属中亚热带常绿阔叶林，没有原始林或原生次生林，全部森林为人工林。以油茶为主，以及少量杉木、马尾松林、梨桃及部分其他果品等。

（2）社会经济状况

欧阳村属贵州省锦屏县新化乡管辖。分为欧阳新司、欧阳老司、欧阳屯、马家山、马家庄5个自然寨，8个村民小组。欧阳新司是村党支部、村民委员会所在地，俗称欧阳司。

全村398户，1 782人，以复姓欧阳为主，约占90%；初中以上文化程度人口占50%，相对文化素质比较高；主要以农业人口为主。本村劳动力796个，由于田土面积有限和产出不高，外出务工人员较多，约占总人口的30%，主要去向为广东、浙江和福建等地。造成本地人才外流、劳动力不足，部分田地无人管护。2011年，农民人均纯收入3 720元。其中油茶收入约占总收入的50%，养殖业占20%，外出务工15%，蔬菜10%，粮食5%。

产业结构以第一产业为主，第三产业极少，没有第二产业。种植业比重较大，种植结构较比较单一，主要以油茶和水稻为主，成为当地生产总值的主要来源。当地用这样的话来形容油茶山的重要性：一家有两块田，一块在山前，一块在山后，山前的是水田，山后的就是油茶山。除此，白菜也是当地主要特产，但规模不大；还有零星的椪柑、梨等经济作物。新化乡油茶专业合作社坐落在欧阳村，辐射范围包括整个新化乡。

近年来，国家开始重视油茶的生产。2009年，国务院批准了《全国油茶产业发展规划（2009—2020年）》，提出把油茶产业建设成促进山区农民增收致富和改善山区生态环境的重要支柱产业。油茶产业也是贵州省重要的生态扶贫产业，并被列入锦屏县“十二五”规划，欧阳村作为重点建设的基地之一。根据产业规划，未来几年欧阳村将要实施油茶低产林改造工程、扩大油茶林种植面积、引进优良无性系良种等措施，推进油茶产业化发展。

7.3.2 森林资源与经营评价

本次编案的森林资源数据来自于锦屏县2009年开展的二类森林资源动态监测更新后的成果。

(1) 森林资源现状

欧阳村土地总面积646.2hm^2，其中林业用地面积417.8hm^2，非林业用地215.07hm^2，分别占64.7%和35.3%。林业用地中，有林地417.8hm^2，占100%。其中，合作社经营的油茶面积为300hm^2，户均达到2.07hm^2，大户为3.33～6.67hm^2，一般为0.67hm^2；其他部分因为面积小和外出务工未加入合作社。余下为少量的马尾松、杉木、椪柑、梨等；水田71.53hm^2，旱地46.67hm^2。这些林地大都为人工林和少量次生林，不属于天然林保护工程区域。

全村有林地面积中，乔木林61.85hm^2，占14.8%；油茶林352.84hm^2，占84.46%。所有森林为商品林。全村活立木总蓄积1 312.2m^3。

乔木林资源按优势树种分：马尾松林面积38.84hm^2、蓄积351.73m^3；杉木林2.17hm^2、蓄积315.51m^3；椪柑5.19hm^2；花椒2.3hm^2；梨桃15.16hm^2。乔木林中马尾松、杉木的面积结构为62.8%、3.5%。针阔混交林1.27hm^2，均为幼林，尚无蓄积统计。乔木林均为人工林。

经济林以油茶为主，欧阳村历来有种植油茶林的习惯，至少已经有300年种植历史。这一代欧阳人都不知道这些茶树的品种是什么，来自哪里，很多茶树树龄均在百年之上，均为人工种植。目前存在树龄老化、产量不高等问题，当前林业部门正在进行高枝嫁接低产林改造工程。

在2007年的集体林权制度改革中，做到了产权明晰。8.67hm^2 承包给个人经营的杉木为集体林，归村所有，其余全部分林到户，没有林权纠纷。

（2）森林资源特点

- 活立木总蓄积量667.24m^3，均为用材林。
- 油茶林面积比重大，全村油茶林面积352.84hm^2，占有林地面积的84.46%。
- 乔木林中，优势树种以马尾松为主。
- 森林覆盖率高。区域覆盖率高达64.7%，具有典型的山区农村特征，随着农村经济的发展，交通用地、居民生活用地应会有所增加，但比重不会太大，覆盖率仍能保持较高水平。
- 乔木林除1.27hm^2 针阔混交林外，其余均为纯林，不利于维持林分的稳定和保持生物的多样性，不利于发挥森林的生态效益。
- 林地均集体所有，林权以个体为主。
- 森林资源生长量大于消耗量，森林资源持续增长。

（3）油茶经营现状评价

根据《参与式森林经营方案编制的协助者指南》提供的森林经营现状评估大纲，经过规划小组的共同讨论，针对油茶经营的现状和特点，对相关标准和指标进行修改，最终确定适宜新化油茶经营使用的现状评估大纲，并对各个指标进行重要性排序。利用大纲从森林健康、家庭福利、社区福利（组织机构的实践）和外部环境四个方面对油茶经营进行现状评价。

①品质优良，但树龄老化。欧阳村的油茶以出油率高，色香味俱全而远近闻名。优良的品质是当前欧阳油茶市场的核心竞争力，产品处于供不应求的阶段。遗憾的是，这些已经有上百年历史的茶树，树龄已经老化，导致单产低，对经济效益产生很大的影响。

②缺乏应对自然灾害的有效措施。尽管油茶受到自然灾害的影响比较小，但不能避免。严重的是，如果遇到病虫害的袭击，当前除了用烟熏的一种土办法，还没有对应的药物防治。但这种方法效率低，对环境影响大，一般不提倡。因此，一旦发生病虫害，很多时候这些茶树就只能听天由命，直接降低茶树的健康指数和产量。

③生物多样性受到威胁。由于油茶的面积比较大，锄草工作量大，劳动力较少，为了省事，茶农普遍使用除草剂（草甘膦）。使用除草剂后，让茶农感受最深的是茶树菌明显减少。除草剂主要是使茶下植物的根腐化而死亡，导致很多植物从此不再重生。同时，受到间接影响的是依赖这些被除掉植物生存的小动物，它们失去了栖息之地，或者食物而死亡。此外，除草剂还导致土壤板结，不利于茶树的生长。当前，茶农开始意识到除草剂的危害，对茶树的未来担心起来。

④油茶的投入—产出较低。油茶让靠山吃山的欧阳人有了依靠的基础，世居于此的祖祖辈辈都以茶山为生，油茶收入占家庭收入的半壁江山。由于很大部分茶农观念比较落后，对油茶经营认识不到位，缺乏一定的主动性，甚至存在“靠天吃茶”的思想，目前的管理还十分粗放。有的农户由于缺乏劳动力或其他原因，田间管理需要的松土、锄草、施

肥和间伐环节省到只剩锄草，即撒除草剂，以方便采果；外出务工的农户没有任何管护，让油茶闲置在山上。除此，茶山的基础设施很薄弱，没有任何的灌溉系统，仅有30%的山场有便道到场。这种低投入对应的结果也是低产出，有的山场每亩仅收几千克茶籽，与平均亩产20kg相差甚远。

由于缺乏资金和技术的投入，当前茶农大都出售茶籽，经商家加工的茶油成品被贴上他们的商标，销往台湾、湖南和浙江等地；少量茶籽通过当地作坊加工，进行零售或自用。可见，在油茶的商品价值链中，茶农只享受初级产品少量的利润，更多的利益被商贩截流。

⑤合作社组织化管理程度低。2007年新化乡油茶专业合作社成立，在合作社范围内的事务一般都能按照章程来执行，合作社的作用正在逐步增强。但由于刚刚起步，缺乏运作资金、经验和专业指导，管理制度不健全且松散、服务范围小，社员直接从合作社层面获利很少，缺乏归宿感，甚至开始产生质疑，导致合作社吸引力和凝聚力不强。这种现象不仅影响到合作社的可持续发展，还增强未来工作的难度。

⑥外部支持加大，市场前景广阔。近年来，油茶逐渐受到国家的重视，在政策上给予了大力支持和引导。2009年，国务院批准了《全国油茶产业发展规划（2009—2020年）》，提出把油茶产业建设成促进山区农民增收致富和改善山区生态环境的重要支柱产业，也是贵州省重要的生态扶贫产业，并被列入锦屏县“十二五”规划。欧阳村作为重点建设的基地之一，这给欧阳村的油茶发展带来了很大的契机。

据合作社调查，从市场对茶油的需求来看，由于人民生活水平提高，对生活质量的要求也随之提高，尽管茶油的价格高于菜油，但仍然在大众的购买力范围内，让近年茶油的需求一直处于上升阶段。从茶油的销售来看，欧阳油茶优良的品质给市场竞争加了一个重要的砝码，让茶农免除了销售难的顾虑。

(4) 油茶经营未来评价

森林健康：除草剂和化肥的使用在很大程度上减少劳动力的投入，起到提高效率、降低成本的作用，特别是在当前劳动力不足，以及油茶产出不高的情形下，这是一种比较好的选择。但是，如果继续大量使用除草剂和化肥，将会通过改变土壤的理化性质、降低生物多样性等方式，不仅对生态环境产生破坏，还会影响到油茶的质量和产量。因此，在未来5年的经营中，为维护油茶的健康，有待处理好的是除草剂和化肥带来的高效、劳动力不足和劳动成本提高、环境保护力度不够的关系。

家庭福利：随着茶油价格不断提高，外部支持的增大，农户更加重视油茶的经营，投入会有所增加，促进油茶的发展。尽管高枝嫁接、疏伐会影响到这部分油茶暂时的产出，但对未来影响是积极的，相当于磨刀不误砍柴工，为将来的增收打好坚实的基础。而垦复施肥等低改措施将对增收有很大的促进作用。另外，油茶还可以发展林下养鸡，现有的2户养鸡户呈现出良好的势头，起到了示范带头作用，队伍有壮大的趋势。可见，油茶将在欧阳的发展过程中扮演越来越重要的角色，是农户增收的主要途径。

组织机构：在合作社成立后的几年里，积累了一些相应的经验，为将来实现组织化管理奠定了一定的基础。在国家积极引导和支持农民专业合作社的大环境下，将会给合作社的发展带来很多机会和支持。同时，合作社也正在积极探索如何提高合作社管理能力和效益，发挥合作社组织、带头作用，不断建立健全各项管理制度，加强社员的能力建设。这些因素将增强合作社的实力和竞争力。

外部环境：外部支持力度加大是欧阳村油茶发展的最大契机，合作社应珍惜和充分利用此次发展机会打翻身仗。根据产业规划，未来 5 年欧阳村将要实施油茶低产改造工程、扩大油茶林种植面积、引进优良无性系良种等措施，推进油茶产业化发展。在此过程需要协调好的问题是，政策扶持面的有限性与农民需求之间的关系，避免矛盾产生。

在对油茶未来评价的基础上，讨论未来油茶经营的因素，按照重要性排序如下：政策扶持、品种改良油茶、资金投入、组织管理（方法）、技术培训、市场和病虫害得到控制。

（5）油茶经营的 SWOT 分析

针对林业管理政策、机构、油茶经营的外部环境和内部资源，建立与油茶经营相关的指标，进行 SWOT 分析，得出以下结论（表 7－2），为战略选择提供依据，在经营过程中，努力做到利用优势、战胜劣势、规避风险、抓住机会。

外部威胁：外部威胁主要来自生态环境变化、病虫害、贷款困难和市场竞争。油茶对空气质量很敏感，如果为了经济发展而建立一些诸如砖瓦厂之类的企业，对油茶将是一场劫难。由于当前缺乏应对油茶病虫害的有效应对措施，病虫害对油茶的健康生长威胁很大。当前合作社的贷款程序非常繁杂，条件比较苛刻，加上林权抵押贷款尚未全面落实，这对规模经营投入有很大影响。优良的品质增强了欧阳油茶的市场竞争力，但在当前大力发展油茶的政策导向下，周边很多县市也在不断地扩大种植面积和提高质量，并且，其他油料也都竞相发展，同种产品、替代产品、地域竞争将会加大。同时，还要防范不良竞争带来的损失。

外部机会：油茶成为贵州重要的生态扶贫产业，林业部门重点发展产业，被列入锦屏县“十二五”规划。对于作为重点建设基地之一的欧阳村而言，这是一个千载难逢的大好机会，将在政策倾斜、资金、技术等方面都会有支持。市场带来挑战的同时，也带来很多机会，主要体现在市场前景良好：价格、需求和消费群体逐年呈上升和扩大趋势。此外，良好的气候为油茶增产和扩大种植规模提供了自然条件。

内部优势：品质优良、土地利益条件好、良好的团队精神是当前油茶经营中存在的主要内部优势。良好的自然条件和品种为茶油品质提供了有力的保障。当前欧阳的油茶以出油率高、色香味俱全而成为周围油茶市场的抢手货，供不应求。拥有大面积适宜种植油茶的林地、可以发展立体农业的条件成为油茶经营的另一个优势。大面积的林地为规模经营提供了必要条件，并可以让这种规模效应成为一种竞争优势。同时还可以茶下养鸡，种植一些喜阴经济作物，如折耳根、魔芋、兔耳草，为增收提供多种途径。合作社具有良好的团队精神，这种精神在协调、管理上起到了重要作用。

内部劣势：油茶经营管理中存在的内部劣势主要是单产低、组织化管理程度低，经营分散。导致单产低有多方原因，最主要的是茶树老化、品种单一和管理粗放，表现为投入少，产出也少。正在和将要进行的品种改良和低产改造正是应对这一劣势的措施。对于刚起步的合作社而言，一些管理制度还没有建立健全，管理人员文化素质不高，获取信息和组织管理能力有限，缺乏专业指导，导致合作社组织化管理程度不高。这种管理制度下形成的经营模式还是以家庭为单位的分散经营，而分散经营不利于这种大面积的生产管理，成本高，且利益协调较难，效率大打折扣。

表 7-2 油茶经营 SWOT 分析

	指标	外部威胁（T）	外部机会（O）
外部环境	自然条件	空气质量变糟 生物多样性减少 病虫害多	良好的气候 肥沃的土壤 空气质量良好 立地条件好
	人均面积（亩）		面积大
	法律法规	法律法规尚未健全	相关法律法规的支持
	政策	政策扶持覆盖面较窄 政策变化 合作社贷款困难	纳入县“十二五”规划（最大机会） 政策扶持
	市场	市场竞争大 不良竞争 市场难预测	市场前景好
	技术支持	技术需求不能满足	多方提供技术培训 社员与合作社相互的技术交流 实地考察
	指标	内部优势（S）	内部劣势（W）
内部条件	产品	品质优良 有一定的知名度	品种单一 茶树老化
	基础设施		基础设施差
	土地利益条件	强大的联合管护组织 林地适宜种油茶 适宜发展立体农业（林业养鸡/折耳根/魔芋/兔耳草）	
	经济重要性	需求增加带来更大利益 产品深加工提高收益 带动相关产业的发展	单产低
	公平	合作社受到成员尊重且发挥作用	
	合作社管理效益	有效的专业化管理 示范带头 规范经营 良好的团队精神 奉献精神/有公心	合作社没有进入正轨 组织化管理程度低 没有稳定长效机制以适应变化 因经营分散产生的经营问题
	资金	农户可以进行小额贷款	缺乏运作资金 合作社贷款程序复杂
	合作—竞争	强大的非正式合作伙伴	市场竞争力弱 公司主宰合作社 市场信息不灵通
	村委会/政府	村委会积极配合 政府积极引导和支持	人员不足 没有纳入县“十二五”规划
	权属	明晰的土地权属	不能进行林权证抵押贷款

7.3.3　森林经营方针、目标与布局

(1) 经营期限

本经营期的期限为5年，即2012—2016年。其中前期为2012—2014年，后期为2015—2016年。

(2) 森林经营方针

根据欧阳村森林资源的特定地位、当前经济林产业政策环境和产业规划，以及欧阳村新化油茶合作社现有油茶资源状况、经营特点、经营评价结果，以及面临的机会、威胁、优势和劣势，制定本经营期森林经营方针为：围绕油茶林丰产高效建设、保护和培育森林资源两个基本点，稳步发展林下经济，依靠科技进步，优化油茶品种结构、提高森林质量、努力提高多资源开发和多种经营收入比例，改善经营效益，培育稳定健康的森林生态系统，实现森林资源的多功能可持续经营。

(3) 森林经营目标

总体目标：利用政策扶持机会和科学经营管理提高油茶林质量，持续提高油茶产量、增加产值，利用产业带动社区发展。

具体目标：

- 全村林地利用率达到92%，森林覆盖率达到72.22%。
- 形成多方筹集运作资金渠道。
- 尽快让合作社进入正轨。
- 提高单产量。
- 增强茶农科技意识。

7.3.4　森林培育规划

根据森林可持续经营方针、目标，以及全村的森林立地及其质量，并且初步征求了村民的意向。本着有效利用和盘活现有林地的原则，对苗木生产、造林更新、幼林抚育和封山育林进行统筹规划和合理安排，以增加森林资源数量，提高森林资源质量，提高林地生产力和森林经营效益。

(1) 造林更新

造林更新是培育森林资源的第一环节。造林更新规划应根据造林地的立地条件、更新条件、位置交通条件、历史林分、现有森林、经济情况，从可持续发展的目的出发，结合欧阳村的历年森林经营经验和村民意愿，对更新方式、需培育的森林经营类型、造林更新树种、密度等做出科学的安排。

由于欧阳村的所有用材林均为中幼龄林，不涉及主伐，当前也没有宜林地，所以不涉及造林更新。但由于有部分低产油茶林，需要进行高枝换种嫁接。它们是2号小班15细班64.1亩、7号小班2号细班95.7亩、14小班7号细班31.2亩和8号细班40.4亩，共计231.2亩。应充分利用国家和地方政府近年来对油茶发展扶持力度较大的优势，申报项目支持进行高枝嫁接换种。

处于第一龄组的1小班1、6细班，2小班的2、9、24和17细班，9小班的1细班，

面积共 319.4 亩，林分郁闭度较低，可进行林间套种绿肥或其他经济作物，如折耳根、魔芋和兔耳草，以充分利用林间空地和增加地力（表 7－3）。

表 7－3 油茶改造和套种计划表

小班	细班	面积（亩）	龄组	经营措施
2	15	64.10	3	
7	2	95.70	4	高枝嫁接换种
14	7	31.20	4	
14	8	40.40	4	
1	1	38.60	1	
1	6	30.60	1	
2	2	22.70	1	
2	9	11.40	1	林下套种
2	14	31.70	1	
2	17	14.00	1	
9	1	170.60	1	

（2）幼林抚育

幼林抚育是巩固造林成果，提高林木成活率和保存率，促进林木生长，尽早郁闭成林的重要环节。幼林抚育应根据不同的经营类型，选择不同的抚育措施。应适时进行劈灌、锄草、松土、除萌、培土、施肥等抚育措施。新营建的油茶林连续抚育 3 年，每年抚育 2 次，分别于 5～6 月和 8～9 月进行锄草、除杂灌和松培土；在抚育时要注意合理保护天然幼苗幼树。

幼林抚育时间：应尽可能避开雨季，以免造成水土流失。严禁打枝，保护好林下植被和枯枝落叶，促进林地凋落物的积累和生物循环以及森林群落的形成，以达到保持和改良土壤，提高土壤肥力，发挥森林多种功能。

幼林抚育面积：经测算经营期幼林抚育总面积为 319.6 亩，2012 年需幼林抚育亩次面积为 639.2 亩，2013 年需抚育亩次面积为 639.2 亩，2014 年需抚育亩次面积为 639.2 亩。结合油茶培训材料增加抚育相关内容。

经营期分年度幼林抚育小班一览表详见表 7－4。

表 7－4 经营期分年度幼林抚育小班一览表

单位：亩

林班	小班	龄组	造林树种	抚育面积	合计亩次	年度抚育亩次		
						2012	2013	2014
1	1	1	油茶	38.6	231.6	77.2	77.2	77.2
1	6	1	油茶	30.6	183.6	61.2	61.2	61.2
2	2	1	油茶	22.7	136.2	45.4	45.4	45.4
2	9	1	油茶	11.4	68.4	22.8	22.8	22.8

（续）

林班	小班	龄组	造林树种	抚育面积	合计亩次	年度抚育亩次		
						2012	2013	2014
2	14	1	油茶	31.7	190.2	63.4	63.4	63.4
2	17	1	油茶	14	84	28	28	28
9	1	1	油茶	170.6	1 023.6	341.2	341.2	341.2
合计				319.6	1 917.6	639.2	639.2	639.2

7.3.5　森林采伐规划

由于经营期内无成熟用材林，也无需要抚育间伐的森林，因此，规划略。

7.3.6　油茶资源培育利用

油茶是当地最主要的非木质资源。非木质资源经营，是充分发挥其资源优势，发展立体林业，调整产业结构，搞活经济，以短养长，促进自身发展的有效措施；是变资源优势为商品经济优势的重要手段；是全村经济增长所在；也是提高农民收入的有效途径。欧阳村应坚持可持续发展理念，积极稳妥地发展非木质资源经营，尤其是油茶林经营。

欧阳村非木质资源主要是油茶林和森林景观等。欧阳村在传统油茶经营的基础上，经过近 10 多年的发展，油茶林面积和资源增加迅速，面积为 352.84hm^2。油茶林面积不宜继续盲目扩大。如何科学合理开发利用以油茶林为主的非木质资源对于森林可持续经营至关重要。因此，在本经营期，宜走内涵发展的道路，从增加亩均油茶产量出发，增加单位面积油茶林的附加值和经济效益。

7.3.6.1　油茶林资源现状

全村共有油茶林资源 352.84hm^2，户均油茶林 0.89hm^2。油茶林分布于 67 个小班，占 97 个小（细）班的 69.1%。其中 1 龄组 21.31hm^2，2 龄组 316.11hm^2，3 龄组 4.27hm^2，4 龄组 11.15hm^2。

7.3.6.2　发展目标

油茶林面积基本保持不变。通过低产林改造、高技换种和集约经营，使油茶林产油茶果量从现在的 600～1 200kg/hm^2 提高到 2016 年的 1 200～1 800kg/hm^2，户均油茶收入由 2011 年的 1 860 元提高到 2016 年的 3 000 元以上。

7.3.6.3　技术措施

当前欧阳村油茶林经营存在的主要问题有：一是高产油茶良种基础薄弱，供需矛盾突出。虽然传统种是比较适宜本地发展的良种，但高产稳产的偏少，品种结构不均衡，种苗繁育产业化还待提高。二是现有油茶林经营粗放、产量低，每亩产油仅 3～5kg，低产林分需要及时进行更新。三是资金投入不足，无论是投资总量还是单位投资标准都与实际需求存在较大差距。长期以来，广大林农认识中的油茶为低产树种，由于产量低，市场售价不高，油茶成了本质上的低效经济产业被闲置，油茶管理投入非常少。四是采收季节不合理，油茶果采收季节较早，茶籽水分重，油分转化率低，影响茶油产量和品质。拣籽区任种子脱落地面拣籽，由于地面湿度大，造成种子霉变率高，影响种子品质。五是缺乏带动力强的龙头企业参与油茶产业发展，林农无法获得油茶加工增值效益。

基于上述分析，欧阳村的油茶林高效经营，应做好低产油茶林改造、幼龄林抚育等两项关键技术。

(1) 油茶林标准化栽培

高产油茶林基地，从种苗质量、造林地选择、整地、栽植、施肥、打药、抚育、采摘等各环节采取统一的技术标准.

● 造林地选择

油茶新造林主要选择交通相对方便，海拔低于700m的丘陵、山岗、缓坡地段，部分区域可延伸至900m。要求光照充足，坡度25°以下，坡向为全坡向、南坡及东南坡，土层深厚（大于80cm）、疏松、肥沃，酸性至微酸性（pH 4.5～6.0）的砂质红壤、黄红壤和黄壤土，避免利用碱性土、阴坡及积水低洼地。

● 整地

——林地清理：10—11月，全面清除造林地内一切杂灌、草丛及伴生的零星乔木等一切地被物，可选择用火炼山清理或割冠归堆清理。

——造林密度：根据海拔高度确定造林密度。海拔低于300m，初植密度为89株，株行距2.5m×3m；海拔300～700m，初植密度为111株，株行距2m×3m；海拔高于700m，初植密度为133株，株行距2m×2.5m。

——整地要求：根据当地造林习惯，整地时间为11月至翌年1月，结合当前土地可利用现状，提出以下整地方式及技术要求。

国土整治区。按确定的造林密度直接挖定植穴，在梯地带面上单行或双行开挖定植穴，规格为60cm×60cm×50cm；边角地块采取人工穴状整地，穴的规格为60cm×60cm×50cm。

非国土整治区。全面实施穴状整地，顺坡从山顶至山脚按水平距3m定点，沿等高线2m挖穴，穴的规格60cm×60cm×50cm。

坡度小于15°以下的林地，可以全垦。挖垦深度视土壤情况而定，一般30cm左右。25°以上只可穴状整地（作为生态经济林），先拉线定点，然后按规格挖穴，表土和心土分别堆放，先以表土填穴，最后以心土覆在穴面。

——施底肥与回填：回填时尽量选择表层肥土填入穴（沟）的下层，距穴平面20cm即施入底肥，底肥施用量为有效磷肥1～2kg/穴，肥土拌匀后再回填土高出穴平面20cm，呈馒头状。

● 栽植

——种苗来源：推广应用的油茶品种须经引种区试选育出的亩产油超过30kg的优良无性系，苗木全部来源于油茶良种苗木定点生产单位。

——苗木标准：参照当前国家颁布的油茶苗木质量标准执行。1年生嫁接苗：Ⅰ级苗高>11cm（今冬明春选用苗高达14cm以上的超级苗）；2年生嫁接苗：Ⅰ级苗高>40cm，地径>0.4cm；Ⅱ级苗高>30cm，地径>0.3cm；容器苗：苗高>10cm。要求无检疫对象，苗木新鲜，色泽正常，生长健壮，充分木质化，无机械损伤，顶芽饱满、健壮。

——植苗：苗木成活率是造林成败的关键，植苗环节最重要。植苗方式为人工栽植，裸根苗造林，栽植季节为冬春两季，选择阴雨天植苗。植苗要点：第一步，先将定植穴中央挖开一个小坑，苗木正放于小坑中心，舒展根系，填入干净细碎土壤盖满苗木根茎，用手往上轻提苗木，以不露须根为宜，稍压实，不宜用锄头重锤，以免击伤须根。第二步：回填细土盖住苗木根茎部至嫁接口上 3～5cm，用脚踩紧，此时用手捏住苗干稍用力往上提苗，不松即可，此时苗木嫁接口与地平面平衡；第三步：先用准备好的 80cm×80cm 薄塑料方块膜覆盖住苗木正中周围，以利保温保湿，再回填 5cm 厚细土，整理成苗蔸低周边高的内低外高状。做到“苗正、根舒、踏实”，当天栽不完的必须进行假植。容器苗造林可延长植苗季节，植苗时将容器袋解除，栽紧，同时需进行薄膜覆盖。

——补植：苗木栽植后，定期全面检查苗木成活情况，发现死苗，于冬季或翌年春季选用嫁接成活的 2 年生优质良种壮苗补植，或用容器苗当年实施补植。

● 松土除草

造林后的前 4 年，主要是抑制杂草、灌木等生长。造林当年，主要是除草保苗，4—5 月实施全面除草，7—9 月必须进行幼树单株杂草覆盖，即将植苗穴周边杂草清除后全面覆盖在苗蔸周围，厚达 5～10cm，保湿抗旱，提高保存率。

8—9 月结合覆盖进行一次全面除草抚育。第 2～4 年，每年 4—5 月实施一次全面垦复，松土 15～20cm，将幼嫩的杂、灌全部埋入土中就地培肥。7—9 月适时除草，并注意覆盖，保障幼树正常生长。第 5 年后，随着林分逐渐郁闭，林地杂草逐年减少，两年进行一次全面深挖，改良林地土壤结构，适时进行除草，确保林地无杂草、灌丛覆盖树蔸。

抚育管理期间，可施用除草剂抵制杂草生长，降低人工除草成本，但每年 4—5 月必须实施一次松土垦复，改善油茶林根系生长环境。使用除草剂注意喷药不要接触幼树枝叶及根部，以免伤及幼树至死。

● 合理施肥

油茶是产量高、寿命长的木本油料经济树种，往往因营养不足，没有充分发挥其丰产性能。油茶进入结果期，一年四季发芽抽梢、换叶孕蕾、壮果长油、果熟花开，都要从根部土壤中吸收大量的营养物质，随着树龄的增长需肥量更多。必须进行根外补充养分，才能达到高产、稳产、增收的经营目标。

造林后 1～4 年主要追施速效肥，促进幼树营养生长，培养宽冠型树体骨架，增大结果面积。具体追肥时间及数量为：第 1 年 6—7 月，单株追施速效氮肥 20～25g；第 2 年 3—4 月追施氮肥 20～30g，6—7 月追施氮肥 30～40g，结合施肥进行全面疏除花芽，避免第 3 年幼树结果伤及树体；第 3～4 年：3—4 月单株追施氮肥 50g，7—8 月（壮果长油、孕蕾期）单株追施氮、磷、钾混合肥料 500g。第 5 年后每年春季、夏末初秋时节追肥，单株追施复合肥不低于 500～750g，果实采收后即进行深埋土杂肥。施肥时先沿树冠外缘垂直投影处开挖 20cm 深的环状或半环状沟，将肥料均匀撒入沟内，再填土埋沟盖肥，避免浪费肥料和因施肥造成地面污染。鼓励油茶经营者种植绿肥深翻压青，改良土壤肥力结构，减轻土壤因长期施用化学肥料造成的土壤生理变化。

● 整形修剪

油茶林基地建设，培养整齐的林相，合理的树体及冠型结构对提高基地产量和效益，增加林农收入具有重要的辅助作用。

——幼树整形修剪：苗木栽植后高生长达 1.0m 左右，将顶芽摘除，保留 4～5 个强健主枝（芽）。选择 2～3 个生长势相近，方向不同，分布较均匀的作主枝，主枝间距为 15～20cm。若主枝间距过远，培养主枝上第一级强健分枝作为副主枝，通过拉枝补充树体空间，增大树冠面积。通过整形，有目的地培养成自然圆头形和自然开心形。

——成林整形修剪：进入结果期的油茶林，以疏剪为主，主要是剪去重叠枝、下垂枝、病虫枝、纤弱枝等。修剪时结合拉枝、吊枝技术措施，适当开张主枝角度，以缓和顶端优势和改善内膛光照条件，增加结果枝数。修剪时掌握：剪阳少剪阴、剪下少剪上、小空不大空的原则，修剪强度宜轻不宜重。

整形修剪原则：浓密的适当重剪，稀疏的轻剪；树冠下部和内膛适当重剪，树冠上中部和外缘轻剪，生长势弱的适当重剪，生长势旺的宜轻剪。注意控制夏秋徒长枝生长。

注意事项：每次修剪的强度不宜过大，以免过多消耗养分和削弱光能利用；油茶花芽多集中分布在枝梢顶端，故宜疏删，不宜短截；修剪要与垦复、施肥、间作和防治病虫害等措施配合，以便尽快恢复树势，形成较理想的树体结构；修剪的切口要平滑，因此，根据枝条不同部位和大小，分别用刀、剪、锯结合的方法修剪，但修剪工具要锋利；修去的病虫枝尽快搬出林外妥善处理，最好烧毁；修剪后加强树体管理，及时除萌、抹芽、以防养分分散和干扰树形。

● 合理间种

利用林地间隙种植折耳根、花生、黄豆、苜蓿、紫云英、绿豆、芝麻、豌豆等作物，以耕代抚，间作距树蔸的距离在 50cm 以上，并及时施肥，以实现“以山养山，种肥养林，茶枯还山，落叶归根”。

（2）油茶林高枝嫁接改造

油茶低产林改造分“抚育改造、嫁接改造、更新改造”三种模式，由于当前保存的油茶林多为品种低劣的林分，绝大多数趋于自然老化，抚育改造未能提高油茶单产，宜采取高枝嫁接改造。

嫁接改造的油茶林分宜选择树龄小于 30 年，每亩保存健壮植株大于 80 株，亩产油量不足 5kg，通过嫁接改造具有大幅度增产潜力的油茶林分。

● 营建方法

大树高接换种，即采用大树嫁接更换优良品种，嫁接时间：5 月中旬至 6 月上旬。

● 技术措施

撕皮嵌合接法，在油茶树主干或骨干枝上进行嫁接。优点是若嫁接未成活仍保留原树冠，不影响植株当年产量，嫁接成活后再去掉原树冠。

——嫁接：嫁接前先进行林地和植株整理，每亩 80～100 株。选择光滑易撕皮的主杆或主枝，用单面刀片在嫁接部位平行竖划两刀，深达木质部，长 1.5～2.0cm，宽 0.25～0.32cm。上面横切一刀，呈竖双条“‖”形，撕开树皮上端，待装入接穗；然后选健壮饱满芽段，将芽基部留 1.2～1.5cm 长切断，切口成楔形。在芽的正背面平削一刀，深达木质部，紧接着在芽的上方 0.3cm 处切断，切口与接穗成直角，保留半张叶片。

接穗削好后迅速撕开树皮装入接穗，使接穗削面与树干撕皮口紧密嵌合，对齐两边形成层或至少对齐一边形成层；用1.2～1.5cm宽韧性较强的薄膜条露叶、芽绑扎结实。同一干段嫁接3～4个芽（间距5～8cm）后，即用40cm宽塑料方块膜罩住接穗，两端捆紧，同一株树嫁接10～12个芽即可。

——嫁接后的管理：

解罩。嫁接40天左右接芽基本愈合，芽体膨大并开始抽梢，此期选择阴雨天或晴天傍晚拆除薄膜罩。

去冠、解绑。进行二次去冠，一次解绑。当年7月解罩后进行第一次去冠，每株树选留1根主枝作遮蔽枝保留。第二次于翌年2月份进行，将成活株距成活芽顶端8～10cm全部截去原树冠，并一次性解除接芽绑条。

抹芽、绑支柱。去冠后的油茶砧桩萌芽能力特别强，需及时进行抹芽，促进嫁接芽正常抽梢生长。当接芽抽梢长达50cm以上，或有2级以上分枝，嫁接结合部已不能承担其抽梢生长的重量，极易造成风折，可用竹竿或小木棒作支撑物及时对成活枝进行支撑。

垦复、追肥。嫁接后需全面深挖、松土一次，清除杂灌及草丛等伴生的地被物。每年进行2次垦复，第一次在4—5月，第二次在7—9月。追肥原则以速效肥为主，换接后因原树冠根系庞大，前两年不用追肥。第三年后开始追施，每年3次，第一次在春梢萌动期（3月中上旬），株施氮肥100～150g；第二次在秋梢萌动期（7月下旬至8月上旬），株施复合肥500～750g；第三次在10—11月，以土杂肥为主，结合垦复实施，配施有机磷肥500～750g。

拉枝整形。嫁接后的树冠内堂枝条密生，冠形紧凑，通过拉枝、吊枝、轻度修剪，培养成自然圆头形和开心形树体，增大树体面积。

（3）油茶低产林改造

由于长期的茶油市场疲软和疏于管理，低产油茶林普遍存在。具体原因有：一是多数油茶林长期未进行除草、垦复等抚育管理，油茶长势差，坐果率低，挂果少。二是一些油茶林分过密。由于市场疲软，不少林农砍油茶树做薪材，树蔸萌发后成多株1丛，密度大，被压木多，冠幅狭小。三是树龄老化，异龄树混存。一些油茶林树龄在80年以上，且多世代树木并存，种群竞争强烈，生长繁育能力减退，病虫害时有发生。四是部分林分品种混杂，经营差，衰老现象严重。五是部分林地立地条件差，不利于油茶林经营。针对上述原因，特提出如下改造措施：

- 林地清理

林地清理是指对油茶林内灌木、杂草、寄主植物和其他混生的用材林、经济果木林树种进行彻底清除，以利后续作业。在清理林地时，对油茶的老株、残株和病株要一并砍掉。

- 密林疏伐

对于过密的林分要疏伐。疏伐越彻底效果越好，不但不影响产量，而且会增产。要伐除林内受压的小树，砍掉树体结构不合理的树，去掉结果少或不结果的树。通过疏伐，将郁闭度调整在0.7～0.8，使林分内保持合理的透光度。

- 整枝修剪

为了形成合理的树体结构，改善林内通风、透光条件，便于其他作业，要进行整枝修剪。

——以修剪下部枝条为主，即修枝亮脚，使树下较空，便于垦覆、施肥、开沟作业。

——因树制宜、剪密留稀、去弱留强，形成合理的林分结构。

——避免用砍刀砍枝，尤其是大枝，要用锯刀锯枝，以免损伤树干、树皮，引起病虫害。

● 深挖垦复

油茶地的垦覆能大大促进油茶的生长发育，成倍提高产量。因此，必须大力提倡垦覆。要求做到：垦覆深度要达到 20cm 以上；要全面深翻垦覆，也就是说将土块翻过来，这一则有利于枯枝落叶深埋腐烂，二则有利于杂木、灌木根系翻晒枯死。坚持 3 年一深挖、1 年一浅锄的原则，才能巩固深挖垦覆的成果。特别是第 1 年秋、冬季深挖以后，第 2 年夏季一定要浅锄 1 次，这样才能有效地控制杂草，疏松土壤。

● 挖竹节沟

欧阳村雨水主要集中在 5～6 月，有一定的水土流失；秋季雨量少，高温干旱，不利于油茶生长发育。挖竹节沟是防止水土流失、提高林地保水、保土、保肥能力的重要措施。竹节沟的标准和要求是：

——沿环山等高线开挖，沟底宽 50cm、深 40cm。

——沟距视林地坡度大小而定，坡度大于 15°的上、下沟距 8m，15°以下的沟距 10m。

——有条件的地方，株、行距较规整的林分可逐步建设水平梯土，但即使建成水平梯土，梯面内坡也应挖蓄水竹节沟，才能防止水土流失。

——按技术要求，林地坡度超过 25°的林分本不应选作改造对象，但考虑到实际情况，还是有一部分坡度较大的林地不便开挖环山水平竹节沟，可根据实际情况，采取挖鱼鳞坑等多种形式。总的原则是确保水、土、肥不流失或尽量少流失。

● 合理施肥

油茶林长期荒芜、生长发育不良、产量低下，与土壤严重缺肥有很大关系。因此，结合垦覆，增施一定的肥料，是提高油茶产量的关键技术措施。

施肥原则：第一，大年以磷、钾肥为主，小年以氮肥为主；第二，秋、冬以有机肥为主，小树少施，大树多施；第三，丰产树多施，不结果或结果少的树少施或者不施；第四，生长势强的树少施氮肥，多施磷、钾肥；生长势弱的树多施氮肥；第五，立地条件好、生长势强的林分多施磷、钾肥，立地条件较差、生长势弱的树多施氮肥。施肥量：磷肥 600～900kg/hm^2、钾肥 150～300kg/hm^2、碳酸氢铵 450～600kg/hm^2 或尿素 300～450kg/hm^2、有机肥 750kg/hm^2 以上。施肥方法：在上坡位沿树冠外缘投影地开半圆形环状沟，沟深 15cm 左右，沟施，覆土。肥料不能施在表面，也不能把肥施在一堆（处），以便根系吸收。

● 稀林补植

目前，大部分油茶林稀密不匀，稀林需要补植，以充分利用地力和空间，提高单位面积的生产潜力，增加林内良种率。

补植的技术要求：①凡超过 3m×3m 的林间空地就应补植。②采用 2 年生以上的良种大苗补植，苗高 50cm 以上，并有分枝。良种大苗是 2 年生以上的优良嫁接苗。切忌就地、就近挖取幼树小苗补植。③要挖大穴种植，防止挖一锄种一株苗。大穴长×宽×深为70cm×70cm×60cm，穴内要施足基肥（土杂肥或腐熟的有机肥、磷肥）。④补植时间宜在冬末、春初，栽植时应根舒、苗正，填土踏实；⑤每年在垦覆、复铲、施肥的同时，对补植幼树要进行中耕除草、施肥，促进其快速生长。

● 更换劣株

劣株是指基本不结果或常年产籽量在0.5kg以下的植株。现有劣株大体可分为两种类型：一是因老、弱、病、残而结果少、生长不良、衰败和树体结构不合理；二是营养生长较旺，生长势也好，树体结构也合理，但遗传基础较差，不结果或结果很少。

对于前一种类型的劣株，应在清理林地时一并清除掉，进行良种大苗大穴补植更换；对于后一种类型，可采取嫁接换冠的形式更换。

● 引蜂授粉

油茶自花授粉坐果率不高，主要靠异花授粉，靠昆虫传粉。油茶林地通过深挖垦复，土壤疏松，有利于蜜蜂安营扎寨、生息繁衍。要积极创造适宜蜜蜂生产的环境条件，引诱蜜蜂在油茶林地里生存活动、传粉授粉。有条件的地方，可进行油茶林放蜂授粉，提高油茶的坐果率。

（4）油茶林主要病虫害及其防治

欧阳村的森林以油茶林为主，基本不涉及森林防火问题，因此本部分主要探讨病虫害防治。

油茶主要病害：炭疽病、软腐病、煤污病、疮痂病、白绢病（根腐病）、半边疯、叶斑病等。油茶炭疽病常引起落叶、枯梢、落蕾和落果。发病时间：通常发生时间是5—8月，7—8月是发病高峰。油茶软腐病造成大量落叶落果，芽梢枯死。发病时间：3—6月和10—12月。油茶烟煤病在叶片及枝条表面形成黑色烟煤状层。发病时间：3—6月和9—11月。

油茶主要虫害：食叶害虫有茶尺蠖、茶蓑蛾、金龟子、茶毒蛾、油茶枯叶蛾、茶天牛等；枝梢害虫有油茶蛀茎虫、油茶蓝翅天牛等；蛀果害虫有茶籽象虫、黑翅大白蚁等。茶毛虫：以幼虫嚼食叶片危害，时间：4月上旬—5月下旬；6月下旬—7月下旬；8月下旬—9月下旬。天牛：以幼虫蛀食枝条。时间：7—8月为盛期。铜绿金龟子：症状以成虫危害叶片。时间：4—6月。

油茶林病虫害防治

各种病虫害表现的症状不同，发现油茶林分异常时及时与科技人员联系，通过现场鉴定，采取相应的防治对策。

防治病虫害要贯彻“防重于治”的原则，以营林技术措施为基础，生物措施和药物防治相结合，进行综合防治。为有效防治病虫害，要严格掌握密林疏伐、整枝修剪、林地清理等技术标准。疏伐要合理，除掉老、弱、病、残株，将病虫枝、枯死枝全部剪去，彻底清除病源。施氮肥要适度，尤其是立地条件较好、生长势旺的林分，要少施氮肥，防止营养生长过旺而导致病虫害的发生。

林农须掌握：

——加强抚育管理，剪除病枝、病果，搬出林外集中烧毁，减少病菌侵染源；

——保护林区内天敌，利用有益生物防治虫害；

——春梢生长量大，又是翌年结果母枝，要注意观察，发现虫害及时施药防治。

——幼果初期，连续喷药2～3次，预防果实害虫在幼果期蛀入果内危害。

7.3.6.4 林下经济发展

油茶林地的立体经营是顺应当前形势、创建高效农业的需要。根据欧阳村资源状况，可开展林下套种、林下养殖、茶树菇培育和油茶加工。

(1) 林下套种

欧阳村水肥气热等自然条件非常适合油茶林下套种粮食、中药材、绿肥等。大力提倡和推广在油茶林内间种粮食、经济作物，形成立体种植。间种时应做到：选择矮秆、耐阴的经济作物，油茶林冠要始终处于上层；间种有利于油茶生长发育的经济作物，例如绿肥、豆科植物和花生。新造油茶林的全垦覆和种植前六年林分郁闭前非常适合种植中药材，为中药材的发展提供了广阔的空间，也为油茶林建设增效、尽快收回成本提供了可能。适宜套种的中药材有折耳根等。林下套种绿肥可促进林间空地资源的充分利用，减少水土流失，培肥地力，改善林地土壤结构，促进油茶高产。

(2) 林下养殖

在油茶林中进行套养鸡、鸭、鹅家禽和猪、牛、羊。这种模式，既增加了效益，又解决了油茶林基地建设有机肥问题，使茶油的品质得到提高。

林下养殖的优势：动物排泄物作为油茶有机肥，解决了排泄物污染，减少了化肥使用量；动物排泄物中的蛋白质及其他营养物质，可作为油茶林中蚯蚓、昆虫等动物的食物，为养殖的动物提供丰富的蛋白质饲料。养殖的动物捕虫食草，减少林中农药用量。养殖的动物产品品质优良，经济效益较高。林下养殖挖掘了立体种养生产潜能，充分利用了土地资源、饲料资料和肥源，减少了污染，实现了综合效益最优。欧阳村现有的2户茶下养鸡户的示范，为林下养殖活动积累了相应的经验。下面以林下养鸡为例说明林下养殖问题。

- 鸡舍修建

选择地势高燥、背风向阳、林草丰盛、水源充足、环境安静、交通便利、土层深厚的油茶林地为养殖地。

选择坐北朝南，高燥平坦处，四面砌墙或搭棚，鸡舍应方便通风换气，除热除湿除废气，保温隔热效果好。宜建成水泥地面以利于清扫和消毒。面积大小依放养鸡只数量而定，一般要求15～20只/m²。鸡舍可采用人字型、单坡型、拱型等开放式、半开放式或封闭式。

林场果园作为放养场地需建围栏，有利于防疫、鸡只丢失和天敌侵害。围栏先间隔2m打一木桩，桩间用塑料网、尼龙网或不锈钢网封闭，栏网高1.5m，地下封埋25cm。定期检查与维护围栏以防止意外发生。

- 品种选择和育雏

宜选择耐粗饲、抗病力强，肉质鲜美、风味独特的地方优良品种。羽色外貌上宜选择黑羽、红羽、麻羽或黄羽青脚等地方鸡种特征明显的鸡种。

雏鸡第一周龄温度要求32℃，以后每周下降2～3℃；湿度要求：1～10日龄为60%～70%，10日龄以后为55%～60%。7日龄前每天光照20h，以后每周缩减1h至自然光照。加强通风管理，确保鸡舍无臭气、刺鼻、涩眼、呛人。饲养密度：2周前30～40只/m^2，2周后20只/m^2。

- 育成期饲养管理

3月底4月初室外气温不低于15℃时，30日龄雏鸡脱温林间放养。合理的放养密度为150～200只/亩，1 000～2 000只/群。注重早晚林间放养区吹哨或敲盆配合全价颗粒饲料；利用吹哨—采食形成鸡群的条件反射以便于饲养管理。

育成鸡的饲养应放牧结合补饲的方式进行，并做好以下工作：

——清洁消毒工作：做好定期消毒工作，杀灭各种病原菌，阻断疫病的传播途径。入舍前要对棚舍、料槽、饮水器等进行消毒，以后每周用复合酚、碘制剂类等消毒1次，鸡舍每天清扫。发现病鸡及时隔离和治疗，同时对受威胁的鸡群进行预防性投药。实行全进全出制。

——补饲：0～30日龄用肉小鸡料，日喂4～6次；31～60日龄喂大鸡前期全价料，同时添喂10%～40%谷、麦、糠麸类饲料，添加比例随日龄逐步增加；60日龄以上，早晚各喂1次大鸡全价料，同时添喂40%～80%谷、麦、糠麸类饲料，比例随日龄增加，100日龄后，全部喂谷、麦、糠麸类饲料，饲喂时间5个月左右。补饲按“早半饱、晚适量”的原则确定饲量。即上午放牧前不宜喂饱，放牧时鸡只通过觅食小草、虫、蚁、蚯蚓、昆虫等补充。

——饮水：要保证鸡饮水充足，每50～80只鸡投放一个饮水器，饮水器要放在鸡常活动的明显地方，天冷时放在太阳下，天热时放在阴凉处。饮水要清洁卫生，饮水器必须每天清洗消毒。

——驱虫：主要是指驱除体内寄生虫，如蛔虫、绦虫等。一般放牧20～30天后，就要进行第1次驱虫，相隔20～30天再进行第2次驱虫。可使用驱蛔灵、左旋咪唑或丙硫苯咪唑。

——增强抵抗力：应用大蒜（素）、中草药、酶制剂和EM菌（有益微生物菌群）等。用这些饮水或拌料可增强鸡群抗病能力，提高鸡群饲料利用率，促进生长，提高日增重，缩短饲养周期，降低生产成本。不仅促进鸡的生长发育，提高抗病力，还可以节约饲养成本。但需在出售前20天停用，以保证鸡肉品味与家庭散养鸡同等。

——温度：就林地所饲养的鸡种而言，对外界温度变化适应性较强，一般不需特殊的调温。但应注意由天气的骤然变化，如风、雨、雷、酷暑等自然因素导致温度变化较大时，应及时集中，防雨、防寒或防暑降温。

- 散养鸡的疾病防治

散养鸡的常见疾病有鸡球虫病、鸡百痢和鸡大肠杆菌病。下面简要介绍这三种疾病的防治。

——鸡球虫病：鸡球虫病是一种常见的肠道寄生虫病。雏鸡易发病，发病鸡临床表现为精神萎靡，羽毛松乱。排带血液的粪便，并有零星死亡。勤换垫草，保持干燥可预防或减少鸡球虫病的发生。一旦发病，可用克珠利口服液等治疗。

——鸡百痢：出壳1～3周内的雏鸡最易发生鸡白痢，其发病率和死亡率均很高。发病鸡临床表现为羽毛松乱，两翼下重，缩头颈，不吃不动，挤在一起，频频排出有恶臭的白色糊状稀粪，黏在肛门周围，结成块状。病鸡感染后常因虚弱衰竭死亡。发病时用复方禽菌灵、强效环丙沙星等治疗，效果较好。

——鸡大肠杆菌病：鸡大肠杆菌病是一种常见的肠道疾病，死亡率较高，主要症状是肠道充血。发病鸡临床表现为羽毛松软、拉水。发病后用复方禽菌灵、思诺沙星原粉等治疗，效果较好。

(3) 茶树菇培育

由于人们对健康问题的日益关注，茶油作为一种健康的食用油日益得到人们的青睐。欧阳的茶农目前非常注重低产油茶林的改造和高枝换种，大量的剩余物为茶树菇培育提供了良好的基质。

茶树菇俗称茶薪菇等，学名 Agroeyde Chaxingu. Huang Sp. nor。茶树菇味道鲜美，脆嫩可口，清香而无异味，菇体含有 18 种氨基酸和多种矿物元素，中医学认为茶树菇性平甘温有祛湿、利尿、健脾胃等功效，是美味食用菌之一，是目前宴席和酒家最受青睐的菌类菜肴。茶树菇主要来源野生，我国始于 1972 年、1990 年在江西广昌较大面积上人工栽培成功，后进行规模生产。

● 生物学特征

茶树菇生长在温带至亚热带地区，因此该菌较抗高温也能耐低温。其菌丝在 5～35℃下均能正常生长，最适温度范围为 18～28℃。茶树菇属恒温结实性菌类，出菇不需要温差刺激，其子实体形成温度为 13～28℃，最适宜为 18～24℃，20℃时出菇速度快。

茶树菇栽培料含水量可控制在 65%左右，生长较快，若培养料偏干或偏湿则不利于菌丝生长。子实体形成时，要求空气相对湿度较高，生长过程则要求较低，因此在菇期先保持空气相对湿度 100%，待出菇后降至 85%则有利于子实体的生长发育。

茶树菇属好氧性真菌、菌丝生长阶段要保证新鲜空气的供给，因此栽培袋的培养环境必须通风良好。但在出菇和子实体生长阶段要求有稍高的二氧化碳浓度，有利于出菇和菌柄伸长，从而提高产量，因此子实体发育时应适当减少通风。

茶树菇系木腐菌，常野生于油茶树枯朽的树桩上或杨树、柳树等腐朽部分。因其无虫漆酶活性，利用木质素能力弱，但蛋白酶活性强，利用蛋白质能力强，最适碳氨化为 60∶1，栽培料中增加有机氮（如麦皮、米糠玉米粉、饼肥等）的比例有利于提高产量。

茶树菇菌丝生长过程通常不需要光照，但其子实体有明显的趋光性，原基形成和子实体发育都需要一定的散射光，因此出菇时栽培室要求有较强的散射光有利于原基形成和子实体生长。

茶树菇性喜在酸性环境中生长，pH 在 4～6.6 菌丝均能正常生长，最适 pH 为 5.5～6，在中性偏碱的环境中生长不良，因此栽培时一般可采用自然 pH 值，但要防止偏碱性。

● 栽培技术措施

——选育优良菌种：目前茶树菇菌株很多，早期在江西省广昌一带推广的茶树菇菌株有江西赣州地区菌种保存中心选育的 AS78、AS982 等，近几年福建省推广的茶树菇菌株有三明真菌研究所选育的茶树菇-1、茶树菇-3、茶树菇-5 等菌株。其菌种生产如下：

母种（一级种）：采用加富 PDA 培养基（马铃薯 200g、葡萄糖 15g、蔗糖 5g、硫酸镁 0.5g、磷酸二氢钾 0.5g、B11g、水 1 000ml）或加麦皮 PDA 培养基（马铃薯 200g、蔗糖 20g、麦皮 10g、水 1 000ml），以上两种配方均用琼脂 20g。一般后一配方菌丝更粗壮。以上配方制作的母种在 26℃左右恒温下培养 7 天左右即可。

原种（二级种）：采用木屑培养基（木屑 78%、麦皮 20%、蔗糖 1%、石膏粉或碳酸钙 1%、普钙、硫酸镁、磷酸二氢钾少量）制作的原种，置 25℃左右恒温下培养 7 天左右即可。

栽培种（三级种）：采用木屑培养基或棉籽壳培养基（棉籽壳 78%、麦皮 20%、蔗糖 1%、石膏粉 1%）制作的菌种置 24～28℃下培养 30 天左右即可。茶树菇菌种要求菌丝粗壮、浓白，培养后期母种斜面有时出现红褐色斑纹或原种、栽培种料面出现与金针菇一样长出小子实体为正常现象，但若出现菌丝稀疏弱细，吃料不彻底，有杂色斑点或出现黄水等不宜使用。

——栽培季节：茶树菇由于较抗高温，也能耐低温，以春栽或秋栽适宜，尤其是春栽产量较高。生产上一般安排春季温度升到 20℃，秋季温度降至 25℃出菇为适宜。欧阳春季栽培，宜在 2 月份制栽培袋，加温培养菌丝，4 月份出菇，8 月份结束。秋季宜在 8 月初制袋，10 月上旬开袋出菇，1～2 月加温出菇，5 月结束。

——菌袋制作及接种：

培养料配方：茶枝粉 77.5%，麦皮或米糠 20%，石膏粉 1%，蔗糖 1%，普钙 0.5%；或草粉 38%，木屑或棉子壳 38%，麦皮或米糠 19.5%，石膏粉 1%，蔗糖 1%，普钙 0.5%，茶籽饼 2%。

菌袋制作：根据生产所需的数量及比例进行配合，并加水拌料，料水比为 1∶1.2 左右为宜。原料要新鲜，无霉变，无虫害。拌料要均匀一致，特别是棉籽壳不能有干粒，否则灭菌不彻底。选用规格 15～17cm×35cm×0.05cm 低压聚乙烯塑料袋，每袋料干重 350g 左右，湿重 720～750g，装料松紧适度，高度 14～15cm，稍整平表面，及时套上颈圈并塞好棉塞（也可用编织线扎紧），防止水分蒸发散失。然后进行常压（4 小时内将温度加到 100℃，保持 12～14h），灭菌要彻底，制作过程要严防菌袋刺、磨穿孔，以防杂菌污染。

菌袋接种：经灭菌后的袋料，待料温降至 30℃以下方可接种。接种室应消毒完全，接种量为每瓶接 30～40 袋，接种后要避光培养。茶树菇菌丝恢复吃料慢，且易发生杂菌虫害，因此接种后果注意培养室清洁、干燥和通风换气，防止高低温的影响，促进菌丝均匀生产。经常检查，如有发现杂菌污染的菌袋，要及时搬出处理，防止扩散蔓延。一般接种后 30～40 天菌丝即可长满菌袋。

- 出菇管理

菌丝长满袋料后，将菌袋移入栽培房内（出菇房最好也要经过消毒），解开袋口，用小勺搔去料表面老菌皮，并拉直袋口。将菌袋直立于地面，整齐地排列着（每平方米 80 袋）。为了充分利用场地，可在房内搭架子，架子高度和长度，因房子而定，宽度在 80cm 左右，每层之间的距离在 60cm 左右。在正常情况下，茶树菇接种后 50 天左右即可出菇。出菇前要进行催蕾管理，催蕾时菌袋可直立排放，也可墙式堆叠排放。然后将棉花塞拔掉或剪去扎口线，并拉直袋口排袋催蕾，直立排放每平方米排放 80 袋左右。搬到栽培房的 20 天期间，菌丝由营养生长转入生殖生长，料面颜色也随之转化，初时有黄水，继而变褐色，出现小菇蕾。这期间，要加大空气相对湿度并保持在85%～98%，早晚应喷水保湿。在无纺布喷上雾水，并在栽培内的地面和空间喷雾，使空气湿度达85%～95%。光线强度控制在500～1 000勒克斯，温度控制在18～24℃范围，这样开袋后10～15天子实体大量发生。出菇后，必须适当除低空间湿度和减少通风，此时栽培空间相对湿度降到90%～95%，并减少通风次数和时间，以防氧气过多导致早开伞、菌柄短、肉薄。待菇类长至3～5cm后，可适当增加通风量，即通气量要随着子体的发育而增大。但注意菇蕾期要避免强风直接吹到菇蕾上，造成菇蕾死亡。如果菇蕾太密，还可进行疏蕾，每袋6～8朵，朵数适中，长势整齐，朵型好，菇柄粗，否则影响菇的品质和产量。当茶树菇子实体菌盖开始平展，菌环未脱落时就要采收。因茶树菇菌柄较脆，容易折断，采收时应抓基部拔下，同时防止伤及幼菇。采收后菌袋料面需清理干净，袋口捏拢，让菌丝休养恢复2～3天，然后拉开袋口，可淋一次重水，并重复上述管理，5～7天后又可长一潮菇，共可采收4～8潮菇。

立式栽培采完第一潮菇后，从第二潮菇开始，由于料面通气好，会形成较多的单生原基，如果不进行疏蕾，所供给的养分无法满足其生长发育的需要，子实体很小就会成熟开伞。因此，为了获得高产优质的产品，必须进行疏蕾。疏蕾方法是在原基长到0.3～0.5cm时，每袋只留5～8朵粗壮的原基，其余疏去。

立式栽培生长出的子实体，粗壮、色艳、肉质肥厚，商品价值高。茶树菇出菇期长达3个月以上，生物学效率可达75%～85%。立式栽培也可以进行覆土，方法是在茶树菇菌丝长满袋料后，去掉绳子，将过长的袋口往下折，覆上1.5～2cm厚的经消毒处理过的菜园土，粒径在0.3～1cm的颗粒较为适宜。覆土能有效解决菌袋的补充水分问题，提高茶树菇的产量和品质。覆土后要进行喷水保湿，在管理上比不覆土栽培的可减少喷水次数。

采收保鲜：茶树菇菇体水分少，易于冷藏保鲜，在3～5℃的低温中能保贮15天左右，也可晒干、盐渍或制罐。至此茶树菇种植步骤全部完成。

● 病虫害的防治

茶树菇在菌袋制作和栽培管理过程，常常会遭受到杂菌的污染和病虫的侵入，因此，在栽培过程中，必须加强病虫害的防治。茶树在栽培过程中常见的杂菌污染有绿霉、红色链孢霉、根霉等，其防治措施与香菇栽培一样。茶树菇栽培中常见的虫害的是菇蚊、菇蝇的幼虫为害。其幼虫体小，肉眼很难看到，在培养料内直接取食菌线体及培养料的养分，造成菌丝退化、菇蕾萎缩的现象，重者绝收。其防治措施有：

搞好卫生，清除虫源。菇房内外的虫菇、烂菇及菇头、菇根和废弃的培养料、垃圾等要及时清理销毁，铲除害虫的孳生地，防止成虫前来产卵或幼虫羽化成虫飞入菇房孵化，消除虫源，减少虫害。

灯光诱杀。菇蚊、菇蝇的成虫具有趋光性，可用黑光灯或高压静电灭虫灯诱杀。

药剂防治。用5%锐劲特1 500倍液（一喷雾器15kg水加本品10ml）直接向菌袋喷雾，锐劲特农药对菇蚊、蚊蝇具有触杀、胃毒及内吸传导作用，幼虫为害严重的三天后再喷一次

(4) 油茶加工

目前，欧阳村农民经营油茶林的积极性高，据预测，油茶林面积可达600hm^2，加上

周边村庄的油茶林，面积可达 1 333.33hm^2。若进行油茶林高产培育，每年可产油茶籽 200 万 kg 以上，可加工茶油 50 万 kg。而目前农民均为直接卖茶籽给上门收购的商贩，无法获得加工环节的增值效益。农民已有自建加工企业打算。建议以合作社为主体申报政府扶持项目，再加上社员筹集资金，建设一个加工茶油能力 500t 的加工厂。

● 采收

油茶品种较多，果实成熟期一般在 10—11 月上旬。成熟果实有如下特征：茶果色泽鲜艳、发红或发黄、呈现油光，果皮茸毛脱尽，果基毛硬而粗，果壳微裂，籽壳变黑发亮，籽仁现油。

茶果成熟应及时采收。不同品种的茶果应先熟先采，后熟后采，随熟随采；同一品种的成熟茶果，应在近 7 天内采完。采回的茶果应放在室内堆沤 6～7 天，让茶籽起后熟作用，增加油分。然后晴天抓紧摊开翻晒，晒 3～4 天后，茶果自然开裂，多数果的茶籽能分离，未分离的用人工剥离，然后过筛扬净，断续晒干，一般要晒 12 天，才能使淀粉和可溶性糖等有机物充分转化为油脂。晒茶籽用土坪或竹席比水泥晒坪好，可以提高出油率和茶油质量。如遇阴雨天无法及时晒干，应将茶籽铺在干燥通风的楼板上，厚约 20 厘米，每天翻动 1～2 次，防止发热霉烂或发芽，一遇晴天就及时翻晒。油茶籽晒干后和果壳之重量比是 1∶2，晒好的油茶籽应放在通风干燥处收藏，经过 1～2 个月后茶籽含油率达到最高时，复晒 1～2 天，这样出油率高，油质也好。

● 榨油

从茶籽中提取茶油，目前基本上是采用压榨法。我国农村传统的榨油工具为木榨机，劳动强度大，出油率低。它将逐渐被液压机和螺旋机所代替。压榨前需经粉碎和蒸炒处理。

——粉碎：将油茶籽去壳，为避免脱壳困难与种仁破碎过多，必须控制茶籽的含水率在 5%～6%以内，脱壳后通过粉碎机加工成粉状。若是采用石碾，必须在碾轧过程中过筛若干次，才能轧得细匀，无粗粒，得到较高的出油率。

——蒸炒：蒸炒的目的是把生料变成熟料，使料坯颜色加深，处于最适宜油分流出的状态，是压榨前一道关键性的工序。

传统的蒸炒是用木甑蒸和铁锅炒。生料先经蒸汽或喷水湿润后再炒，叫“湿蒸炒”；不经湿润就炒，叫“干蒸炒”。一般以“湿蒸炒”为好。蒸炒时的水分和温度，因使用的机械类型不同而不同。用液压机和木榨机，其炒料温度一般在 110～120℃，蒸炒后的含水量 7%～8%。用螺旋榨机，其炒料温度一般在 130～140℃，蒸炒后的含水量为 3%～4%。

——压榨或浸出到成品油：压榨法和浸出法是榨取山茶油的两种方法。压榨法是指用物理压榨方式，从油茶籽中榨取山茶油的方法，它渊源于传统作坊的制油方法，是传统的提取工艺。浸出法是用物理化学原理，用食用级溶剂从油茶籽中抽提出山茶油的一种方法。为提高产油量，往往在同一个企业内同时采用压榨和浸出两种方法。将油茶籽经过压榨获得压榨原茶油后，油饼内残存茶油再用浸出法充分地抽提出来，获得浸出原茶油。压榨原茶油和浸出原茶油都须通过碱炼、脱色、脱臭等精炼过程，去除野山茶油中的杂质，才能使之符合国家标准，成为可食用的成品野山茶油。

从原茶油到成品山茶油。一个完整的从原茶油到成品茶油的加工过程，一般包含脱胶、脱酸、水洗、脱色、脱臭、脱蜡等六步过程。

7.3.7 结语

通过村级简明森林经营方案的编制和实施，一方面可以促进农民提高营林质量和水平，提高森林经营的直接经济效益；另一方面，科学经营理念的灌输，提高农民的森林经营认识，有利于森林尤其是油茶林的可持续经营。油茶林的集约经营有利于为当地剩余劳动力提供就业机会；林下经济发展也为农民开辟了新的增收渠道。因此，其经济社会效益非常显著。

作为长江中上游的生态屏障，该地的生态环境保护尤为重要。油茶作为经济和生态兼型的树种，在发挥经济效益的同时，发挥生态效益。在合理密植和有效的田间管理后，一般两三年就形成有效的森林覆盖，起到保持水土、改良土壤的理化性质、涵养水源、改善环境和调节小气候等作用。并且，油茶的自我生存能力强，树龄可以长达上百年，发挥生态效益时间较长。

7.4 主要发现

7.4.1 村层面

（1）参与式森林经营方案编制后政策的稳定性

村干部普遍认为村级参与式森林经营是不错的，由于参与式森林经营方案体现了林农自身的森林经营思想，林农普遍希望方案编制后不宜根据上层领导的变动或思想的变动随意更改。同时把它视为长期的一项工作。但参与式森林经营方案编制后，仍需要政府提供稳定的营林政策支持。由于林地的投资回报期长，政策的稳定性可以保证农民的长期收益。

（2）森林经营需要基础设施的改善

村干部普遍反映，确保森林可持续经营，实现森林参与式管理，需要林业基础设施改善。基础设施的完善程度直接影响到森林经营的效果，而基础设施的投资建设和管护依靠村集体的经济能力仍然有限，需要农户和政府部门的共同支持。例如，欧阳村油茶收籽年均 250t 左右，但由于交通原因，道路狭窄，大车进不来，而村里的油茶籽运出去的成本太高，大大影响了村民的收益。

7.4.2 农户层面

（1）森林经营方案编制中林种选择应因地制宜

农户访谈中发现，以前当地油茶品种坐果力强，抗病虫害能力强，但政府引进的新品种明显不如以前的品种，所以政府在选择种苗时，应充分考虑的当地情况，如气候、地质条件等，或者通过样本试验决定是否引入。因此在参与式森林经营方案的编制中，应体现尊重营林造林的因地制宜原则。

（2）在参与式森林经营中政府应充分发挥服务功能

政府在参与式森林经营中，应调整角色定位，充分发挥其服务的功能。欧阳村的年均油茶籽产量为250t，但由于油脂加工能力低，运输成本高，投资商进不来，技术不畅通，管理经营技术差等问题，农民仍然在低收入水平徘徊。政府在参与式森林经营的制度保障中应增加其服务和引导作用，应通过项目引进、资金支持、技术指导等多种途径，为林农的森林可持续经营服务。

(3) 政府应在参与式森林经营中充分相信群众

与自然资源整日相处的当地居民最了解其资源状况和存在的问题，他们有解决问题的知识和技能，能管理和利用好自己的资源。政府在森林经营方案中扮演的是服务功能而不是管理功能，政府应为农民提供资金、技术、市场信息等服务，引导村民自主进行森林经营的编制，而不是对农户的决策进行干预。在森林经营方案编制后，应给予农户充分的自由决策权，相信林农具有自主经营决策和森林可持续经营的能力和理念。

7.4.3 林业工作人员层面

(1) 在村级参与式森林经营中应优先设立试点

村级参与式森林经营是崭新理念，因此应在林业示范地区设立若干示范村试点，起到良好的示范和引导作用，同时，也应该给予示范点相应的政策和资金扶持，如育林基金减免、低效林改造、营造林和抚育补贴等，让示范县（区）优先发展起来，起到良好辐射带动作用。

(2) 村级参与式森林经营需要引导村民转变观念

在集体林权落实到户后，集体林的管理以户为单位，很分散，单个农户因为经营山林分散、面积小而不重视森林经营的问题。应在森林经营方案的编制过程中通过提倡村民参与森林经营决策的特点，引导农户认识到森林经营方案的重要性，有助于收入的提高、森林的可持续发展等，以提升农户自主开展森林经营决策的意识。

(3) 在法律规定上给予林农自主决策权

以行政村为单元编制方案，主要目的是促进社区（行政村）内部成员对森林进行自我管理。对经过行政村成员共同参与形成的森林经营方案，政府应尊重并减少直接控制和干预，给予林农自主决策的权力，通过村规民约来约束林农的不合理森林经营活动，但要确保其经营权不受侵犯。同时，政府应对村级参与式森林经营方案进行有效监督和评估，确保其符合我国和地方森林法律法规，如国家《森林法》、地方上的《林地保护利用方案》等，同时也可以确保该方案具备一定的科学性和可行性。

7.5 修改建议

7.5.1 主要结论

7.5.1.1 政策层面

(1) 健全公益林补偿政策，放活商品林采伐限额

国家对生态公益林采取了强制性的约束和管理，但是当地政府应采取切实有效的政策措施，给予当地农户内在的激励，加大补助标准，建议在案例村建立健全分类补偿与分档补助相结合的森林生态效益补偿机制，鼓励当地农户在不影响生态公益林生长的前提下发展林下经济，并为其提供资金、技术等方面的扶持，激励农户爱林护林，实现外在约束与内在激励的有机结合。允许一定范围内对生态公益林进行抚育采伐，采用透光伐、生态疏伐、生长伐、卫生伐等抚育间伐技术相结合，一方面可以优化森林结构，另一方面也可以增加林农收入。

商品林采伐限额管理中，相信农户可持续管理森林的能力，在案例村试点采伐计划制度改革试点，将现行“采伐限额制”逐渐改为“采伐登记备案制”。可以在部分案例村进行试点，由林木所有者自行确定其采伐年龄和采伐方式。据关键信息人访谈了解，目前锦屏县已经有一个村开始放开森林采伐限额的试点工作。

（2）完善林业试点县（区）的森林经营补贴政策

据了解，目前的森林经营示范县只是名义上而已，没有任何政策支持。在森林经营示范县应率先完善森林经营补贴政策“五补贴”政策。①森林经营主体的直接补贴。针对案例村的特色油茶产业，对森林经营主体直接进行补贴，包括造林、抚育、保护、管理投入补贴等，以调动主体对森林经营的积极性。②森林经营农资综合补贴。建立和完善农资综合补贴动态调整制度，依化肥、农药等农资价格变动，遵循“价补统筹、动态调整、只增不减”的原则及时安排农资综合补贴资金，合理弥补森林经营者增加的生产资料成本。③良种壮苗和生态化经营补贴。主张让当地林农自主选择种苗培育。增加对优良品种培育与引进的补贴，对经营者采取生态化经营等技术给予直接补贴，以减少森林经营对环境造成的损害。④基础设施建设补贴。增加对案例村等当地林业发展典型试点在森林经营基础设施方面的补贴力度，包括林道、灌溉设施等，改善森林经营的生产条件。

（3）对林农合作组织进行指导和政策扶持

鼓励基层林业合作组织发展参与式森林经营，林农合作意识的提升可以促进参与式森林经营发展，但这需要具体的政策或措施出台并落实。目前以欧阳村为例，农民合作组织虽然已经建立，但尚未充分发挥其作用，农户的经营分散，小户思想严重。政府应给予农民合作组织指导和政策扶持，建议林农合作社归口部门应从农业主管部门改为林业主管部门管理，既有利于理顺管理体制，也可以保障地方林农合作社在相关项目申报中的利益。其次，通过林农提供免费培训、给予开办资金和管理设备上的无偿支持、鼓励各种金融机构为林农合作社的融资贷款提供便利、税收优惠等方式加大政策扶持力度，引导林农合作社的规范发展。

7.5.1.2 技术层面

（1）多方参与，农户主导的原则编制村级森林经营方案

集体林权制度改革核心是给林农落实林权，维护村民合法权益，尊重村民经营意愿。因此，编制集体林经营方案应看成是政府林业管理部门和林农就当地森林发展方向、经营管理的技术和政策达成共识的过程，在这个过程中，利益相关者多方参与，突出林农的主体地位，充分听取林农意见，有助于促使林农认识到落实森林经营方案中既定的各项措施，实际是在兑现林农自己的承诺，有助于林农形成自觉开展森林经营活动的动力，使林农对集体林具有实实在在的拥有感。

（2）因地制宜编制村级森林经营方案

南方集体林区产权改革后，森林经营主体主要在林农和村集体。因此在村级参与式森林经营指南中要鼓励地方建立适合当地区域发展的森林可持续经营技术标准，从而保证当地森林经营水平和村级森林经营方案的质量。避免单个农户因为经营山林分散、面积小而不重视森林经营的问题，有助于政府对分户经营的集体林进行指导。

（3）重视弱势群体的参与

参与式理念强调政府应赋予那些与自然资源密切相关的当地居民参与自然资源管理的机会和责任，让他们成为自然资源的管理主体。在对当地自然资源实施管理时，政府应设法激发当地居民主动参与资源管理计划的制定和实施过程，让当地居民对其自然资源存在问题进行诊断，确定需求和目标，作出决策。在这个过程中，还应注意弱势群体的参与，注意当地长期积累下来的乡土知识和乡规民约对自然资源管理的积极作用。

（4）鼓励多种形式合作进行森林经营方案的编制

南方集体林区林改后产权到户，林权分散，经营单位变小，但也存在一些在森林经营方面发挥作用的组织如林农专业合作社、林业理事会等。在单个林农缺乏资金实力、技术和信息的情况下，林农合作组织在林业日常管理、基础设施投入、销售和利益共享方面能发挥重要的作用。所以在森林经营方案编制过程中，应充分发挥这些组织的作用，但另一方面，也应该充分考虑那些没有加入组织的林农，对于那些游离在林农合作组织之外的林农应有替代方案。

7.5.2 《手册》修改意见

（1）增加村级参与式森林经营方案编制原则内容

村级森林经营方案编制手册里面需要增加“村级参与式森林经营方案编制原则”内容，解释清楚开展村级参与式森林经营方案编制所需要把握的原则和基线。如森林经营方案的编制以满足农户的基本生活需求保障为前提。在林区，有不少农户以林地经营为主要收入来源，在森林经营方案编制时，要以不影响农户的基本生活需求为前提，在保障农户生存的基础上，才能调动农户积极性，主动参与到森林可持续经营中来。

（2）手册中应考虑乡土知识和乡规民约对自然资源管理的作用

《编制手册》在森林经营方案编制过程中应强调经营方案编制需要了解当地风土人情、乡土知识和村规民约。在编制方案的准备阶段强调注重利用参与式访谈，充分听取村里有经验老人的意见，了解村里森林发展的历程。在这个过程中，还应注意弱势群体的参与，注意当地长期积累下来的乡土知识和乡规民约对自然资源管理的积极作用。

（3）手册的使用对象应明确

该手册应明确使用对象。如果手册针对的是林农（促使其自主开展森林经营方案设计），则目前的《手册》草案内容技术性过强。林农一般文化素质较低，对技术型的语言不能够全部理解和接受，直接导致该手册不具备实用性。如果是针对地方林业职能部门，则现有的草案内容过于理论性，尤其是编制步骤介绍中，缺乏生动的案例介绍。基于目前南方集体林区经营现状、基层林业的管理及经营方案编制的专业性角度考虑，本手册应将乡镇级政府、村集体视为主要使用对象。可以在编制手册中把基层林农长期积累的传统知识、技能、乡规民约纳入到森林经营方案设计和政策体系中。编制方案过程应弱化技术性，重视可操作性，可通过图画、图表的形式阐述具体要求。

(4) 手册应增加案例内容，通过图文并茂的形式呈现

为了增加手册的可读性和实用性，可以补充本次项目的八个村案例点报告和实施流程以手册附件（或案例篇）形式展示，为今后其他地区村级参与式森林经营方案设计提供参考依据。手册语言应该简单，最好通过图文并茂的形式展示森林经营方案的原则、具体要求、规定等，增加可读性和趣味性。

(5) 将森林经营冲突管理纳入参与式森林经营制度规章中

集体林产权改革后林农分山到户，以分散经营为主，在村级森林经营中林权纠纷、林地侵占等问题始终会存在，需要在《手册》参与式森林经营制度规章中注重冲突纠纷协调方式和方法，建设和完善相关的法律和法规。

8 湖南省集体林区参与式森林管理案例研究

8.1 浏阳市官渡镇观音塘村的案例研究

8.1.1 基本情况

(1) 背景

集体林权改革自2003年起在中国开始实施，在《中共中央国务院关于加快林业发展的决定》(2003年)、2006年和2007年的中央两个1号文件以及《全国“十一五”国民经济和社会发展纲要》《中共中央、国务院关于全面推进集体林权制度改革的意见》(2008年)等政策的推动下，逐步加深改革力度，取得了一系列成果。截至2009年9月底，全国已确权的林地面积达15.14亿亩，占集体林地总面积的59.42%，其中承包到户林地面积为9.96亿亩，占确权面积的65.7%，核发林权证的林地面积为11.36亿亩，占已确权林地面积的75%。发放林权证4 804万本，拿到林权证的农户数为4 391万户。

中国的集体林占林地的58%，在促进农村生计方面有很大潜力。长期以来，由于缺乏清晰稳定的森林权利和切实的森林利益，缺少决策权，致使当地人缺乏森林经营管理的动力，森林持续退化。而集体林权改革改变了中国长期以来的自上而下的林业经营和管理模式，为社区和农户参与林业经营和管理提供了法律依据和支持，稳定了林业经营权属，促进了林农的造林积极性，被称为是中国的“第二次土地革命”。随着林地权属逐步明确，农民造林护林积极性与林业生产积极性大大提高、林业收入增加、林业资源利用率提高、生态环境改善、林地纠纷明显减少。不过，在政策实施中，多方利益群体的参与，特别是森林使用者和建立在社区基础上的组织的参与，依然是在实施中国集体森林权属改革时最重要的挑战之一。现有的基于行政命令的森林经营体系没有为农民创造最佳的利益，需要更多参与式的森林经营途径，包括对林农赋权。如果森林权属改革想要有效，就需要加强林农参与经营森林资源的能力。这就要求开发适于中国国情的参与式森林经营方法和工具。

同时，新的集体林权体系在取得诸多成就的同时，也面临其他一系列挑战。由于林权改革的落实，森林资源被分散经营，尤其是中国南方集体林区户均林地面积较小（每户仅为0.5～2hm²），产生森林经营能力、经营效率参差不齐，林业技术服务不足，林产品营销困难，森林防火困难和病虫害防控困难，以及部分地区由于农村劳动力外流造成林业经营劳动力和投资等投入严重不足等问题。为了更好地使农民从森林经营中受益，就要解决林农分散经营的弊端，林地的流转、林农合作组织、林地集体管理组织等不同形式的新的林业资源经营管理模式等不仅得到了政府政策和资金支持，在实践中也呈现出很多有创新意义的尝试。集体林权改革促进了中国林业资源管理模式多元化的发展，并且随着集体林权改革相关配套政策措施的出台，如森林砍伐指标管理方法的改革等，促进了社区和农户在林业经营管理中的主体作用的发挥。

中国集体林权改革的举措及其令人瞩目的成就也受到国际社会广泛关注和国际项目的鼎力支持。由欧盟主要出资，联合国粮农组织和中国国家林业局共同执行的“支持中国集体林权改革政策、法律和制度体系建设并促进知识交流”项目选取了中国安徽、福建、贵州、湖南、江西和浙江6省8个县的16个村作为项目试点村，旨在支持中国集体林权改革中的政策、法律和制度建设，与他国分享中国林权改革的知识和经验。项目研究了不同林区林农合作组织的发展情况，通过收集数据、与多方利益群体的深入讨论，发现了主要问题和冲突，解决这些问题、促进可持续的林业发展的主要途径就是在森林经营管理中多方利益群体的参与。在此基础上，在不同省区试点编制“参与式森林经营方案”，加强林农、林农合作社以及林业部门等不同相关主体进行参与式森林经营能力，并期望形成能够适合中国国情的参与式森林经营方案的编制指导文件，即《参与式森林经营指南》。

本研究在前期活动的基础上，在项目村以行政村为单位应用《参与式森林经营指南》，收集编制和修改该指南的建议。

（2）组织架构

研究团队包括中国农业大学的四名研究人员、浏阳市林业局两名工作人员、官渡镇林业站副站长以及10位村民，是一个多学科、多层次的队伍，各方人员通过合作与知识分享，合力完成项目活动。

（3）程序和方法

前期于南京参加项目研讨会，明确项目活动；组建研究团队，回顾项目文件和相关文献；在实地组建了一个多方的团队，包括研究人员、林业部门工作人员、村干部、林场主要负责人和村民代表；经过共同讨论，选取了观音塘行政村为规划单位，并按照《手册》中设计的参与式森林经营规划的步骤进行练习；最后讨论了进行参与式森林经营规划的可行性、存在的问题；听取村民代表、林业理事会领导、林业部门工作人员对于编写《参与式森林经营规划指南》的建议。主要办法有资料宣传、讲解、关键人物访谈、小组讨论、实地踏查、社区资源图等。

（4）自然村或行政村对象选择说明

观音塘由原溪头、石碑、观音三个村合并而成，现有40个村民小组，村林地面积相对较大，是官渡镇唯一山林面积超过2万亩的林区农村。观音塘村是浏阳市林地面积最大的村，是典型的户联营林场。观音塘村目前主要通过观音塘林场管理本村林地资源，95%以上农户加入了林场联合经营，林农以林地入股林场性质属联营办场，林农投山，林场组织统一经营管理，利润按林农8成、林场2成的比例分成。林场与林农签订协议书，山权林权在农户，经营权在林场。目前，观音塘村已在林权办与官渡镇的帮助下编制了《观音塘村森林经营方案》，规划了8年（2008—2015年）的林地经营方案的安排伐区和砍伐指标。

由于村委会实际控制着林场的管理权，因此在观音塘的林业事务中仍担当重要的作用，在和村民代表、村干部协商以后，以整个行政村为规划试点的对象。

8.1.2 主要活动

（1）前期准备

● 详细阅读项目任务书，研究要开展的项目活动；

● 赴南京参加项目任务研讨会，进一步明确要开展的活动以及产出；

● 回学校组建研究团队，团队包括两名专家以及三名研究生同学；

● 研究团队集体学习项目材料、回顾以往项目材料以及相关的文献和政策，设计调研方案；

● 与当地林业局项目负责人取得联系，说明研究活动和目的，协商活动日程，委托代为安排在当地的住宿、饮食和交通等后勤工作，并委托提前联系好林业站和项目村；

● 准备调研材料，包括有关林农合作社组织、林业政策和林业技术的书籍和宣传材料；讨论会所用的大纸和记号笔，PPT 和投影仪等工具。

（2）规划小组构成

规划小组中，除了研究者外，有 2 名浏阳市林业局的工作人员、1 名官渡镇林业站工作人员，以及 10 位村民，这些村民中有村长、书记等村干部，林场工作人员和普通林农代表（表 8－1）。

表 8－1 研讨会人员名单

姓名	单　位
张志刚	官渡林业站工程师
李仲谋	观音塘村主任，楼下组，林场法人代表
谢朝阳	观音塘村林农，牛山组，林场常务副场长
刘干平	观音塘村委会委员，刘湾组，林场林政管理员
谢富聪	观音塘村副主任，街上组
谢国贤	观音塘村林农，围屋组，林场林政管理
林佛成	观音塘村林农，山圣组，林场检尺员和出纳
罗冬根	观音塘村副书记，南屋组
林湘梅	观音塘村林农，马家组，观音片协管员
谢路	观音塘村林农，街上组
李益连	观音塘村林农，井湾组，林场林政管理员
张红梅	浏阳市林权管理服务中心
陈明初	浏阳市林权管理服务中心
左停	中国农业大学
张婧	中国农业大学
杨瑞玲	中国农业大学

（3）应用活动实施过程

● 到达浏阳市，访问林业局，与当地联络人陈明初书记接洽，进一步确认好行程和活动方案，请林业局工作人员加入研究团队，并与镇林业站、村庄负责人联系好，确认活动日程，通知村民参加活动；

- 到达官渡林业站，与林业站工作人员接洽，收集基础资料（资源统计报表、小班属性表、地形图等），并邀请工作站工作人员加入研究团队；
- 到达观音塘村，访谈村主任、书记村庄的基本资源情况、社会经济状况和林业经营情况；
- 访谈观音塘林场的组织构成、资源人口规模、管理活动和经营状况；
- 参与式森林经营管理编案讨论会
- 研究人员讲解了参与式森林经营的概念和意义、编制“参与式森林经营管理方案”的大致流程、注意事项；
- 小组讨论，选择以观音塘行政村为规划试点单位；
- 观音塘村村庄实地踏查；
- 村庄社区资源图绘制；
- 村庄资源分析以及区划划分；
- 分区资源分析和问题分析，分区制定规划；
- 起草《参与式森林经营管理方案》；
- 林农代表大会讨论、修改并通过；
- 小组讨论了进行参与式森林经营规划的可行性、存在的问题；
- 收集村民代表、林业理事会领导、林业部门工作人员对于编写《参与式森林经营规划指南》的建议。

8.1.3 应用成果

规划小组在观音塘村进行了实地踏查，分析资源状况，并进行经理区划划分，在此基础上制定分区规划。

8.1.3.1 本底概况

（1）社会经济状况

观音塘由原溪头、石碑、观音三个村合并而成，东与张坊镇山水相连，南与七宝山乡隔山相靠，西与田郊村聚居相处，北与跨马片主道相通，辖 6 个小区，40 个村民小组，846 户，3 387 人，土地总面积 2.7 万亩，耕地面积 3 500 多亩，林地面积 2 万亩，林地占该村土地总面积的 74%，是一个典型的山区行政村，也是官渡镇唯一一个山林面积过 2 万亩的林区村，其中湿地松 4 000 亩是 1972 年荒山造林的成果，划归官渡镇国有林场管理，协议为 50 年，预计 2022 年归还观音塘村管理。域内花炮厂和蜡烛厂各一家，有板溪和金鸡小一型灌溉水库 2 座，大浏高速公路沿村南岸山边穿行而过。村内居民皆为客家后裔（图 8－1）。

观音塘村农户的收入来源以林业收入和外出务工为主，另外一部分农民从事个体经营。林业收入约占村民收入的六成。目前主要通过观音塘林场管理本村林地资源，95%以上农户加入了林场联合经营，林农以林地入股林场性质联营办场，林农投山，林场组织统一经营管理，利润按林农 8 成、林场 2 成的比例分成。到目前，全场有在职员工 8 人，其中包括 3 个管理人员以及 5 个护林员。林场现有 15 554 亩山林面积，并建有林区机耕路一条，长 10km，另外林场利润也用于林场内的林道建设。

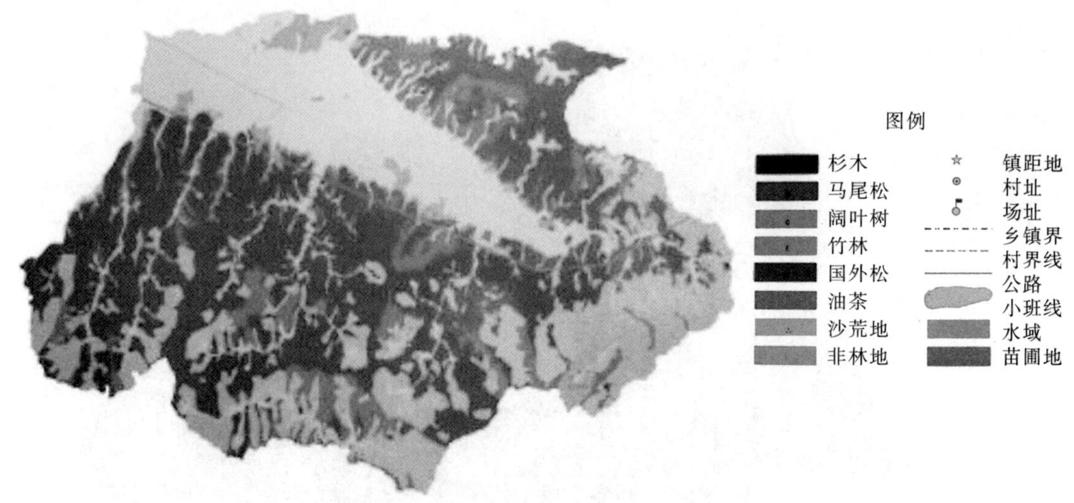

图 8-1 观音塘村森林资源分布图（部分）

（2）土地资源区划与类型

浏阳市官渡镇观音塘村林地从地理分布上属于中亚热带典型常绿阔叶林，中亚热带季风湿润气候，年平均气温 16～18℃，1 月最冷，7 月最热，年均温差 24℃左右，年均日照 1 500～1 550h。年降雨量为 1 500～1 600mm，雨季和旱季明显，通常雨季始于 4 月上旬，终于 7 月下旬，9 月至翌年 1 月降雨很少，无霜期为 230～240 天。土壤为板页岩发育而成的红壤，土层厚度大部分在 80cm 以上，土壤肥力中等，保水保肥能力较强。由于地理条件优越，林木生长茂盛，种类繁多，主要植被有杉木、楠竹、马尾松、木荷、樟树、枫香、栗树、楠木、油桐等。林地中绝大部分为有林地，且以杉、松、阔叶树、楠竹等混交林为主。观音塘总面积 2.7 万亩，其中林地 2 万亩，占 74%，人均林地近 6 亩，活立木总蓄积为 7.6 万 m^3，森林覆盖率达到 64.3%（表 8-2）。

表 8-2 观音塘林场土地面积统计表

单位：亩、%

总面积	林地																非林地	森林覆盖率
	合计	有林地						疏林地	灌木林地				未成造	苗圃地	无立木林地	宜林地		
		小计	杉木	松木	国外松	阔叶树	竹林		小计	国家规定灌木林地		其他灌木林地						
										油茶	果木							
23 754	15 554	14 015	7 372	1 084		2 315	3 244	221	1 270	1 241	14	15			43	5	8 200	64.3

观音塘村为低山丘陵地貌，地处罗霄山脉北段，系大围山支脉西麓，故而全村地势由东南向西北倾斜，东南高西北低，中部和西北部为山麓冲积平地，东北、东面和南面三面环山。依照森林类型的分布情况，观音塘村的森林可以大致划分为六类分区，分别是平地花卉苗木区、山下油茶带、北部松杉混交林区、东北和南部杉木林区、东南楠竹阔叶混交林水源涵养区以及西南针阔混交林区，此外观音塘村的土地类型还有居住用地、烤烟种植区、优质水稻种植区以及水体等（图 8-2、图 8-3、图 8-4）。

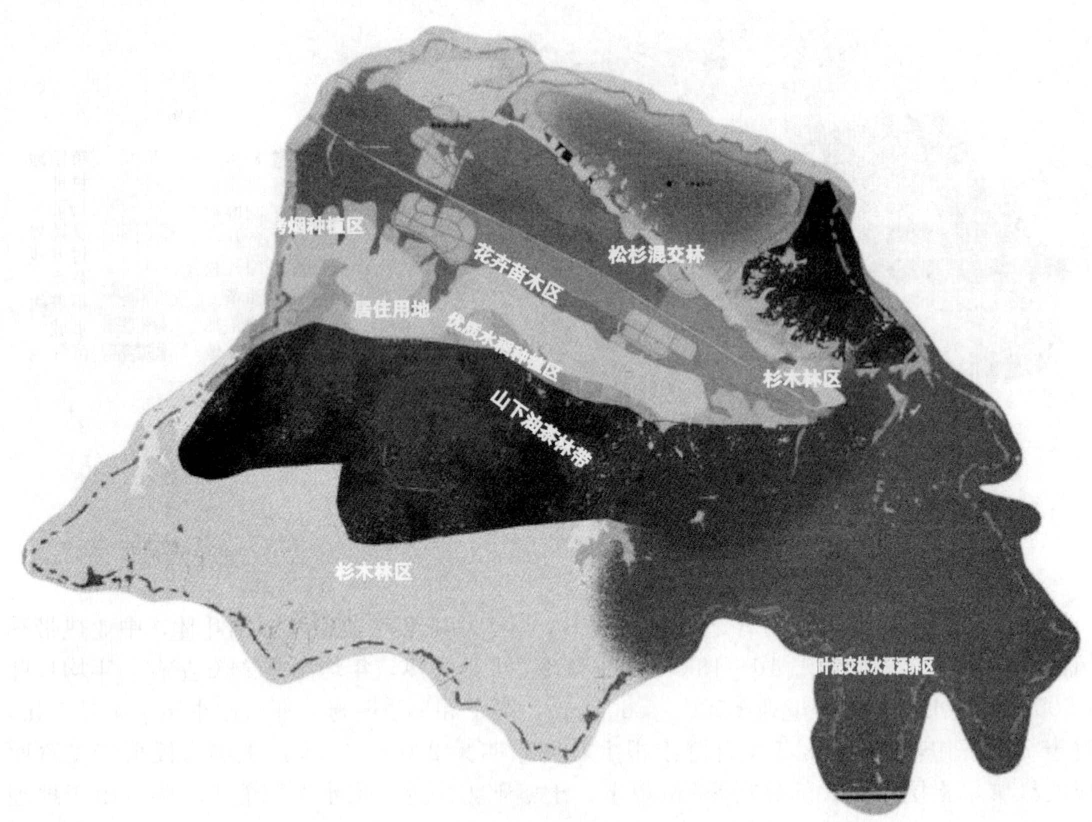

图 8-2　观音塘村庄森林区划图

图 8-3　观音塘村庄建设规划图

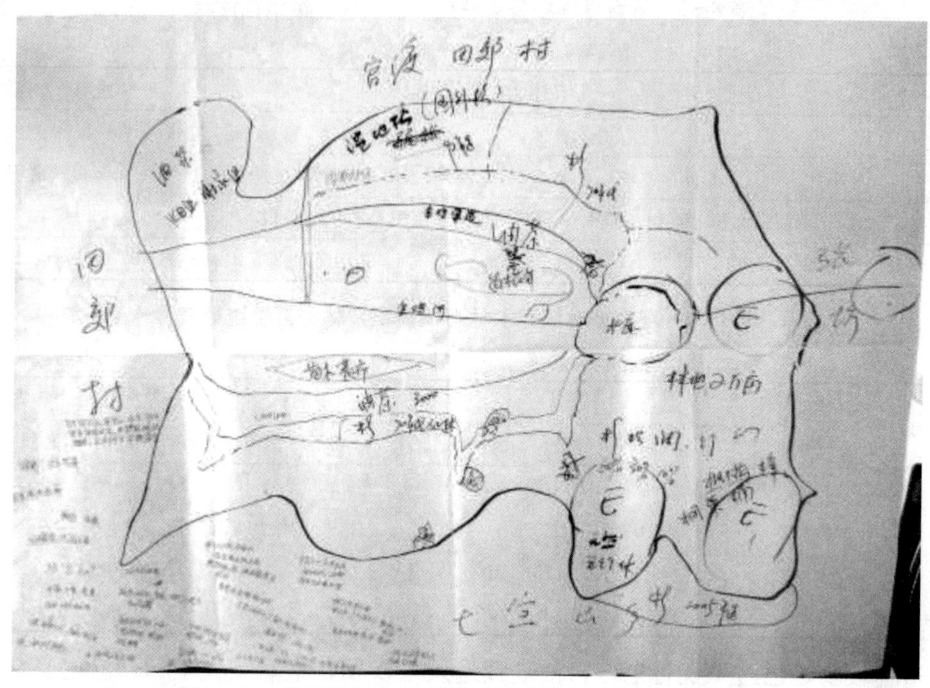

图 8-4 观音塘村参与式森林经营管理规划社区资源图

8.1.3.2 森林资源与经营评价

观音塘森林资源丰富，雨水充足，土壤肥力中等，保水保肥能力较强。主要树种有杉树、马尾松、楠竹和油茶，绝大部分是 20 世纪 70 年代造的人工林，天然林以阔叶林为主，仅有 2 000 多亩。总体来说，观音塘村的森林种类丰富，混交林多，并形成了比较多样性的森林结构，既有杉木、马尾松、天然阔叶树、楠竹混交林，也有油茶等经济林，花卉苗木日益发展成为特色产业。

全村山林面积达 2 万亩以上，其中林场拥有的山林面积为 15 554 亩，其中有林地面积 14 014.5 亩，灌木林面积 1 270 亩，疏林地面积 221 亩，无立木林地面积 48.5 亩。按树种来看，杉木约占一半，楠竹约占 20%，马尾松约占 10%，阔叶树占 15%。按树龄来看，幼龄林约占乔木面积的 3%，中龄林约占 52%，近熟林约占 18%，成熟林约占 27%。按起源分，人工林占 94%，天然林占 6%，绝大部分山林是 20 世纪 70 年代毁林以后重新造的林。

观音塘林场的活立木总蓄积为 63 065m^3。就全村林木平均分布而言，林分蓄积量占总蓄积量的 94%，平均每亩蓄积 5.5m^3；疏林地蓄积量占总蓄积量的 0.3%，平均每亩蓄积 1.05m^3；散生蓄积量占总蓄积量的 5.7%，平均每亩蓄积 1.1m^3。另外，观音塘村楠竹面积达 3 300 亩以上。

观音塘村森林资源的特点是森林覆盖率高，且有林地覆盖比重大，林地以乔木为主，尤其是杉木蓄积比重大，占到乔木蓄积的 70%，但幼龄林所占比重较小（表 8-3、表 8-4）。

表 8-3　观音塘林场各类森林、林木面积蓄积统计表

单位：亩、m^3、株

活立木总蓄积量	面积合计	有林地												疏林		散生木
		乔木林地										竹林				
		小计		杉木		松木		国外松		阔叶树						
		面积	蓄积	面积	蓄积	面积	蓄积	面积	蓄积	面积	蓄积	面积	株数	面积	蓄积	蓄积
63 065	14 015	10 771	59 225	7 371.5	41 922	1 084	7 058			2 315	10 275	3 244	351 495	221	232	3 578

表 8-4　观音塘林场乔木林面积蓄积按林种龄组统计表

单位：亩、m^3

起源	树种	优势树种	乔木林	小计		幼龄林		中龄林		近熟林		成熟林	
				面积	蓄积	面积	蓄积	面积	蓄积	面积	蓄积	面积	蓄积
人工		杉木		7 372	41 922	102	40	3 648.5	13 377	1 428	8 145	2 193	20 360
人工		马尾松		1 084	7 058			443	1 815	377	3 300	264	1 943
天然		阔叶树		2 315	10 275	102	40	1 466	5 682	190	1 409	438	2 975
	用材林	合计		10 771	59 255	323	249	5 557.5	20 874	1 995	12 854	2 895	25 278

新造林较少，已过了抚育期，目前陆续进入采伐期，虽然是人工林，但主要是混交自然生长，树木大小不一，加上天然林的采伐限制，以择伐为主。杉木一般 15 年即可采伐，目前观音塘的杉木林进入主伐期，每年择伐 1 000m^3 的木材；马尾松一般需要 25 年才能成熟，生产较缓慢，每年观音塘 1 000m^3 的马尾松指标，但实际只砍伐几百立方米；阔叶林则一年 100～200m^3。整体原则是每亩采伐 5%，自然恢复，不需要抚育更新。

由于造林的成本大、周期长，受益期滞后，大多数林农的造林积极性不高。种植花木、果树，一两年就有收益，见效快，造林就不同，杉木至少要 15 年。而林业局鼓励"砍造结合，砍光一片，造林一片"，在政策设计时鼓励皆伐后重新造林，但是农民更倾向于择伐，"挑大的砍"，因为皆伐后造林和抚育投入无法保证，造林一次性投入大，林农收入对林业依赖性较强，受益期滞后。

8.1.3.3　分区森林经营规划

(1) 平地花卉苗木区

花卉苗木是浏阳市的一大特色产业，有历史传统，观音塘村近十年来也发展花卉苗木，主要品种有桂花树、紫薇树、杨梅树、红豆杉、美国红枫、罗汉松等，从苗木到大树，规格很多。花木外运方便，湖南浏阳市至江西铜鼓县的 309 省道从村中穿过，而花木苗圃也主要分布在道路两边，交通便利。即将通车的大（围山）浏（阳）高速公路官渡出入口距离观音塘仅 4km，交通将更为便捷。

花卉苗木经济效益高，村民投资的积极性也高，已经比较成规模，未来将发展成为观音塘的一个特色经济林区。全村从十年前的一两户发展到现在的 13 户，80 亩，还在逐渐扩展。花卉苗木生长周期差异较大，有的一两年即可出售，长的需要五六年，小的一株一二百元，而大的一棵可以卖到几十万元。

观音塘村花卉苗木目前还是一家一户单独经营，种在自家责任田里，大浏高速的开通将会使交通更为便捷，预期会拉动花卉苗木的发展。未来应考虑往专业合作社方向发展，进一步扩展销路，形成规模效益。

（2）山下油茶区

在观音塘，油茶也是比较有历史的，很多也是20世纪70年代栽种的，处于盛产期。目前全村有1 241亩，每家每户都有但是面积都不大，经营集约化程度较低。目前的油茶有新旧两个品种，老品种是70年代留下来的，一般粗放式经营，任其自然生长，最多就是每年采油茶籽时砍掉一些杂树或挖一下地，产量也较低，一亩产差不多15～20kg茶油，每千克茶油市价为100元。良种油茶只有100亩左右，大约30户，是最近几年在湖南省油茶基地建设补贴项目的支持下发展起来的，面积在5亩以上的可以获得每亩300元的补贴，预期一亩良种油茶可以产油40kg，但是一般三年结实，现在村里栽种的也才刚刚挂果，还没有验证。如果产量高的话，加上补贴政策的吸引，预计今后越来越多的村民栽种良种油茶。

按照集约化的经营方式，油茶需要每年垦复、施肥，一亩需要花费二三百元，而这笔投入对于林农来说还是太高，支付不起。目前村民较少抚育，油茶产量一般，一亩产100kg油茶，15kg茶油。新栽的油茶需要施用复合肥和底肥，前三年每年三四月份的时候需要抚育一次，除草、施肥，经营方式相对集约些。未来应在油茶基地建设补贴项目的支持下，推动良种油茶的集约经营。

（3）北部松杉混交林区

观音塘村子北边是松树和杉木混交林，其中的湿地松属于国营林场，马尾松和杉木混交林大约1 000亩是观音塘村的，松杉比例5∶5，每亩蓄积量为七八立方米。每年计划以择伐的形式采伐杉木150m^3，马尾松100m^3。

（4）东北和南部杉木林区

村子东北部和南部山区为比较纯的杉木林，面积也较大，东北大约1 000亩杉木林，南部大约4 000亩，一亩蓄积量在9～10m^3，杉木一般15年即可采伐。目前观音塘的杉木林进入主伐期，预期未来全村每年60%的杉木砍伐指标应分配到这里，即大约每年砍伐600m^3，原则上林场控制总量，农户自己申请，但砍伐木材胸径需要在12cm以上，采取择伐的形式，砍大留小，不做抚育。

（5）东南楠竹阔叶混交林水源涵养区

观音塘村东南部以楠竹和阔叶树混交林为主，且有水库两座，是村庄的水源地，此处林地面积大约4 000亩。其中，阔叶树被划为天然林，管理严格，品种主要有枫木、香樟树、木荷、栗树、楠木等，具有重要的水土保持、水源涵养功能。根据国家对天然林的规定，天然林不允许皆伐，但是长期的间伐抚育已经改变了林相，还是应适当采伐。此处，一亩阔叶林蓄积量两三立方米，楠竹一亩立竹在200株以上。目前村民砍伐的原则是4年以上的竹子才砍，每年砍掉1/3，每两年砍一次。未来5年计划每年采伐木材50m^3，楠竹每年择伐20%，即每亩择伐40株。

近几年湖南有楠竹低改补贴项目，每年在观音塘村支持三四百亩，每亩补偿22元，农民自己大约出30元，或者自己出力抚育，领取补偿金，抚育一亩需要0.5个工，人力费用大约50元。全村大约3 244亩楠竹，预计抚育项目实施几年即可完整第一轮低改，第一轮完成后将进行第二轮，低改的实施需要农民自己向林场申请，每年开展一次，在10—11月进行。

(6) 西南针阔混交林区

观音塘村西南部森林成分比较复杂，为针阔混交林区，杉树、马尾松、阔叶树、楠竹比例为6∶1∶1∶1，其余为少量楠竹和灌木。每亩平均蓄积量在8m³左右。每年计划采伐杉木150m³，马尾松50m³，阔叶树木材40m³，4龄以上楠竹每亩择伐20%。

这里人烟稀少，未来适宜发展林下经济，如黑山羊养殖等。观音塘村目前有小规模的林下经济，主要经营黑山羊，现在有几户养殖黑山羊，三百多头。村民表示如果有资金支持的话希望支持他们养黑山羊、种药材和木耳等。如果未来搞养殖，将选择这里，一是因为这里距离水源地比较远，二是这里人烟稀少，不易丢失，外界病菌也不易传入。

(7) 日常林务管理

每年的秋冬季节（9月至次年的清明节）是森林防火、防盗的紧要时期，观音塘林场有合作社有6个护林员，4个加工场管理人员，3个林政管理，1个场长，总共14个管理人员，负责日常的防火、防盗以及防止冬笋采挖等日常林务管理。

8.1.3.4 规划实施的条件

规划实施的条件主要是湖南优质油茶基地项目和楠竹低改项目的支持，日常林务管理由观音塘林场承担。规划的实施由林农代表监督实施。技术服务由林业站技术人员提供。

8.1.4 主要发现

浏阳市规定，山林面积在3 000亩以上的经营单位可以在林业技术部门的支持下自主设计经营方案，实行指标单列计划，而不再受制于传统的采伐限额制度。观音塘林场符合此计划，已在林权办与官渡镇的帮助下编制了《观音塘村森林经营方案》，规划了八年（2008—2015年）的林地经营方案的安排伐区和砍伐指标。按照此方案，林场实行单列指标计划，每年可采伐木材2 000m³，楠竹10 000～20 000根。而未加入林场的少量村民则还需要到村委申请指标，村里每年的指标是杉木250m³，松树100m³，阔叶树50m³，楠竹管理较松，基本可以自主采伐。观音塘在自主编制森林经营方案方面已经率先走了一步，其经验对于参与式森林经营管理有切实的启示意义。

(1) 村层面

首先，自主设计森林经营方案有利于解决长期困扰林农的指标问题。按照现有的经营方案，观音塘林场每年可以采伐木材2 000m³，但农户每年真正砍伐的木材只有1 500m³左右，采伐指标充裕，林农申请采伐指标已经不存在困难。

其次，制定参与式森林经营方案需要多层面群体的参与。林农是山林使用权的拥有者，理应在经营规划中起到主体角色，此外还需要专门的技术人员提供技术支持，需要村干部调解纠纷，林场则可能会投入一些资金，也是重要参与主体。如制定现有的森林经营方案时，林农、林场人员以及基层林业部门的人员都参与进其中，实地逐个小班进行测量，制作时间历时一年半，比较精细，对于林场的森林经营起到了较好的指导作用。

再次，对于参与式森林经营方案编制的单位有争议。一方面，如果存在林场或者合作社的话，那么依托村级林场或者合作社来编制森林经营方案比较好实施。因为一家一户很难搞起来，组织成本太高，现有的观音塘森林经营方案就是花了一年半才做出来的，如果一家一户再搞参与式森林经营，工作量会更大。但另一方面，不是所有的村庄都有合作社或者林场，也不是所有的农户都加入了林场，如果以合作社或林场为规划单位，则可能将那些没有加入组织的林农排除在外，如在观音塘村现在的状况，少数人还是需要向村委会申请，由村委会向上层层报批。

（2）农户层面

农户认可自主参与式森林指标的意义。他们表示，目前，采伐指标已经下放到自然村，林农自己申请，每年的采伐指标充裕，指标限额已经不是林业经营的限制性因素。过去，采伐限额是林农一个头疼的限制，最多时全村才只有 1 600m^3 的指标，而根据现有的方案，5 年就有 11 000m^3 指标，但实际上他们自己采伐时会控制采伐量，都用不完那么多指标。自主编制森林经营方案有利于解决传统上困扰林农的指标申请难、申请不透明等问题。

林农认为林权改革以后，在编制森林经营方案时应该以林农为主体，经营方案的编制单位也应该取决于林农的经营活动。如果是木材砍伐方案，应该以村小组为单位；如果是林地利用规划，则以行政村为单位比较合适；如果是搞专业林业经营，比如林下经济等需要相邻地块合作的经营，则需要以地缘为单位，涉及到的邻近地区的林农都应该参加。有的时候成片经营可能会遭遇插花山，这种情况下甚至需要跨小组、跨村的合作，一起制定经营方案。

林地权属的稳定有利于林农实施可持续的森林经营。按照 70 年的承包年限，林农对林地的使用权还有 40 年，时间比较长，他们有积极性管理和爱护自己的森林。林农在日常的森林经营中有自己的原则，隐含可持续经营的理念。尽管林场指标充裕，林农只要申请即可，但他们不会盲目砍伐，如竹子只有 4 年以上才砍，4 年以下不砍，每年也只砍 1/3，两年砍一次；而木材一般一零、一二的不砍，一四以上才砍，马尾松在 25～26 年砍，马尾松在 15 年后砍，阔叶树在 30 年左右的才砍，有 30m^3 的木材，林农只砍 15m^3，这也是林农平时的规则。山林常常被林农视为是一笔储蓄，并非木材长大了就一定要砍，而是在自己有需要的时候才砍，比如家中有大额开销的时候，不需要的时候树木可以继续生长升值，同时也可以等待好的价钱，在价格合适的时候出售，避免市场风险。

缺乏资金成为林农在林业经营方面的限制性因素，拓展林农融资渠道和增加政策性扶持，有利于林农真正实现参与式森林经营。林农在林业经营方面主要的问题是缺乏资金，他们想进行杉木林和楠竹林的低改，发展林下经济，但是又表示缺乏资金。尽管林业收入占到林农家庭收入的六成以上，但林农目前对于林业的投入热情还不高，主要还是任其树木自然生长、粗放式管理，本村目前很少抚育和新造林。林场也只是承担日常管理（包括修建林道、看护、防火、防盗）和销售工作，目前林道问题已经基本解决，没有开展抚育和造林工作。

（3）林业工作人员层面

与林农对林业经营的经济效益的关注相比，林业部门的工作人员则更为关心全面的可持续的林业发展。林权管理服务中心的陈主任认为森林经营应该强调全面的林业，而不是是片面的林业，林业应该是立体的、综合的经营，不光是竹子和木材。林业经营应该注重可持续性和全面性，我国的林业其实一直没放开，不适合搞市场经济，适合开发的林业产业也就是林下经济。

目前在南方集体林区森林经营方面发挥作用的组织种类也比较多，有各种林农专业合作社、林业理事会、集体林场和国有林场等。观音塘村林场这种制度带有行政色彩，这种组织方式在浏阳还是比较多的，是浏阳市在林业经营管理方面比较有代表性和有特色的林业经营管理体制。“文革”时期，山林毁坏严重，20 世纪 70 年代，县乡村成立林场，主要任务就是造林、封山，那时还是计划经济时期，村组林场的主要职能是保护森林资源，80 年代以来，部分集体林场被承包给商人，但其余大部分至今还扮演着重要的森林经营管理角色。如观音塘林场，林场控制总采伐限额，并负责日常的林政管理工作，林农砍伐木材由村林场统一经营，利润用于公共享用，如修路，这样对日益薄弱的村集体经济有好处，村民享受林场提供的日常管理的权利和服务，也承担相应的义务。在单个林农缺乏资金实力、技术和信息的情况下，林农合作组织在林业日常管理、基础设施投入、销售和利益共享方面能发挥重要的作用。

对于参与式森林经营方案编制的单位，陈主任认为林农没有必要自己做森林经营规划，最多做到村一级层面就差不多了。一方面，村组之间有很多插花山（国土部门称之为“飞地”），而行政村界相对清楚，插花山不多；另一方面自然村不是一个行政概念，行政村才是。插花山是一个历史问题，最初“四固定”“土改”时，一些人迁居到山里，把地也带走，形成插花山，那时人们（50—70 年代）喜欢去山里，山里条件好，改革开放以后大部分人从山里搬了出来。这些插花山时常成为林业规模经营和合作的障碍。尽管认为林农没有必要自己做森林经营规划，但也承认，村民对于指标的观念也在变化，过去指标是个问题，现在竹子基本已经取消限额，超过 4 年才砍，杉木也是，老百姓知道怎么砍、砍多少。

8.1.5 修改建议

(1) 主要结论

林地权属的稳定有利于林农实施可持续的森林经营。按照 70 年的承包年限使得林农有积极性管理和爱护自己的森林。林权改革以后，林农管理造林积极性提高，荒山面积很少。林农在日常的森林经营中有自己的原则，隐含可持续经营的理念，他们不会盲目砍伐。山林常常被林农视为是一笔储蓄，并非木材长大了就一定要砍，而是在自己有需要的时候才砍。

木材指标申请制度成为农民从事林业经营的绊脚石，自主制定森林经营方案有利于解决困扰林农的指标问题，提高林农收入。现行的木材指标税费政策在实施过程中已经走样，申请指标的程序复杂、税费过重，林农自己申请经常会遇到找不对部门的现象。实施参与式森林经营有利于解决长期困扰林农的指标申请难、申请不透明等问题，调动林农自主管理森林的积极性，增加林农收入。

参与式森林经营管理方案不适用于一家一户的小农户，以村、林场或合作社为单位，至少应是联户经营的林地。具体编案单位的选择应该取决于经营活动和经营范围来决定，如木材采伐方案需要以村小组为单位，林下经济的经营方案需要以临近地块的林农参与，林场、合作社都可能成为森林经营编案单位，有时候可能还需要跨越村庄的界限。参与式森林经营方案应以经营活动为主体，涉及的相关利益群体都应该被纳入进来。

制定参与式森林经营方案需要多层面群体的参与。农民是山林使用权的拥有者，理应在经营规划中起到主体角色，以林农自愿为原则，规划组中的村民代表需要大家选择。此外还需要专门的技术人员提供技术支持，如林调队的人员、林业资源评估中心的人员，还需要村干部调解纠纷，林业合作组织则可能会投入一些资金，也是重要的参与主体。参与式森林经营方案起草以后，需要在林农大会上讨论通过产生效力。

参与式森林经营方案的实施过程中，应注意到与林业合作组织结合的两面性。一方面以林业合作组织为规划单位有利于发挥林农合作组织的作用，降低组织成本。目前在南方集体林区森林经营方面发挥作用的组织种类也比较多，有各种林农专业合作社、林业理事会、集体林场和国有林场等。林业合作组织有资金和技术实力，林农合作组织在林业日常管理、基础设施投入、销售和利益共享方面能发挥重要的作用。但另一方面，不是所有的村庄都有合作社或者林场，可能将那些没有加入组织的林农排除在外，对于那些游离在林农合作组织之外的林农应有替代方案。

拓展林农融资渠道和增加政策性扶持有利于林农真正实现参与式森林经营，缺乏资金成为林农在林业经营方面的限制性因素。造林和抚育成本很高，回报周期长，但同时又承担着重要的生态保护功能，具有正的外部性，是林业经营的特点。尽管国家的村级道路提高了很多，但部分林道依旧很差，交通也成为木材价格的重要影响因素，相差二三千米，一立方米木材的价格可以相差三四百元。而相比较对于农业的支持，国家对于林业支持有限。没有资金来源，森林经营方案就很难设计什么实质性的活动，即使设计了，最终也无力实施。

（2）《参与式森林经营规划指南》修改建议

《参与式森林经营规划指南》应主要定位于具有一定规模的林农合作经营单位，如专业林农合作社，也可能是私人或集体林场，或者村小组、行政村，乃至联合经营单位。规划应以林农资源为原则，林农代表应选举产生，规划出来的方案需要经过林农大会通过生效。

《参与式森林经营规划指南》应将“以森林经营活动为中心，涉及的参与主体都应该被纳入进来”作为一个原则。《参与式森林经营方案》应区别于一般的林业经营方案，可能有多种形式，如森林采伐经营方案、林下经济等专业活动方案、林地利用方案等，不同的方案可能适用于不同的单位。建议在开发指南的同时，可以做几个不同方面的案例。如林地利用规划方案就是一种大方向性的指导性意见，而森林采伐经营方案可能更细致。但是，在森林采伐经营方案中，即便有很多具体的规定，每一块小班哪一年采伐、采伐多少、如何抚育、资金来源等，但太过于详细的规划对于林农来说是不现实的。林农在实际的经营中不可能严格按照这种规定来执行，比如按照指南应该某一年采伐，但是林农可能认为今年的价格不好或者家里并不急需这笔钱，还愿意树木多长几年，而又有时候家里会有突发事件急需资金，有些林农被迫会将林地承包出去或者砍掉树木。观音塘林场“控制采伐总量、农户自愿申请”的原则值得借鉴，即在经营管理方案中设定好年度或者5年期的总采伐量，但是不用具体到每块小班。

目前的《参与式森林经营规划指南》专业性太强，就只能适合素质较高的林业工作人员，而林农就看不懂。因此可以开发一套相对完整的《手册》给林业工作人员和林场、合作社领导、村干部等，另外开发一套比较简易的读本，比如以问答式或者就是几页纸的形式，解释为什么要做参与式森林经营、参与式森林经营的内涵、健康和可持续森林经营的内涵等。

8.2 洪江市双溪镇桐坪村的案例研究

8.2.1 基本情况

(1) 背景

集体林权改革自 2003 年起在中国开始实施，在《中共中央国务院关于加快林业发展的决定》(2003 年)、2006 年和 2007 年的中央两个 1 号文件以及《全国“十一五”国民经济和社会发展纲要》《中共中央、国务院关于全面推进集体林权制度改革的意见》(2008 年) 等政策的推动下，逐步加深改革力度，取得了一系列成果。截至 2009 年 9 月底，全国已确权的林地面积达 15.14 亿亩，占集体林地总面积的 59.42%，其中承包到户林地面积为 9.96 亿亩，占确权面积的 65.7%，核发林权证的林地面积为 11.36 亿亩，占已确权林地面积的 75%。发放林权证 4 804 万本，拿到林权证的农户数为 4 391 万户。[①]

中国的集体林占林地的 58%，在促进农村生计方面有很大潜力。长期以来，由于缺乏清晰稳定的森林权利和切实的森林利益，缺少决策权，致使当地人缺乏森林经营管理的动力，森林持续退化。而集体林权改革改变了中国长期以来的自上而下的林业经营和管理模式，为社区和农户参与林业经营和管理提供了法律依据和支持，稳定了林业经营权属，促进了林农的造林积极性，被称为是中国的“第二次土地革命”。随着林地权属逐步明确，农民造林护林积极性与林业生产积极性大大提高、林业收入增加、林业资源利用率提高、生态环境改善、林地纠纷明显减少。不过，在政策实施中，多方利益群体的参与，特别是森林使用者和建立在社区基础上的组织的参与，依然是在实施中国集体森林权属改革时最重要的挑战之一。现有的基于行政命令的森林经营体系没有为农民创造最佳的利益，需要更多参与式的森林经营途径，包括对林农赋权。如果森林权属改革想要有效，就需要加强林农参与经营森林资源的能力。这就要求开发适于中国国情的参与式森林经营方法和工具。

同时，新的集体林权体系在取得诸多成就的同时，也面临其他一系列挑战。由于林权改革的落实，森林资源被分散经营，尤其是中国南方集体林区户均林地面积较小（每户仅为 0.5～2hm^2），产生森林经营能力、经营效率参差不齐，林业技术服务不足，林产品营销困难，森林防火困难和病虫害防控困难，以及部分地区由于农村劳动力外流造成林业经营劳动力和投资等投入严重不足等问题。为了更好地使农民从森林经营中受益，就要解决林农分散经营的弊端，林地的流转、林农合作组织、林地集体管理组织等不同形式的新的林业资源经营管理模式等不仅得到了政府政策和资金支持，在实践中也呈现出很多有创新意义的尝试。集体林权改革促进了中国林业资源管理模式多元化的发展，并且随着集体林权改革相关配套政策措施的出台，如森林砍伐指标管理方法的改革等，促进了社区和农户

① 2009 年全国林业经济运行状况报告，国家林业局，2010 年 1 月 14 日，http：//www.forestry.gov.cn/portal/main/s/304/content-195991.html。

在林业经营管理中的主体作用的发挥。

中国集体林权改革的举措及其令人瞩目的成就也受到国际社会广泛关注和国际项目的鼎力支持。由欧盟主要出资，联合国粮农组织和中国国家林业局共同执行的“支持中国集体林权改革政策、法律和制度体系建设并促进知识交流”项目选取了中国安徽、福建、贵州、湖南、江西和浙江 6 省 8 个县的 16 个村作为项目试点村，旨在支持中国集体林权改革中的政策、法律和制度建设，与他国分享中国林权改革的知识和经验。项目研究了不同林区林农合作组织的发展情况，通过收集数据、与多方利益群体的深入讨论，发现了主要问题和冲突，解决这些问题、促进可持续的林业发展的主要途径就是在森林经营管理中多方利益群体的参与。在此基础上，在不同省区试点编制“参与式森林经营方案”，加强林农、林农合作社以及林业部门等不同相关主体进行参与式森林经营能力，并期望形成能够适合中国国情的参与式森林经营方案编制的指导性文件，即《参与式森林经营规划指南》。

本研究在前期活动的基础上，在项目村以自然村为单位应用《参与式森林经营规划指南》，收集编制和修改该指南的建议。

（2）组织架构

研究团队包括中国农业大学的四名研究人员、洪江市林业局一名工作人员、双溪镇林业站两名技术人员以及 13 位村民，是一个多学科、多层次的队伍，各方人员通过合作与知识分享，合力完成项目活动（表 8－5）。

表 8－5　研讨会人员名单

姓名	单位
石宝忠	桐坪村
廖传胜	桐坪村
汤立庭	桐坪村
汤立成	桐坪村
邓元洪	桐坪村
周世武	桐坪村
唐大英	桐坪村
张文学	桐坪村
汤立兴	桐坪村
廖芳华	桐坪村
廖方发	桐坪村
廖克武	桐坪村
廖克光	桐坪村
文刚	双溪林业站
肖 XX	双溪林业站
杨平	洪江市林业局
唐丽霞	中国农业大学
郑鹏	中国农业大学
张婧	中国农业大学
杨瑞玲	中国农业大学

（3）程序和方法

研究组前期于南京参加项目研讨会，明确项目活动；组建研究团队，回顾项目文件和相关文献；在实地组建了一个多方的团队，包括研究人员、林业部门工作人员、村干部、林业理事会成员和村民代表；经过共同讨论，选取了铜锣坪自然村为规划单位，并按照《手册》中设计的参与式森林经营规划的步骤进行练习；最后再次听取村民代表、林业理事会领导、林业部门工作人员对于编写《参与式森林经营规划指南》的建议。主要办法有资料宣传、讲解、关键人物访谈、小组讨论、实地踏查、社区资源图等。

（4）自然村或行政村对象选择说明

桐坪村共有10个自然村，铜锣坪是3个较大的自然村之一，也是村委驻地和原村小学驻地所在，是桐坪村的核心地带。规划小组经过讨论，考虑到召集村民的难易程度，选择了铜锣坪作为规划对象。

8.2.2 主要活动

（1）前期准备活动

- 详细阅读项目任务书，研究要开展的项目活动；
- 赴南京参加项目任务研讨会，进一步明确要开展的活动以及产出；
- 回学校组建研究团队，团队包括两名专家以及三名研究生同学；
- 研究团队集体学习项目材料、回顾以往项目材料以及相关的文献和政策，设计调研方案；
- 与当地林业局项目负责人取得联系，说明研究活动和目的，协商活动日程，委托代为安排在当地的住宿、饮食和交通等后勤工作，并委托提前联系好林业站和项目村；
- 准备调研材料，包括有关林农合作社组织、林业政策和林业技术的书籍和宣传材料；讨论会所用的大纸和记号笔，PPT和投影仪等工具。

（2）目标人群选择

规划小组中，除了研究者外，有1名洪江市林业局的工作人员、2名双溪镇林业站工作人员，以及13位村民，这些村民中有村长、书记等村干部，他们同时也是林业理事会的主要成员，也有小组长、党员代表和村民代表、普通林农代表和做木材生意的林农，有的林农代表身兼多重身份。

（3）实施过程

- 到达洪江市，访问林业局，与当地联络人杨平接洽，进一步确认好行程和活动方案，请林业局工作人员加入研究团队，并与镇林业站、村庄负责人联系好，确认活动日程，通知村民参加活动；
- 到达双溪镇林业站，与林业站工作人员接洽，收集基础资料（资源统计报表、小班属性表、地形图等），并邀请工作站工作人员加入研究团队；
- 到达桐坪村村，访谈村主任、书记村庄的基本资源情况、社会经济状况和林业经营情况；
- 访谈桐坪村林场的组织构成、资源人口规模、管理活动和经营状况；
- 参与式森林经营管理编案讨论会（图8-5、图8-6）

图 8-5　铜锣坪村参与式森林经营规划研讨会

图 8-6　铜锣坪社区资源图绘制

◆ 研究人员讲解了参与式森林经营的概念和意义、编制“参与式森林经营管理方案”的大致流程、注意事项；

◆ 小组讨论，选择以观音塘行政村为规划试点单位；

◆ 桐坪村村庄实地踏查；

◆ 村庄社区资源图绘制；

◆ 村庄资源分析以及区划划分；

◆ 分区资源分析和问题分析，分区制定规划；

◆ 起草《参与式森林经营管理方案》；

◆ 林农代表大会讨论、修改并通过；

◆ 小组讨论了进行参与式森林经营规划的可行性、存在的问题；

◆ 收集村民代表、林业理事会领导、林业部门工作人员对于编写《参与式森林经营规划指南》的建议。

8.2.3 应用成果

8.2.3.1 本底概况

(1) 社会经济状况

桐坪村总人口 801 人，共 236 户，下辖 10 个村民小组。村民主要现金收入来源为外出打工和林业收入，占现金收入的 90%，其他收入占 10%。村里有 200 多个劳动力出去打工，主要前往广东、上海、浙江和福建等沿海经济发达地区。年轻劳力一般都出去半年以上或一年，春节回来过年，因此村庄缺乏青壮年劳动力。穿村而过的安双公路，是桐坪的主路，前往洪江市需 40min，村里有班车，半小时一趟，村级道路较方便，但是各组之间以及山上的林道则状况较差。桐坪村 10 个居民组沿着公路依次展开，相隔最远的两组之间距离达 3km。

第五居民组，也叫铜锣坪，位于村子的最中心位置，是全村的三个大组之一，也是村委会办公场所以及原村小学所在地。铜锣坪有 30 户人家，110 口人，62 个劳动力，其中男劳力 35 人，女劳力 27 人，全组有 20 个青壮年劳力都去深圳、广东、福建打工了，小孩由在家爷爷奶奶带。

(2) 土地资源区划与类型

桐坪村属于亚热带季风湿润气候，日照充足，雨量丰沛，气候温和，夏无酷暑，冬无严寒，四季分明，无霜期长，降雨集中在每年的 4—8 月份。全村土地总面积不到 8 835 亩，其中林业用地面积 6 901.5 亩，水田面积 680 多亩，还有约 1 200 亩耕地种上了经济林，全村森林覆盖率达到 64.04%。全村地形以丘陵为主，平地很少，有条河道，主要田地沿河道分布，种植经济林和稻谷、玉米、油菜。农作物一年种两季，以稻谷为主，不能种稻谷的地方种玉米，下半年种植油菜。粮食主要用以自给，很少出售。

铜锣坪只有 64 亩水稻田，户均两亩，当地的资源以林山为主。全组共有 77 个小班，每户都有三四块林地，比较碎片化。组集体没有集体地，村里有 1 000 亩集体林，其中 700 亩柑橘园，在六组和五组地界上，占用了铜锣坪 100 亩地，村社和小学也占去一部分地。村集体林发包出去了，租户有四五个人，其中 2 个是本村的。

20世纪80年代森林被砍掉了，这是第二批造的林，主要树种有杉木、马尾松、楠竹、山核桃，还有些杂木林，以幼林和近熟林居多。据林业部门统计，铜锣坪各类土地总面积为975亩，其中林地750亩，非林地240亩，而林地中又以乔木林地居多，有370.5亩，约占一半林地，另有将近50亩竹林地，60亩经济林和16.5亩其他灌木林，未成林造林地75亩，无立木林地45亩，经济林主要是核桃树，生长在山下，杉松和竹子生长在山上。林地主要分布在对门冲、大田坡、石桥坡、杉仓背四处，其中大田坡和杉仓背离公路较近，而对门冲和石桥坡离公路较远，距离公路有两三千米。马尾松树龄在10年到30多年不等（表8-6）。

根据森林类型和地理位置，大致可以分为山下散生山核桃林、大田坡竹杉混交林、仓背杉松混交林、对门冲楠竹林、石桥坡杉木林五个区域（图8-7）。

表8-6 铜锣坪村各类土地面积统计表

单位：亩、%

单位	总面积	林地								非林地
		合计	乔木林地	竹林地	灌木林地		未成林造林地	无立木林地	宜林地	
					经济林	其他				
铜锣坪	975	750	370.5	49.5	60	16.5	75	45	12	240

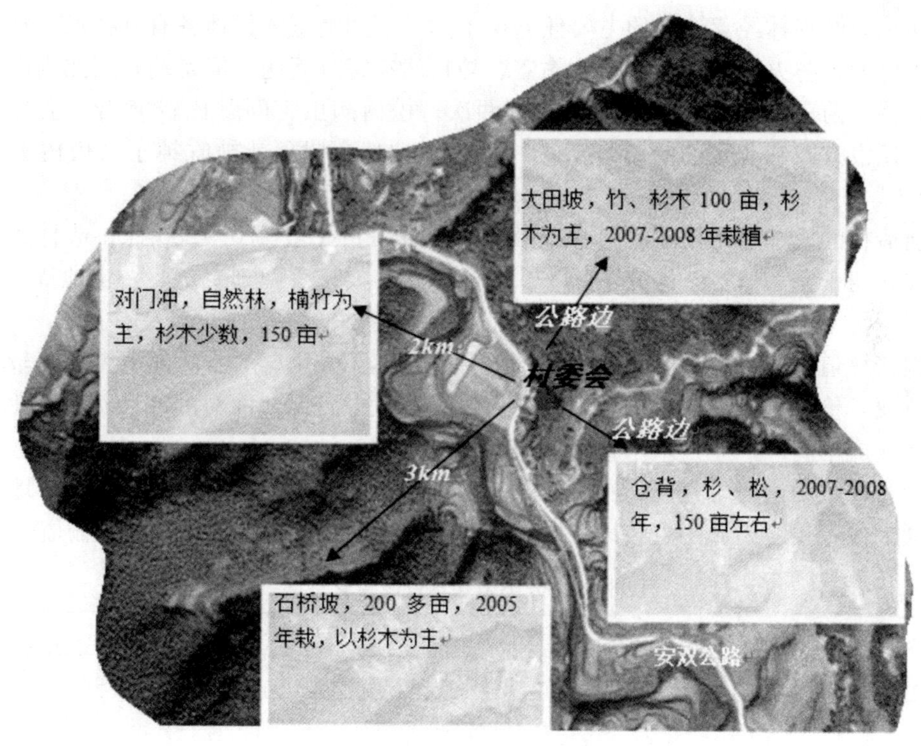

图8-7 铜锣坪社区资源图

8.2.3.2 森林资源与经营评价

铜锣坪林地以乔木林居多，主要是杉木，少量松树，其次是楠竹和经济林。乔木林的蓄积量约 800m³，而楠竹约 7 000 株，另有散生木 1 000 株，约 3m³ 蓄积量。乔木林地按照树龄划分，幼林约 106.5 亩，近龄林约占 123 亩，二者面积最多，其次是成熟林和中龄林。中幼林多是 2002 年以来种的，直径在 13～14cm（表 8－7、表 8－8）。

表 8－7　铜锣坪各类森林、林木面积蓄积量

单位：亩、m³、株

活立木总蓄积	林地					散生木	
	面积合计	乔木林地		竹林			
		面积	蓄积	面积	株数	株数	蓄积
807.8	420	370.5	804.8	49.5	7 000	1 000	3.0

表 8－8　铜锣坪林种统计表

单位：亩、m³、株

活立木蓄积量	有林地														灌木林
	乔木林地												竹林		
	小计		幼林		中龄林		近龄林		成熟林		过熟林				
	面积	蓄积	面积	蓄积	面积	蓄积	面积	蓄积	面积	蓄积	面积	蓄积	面积	株数	面积
804.8	370.5	804.8	106.5	5.8	66	189	123	370	75	240			49.5	7 000	76.5

不同林龄的森林经营管理的主要任务也不同，不同类型的林地各有其特点。日常管理方面，主要面临防火、防病虫害、防偷盗、防自然灾害等问题，但是幼林则尤为需要防牲畜啃咬，并且前三年需要抚育，每年抚育两次；松树病虫害问题比较突出，主要是松梢螟，村民还没有找到有效的防治办法，一旦发作，整个树顶就被吃掉了，松树不再生长（表 8－9）。

目前造林的成本也比较高。杉木或杉松混交林一亩一般 270～280 株，造林及头三年抚育成本在两千元。苗费一株五毛钱，头三年每年需要抚育两到三次，一亩地抚育一次需要两个工，每个工 100 元。这样算下来一亩林成本在 1 500～2 000 元左右。

其次，林道也是一个重要问题，如图 8－2 所示，大田坡和杉仓背距离公路较近，杉木运送方便，价格也较高，平均每立方米可以卖到六七百元，而对门冲和石桥坡距离两三千米，运送成本高，一立方米木材只能卖到二三百元。

尽管村民认为偷盗不是严重的问题，但这种情况还是存在的。杉仓背由于地处公路边，交通方便，但距离居民点较远，2011 年冬季有 20 多亩山林中的大树被偷盗。

表 8－9　分类型森林资源经营特点

类型	经营任务							
	防火	防病虫害	防偷盗	防自然灾害	防牲畜	抚育	间伐	造林更新
新造林	√	√	√	√	√	√		
中幼林	√	√	√	√				
成熟林	√	√	√	√			√	
荒山地								√

8.2.3.3　分类型森林经营规划

大田坡、杉仓背、石桥坡以杉木为主，部分地区混交少量马尾松，山脚下和公路两边散生着山核桃树。

（1）大田坡竹杉混交林

大田坡为杉木和楠竹混交林，以杉木为主，2007—2008 年栽植，2012—2014 年仍需每年抚育两次，除去杂树和杂草等。2016 年抚育间伐，一亩间伐一立方米；2014 年皆伐杉木，预计一亩出材 3m^3；2019 年皆伐松木，预计一亩出材 3m^3。竹子每年砍伐 15%，每年抚育一次。

（2）仓背杉松混交林

仓背杉松林于 2007 和 2008 年，2012—2014 年仍需每年刀抚两次，除去杂树和杂草等。2016 年抚育间伐，一亩间伐一立方米，2014 年皆伐杉木，预计一亩出材 4m^3，2019 年皆伐松木，预计一亩出材 4m^3。

（3）石桥坡杉木林

石桥坡造林于 2005 年，已近中龄林，2013 年可以进行抚育间伐，每亩间伐 1m^3，2021 年皆伐杉木，预计一亩出 4m^3 木材。

（4）对门冲楠竹林

楠竹林主要分布在对门冲，150 亩，夹杂少数杉木，在大田坡也零星分布一些楠竹。应该合理间伐，每年择伐 15%，除去杂草杂树、禁止过度挖笋。每年 9—10 月，清理杂竹，挖山，除掉荆棘和杂树，每年 1—4 月禁止挖竹笋。

（5）山下散生山核桃林

经济林主要是山下的山核桃林，分布在公路两边和山脚下，树龄都在三四十年左右，大约 50 亩，每户都有一点，地块很分散，亩产 500kg 核桃。2008 年遭遇冰冻，一些主枝冻坏，这几年处于萌芽恢复期，新芽才渐渐稳定下来。冰灾后核桃减产三成左右，现在一亩只能产六七百斤。每年的白露前后，8—9 月份，收获核桃。以前有偷核桃的现象，桐坪村后来制订了村规民约，偷一个核桃罚款 0.5 元，近几年没有偷核桃的现象。

山核桃需要在每年在 6—7 月份抚育，割掉杂草，锄去杂树，抚育一亩需要 3 个工。

山核桃价格很不稳定，没有固定市场，只能依赖于外面经纪人来收购，收购的人多价格就高，人少就价格低。2011 年一斤只能卖到 3.5 元，今年收购的人多，价格在 5.5～6 元之间。未来应该增强农户之间的合作，寻求稳定的客商和市场渠道。

（6）日常林务管理

日常管理中，主要注意防火、防盗以及病虫害，由林业理事会负责日常监管和宣传。每年 4—9 月份注意防病虫害，下半年尤为注意防盗，每年 9 月份至次年清明节是防火关键时期。铜锣坪自然村选派一名看护员即可胜任日常的看护，在清明时节，需要各家都加强警惕和合作。修建防火道是防止火灾的有效办法，可以贴告示宣传，9 月和 10 月注意防偷盗。

对门冲和石桥坡之间需要修建林道，林业理事会将组织林农修建林道。

8.2.3.4　规划实施的条件

规划的实施由林业理事会和林农代表监督实施，山核桃抚育资金和林道修建资金由林业理事会组织相关农户筹措，林业理事会也将争取项目支持。技术服务由林业站技术人员提供。

8.2.4 主要发现

林农专业合作社在洪江市还不是很普遍，洪江市的特色是林业理事会。理事会主要职责是指导本村造林、采伐指标申请及管理、森林防火、病虫害防治、林政管理、林业信息发布等工作。林业理事会的性质是介于村级行政管理和村民自治管理之间的、由家庭承包经营山林的村民组成的非营利性民间自助自治组织，主要职能是发挥政府、市场和林农之间的桥梁纽带作用，为从事林业生产经营活动的林农提供服务。

(1) 村层面

林业理事会承担日常管理比较符合当地实际，林农之间合作经营有困难。村干部认为现在农民之间相互缺乏信任，合作起来很困难，每家每户都是这里一点那里一点，很难在林业经营方面合作起来。

政府应该加大对造林抚育和林道建设的投入。目前的造林和抚育成本很高，造一亩树林需要两千元左右，而通常需要 15～20 年才能有收益，周期很长，农民缺乏投入能力。同时，尽管近年来国家在农村道路建设上下了很大工夫，但是主要是村间的公路，而山间的林道依旧很差，已成为阻碍林农增收的瓶颈。如公路边上的木材一方能卖到六百元，而最远的山林，距离公路两三千米，运送很不方便，需要人力扛，一亩只能收入二三百元，相差巨大。

林权改革以后，林农管理造林积极性提高，现在基本上村庄没有荒山，全部都造上了林。

实施参与式森林经营管理，最好以村小组为单位，至少也需要十户以上联合起来，一家一户做成本太高，难度大。同时，制定参与式森林经营方案过程中可能会有林业纠纷，需要在村委会或林业理事会的协调下进行。

(2) 农户层面

木材指标申请制度成为农民从事林业经营的绊脚石，自主制定森林经营方案有利于解决困扰林农的指标问题，提高林农收入。目前，洪江市仍实施采伐指标限额制度，由林农向林业理事会递交申请，林业理事会向林业站申报，林业站再派人去实地规划。如果林农申请民用材，只需要交 5 元手续费，而申请商业木材采伐指标的税费比较重。目前木材的市场价格是 900 元/m^3，而申请一立方米指标就需要 220 元的税费。同时，申请指标的程序也很复杂，林农自己申请经常会遇到找不对部门的现象。林农为了规避申请无门、程序复杂、税费严重的现象，目前比较普遍的做法是将整片地块估价，出售给木材收购商，由木材收购商负责去林业部门申请指标。这些木材商人比林农有更多的社会资本，可以让林业部门做规划时少报一些木材指标，从而逃避一部分税费，赚取利润。现行的木材指标税费政策在实施过程中已经走样。

林农认为，在做参与式森林经营规划时，规划组中的村民代表需要大家选择。规划在实施中很容易闹出纠纷。比如按照规划，某个农户应该明年砍树，但是也许他自己还想继续经营，这样就容易出矛盾。因此，关键是要老百姓自己的组织，这个规划队伍应该由村长、森林资源评估中心、林业站技术人员、林业局林调队以及村民代表参与。其中的林农代表应该重新由村民选举产生，而不应该是平时村委事务中的那些村民代表，原来的那些代表主要是组长、老党员，林农代表则应该由林农自己选举。参与式森林经营方案起草以后，需要在林农大会上讨论通过。

林农认为，参与式森林经营方案本身的制定是比较容易的，大家都有一定的森林经营经验，在技术人员的指导下可以完成，但在制定参与式森林经营方案的时候，他们还是对外界的投入报了更多期望，而不大愿意自己出资。

(3) 林业工作人员层面

林业部门认为参与式森林经营规划不适合整个村级开展。因为农民关注的主要是利益和资金问题，每家的山林不一样，利益不一致，组织成本高，如果是以村民小组为单位，一个组只有几十户，更容易实施。

其次，参与式森林经营实行起来很困难，涉及到很强的技术性问题，农民只知道大概，不知道具体怎么操作，因此规划队伍中一定要有林业技术人员的参与，如林调队的人员、林业资源评估中心的人员。

8.2.5 修改建议

(1) 主要结论

林地权属的稳定有利于林农实施可持续的森林经营。按照 70 年的承包年限使得林农有积极性管理和爱护自己的森林。林权改革以后，林农管理造林积极性提高，荒山面积很少。林农在日常的森林经营中有自己的原则，隐含可持续经营的理念，他们不会盲目砍伐。山林常常被林农视为是一笔储蓄，并非木材长大了就一定要砍，而是在自己有需要的时候才砍。

木材指标申请制度成为农民从事林业经营的绊脚石，自主制定森林经营方案有利于解决困扰林农的指标问题，提高林农收入。现行的木材指标税费政策在实施过程中已经走样，申请指标的程序复杂、税费过重，林农自己申请经常会遇到找不对部门的现象。实施参与式森林经营有利于解决长期困扰林农的指标申请难、申请不透明等问题，调动林农自主管理森林的积极性，增加林农收入。

参与式森林经营管理方案不适用于一家一户的小农户，以村、林场或合作社为单位，至少应是联户经营的林地。具体编案单位的选择应该取决于经营活动和经营范围来决定，如木材采伐方案需要以村小组为单位，林下经济的经营方案需要以临近地块的林农参与，林场、合作社都可能成为森林经营编案单位，有时候可能还需要跨越村庄的界限。参与式森林经营方案应以经营活动为主体，涉及的相关利益群体都应该被纳入进来。

制定参与式森林经营方案需要多层面群体的参与。农民是山林使用权的拥有者，理应在经营规划中起到主体角色，以林农自愿为原则，规划组中的村民代表需要大家选择。此外还需要专门的技术人员提供技术支持，如林调队的人员、林业资源评估中心的人员，还需要村干部调解纠纷，林业合作组织则可能会投入一些资金，也是重要的参与主体。参与式森林经营方案起草以后，需要在林农大会上讨论通过产生效力。

参与式森林经营方案的实施过程中，应注意到与林业合作组织结合的两面性。一方面以林业合作组织为规划单位有利于发挥林农合作组织的作用，降低组织成本。目前在南方集体林区森林经营方面发挥作用的组织种类也比较多，有各种林农专业合作社、林业理事会、集体林场和国有林场等。林业合作组织有资金和技术实力，林农合作组织在林业日常管理、基础设施投入、销售和利益共享方面能发挥重要的作用。但另一方面，不是所有的村庄都有合作社或者林场，可能将那些没有加入组织的林农排除在外，对于那些游离在林农合作组织之外的林农应有替代方案。

拓展林农融资渠道和增加政策性扶持有利于林农真正实现参与式森林经营，缺乏资金成为林农在林业经营方面的限制性因素。造林和抚育成本很高，回报周期长，但同时又承担着重要的生态保护功能，具有正的外部性，是林业经营的特点。尽管国家的村级道路提高了很多，但部分林道依旧很差，交通也成为木材价格的重要影响因素，相差二三千米，一立方米木材的价格可以相差三四百元。而相比较对于农业的支持，国家对于林业支持有限。没有资金来源，森林经营方案就很难设计什么实质性的活动，即使设计了，最终也无力实施。

（2）《参与式森林经营规划指南》修改建议

《参与式森林经营规划指南》应主要定位于具有一定规模的林农合作经营单位，如专业林农合作社，也可能是私人或集体林场，或者村小组、行政村，乃至联合经营单位。规划应以林农资源为原则，林农代表应选举产生，规划出来的方案需要经过林农大会通过生效。

《参与式森林经营规划指南》应将“以森林经营活动为中心，涉及的参与主体都应该被纳入进来”作为一个原则。《参与式森林经营方案》应区别于一般的林业经营方案，可能有多种形式，如森林采伐经营方案、林下经济等专业活动方案、林地利用方案等，不同的方案可能适用于不同的单位。建议在开发指南的同时，可以做几个不同方面的案例。如林地利用规划方案就是一种大方向性的指导性意见，而森林采伐经营方案可能更细致。但是，在森林采伐经营方案中，即便有很多具体的规定，每一块小班哪一年采伐、采伐多少、如何抚育、资金来源等，但太过于详细的规划对于林农来说是不现实的。林农在实际的经营中不可能严格按照这种规定来执行，比如按照指南应该某一年采伐，但是林农可能认为今年的价格不好或者家里并不急需这笔钱，还愿意树木多长几年，而又有时候家里会有突发事件急需资金，有些林农被迫会将林地承包出去或者砍掉树木。观音塘林场“控制采伐总量、农户自愿申请”的原则值得借鉴，即在经营管理方案中设定好年度或者 5 年期的总采伐量，但是不用具体到每块小班。

目前的《参与式森林经营规划指南》专业性太强，就只能适合素质较高的林业工作人员，而林农就看不懂。因此可以开发一套相对完整的《手册》给林业工作人员和林场、合作社领导、村干部等，另外开发一套比较简易的读本，比如以问答式或者就是几页纸的形式，解释为什么要做参与式森林经营、参与式森林经营的内涵、健康和可持续森林经营的内涵等。

参考文献

[1] 王年锁，崔爱萍．编制森林经营方案与森林资源可持续发展［J］．山西林业科技，2002（3）：17-21.

[2] 韩鸿．参与和赋权：中国乡村社区建设中的参与式影像研究［J］．国际新闻界，2011（6）：19-27.

[3] 向小芹．参与式方法在退耕还林工程中的应用研究［D］．杨凌：西北林业科技大学，2006.

[4] 郭瑞香，蒋爱群，何晓军．参与式理论和参与式农村评估方法在澳援项目中的应用［J］．河北水利，2004（11）：2-3.

[5] 刘金龙，宋露露，周霆，侯燕南，李军．参与式林业——参与式发展在森林管理中的实践［J］．世界林业研究，1999，12（5）：21-25.

[6] 张晓光，参与式林业规划方法在河北省造林项目中的应用研究［D］．北京：中国农业大学，2005.

[7] 蒋本国．参与式民主理论初探［J］．学习与探索，2002（6）：18-20.

[8] 杰弗里・希尔墨．参与式民主理论的现状（上）［J］．国外理论动态，2011（3）：29-37.

[9] 林群．参与式森林生态系统管理模式构建与风险评价研究［D］．北京：中国林业科学研究院，2009.

[10] 叶敬忠，杨照．参与式思想与新农村建设［J］．中国农村经济，2006（7）：36-47.

[11] 许远旺，卢璐．从政府主导到参与式发展：中国农村社区建设的路径选择［J］．中州学刊，2011（1）：120-124.

[12] 陈炳辉，韩斯疆．当代参与式民主理论的复兴［J］．厦门大学学报，2008（6）：12-18.

[13] 晋振华．当代西方参与式民主评析［D］．苏州：苏州大学，2007.

[14] 贺东航，朱冬亮．关于集体林权制度改革若干重大问题的思考［J］．经济社会体制比较，2009（2）：21-28.

[15] 赵光勇，陈邓海．国内“参与式治理”研究综述［J］．中国劳动关系学院学报，2009，23（4）：96-99.

[16] 甄霖．谢高地．杨丽．成升魁，基于参与式社区评估法的泾河流域景观管理问题分析［J］．中国人口・资源与环境，2007.17（3）：129-133.

[17] 田淑英．集体林权改革后的森林资源管制政策研究［J］．农业经济问题，2010（1）：90-95.

[18] 朱冬亮，肖佳．集体林权制度改革：制度实施与成效反思——以福建为例［J］．中国农业大学学报（社会科学版），2007，24（3）：81-93.

[19] 钟全林，陈少腾，王桂英．集体林权制度改革后面临的森林资源管理问题与对策［J］．林业经济，2007（6）：30-33.

[20] 孙妍，徐晋涛．集体林权制度改革绩效实证分析［J］．林业经济，2011（7）：6-13.

[21] 贺东航，朱冬亮．集体林权制度改革研究30年回顾（续）［J］．林业经济，2010（6）：33-39.

[22] 庄作峰．集体天然林区参与式多目标综合管理理论和方法的研究［D］．北京：北京林业大学，2008.

[23] 曾思齐，肖化顺．林改后集体林森林经营方案的编制与实施探讨［J］．中南林业科技大学学报，2009，29（6）：29-33.

[24] 包特．林改后南方集体林区森林资源管理技术研究［D］．长沙：中南林业科技大学，2011.

[25] 张春霞，郑晶．林权改革 30 年回顾——集体林权改革研究之二 [J]．林业经济，2009 (1)：55-58.

[26] 叶敬忠，张雪梅，史丽文．论参与式社区发展规划 [J]．农业经济问，2001 (2)：45-51.

[27] 郑风田，阮荣平，孔祥智．南方集体林区林权制度改革回顾与分析 [J]．中国人口·资源与环境，2009，19 (1)：25-32.

[28] 徐秀英，马天乐，刘俊昌．南方集体林区林权制度改革研究 [J]．林业科学，2006，42 (8)：121-129.

[29] 李少惠，贺炜．农村社区参与式管理下的地方政府行为及职能 [J]．河北学刊，2008，28 (1)：134-137.

[30] 王吉顺，刘君，杨振国．浅谈集体林改制后森林经营方案的编制 [J]．中国林副特产，2011 (2)：81-83.

[31] 王丽丽，李卫忠．森林经营方案编制中的冲突与协调 [J]．林业资源管理，2011 (5)：25-29.

[32] 高洁，黄选瑞，许中旗．森林经营方案管理发展研究 [J]．河北林果研究，2008，23 (1)：40-44.

[33] 梁皓然．森林资源参与式管理研究—以白水江自然保护区为例 [D]．兰州：兰州大学，2006.

[34] 李丁，王生霞，苗涛．生态脆弱地区生态农业模式的参与式发展研究与实践——以民勤县绿洲边缘区为例 [J]．干旱区地理，2011，34 (2)：337-343.

[35] 魏甫，李新建．谈林改后集体林的森林经营方案编制 [J]．现代农业科技，2009 (20)：260-270.

[36] 汪利锬．我国参与式公共服务供给模式研究——理论模型与经验证据 [J]．财经研究，2011，37 (5)：15-24.

[37] 韦希勤．我国森林经营方案问题研究评述 [J]．林业调查规划，2007 (5)：105-108.

[38] 苏春雨．我国森林经营管理的发展趋势综述 [J]．林业资源管理，2004 (5)：11-15.

[39] 刘明．我国森林资源采伐限额管理制度改革研究 [D]．保定：河北农业大学，2012.

[40] 何美成．以森林经营方案为平台和纽带建立森林资源管理新模式的探讨 [J]．林业资源管理，2006 (6)：5-10.

[41] 张秀丽，谢屹，温亚利，李洪．中国集体林权制度改革现状与展望 [J]．世界林业研究，2011，24 (2)：64-69.

[42] Grimble R，Wellard K. Stakeholder methodologies in natural resources management：a review of principles，contexts，experiences and opportunities [J]. Agricultural Systems，1997，55 (2) .

[43] Carole Pateman. Participation and Democratic Theory [M]. Cam-bridge：Cambridge University Press，1970.

[44] J. Roland Pennock and John W. Chapman (eds) . NOMOSXVI：Participation in Politics [M]. New York：Lieber.

[45] James Bohman. Public Deliberation：Pluralism，Complexity，and Democracy [M]. Cambridge，MA：MITPress，1996.

[46] Jane Mansbridge. On the Idea that Participation Makes Better Citizens. in Stephen L. Elkin and KarolEdward Soltan (eds) . Citizen Competence and Democratic Institutions [M]. University Park，PA：The Pennsylvania State University Press，1999：315.

[47] Liu Jingling. Farmer's decision is best at least second best Participatory development in China：review and prospect [J]. FTPP New Letter，1999 (38)：13-20.

[48] Sewell，Derrick and Coppock，J. T. Public Participation in Planning [D]. London，New York，Sydeny，1997.

[49] Spencer, laura. Winning through Participation [R]. Dubuque, 1989.

[50] Okaley. PnadMasrden, Approaehes to Participation rural development [R]. Genev ILO, 1984.

[51] Oakley, Petteretal. Projects with People: the Practice of Partei Pationin ruarl development [R]. Genev. aILO, 1991.

[52] Axinn N W, Axinn G H. The Huamn Dynamic of Natural Resource Systems [C]. In: Shivakoti G. et al. People and participation in Sustainable Development-Understandingthe Dynamics of natural Resource Systems. Proceedings of an International Conference-Workshop in Political Theory and Policy Analysis. Nepal, 1997.

[53] Jenssen B. Planning as a Dialogue, SPRING Research Series [R]. University of Dortmund, Germany, 1988.

[54] Ploeg J. D. , Long A. Born from Within, Practice and Perspectives of Endogenous Rural Development [R]. Van Gorcum, Assen, The Netherlands, 1994.